CRISIS
THE ANATOMY OF TWO MAJOR FOREIGN POLICY CRISES

白宫密谈

[美] 亨利·基辛格 ◎ 著

闫明 ◎ 译

人民日报出版社

图书在版编目（CIP）数据

白宫密谈 /（美）基辛格著；闫明译. -- 北京：人民日报出版社，2012.9（2016.3重印）

ISBN 978-7-5115-1317-5

Ⅰ. ①白… Ⅱ. ①基… ②闫… Ⅲ. ①美国对外政策－史料－现代 Ⅳ. ①D871.20

中国版本图书馆CIP数据核字（2012）第204716号

书　　名	白宫密谈
作　　者	（美）亨利·基辛格
出 版 人	董　伟
责任编辑	周海燕
封面设计	水玉银文化
出版发行	人民日报出版社
社　　址	北京金台西路2号
邮政编码	100733
发行热线	（010）65369527　65369512　65369509　65369510
邮购热线	（010）65369530　65363527
编辑热线	（010）65369518
网　　址	www.peopledailypress.com
经　　销	新华书店
印　　刷	北京鑫瑞兴印刷有限公司
开　　本	710mm×1000mm　1/16
字　　数	340千字
印　　张	28
印　　次	2013年2月第1版　2016年3月第2次印刷
书　　号	ISBN 978-7-5115-1317-5
定　　价	68.00元

谨以此书献给我的孙子和孙女们：萨姆、索菲、威尔、朱莉安娜

目 录

001	引言	
003	**第一部分：1973年中东战争**	
010	第1章	战略的制定
029	第2章	周旋于联合国中间
064	第3章	1973年10月7日
086	第4章	1973年10月8日
111	第5章	1973年10月9日：
125	第6章	1973年10月10日
140	第7章	1973年10月11日
152	第8章	1973年10月12日
170	第9章	1973年10月13日
198	第10章	1973年10月14日
207	第11章	1973年10月15～16日
219	第12章	1973年10月17日
228	第13章	1973年10月18日

236	第14章	1973年10月19日
246	第15章	1973年10月20～22日
249	第16章	1973年10月23～27日：

339　第二部分：越南战争的最后岁月

346	第17章	战争终结的开端
371	第18章	西哈努克插曲
377	第19章	撤离实施

引言

在我一生中，我曾先后在理查德·尼克松、杰拉尔德·福特两位总统手下任职，从最开始1973年尼克松政府国家安全事务助理到国务卿，再到1975年福特政府的国务卿。于是，我的秘书也将我在此期间的电话录音整理成文本。在整理工作之初，这些内容并没有得到公开，整理的初衷只是便于我能履行与各方达成的协议和共识，也便于我将这些信息汇集到总统备忘录或其他资料中去。1977年，我将这些文字材料存放在国会图书馆进行保存。1980年，我授权这些文本可以对国务院进行公开。从1997起，这些文本资料开始被国务院档资处进行对外公开，用来展示我国外交政策。2001年，我将我在国家安全委员会的电话录音文本捐献给了美国国家档案馆，将我作为国务卿期间的电话录音文本捐给了国务院，我希望这样能让这些文本更好地为这两个部门服务。

从这些电话文本信息中，传达出了重大决定生成时决策者的情绪，反应了决策者在决策制定过程中的观点和想法。如果通话双方通过电话做出决定，这至少能说明当时情况非常紧急；这些决策很可能也会出现考虑不全的情况——一个完整的历史事件应该包含各部门、部门间会议的全部记录，以及相关人士与总统通话的内容。尽管如此，这些通话记录却能向人们展示在决策制定过程中，一幅幅更为精确的画面，特别是在本书描述的事件中更是如此。本书中涉及到的两个事件发展的速度都非常快，每个事件之初都会有一些文字叙述，这些文字叙述还会穿插在通话记录之间。为了保证叙述的连贯性，我还会简要介绍一些部门间会议的内容。

本书将涉及两次危机事件：1973年10月爆发的中东危机和1975年我方从越南战争中的撤军。这两次危机的共同之处在于两次事件都非常紧急，都需要通过电话来解决。其中，鉴于这次中东危机爆发之时，我正身处纽约参加联合国大会，所以这次危机的处理需要频繁地借用电话的帮助。战争爆发后，事件本身的复杂性也要求一种更加非正式的方法介入进来。而在越南地区撤军的最后关头，局面的复杂性更是要求电话沟通介入其中。

本书中两次危机事件爆发之时，正好赶上我方的国内危机。中东战争爆发时正值我们处理水门事件的过程中，事实上，水门事件里两个重要的时刻也都出现在这次中东战争的过程当中。1973年10月6日，就在战争爆发之初，时任总统的尼克松不得不面对副总统斯皮罗·阿格纽的辞职。战争爆发的第二周，尼克松总统本人也遇到了是否公开水门事件录音带的难题，这也因此导致了"周六晚大屠杀"的发生——司法部部长埃利奥特·理查森辞职、水门事件特别检察官阿奇博尔德·考克斯被解雇。那一天是10月20日，当时我正在莫斯科就中东停火问题与苏联进行谈判。此后不久，尼克松总统便面对了来自参议院的指责。由于受到水门事件的影响，参议院对尼克松启动了弹劾程序。发生了这么多事，时任白宫办公厅主任亚历山大·黑格就成了我和尼克松总统沟通的最好渠道。

在美国历史上，最不光彩事件之一恐怕就是美军从越南撤军了。在此次危机中，虽然我国国内各方扮演的角色也是他们之前曾扮演过的，但是真正等到撤离实施时，撤离部队也因为一些事件的发生而发生了变化。而在越南战争的最后一个月里，尽管越南局势并不明朗，但我国国内各方的辩论依然没有停止。

值得一提的是，对于本书的读者而言，这些通话记录只是说话人在危机发生时的想法。因此也可以看到国务院和国防部在一些问题上存在认知差异，存在不同的处理方法。在一些基本的问题上，时任国防部部长的詹姆斯·史勒辛吉和我还是可以取得共识的，只是由于我们两个人属于不同的部门，行事方法也有差别，在以色列进行空运这个问题上的差别就是最好的例证，本书对此问题也有非常详细的介绍。

目前，国家安全委员会已经同意将这些通话记录进行公开。在这里，我要向康多莉扎·赖斯表示感谢，感谢她和她的团队对本书提出的建议和意见。我也已经应他们的要求对本书进行了删节，并用[……]对删节内容进行了标示。为了避免重复，这些通话记录也做出了一些细微的删改。文中还用"……"对删节内容进行了标注。通话中一些常规的问候和告别的用语也并未出现。

本书中涉及到的所有时间均为美国东部时间。

第一部分：1973年中东战争

1973年，第四次中东战争爆发。这场战争出现的原因是多方面的：长期以来的阿以冲突、阿拉伯温和派与激进派在意识形态上的斗争，以及美苏这两个超级大国间的对立。这三大原因尽管起源不同，但却在成长的过程中相互交织，单方面针对任何一个问题的解决方案都势必会因牵扯到另外两个问题而最终不了了之。

　　在美国的帮助下，以色列于1948年建国（在此期间，苏联方面也出力不少）。这一举动招致阿拉伯国家联盟的极度不满，并因此导致了战争的爆发，曾经的停火线——如今的边境线——战火重燃。由于以色列国的建立完全依靠的是军事力量，从成立那一天，这个国家面对的就是一种不被认可、被排斥、被周边国家深恶痛绝的局面。1956年，以色列入侵西奈半岛，欲与运河原持有人英法两国一道攫取苏伊士运河的控制权。最终，以色列在联合国的干预下，撤回到1947年的分界线，解除西奈半岛的武装，但获得了通过蒂朗海峡的自由航行权（通过红海到达以港口城市埃拉特）。1967年6月，以色列越过停火线发动第三次中东战争。此前，埃及总统加麦尔·阿卜杜勒·纳赛尔在参考苏联提供的假情报后，宣布封锁埃拉特，并增兵西奈半岛，准备向以色列发动攻击……最终这场战争在六天后结束，以色列攻占了埃及西奈半岛、约旦河西岸地区、叙利亚戈兰高地；这些举动使本已挫败的阿拉伯人再度蒙羞。

　　以色列，这是一个从来都不会安分地守在本国边境线内的国家。他们认为在是否固守在自己边境线的问题上，无论选择"是"还是"否"都不会有任何本质上的区别。虽然该国认为侵略阿拉伯国家遭到了外界的谴责，但以色列人依然在寻求对自己来说最广泛的安全地带，也时刻准备着与任何试图侵犯本国的敌人兵戎相见。反观阿拉伯国家，他们在经历了1967年第三次中东战争的失利后，在埃及总统纳赛尔的带领下，已经逐渐恢复了元气。1967年，第四次阿拉伯国家首脑会议在苏丹首都喀土穆召开，此次会议最后发表了著名的"三不原则"，即对以色列不和解、不谈判、不承认。随着苏联凭借地对空导弹在苏伊士运河沿岸构建中防御体系，又一场军事冲突一触即发。1970年，巴勒斯坦解放组织劫持了3架飞机后飞往约旦，在巴勒斯坦人支持下，叙利亚军队也侵入约旦境内，中东极有可能爆发全面战争，美国军队也拉到了警戒线上。最终，这场危机以巴勒斯坦解放组织从约旦撤军而宣布结束。

从此之后，阿拉伯国家在以色列问题上出现了理想和现实的分歧：一方面，阿拉伯国家无论从意识形态，还是宗教信仰上都不认同以色列国的存在；但另一方面，他们也清醒地认识到，如果只是通过外交途径，中东局势根本无法回到之前的状态。阿拉伯温和派政府，诸如约旦，埃及（在纳赛尔总统执政期间，埃及的态度不甚明朗）认为应该找到一个方案，只要以色列退回到1967年边界线（即1947年停战分界线），那就可以对以色列表示承认。但解决了这些阿拉伯巴勒斯坦人的问题，也只不过恢复到之前的冲突状态，这实则是停战的另外一种表现形式，划上一个句号，这和以色列要求的全面和平依然相去甚远。

由于受到巴勒斯坦民族主义者观点的影响，巴勒斯坦问题也陷入了僵局。这些巴勒斯坦民族主义者反对承认以色列国的合法化。叙利亚方面也拒绝与以色列进行谈判，他们反对的不是以色列选择哪条边境线的问题，而是从根本上就反对以色列国的建立。随后，利比亚、阿尔及利亚和伊拉克也加入了这些激进派别的阵营。而对于巴勒斯坦解放组织来说，尽管他们声称代表所有巴勒斯坦人的说法当时尚未得到阿拉伯国家的认同，但他们仍坚持在巴勒斯坦境内建立一个国家——这意味着，以色列国会因此不复存在。巴勒斯坦解放组织的出现，也让以色列越来越意识到自己在苏伊士运河西岸的安全问题。这种僵持的局面导致了从1963年开始到1973年近十年时间里，中东外交进程几乎没有取得任何进展。

导致出现这一僵局的是联合国安理会在1967年11月22日通过的第242号决议。尽管该决议指出要在"安全和被认可的疆界内""实现长期稳定的和平"，但决议中并未对包括"安全"、"被认可"、"长期"、"稳定"的词汇做出具体的解释，因此也引发了各种争议。一些阿拉伯国家就表示拒绝执行该决议的内容。他们认为，以色列人和他们一样，都能从这份决议上找到自己存在的理由，在这些人眼中，和"决议"相比，这些文字更像是一份"僵持状态的声明"。那些同意与以色列进行谈判的阿拉伯人，则要求以色列退回到1967年边界线。以色列则在公开场合表示，1967年边界线对其毫无安全可言，并坚持继续占领从邻国强占的土地。为了更好地阐明只关注自身安全防卫，以色列还提出了一个看似有理有据，实则却无法实施的要求——阿拉伯国家应该直接与以色列进行谈判，换句话说，以色列要求各方对其表示承认，并把这当做谈判的先决条件。

阿拉伯国家也不甘人下，提出在通过外交途径解决问题前，阿拉伯各国的领土要求应该率先予以解决。没有任何一个阿拉伯国家的首脑，温和派国家也包括其中，会同意以色列提出的要求，然后在充斥着羞辱、种族主义和苏联当时的高压政策下苟且偷生。同样，任何一位以色列总理也不会以牺牲土地为代价换取与阿拉伯国家的谈判，否则他早就下台了。以色列坚持认为他们可以在占领土地的同时实现和平，但这样的想法却如同海市蜃楼般不切实际。然而阿拉伯人也在追寻自己的梦想，他们可以在不解决安全问题的前提下，重新夺回被以色列人抢走的土地。

在中东外交进程上，埃及是最关键的因素。该国特殊的战略地位对其国土面积、历史传统、文化影响都带来了积极的意义，但同时在阿以战争中，埃及也是损失最多的国家。埃及位于阿拉伯文化传播的中心，也是整个阿拉伯世界文化传承的主力军，在该国求学的学生遍及中东地区，他们也是文化历史最悠久的国家之一（仅次于中国）。因此，在阿以冲突中，埃及首当其冲。在实现从君主制到共和制的转变过程中，整个埃及国家的梦想也早已经超出了埃及国家主义的狭隘范畴。有大批埃及年轻人为实现阿拉伯国家的统一、为了实现巴勒斯坦的独立，付出了生命的代价。在此过程中，埃及除了丢掉西奈半岛外，国家甚至一度濒临分裂的边缘。在经历了这一切后，埃及有权力为实现和平进行斗争。

但是在纳赛尔担任埃及总统期间，埃及的外交态度非常模糊。一方面，纳赛尔暗示有意参与和平进程的想法，他表示埃及可以不挑起战事，但作为交换，以色列必须撤回到1967年边界线；至于和平进程，则取决于以色列与巴勒斯坦冲突是否解决。之后，他还提出消除犹太城，并表示不会与以色列进行直接对话或谈判。此外，他还向美国提出由美国出面促成以色列撤军，作为回报，埃及将和我方商讨有关恢复外交关系的事宜。而与此同时，埃及首都开罗的电台依然是阿拉伯世界反美风潮的主导声音——确切地说，应该是反西方风潮——他们把这种声音宣传到了中东世界的每一个角落。简单地说，纳赛尔希望以主导反美浪潮的形象来主导整个阿拉伯世界，这其中自然离不开苏联对其进行军事物资和外交支援。在这种情况下，美国并无意搅入中东问题。

在中东局势出现僵局的过程中，苏联的态度一直摇摆不定。其对于阿拉伯国家的军事支援也导致了阿拉伯国家决不妥协的态度，同样这也增加了中东局势陷入僵局的危险性。在面对种种困境时，他们从未做出选择。只要苏联单方依然向阿拉伯国家提供援助，那么和平进程就无法取得任何进展，苏联在中东问题上所扮演的角色也就无法发生改变。虽然阿拉伯激进派不断向我们发出挑衅，但我们不想卷入与他们的斗争中；当然在这个不可能的行动中，我们也可能改变自己的观点，比如我们可以选择不再需要苏联充当我们与阿拉伯沟通的中间人。换句话说，苏联很可能为了找到中东问题的解决方案，在某种程度上与阿拉伯国家提出的要求发生分歧，这也因此给他们与阿拉伯国家之间的关系带来负面影响。但是如果苏联不这么做的话，他们很可能因为支持根本无法实现的目的而承担更多风险，这样只能让他们面对外界对其"无能"的指责。苏联可能在危机爆发的过程中起到推波助澜的作用，一旦中东爆发危机，苏联很可能为了自己的利益引来更大规模的冲突，到那时，苏联有可能非常谨慎地从这场冲突中全身而退。

和其他国家一样，苏联也选择了拖延。虽然苏联一直以埃及的保卫者自居，但他们并没有取得任何进展，苏联向中东提供的军事物资也只不过是为后者争取到更多的时间，但这样的做法无疑使紧张的局势逐步升级，并没有对中东地区带来实质性的改变。

对于用激进手段推进以色列问题的解决，美国对此没有丝毫兴趣，因为那样，只能加深人们对于美国"用武力"解决问题的印象。对于阿拉伯国家，我们需要团结那些温和派的力量，来反对那些激进派人士，要团结和西方国家有联系的政府，反对那些苏联所支持的国家。因此，我们的原则是，只要纳赛尔（也包括他的继任者萨达特）没有停止爆出反西方的言论，我们就会对向埃及做出的任何妥协表示反对。他们之所以能这么说完全是因为苏联在军事物质上给予的支持和帮助。我们也认为，只要苏联的态度依然与阿拉伯激进派保持一致，那么我们与苏联的合作根本就是毫无意义。我们坚信，终有一天，包括埃及在内的国家会意识到依靠苏联的支持和那些激进的言辞只能让他们收获挫败感。到那时，他们也许会愿意结束苏联在阿拉伯国家的军事存在——也就是我所说的"驱逐"，这个词也出现在1970年6月26日我做的简报中——阿拉伯人才会认真考虑那些可以实现的目标。只有那时才是美国考虑采取行动的恰当时机，如果必要，我们还会对我们的以色列朋友们提出一些好的方法。

埃及总统纳赛尔于1970年逝世，之后穆罕默德·萨达特出任埃及总统，但此后，萨达特的态度却非常模糊。尽管萨达特政府依然依赖于苏联对其进行的军事援助，但他却在小心谨慎地探求外交解决方法。1971年，在联合国代表瑞典外交家刚那·加瑞的斡旋下，中东各方曾有意达成一项撤离协议，但由于以色列认为这种妥协对于以方来说没有任何好处，而且考虑到苏联在苏伊士运河沿岸部署了近二万名"技术人员"，谈判过程也最终陷入僵局。在此期间，美国并没有向各方施压的想法，苏联在当时也不具备直接挑衅美国的实力。

1972年，时任美国总统的理查德·尼克松与时任苏联共产党中央委员会总书记的勃列日涅夫在莫斯科进行了高峰会谈。但苏联并未就中东问题取得任何外交进展，萨达特也因此下令驱逐在埃及的苏军"技术人员"。尽管如此，想要在中东问题取得突破，条件尚不成熟：美国大选在即，还要处理1972年越南战争结束后的一些问题。1973年正值以色列选举年。之前，尼克松就曾向时任以色列总理的戈尔达·梅厄女士做出了保证，称在11月1日以选举前，美国不会采取任何外交行动，但他也明确指出，会在以色列选举结束后采取外交行动。1973年，我和默罕默德·哈菲兹·伊斯梅尔（埃及总统萨达特的安全顾问）曾有两次会面。在第四次中东战争爆发前的一天,也就是 1973 年 10 月 5 日,我还和埃及外交部长穆罕默德·扎亚特见了面。

尽管如此,萨达特在之后的举动依然让所有人都大吃一惊。1973 年 10 月 6 日,埃及率先开战!这次战争的爆发,可谓是我们在政治分析上的失误。1973 年 6 月前,无论美国还是以色列的情报分析部门都认为埃及和叙利亚都不具备发动军事袭击、通过武力要回领土的能力。而事实上,萨达特发动战争的目的并不是为了战胜对手,而是为了打破当前的局势,并为之后的谈判创造条件。对于这场战争,萨达特的解释是,只是为了向双方 —— 即向以色列和埃及 —— 证明,以色列认为自己在军事上优于阿拉伯国家、而埃及军队因为屡次在战争中落败而实力大减的想法是错误的。而我方也得到了类似的结论。

政治估计歪曲了情报部门的分析结果。10 月 5 日中午,就在距离第四次中东战争爆发不到 24 小时的时间里,中央情报局向尼克松总统递交了这样一份文件:

> 目前,双方在积极关注对方的一举一动。外界的谣言和新闻报道也可能为中东局势的发展蒙上一层阴影。但是从目前的军事准备情况来看,尚无迹象表明战争即将开始。

我们虽然收到了这样的报告,但战争还是在 1973 年 10 月爆发了,这样的结果,出乎所有人的预料。

第1章　　战略的制定

　　1973年10月6日，清晨6点15分，正在参加联合国大会年度会议的我在位于纽约市华都大厦酒店酣睡。忽然，负责南亚近东事务的助理国务卿乔瑟夫·J·西斯科闯入我的房间，我不得不挣扎着起来，他用粗重的声音告诉我，以色列与另外两个阿拉伯国家——埃及和叙利亚——即将开战！尽管如此，西斯科却非常自信地告诉我，这些都只是一个失误，双方只不过是误解了对方的真实意图。如果我能立刻果断地将这一切纠正过来，就能在战火枪声打响前将局势完全掌控。这显然过高地估计了我的能力。不幸的是，事实证明，这的确都被夸大了！

　　之所以让西斯科有如此举动的是一则消息，这个消息是由美国驻以色列大使、前纽约州参议员肯尼斯·基廷提供的。就在两小时前，基廷被以色列总理戈尔达·梅厄叫到后者位于特拉维夫的总理办公室。对于以色列首脑来说，在这样的一天工作非常意外：当天是犹太教最重要的圣日——赎罪日！犹太人在这一天要斋戒、诵经、忏悔，反思自己在上帝面前是多么的渺小与无知，赎罪日也是整个犹太教高圣日的顶峰。根据传统，上帝会在这一天决定所有人第二年的命运。

　　梅厄总理的消息令人震惊，她表示以色列国与命运的遭遇战早已经开始了，"我们可能有麻烦了"，她这样告诉基廷。埃及和叙利亚的军事行动，此前一直被以色列和美国方面认为是单纯的军事演习，却突然之间发生了极具威胁的变化。基廷向梅厄回忆到，不到12小时前，以色列国防部官员还向其证实当前局势不具危险性。而梅厄总理的回应却是"这都已经不是准确的信息了"，以色列确信埃及、叙利亚联军将在当天下午晚些时候发动进攻。对此，梅厄给出的建议是，既然阿拉伯人注定要失败，那么这场危机的根源必须是对方误解了以色列的意图。美国方面需要尽快通知苏联以及以色列的阿拉伯邻居们，告诉他们以色列并没有攻击埃及或叙利亚的想法。以色列只是在调集"一些"后备部队，但是这种展示和平的想法却缺少总动员的行动。基廷问梅厄总理以色列是否在准备一场先发制人的战争，后者明确表示以色列希望避免任何流血事件的发生，无论任何情况以方也不会率先开战。

　　西斯科叫醒我时，距离中东地区最后的和平终结也只有90分钟了。埃及和叙利亚如此巧妙地掩盖了备战行动，此时此刻，以色列依然天真地幻想战争能比预定时间晚四个小时开始。我知道如果阿拉伯人的确有所预谋，任何外交手段都不可能起作用。但是我的想法依然被此前以色列不断传回的消息、被经由美情报部门确认的信息影响着——这场战争几乎是不可能的！我陷入一阵沉思，外交手段在脑中不断涌现，半数以上都在告诉我埃及和叙利亚的行为只不过是出于他们对以色列意图的误解。

我的第一个动作是致电苏联驻美国大使阿纳托利·多勃雷宁，这也是以色列梅厄总理的要求，显然，我的电话把大使先生惊醒了。

苏联驻美国大使阿纳托利·多勃雷宁与基辛格的通话
1973年10月6日，周六
早晨6点40分

基辛格（以下简称"基"）：你在哪？

多勃雷宁（以下简称"多"）：家里。

基：你在马里兰？

多：我的使馆。

基：我们从以色列得到消息，阿拉伯和叙利亚准备在未来六小时里发动战争，现在你们的人正在撤离大马士革和开罗。

多：叙利亚和谁？

基：和埃及，他们准备在未来六小时里发动战争。

多：嗯。

基：现在你们的人正在撤离大马士革和开罗。

……

多：是他们让你告诉我们这些的吗？

基：是他们让我告诉给你这些。这个消息我是从以色列那边拿到的。

多：他们就是这么说的？

基：的确如此。

多：[听不清楚]

基：以色列方面告诉我们说，埃及和叙利亚正在备战，很快就要开战了，你们的人也在从大马士革和开罗撤离。

多：是的。

基：这就是你们撤离的理由？

多：是我们的……

基：对，苏联人撤离的理由，是因为害怕以色列的攻击。以色列方面希望我能告诉你，还有让我们告诉阿拉伯人。

多：以色列人？

基：的确，他们没有任何进攻的计划。

多：是的。

基：但如果埃及和叙利亚发动战争，以色列一定会非常迅速地做出反应。

多：是的。

基：但以色列人也准备给予合作，以缓和军事的紧张局势。

多：你说什么？

基：准备合作，以缓和军事的紧张局势。

多：是的。

基：好的。下面是我和你之间的对话。总统先生相信你和我们在约束我们各自朋友的问题上，承担着特殊的职责。

多：是的。

基：我们尽快与以色列人进行沟通。

多：你？

基：是的。

多：跟以色列人沟通。

基：如果能继续下去的话，如果能坚持，你还没听懂我的话，战争就已经开始了。

多：我听懂了。你已经与阿拉伯人和以色列人进行了沟通。

基：是的，特别是对以色列，提醒他们不要仓促行动。

多：我明白。

基：我们希望你也能这么做，在你的朋友们身上尽可能发挥你的影响力。

多：等一下，消息就这么多？

基：是的，我想告诉你的是，毫无疑问，这件事对于我们两国关系意义重大，目前我们还没有把这个问题在中东扩大化的想法。

多：什么是我们两国的关系？

基：直到一小时前，我还没有认真考虑这件事。但现在我们已经接到了从以首都耶路撒冷打来的电话，说他们相信战争将在未来六小时里爆发，以色列全国正在进行总动员。

多：谁？以色列人？难道你不认为以色列人试图自己做些什么？

基：如果是那样的话，我们会告诉他们不要那样做。我现在判断不出来。昨天，我们的评估报告还显示埃及和叙利亚依然在备战，我们还认为（这）不过是另一场虚张声势。你明白了吗？

多：我明白。

基：昨天，我们得到的消息是以色列并没有备战，但你知道的，他们可以行动地非常快。

多：我明白，我会把消息放出去，我马上就行动，也会采取所有必要措施。
基：你也要让莫斯科方面相信，我们正在针对以色列采取最紧急的措施。
……

我的第二个电话是打给以色列驻美国副大使莫迪凯·沙莱夫。以驻美大使辛卡·狄尼兹正在本国参加赎罪日的活动。

以色列驻美国副大使莫迪凯·沙莱夫与基辛格的通话
1973年10月6日，周六
早晨6点55分

基辛格（以下简称"基"）：我从基廷（美国驻以色列大使）那里得到消息，你们准备在未来六小时里面开战了？
沙莱夫（以下简称"沙"）：是的。
基：首先，我必须告诉你，你昨天就应该把消息带来。你真不应该等到今天我来华盛顿之后再带过来（这个消息是指以色列请求美国向埃及和叙利亚消除其有发动攻击的意图）。
沙：我当时并没有得到那个消息，而且他们告诉我说你不会见我的。
基：你肯定是开玩笑吧。别为这件事情烦恼了。
沙：你还没有得到消息吗？
基：拿到了，但是是在深夜拿到的消息。
沙：15分钟前，我国宣布采取预防措施，在军中拉起警戒，这其中就包括军队动员。
基：我想告诉你下面这些内容。我们已经与苏联和埃及取得了联系，敦促其最大可能地保持克制。多勃雷宁已经表示会配合我们。我建立了特殊的沟通渠道。我劝你不要采取任何先发制人的行动，因为如果你们有动作的话，局势会变得非常严重。
沙：是的。
基：希望你能把这种想法传达出去。
沙：我马上就去做。
基：有任何反应，或者我们任何对话，我们都会及时通知你。你要守在电话旁。

5分钟后，我和正在纽约的埃及外交部长取得了联系。

埃及外交部长穆罕默德·扎亚特与基辛格的通话
1973年10月6日,周六
早晨7点

基辛格(以下简称"基"):外长先生,很抱歉打扰你。我们收到一则报道,它看起来可信度很高,以色列就你方军队和叙利亚军队将在未来几小时内发动进攻请求援助。

扎亚特(以下简称"扎"):几小时?

基:是的。我们已经与以色列方面取得了联系,他们让我们向你方转达事态的严重性,还有,他们并没有任何发动攻击的意图,所以,如果你们备战的根源是出于对以色列进攻的恐惧的话,这是毫无根据的。

扎:的确。

基:另一方面,如果你们要发动进攻,对方会采取非常强硬的措施。这就是以色列让我带给你的消息。我想告诉你,我刚刚和以色列大使(副大使沙莱夫)通过电话,我告诉他,如果以色列率先发动进攻,那么我们会非常重视局势的发展;我还告诉他,从美国利益考虑,以色列绝不能率先发动进攻,不论他们对这种挑衅行动怎么看,也绝不能率先进攻。现在,我想请求你的是,外长先生,请把这个信息带到你的国家去。

扎:我会的。

基:这非常紧急!请求他们从我们的利益出发保持克制,至少让我们可以开始……

扎:我马上就去处理,尽管我非常担心这只是以色列的借口。

基:如果这是他们的借口的话,我们会针对他们采取有力措施的。

通话的其余部分,都是用来获知当前情况的,这些都是非常明显的内容。接下来的电话是打给我的副手布伦特·斯考克罗夫特的。

美国副国务卿布伦特·斯考克罗夫特与基辛格的通话
1973年10月6日,周六
早晨7点15分

基辛格(以下简称"基"):多勃雷宁(给莫斯科方面)打电话的时候,知道消息了吗?

斯考克罗夫特(以下简称"斯"):当时消息还在路上,但很可能他那时还不知道。

基:他们真还在路上吗?

斯:是的,我告诉他们了。

基:好的。

苏联驻美国大使多勃雷宁助理奥莱格·叶达诺夫与基辛格的通话

1973年10月6日，周六

早晨7点25分

基辛格（以下简称"基"）：我知道大使先生正在和莫斯科通电话，我想让他知道一些信息，一定要保证我的电话切进去前他的电话不断线。在我们的要求下，我们刚刚得到以色列方面的保证，对方表示一定不会率先发动进攻。

叶达诺夫（以下简称"叶"）：好的，我知道了。

基：我们希望莫斯科方面也能知道这个消息，并希望苏联能够使用自己对于埃及和叙利亚的影响力，使事情能朝着同一个方向迈进。

叶：好的。

基：我方绝不食言。

叶：好的。

美国负责南亚与近东事务的副助理国务卿阿尔佛雷德·L·阿瑟顿（罗伊）与基辛格的通话

1973年10月6日，周六

早晨7点30分

阿瑟顿（以下简称"阿"）：我们收到基廷大使传回来的报告，是关于他几小时前与以色列总理梅厄会面的内容。主要内容是梅厄希望我们能把下面这些信息传递给埃及和苏联：以色列并没有任何攻击叙利亚或者埃及的意图；目前以方已在部署军队以防止国外势力的攻击；出于意外情况的考虑，他们也已经开始召集预备部队。以色列已经非常清楚地意识到埃及和叙利亚的好战情绪，如果对方发动攻击，尽管会造成一定的破坏，但他们注定失败，这种破坏也是以方希望能避免的。以色列不会，再重复一遍，不会率先发动战争，请注意，如果遭受攻击的话，以方也会打败对手，梅厄强调以色列政府希望能避免流血事件的发生。

基辛格（以下简称"基"）：我们什么时候得到这个消息的？

阿：会议结束之后，就是大使先生与总理今天早些时候会面之后。

基：这才是最关键的。马上把这个消息送到斯考克罗夫特那里。罗伊，你能尽可能地快吗？

阿：好的，我们马上就去。

基：我这里会保密的。好的，多谢你。

埃及外长扎亚特与基辛格的通话

1973年10月6日，周六

早晨7点35分

基：很抱歉再次打扰您。我想告诉你，这是我最新得到的消息。在我们的要求下，我得到了以色列方面的答复，对方已经给出了正式保证，称既不会率先发动进攻，也不会率先发动任何军事行动。我想告诉您的是，如果他们打破了对我们的承诺，那么我方将用最严厉的态度处理这件事。

扎：多谢。这和1967年的情形很相似啊（1967年以色列对埃及率先发动进攻）。因为苏联人告诉我们说边境地区已经出现军事集结。

基：苏联人说的是军事集结吗？

扎：昨天大使馆来人告诉我们说，叙利亚边境出现集结的军队。

基：这也是我们从1967年战争里面总结的教训。目前我们已经得到了以色列的承诺，对方表示不会率先发动战争。我们把得到的所有信息也都告知给了你，我们这样做就是为了最大可能的克制对方。

……

扎：我能问你是如何开辟沟通渠道的吗？（以色列外交部长）埃班在你旁边吗？

基：以色列大使先生在华盛顿，他的沟通技巧更精妙……

……

以色列驻美国副大使沙莱夫与基辛格的通话

1973年10月6日，周六

早晨7点45分

基：我们已经把信息传递给了苏联，跟他们说你们并没有先发制人的军事计划，还跟他们说我们已经得到了你的保证。如果以色列有所举动，那我们也会负担一定责任的。

沙：是的。

基：我们正在尝试与埃及方面联系，苏联大使已经在与莫斯科对话了。

沙：叙利亚那边呢？

基：我们没有与他们进行沟通，苏联方面会解决这个问题。也许我会派个人去叙利亚大使馆。

沙：好的，我已经传达了我的消息了，我会听从你的安排。

基：好，我们任何行动，我肯定都会通知你的。

苏联驻美国大使阿纳托利·多勃雷宁与基辛格的通话
1973年10月6日，周六
早晨7点47分

多：我已经和（苏联外交部长安德列）葛罗米柯通过电话了，我也向他转达了你的意思。

基：你看到我们递给你的消息了吗？

多：没有。

基：还没到你手里呢？

多：没有。

基：如果我杀了人，还把尸体带到你面前，你能把这些尸体运出城吗？

多：哈哈哈……

基：你已经得知了吧，我们得到了以色列人的保证——不会先发制人？

多：是的，我只得知了这些。

基：你将要看到的消息被一些其他的事情打乱了。

多：我已经把你的消息，连同斯考克罗夫特的，都转达给了莫斯科。

基：那你的消息已经都是最新的了，我已经和埃及外长联系过了，把以色列人的意思告诉给了他们，我还跟对方说了有关以色列保证不会抢先发起攻击、我们也会对此密切关注，保证其能顺利实施。他告诉我们会尽快把消息传递给开罗。目前我们还没有和叙利亚取得联系，这正是整个局势的薄弱环节。

多：我明白。

基：我们对于叙利亚的影响力，无法和对以色列的影响力相比。

多：我明白。

基：这一点，如果莫斯科方面不了解的话，你也可以把这个告诉他们，这就是我们知道的全部内容。

基：您让我办的事情都已经办好了。

多：不过我们和埃及外交部长通话这件事还没有。

基：你和他在电话里沟通过了？

多：他现在在纽约，我们双方交谈甚欢。昨天我们经历了一个非常友好的会面，不过并没有具体的结果。正如我告诉给你的那样，我们没玩游戏，一会儿会有人告诉你我们的行动，你也可以消除莫斯科方面在这个方面的疑虑。

负责沟通事宜的总司令乔纳森·霍尔在形势办公室与基辛格的通话

1973年10月6日,周六

早晨7点51分

基辛格(以下简称"基"):我告诉你做什么事情的时候,你必须马上去做。我们已经要求把两个消息传到苏联大使馆那边,但目前消息还没有到他们手里。

霍尔(以下简称"霍"):我会调查的。

基:要调查彻底!有什么理由我们的消息还没有到他们手里?

霍:我不清楚,除非我调查清楚。

基:这是一个非常复杂的过程,这个我了解。

霍:我会关注的。

基:我想让消息到达对方手里,到了给我消息。

埃及外长扎亚特与基辛格的通话

1973年10月6日,周六

上午8点15分

扎:我联系不上总统。他现在在作战指挥室。我得知了下面这些信息:今天早晨六点,在埃及边境出现了一些海军部队和空军部队,这是以色列鼓动的挑衅力量,我们已经击退了他们,并且一直这么做着。

基:他们试图跨过运河?

扎:他们在苏伊士湾,这是有空军力量保护的海上行动。这是在我们的领土上,无论是距离叙利亚边境,还是距离苏伊士运河都很远,第一份声明已经见报了。

基:这些是以色列的海军吗?

扎:说这是有空军力量保护的海上行动,具体的我也不知道,我也想得到更多的信息。很明显这种军事接触发生在埃及海域的萨法拉和苏赫纳,距离苏伊士运河还很远。

基:好的。

扎:我在这里看到以色列人,他们正在召集外长会议。

基:就像我跟你说的那样,我们反对任何以色列的进攻行动,也反对任何人发动的进攻行动。

扎:我明白。

基:我马上就去处理这件事,同时我还想敦促你要尽可能约束你的人,任何过激行为,都要限制在它的摇篮里。

扎:但是在埃及境内有些困难。

基：如果在埃及境内，肯定你希望抵制这种行为。我不是不鼓励你不要去保卫自己国家的领土，但还是要尽量保持克制，我们也会尽快与以色列人取得联系。我们会安排，如果他们希望尽快与开罗方面沟通，我们会安排你们马上与他们进行对话。

扎：我已经告诉他们了。什么性质的沟通渠道？

基：霍尔将军会给你，或者给你的助理打电话，告诉你们如何尽快实现沟通。

扎：他应该给我们的马吉德大使打电话（艾哈迈德·伊斯马特·阿卜杜勒·马吉德是埃及常驻联合国代表）。

基：我们会跟他联系的，并告诉他如何尽快实现沟通。代我问候他，我们会尽最大努力来处理此事的。

以色列外交部长阿巴·埃班与基辛格的通话
1973年10月6日，周六
上午8点25分

基辛格（以下简称"基"）：你知道昨天晚上我们收到的消息吗？

埃班（以下简称"埃"）：是的，我也已经收到这个消息了，我们担心的是，他们会在南北两侧都有布防。三小时前，我被告知要随时待命，之后可能还会有更多细节。

基：我告诉你一些最新消息，这都是关于我今天早晨进行的。今早六点，我接到了基廷大使的电话，他被告知了一些极为可信的消息，他也敦促我利用我们的影响力。接下来，我率先给苏联人打了电话，告诉他们最大可能保持克制，我们还为他们开辟了与莫斯科的沟通渠道。然后，我给埃及外长打了电话，让其保持克制。我们从基廷大使那里得到了以色列总理的回复，她向大使先生保证以色列方面不会发动先发制人的攻击。我把这个消息分别转到了埃及和苏联人那边，并告诉对方这是我们对以色列人最迫切的建议，能得到这样的保证我们很高兴，但在这种情况下，我们依然要求其更多的保持克制。我们为埃及使馆开辟了到开罗的沟通渠道。他（埃及外长扎亚特）已经同伊斯梅尔（默罕默德·哈菲兹·伊斯梅尔，埃及总统萨达特的安全顾问）通了电话。他告诉我在苏伊士湾出现了一股海军力量。如果这是真的的话，那将是非常不幸的，这肯定是在埃及境内海域。

埃：这股海军有什么行动？

基：开枪，是以色列人，从空中和海上双重打击。考虑到局势的严重性，我认为我应该和你交流一下。如果这是你的人干的，他们应该知道自己在哪。我必须非常慎重地提醒你，在这种情况下，以色列人不应该有所行动。

埃：这真让我感到惊讶。我们已经保证不会有先发制人的攻击。我在哪可以找到你？

基：你可以在华都大厦酒店找到我。如果这条电话线忙的话，给白宫打电话。

......

以色列驻美国副大使莫迪凯·沙莱夫与基辛格的通话

1973年10月6日，周六

上午8点29分

沙：我刚刚接到首都耶路撒冷打来的电话，就在内阁成员召开会议的同时，他们收到消息，埃及和叙利亚已经打响战斗。很明显，主要是在边境地区进行空袭。

基：我也接到了埃及人的电话，说你们的人在埃及边境、苏伊士湾地区采取了海上行动。

沙：哦？我对此一无所知。

基：这不像是在过去，现在一切并没有按照你们预想的那样运行。

沙：的确没有。

基：这也不像过去你们处理问题的方式。你们现在在做什么？

沙：我想我们正在密切关注局势。

基：我再次敦促你们，要尽最大可能保持克制。

沙：我想你已经接到我们不率先开战的保证了，而现在看上去是他们打响的第一枪。

基：你知道事情是怎么开始的吗？

沙：不知道，一切不过是20分钟前发生的而已。

基：你会及时通报给我最新消息吗？

沙：我会的。

接下来我的电话是打给尼克松总统政府的白宫办公厅主任亚历山大·黑格的，他和总统目前正在佛罗里达州肯比斯坎度假。

白宫办公厅主任亚历山大·黑格将军与基辛格的通话

1973年10月6日，周六

上午8点35分

基辛格（以下简称"基"）：我们今天可能会迎来一场中东战争！

黑格（以下简称"黑"）：真的吗？

基：我想让你知道发生了什么事情。今天早晨，我给总统先生和你发了一份报告。这则报告是我们今早六点得到的，内容是以色列认为将在未来六小时里受到埃及和叙利亚的攻击。

黑：嗯。

基：起初，我认为这是以色列人玩的把戏，虽然今天是赎罪日，但这个把戏会便于他们能发动进攻。我给埃及外长打了电话，让其保持克制。我给多勃雷宁打了电话，让他使用我们所有的沟通渠道用来和莫斯科取得联系。以色列给我回了电话，对方向我保证不会率先发动攻击。而埃及人的回电却告诉我以色列军队正在苏伊士湾发动海上攻击；15分钟后，我再次接到以色列人的电话，说埃及和叙利亚的军队在边境上空进行轰炸，他们已经发动了战争！现在，说以色列人仅凭在苏伊士湾的行动就发动战争的说法就不足为信了。这只是我的预测，我希望你知道，这里由我们负责。你要说总统先生从六点开始就已经得知了全部信息，我会告诉你接下来所发生的一切。

黑：跨越边境了吗？

基：目前，我刚刚收到一份从耶路撒冷传来的报告，由于以色列外长的缘故，这个消息过来晚了。消息称埃及和叙利亚边境全线遭遇空袭，我不清楚以色列人是怎么抵抗的。我收到埃及方面给我的报告，称一股以色列海军在苏伊士湾集结，对方表示会把这股海军赶走的。

黑：你对苏联的态度怎么看？

基：我认为他们试图把此事压下来，他们对此表现得非常震惊。

黑：你相信他们吗？

基：是的，我相信。我认为他们要是率先开战，这种行为未免太疯狂了。

黑：谁知道呢。我们这里有很多麻烦（指的是副总统斯皮罗·阿格纽即将辞职）。

基：就是这个原因。我认为我们国内的形势（指的是水门事件）导致了这一切。我认为所发生的一切是苏联告诉埃及的，告诉他们……只有中东出现混乱，一切才有前进的可能。这些狂热分子搞得太大了，我认为以色列人肯定会发起强烈的反击的，他们已经动员了部分军队。很可能我要回到华盛顿去，并在几小时内做出决定。我已经让斯考克罗夫特召集了华盛顿特别行动小组会议。我们会把会议地点设在海军第六舰队上。同一个地方不能出现两支舰队，所以我们大概需要一周的时间集结海军。如果事态继续发展，可能我们明天就要行动了。

黑：好的，亨利。

基：不要让（尼克松政府新闻发言人罗纳德）泽格勒在我们不知情的情况下信口开河！你要说总统先生已经完全掌握了目前的局势，从今天早晨开始他已经陆续接到了联合国（驻纽约总部）的简报，别的就没有要说的了。如果需要发表声明，我会事先征求你的意见，确定下来究竟是在这里发表，还是在白宫发表。

黑：我会说总统先生今早六点钟接到的报告。
基：说六点半吧。我已经和这些人都联系过了，别的我们无可奉告。我们已经给沙特阿拉伯和约旦传递了消息，让他们保持克制。
黑：好的。
基：你要守着电话。如果你和总统在一起，告诉总机把我的电话接进去。

联合国秘书长库尔特·瓦尔德海姆与基辛格的通话
1973年10月6日，周六
上午8点40分

基辛格（以下简称"基"）：秘书长先生，我想就今天早晨发生的事情给您做一份简报，可以想象这些事情也许已经超出我们的控制了。今早六点我接到我方驻耶路撒冷大使的电话，他说以色列相信埃及叙利亚联军即将对其发动进攻。从那之后，我开始不断给以色列外交部长和埃及外交部长打电话，敦促各方最大可能的保持克制；我还接到以色列方面的消息，对方称绝不会率先发动攻击。埃及方面给我的电话回复显示，苏伊士湾发现一股以色列海军攻击力量，当然，这也不是以色列惯用的攻击方式。我刚挂掉这个电话，就收到了以色列方面带来的消息，对方表示埃及和叙利亚的军队在边境全线进行空袭。不过至少没有任何军队有越境的行为。这就是我目前知道的全部情况，我希望表达我方进行合作的愿望，我们正在试图建立合作通道。

瓦尔德海姆（以下简称"瓦"）：非常感谢！

基：我尚不清楚是否发出了任何指令，我认为我们应该尝试尽可能平息当前局势，但局面也可能变得无法控制。如果您能在我们与埃及方面沟通前，与叙利亚方面进行沟通，这很可能将有所帮助。

瓦：昨天我和叙利亚总理、叙利亚外交部长在一起，但他们并没有提及此事。

基：昨天我也和埃及外交部长在一起，他也是什么都没有说。

……

以色列外交部长阿巴·埃班与基辛格的通话
1973年10月6日，周六
上午8点50分

埃：15分钟前我收到消息：当地时间凌晨两点，叙利亚军队用火炮和炸弹对戈兰高地、施诺玛地区发起进攻，这只是叙利亚方面；后面我得到的消息是，埃及人也加入战争，他们对西奈半岛一个叫做[听不清楚]的地方进行空袭，他们试图跨过运河。

基：你是否拿到了关于你方反应的消息？

埃：没有，这是我得到的第一个消息。

基：我从埃及人那里得到消息，他们宣称是你们挑起战争，你们在距叙利亚的某产油地发动海面打击。

埃：我们没有收到这样的消息。

基：我自己也不相信，你们会用在一个地方进行海面打击的方式发动战争，但你们经常做一些让人震惊的事情。你告诉我真相了吗？

埃：他们说第一个信号是海面打击？

基：他们说这是第一个信号。

埃：在苏伊士运河南部？

基：在运河南部。埃及外长给我打了电话，还告诉我那个地点的名字，那是一个阿拉伯名字。如果你真攻击了某个地方，你大概知道那是哪里。

埃：的确，这没有任何说服力。之前的消息称，（叙利亚）出现了大批撤离的苏联人。你知道这件事吗？

基：我知道了，我也已经打电话提醒苏联方面的注意。

......

美国副国务卿布伦特·斯考克罗夫特与基辛格的通话
1973年10月6日，周六
早晨8点50分（时间不太确定）

......

斯：您和总统先生联系上了吗？

基：是的。你把消息送到多勃雷宁那里了吗？

斯：是的，他已经收到消息了。两分钟后，会有个华盛顿特别行动小组的会议。

基：告诉他们不要轻举妄动。任何讨论的内容都只能从肯比斯坎或者（国务院发言人罗伯特）麦克洛斯基那里放出来。让舰队准备就位，如果我们让它们出发，它们就能出发；还要弄清楚召集舰队需要多长时间、能得到多少援军。中午前，从（参谋长联席会议主席托马斯）摩尔上将那里搞到一份计划，看看如果事态超出我们的控制，我们能动用什么。告诉国防部，关于军事行动或其他的相关问题，一定要让他们把嘴闭紧。如果他们需要总统御令的话，我会给他们找一份书面御令。

斯：好的，我这就去告诉国防部和中情局。

基：中情局无所谓，不过得告诉参谋长们。从摩尔那里弄清楚，大西洋能集结到哪些军队，还有完成集结需要多长时间。

斯：那两艘航母舰上军队可能召集不齐，因为今天是周末。

基：在中午前弄清楚这需要多长时间，还要弄清楚还能召集多少军队。不要有任何行动，只要原地待命。中午前军队召集不回来，但在接到行动命令前，他们应该准备好！

以色列驻美国副大使沙莱夫与基辛格的通话
1973年10月6日，周六
上午9点

沙：我得到的最新消息是，苏伊士运河沿岸发生大规模战争，埃及军队试图越过运河朝我方逼近。他们轰炸了西奈半岛的很多地区，之前的海面打击事件不过是他们用来掩盖自己行为的幌子。

基：是的，我需要你尽可能多的向我提供有关海面打击的真相，即便这件事情纯属子虚乌有，关于这一点，副大使先生，我非常相信。显然，目前行动的主要力量出现在运河沿岸和戈兰高地。希望你能提供尽可能多的信息，我们对此深表感谢。

沙：我告诉您的是我知道的全部，一有新消息，我会直接告诉您。

基：好的。现在我还没有决定是留在这里，还是回到华盛顿去。很可能我会在今天白天回到华盛顿。我去派人通知你的。

沙：谢谢。

以色列外交部长阿巴·埃班与基辛格的通话
1973年10月6日，周六
上午9点07分

埃：我方总理让我告诉您，之前所谓的以色列对苏伊士运河进行海面打击的消息是错误的。她的希伯来语很好，是她告诉我们的。我询问了目前我方的行动。目前，我方一直采取防守措施，我认为目前战事都在我国境内进行。

基：你们打算通知安理会吗？

埃：总理让我再观望一下，但让我通知了联合国秘书长。

基：你认为通知安理会怎么样？

埃：我会考虑的，这不是没有理由。如果我们这么处理，我想这是我们的一个优势。对此我也提出了建议，如果建议被采纳的话，我想我们应该是受害方。

基：你的建议是我们不要行动。

埃：只要我们有快速行动的机会，我认为这才是更自然的过程。

基：如果你有了答案，能不能告诉我一声？

埃：当然。

联合国秘书长库尔特·瓦尔德海姆与基辛格的通话
1973年10月6日，周六
上午9点12分

瓦：我要告诉你从我们前方的观察员那里传来的最新消息。战争全面爆发，埃及地面力量从五个不同的地点跨过苏伊士运河。我们的想法是，这真是一场大规模的军事行动，可以说，叙利亚军队已经穿越了卡尼特拉附近及其南部的边境线。这是我们几分钟前刚刚接到的电报。

基：非常感谢！我们非常感谢您的消息，作为回报，我们得到任何消息也会通知您的。

我和瓦尔德海姆的电话结束后，华盛顿特别行动小组的会议已经在九点钟开始了（这是尼克松政府的危机处理小组，该小组的负责人是国家安全顾问，其他成员还包括副国务卿、国防部长、中央情报局局长、参谋长联席会议主席。由于我仍在纽约，斯考克罗夫特代我主持此次会议）。即便手中握有相关信息，与会人员依然认为，想要改变在危机之初出现的那些想法，这是不现实的。

> 我们（情报部门）找不到证据证明埃及和叙利亚两方进行联合，攻击并跨过苏伊士运河，攻击戈兰高地。相反，我们的情报显示，是双方察觉到的威胁促成了一种作用和反作用的局势，这种局势导致危险不断升级，并可能演变成一场冲突。目前的这种敌对状态正是这种局势的结果，不过现在我们依然无法辨别全部事件的先后顺序。很可能，埃及或者叙利亚，后者相对更为可能，一直在准备进行突袭，抑或是小规模的冲突。

上述观点没有产生任何分歧，但也未能解释叙利亚和埃及在相距200英里的前提下，如何同时发动进攻，造成这种作用和反作用的结果。中情局局长威廉·科尔比称，根据大马士革电台的消息，以色列发动了这场战争，这一点与会人员并没有分歧；国防部部长詹姆斯·史勒辛吉表示尽管叙利亚算不上老实，但如果不是以色列率先开战，那这将是二十年来，中东战争历史上第一次不是以色列主动发起的战争，"我看不出来埃及和叙利亚在这件事上的动机"。参谋长联席会议主席摩尔认为也许是以色列率先发动了进攻，意在后面埃及和叙利亚境内的空战中，为使用更精良的武器做铺垫。只有阿尔佛雷德·L.阿瑟顿（罗伊），也就是西斯科的副手对最后的结论表示质疑，这一天是他们（以色列人）最不想有所动作的日子，之前并没有任何迹象表明以色列在备战。"

与此同时我也分析出来到底发生了什么事，玄机就在接下来我与多勃雷宁的通话里。

苏联驻美国大使阿纳托利·多勃雷宁与基辛格的通话
1973年10月6日，周六
上午9点20分

基：我们的消息是，埃及和叙利亚在他们的边境全线发动进攻，还有在……

多：是不是在运河沿线？

基：在苏伊士运河和戈兰高地。扎亚特宣称以方在苏伊士湾的某个孤立点发动了海面打击，正是这里挑起了事端。

多：我已经从电报里知道了。他们说是以色列发动的战争，是扎亚特告诉你的。

基：他告诉我攻击地区不是在运河地区，而是在苏伊士湾。我们都要有自己的官方立场，你和我也都知道之前的是胡话连篇。如果是他们发起攻击，那他们肯定不会选择在苏伊士湾发动，也不会选择那些主要的地点，这不是他们的风格。

多：我明白。

基：叙利亚和埃及怎么能够同时发起进攻，而且还是阵地全线开战？如果一切是由于以色列海面打击引起的，那你和我就要面对一个共同的问题，就是如何平息这一切。我们正在利用我们最大的影响力，让以色列人保持克制。目前对方告诉我一直在约束自己的行为，在阿拉伯的领土上也没有任何深入的举动。但是你对他们的了解和我一样，这（以色列人的克制）保持不了多长时间了。

多：好。我会给莫斯科送去一些额外信息。真是疯了！

基：全都疯了！今天白天我可能要返回华盛顿，我们很快就要见面了。我认为，我们应该借用这个机会，首先，决不能让我们的成果毁在任何一方狂热分子的手里，一切平息下来后，再重新建设。

多：好的，非常感谢！

美国总统理查德·尼克松与基辛格的通话
1973年10月6日，周六
上午9点25分

尼克松（以下简称"尼"）：你好，亨利。我想让你知道，我了解了这些消息。苏联人说他们非常震惊。

基辛格（以下简称"基"）：苏联人表示震惊，但我的感觉是，他们应该感到震惊，因为，很明显，最近两三天一直有运输机经过。

尼：同意。

基：我们的看法是他们知道这一切，或者知道这一切是可能的。他们之前没有警告我们。

尼：现在发生什么了？现在是什么情况？

基：战斗已经在戈兰高地和西奈半岛打响了。埃及声称是以色列率先在苏伊士湾发动海面打击，才导致了这一切。这些我都不信，什么海面打击？以色列方面说目前战事依然主要进行在以境内，他们目前只是防守。我几乎非常肯定这是阿拉伯人率先发起的。很难想象以色列人会在犹太人最重要的节日里发动战争，没有必要在这一天这么做，也没有证据证明是以色列人发动了空袭，而且他们已经给了我保证——保证不会发动先发制人的进攻——今早我已经把保证传出去了。我们已经告诉阿拉伯人，如果以色列率先发动进攻，我们肯定会表示反对的，我告诉他们应该保持克制。我认为现在的主要问题是平息战火，然后再利用这个机会看看是否能推进解决方案。

尼：你是说用外交方案解决更大的危机（即指中东危机）。

基：是的，几乎可以肯定今天会有一次安理会会议，我们依然在争论究竟是我们来要求召开安理会会议，还是让以色列去做。总得有人在接下来一个小时里提出要求。

尼：我认为应该我们去做，我们应该争取主动权。我们总不能让苏联人去做吧？我认为我们应该争取主动，你应该指出你已经和我沟通过了。

基：关于这个问题，我先给多勃雷宁打个电话，在安理会会议辩论中，肯定会有很多来自各方的指责。

尼：不要偏袒任何一方。没人知道是谁先挑起战火。

基：有两个问题……从长远角度来看，我认为继续维持之前的状态是不可能了，而眼下的事情，我们必须避免苏联人被阿拉伯人拉进他们的阵营。如果他和我们一起赞同中立的方案，也就是说我们两方都坚持我们不知道是谁率先发动的战事，但我们都希望将战火熄灭，那将是最好的选择，但如果他们要为阿拉伯人辩护呢。不过首先我们应该注意他们是否赞同我们的中立方案——那将是最好的选择。

尼：一定要让我知道事态的发展。

基：一个小时前我们已经给您发了一份简报，但那已经是历史了。也许今天我就回华盛顿了。

尼：好的，多谢你。

苏联驻美国大使阿纳托利·多勃雷宁与基辛格的通话
1973年10月6日，周六
上午9点35分

基：我刚刚和总统先生交流过，他让我给你们提一些建议。毫无疑问，今天会举行安理会会议，你不认为是这样吗？

多：我也这么想。因为现在的局势已经非常危险了！

基：在安理会会议上，我方会做好接受中立的方案，事实上我们谁也不知道是谁率先挑起了这场战事，但是我们希望保持之前的状态。

多：你的建议是重建（1967年）边界线（即指战前的停火线）。

基：重建停火线，以及后续的真相调查委员会。我们准备好沿着之前经（苏联外交部长安德列·安德列维奇）葛罗米柯、我、总统先生讨论生成的协议方案继续下去。

多：在安理会之外吗？

基：是的。

多：仅局限于你我两方面？

基：是的。我们愿意对整个形势进行调查。如果你选择为阿拉伯人进行辩解，那么我们将不得不为我们相信的 —— 坚信是阿拉伯人率先发动战事 —— 进行辩解，那样的话我们将陷入一片混乱当中，那将对我们的关系造成很大的影响。

多：我明白。

基：莫斯科要提出的建设性的意见将是：我们都认为没有时间讨论是哪方率先发动的战争。让我们终结这场战事，重建停火线，呼吁各方遵守停火线。

多：我看这的确是一条可以开始的道路，有建设性。

基：在得到你的消息前，我们不会有任何动作。你能不能尽快给我们一个答案？

……

第2章 周旋于联合国中间

战争显然已经爆发了！联合国无论是选择维持和平或者重建和平，都将是非常被动的选择。在此问题上，联合国所涉及官员们的犹豫，正好与不愿在联合国表明立场的各方犹豫的态度，不谋而合。但是随着战事的不断推进，问题始终要拿到联合国来处理，以确认最终的结果。于是这就产生了两个问题：在适当的平台上讨论这个问题，以及讨论过程所使用的策略。对于这个平台的选择，有两个观点：联合国大会，抑或是安理会。我们自然不希望答案会是前者，因为如果那样的话，不结盟国家（有80个成员国）会选择支持阿拉伯阵营，欧洲方面举棋不定，苏联集团的国家别无选择，即便此次指控不是由他们发起，他们也只能支持绝大部分的发展中国家。因此，想要获得一个相对公平的结果就变得不可能了！而安理会的组成决定了这可以让我们获得一个更好的机会，不管怎么样，我们还能行使否决权。我们的策略，正如上午9点25分我和尼克松总统在电话里说的那样，利用当时流行的关系改善政策，与苏联方面寻求一个双方认可的解决办法。这样既可以防止苏联成为阿拉伯人的代言人，也能保证我们不会被阻隔在阿拉伯阵营的大门之外，还可以让我们避免与欧洲力量产生分歧。最重要的是，因为我们依然坚信以色列不久就会赢得这场战争，我们将要面对以胜利后的政治新格局，上诉策略可以在军事局势进一步明朗前为我们赢得时间。

联合国安理会主席劳伦斯·麦克兰特爵士与基辛格的通话
1973年10月6日，周六
上午10点08分

基辛格（以下简称"基"）：我想和您谈谈我们目前对中东问题的总的了解情况，当然，这个问题您已经知道了。

麦克兰特（以下简称"麦"）：是的。

基：今天早晨我们接到一个紧急电话，是我方驻以色列大使打来的，内容是以色列认为即将可能受到攻击，他们请求我方利用自身的影响力进行斡旋，并请我方向其他利益各方保证不会发动先发制人的攻击。对此，我方照办：我给埃及外长、苏联大使等人先后打电话进行沟通。不过事态的发展看起来已经超过了我们的预期。目前我们正在与利益各方进行协商，看何时是召开安理会会议的最佳时间。只要我们这里达成一致，我会及时通知您的。如果您能通知我您在安理会那边商定的结果，我将非常感谢。在安理会会议召开前，我方很想率先得知会议上可能出台的消息。现在我是在非常坦诚地和您交流我方的意愿。

麦：真的非常感谢你！我应该告诉你以色列常驻联合国代表已经给我打过电话了，但并不是要求召开安理会，而是按照他的理解，他给我理顺了战事的前因后果。他还说已经和你方驻联合国代表沟通过了，双方正在协商，他还承诺事态一有发展就会及时通知我。这就是我们知道的全部。我还没有从埃及或者其他阿拉伯成员那里收到最新的消息。

基：之前我已经和联合国秘书长有一个简单的沟通，我跟他说了我方最新的进展。当然，我们认为这是属于安理会的职责，而不是联合国大会的职责。

麦：的确。你现在在哪？

基：我在纽约华都大厦酒店。我正在这里准备一篇关于世界和平的演讲稿，您愿意给我就适当的主题提出一些建议吗？

麦：我得考虑考虑。

基：不过这也没有让我分心。我想说明一件事，如果要召开安理会会议，而且也确实召开了，我方在尽我们最大的可能同时，也感谢来自各方的任何帮助，旨在达成一个可实现的结果，同时我们也要避免任何恶劣的攻讦。你知道，当前这种局面是充斥着各种夸大其词的成分，这也是我们要极力抵制的。

联合国秘书长库尔特·瓦尔德海姆与基辛格的通话
1973年10月6日，周六
上午10点22分

瓦：我想告诉你下面这些内容。我们在中东的观察员确认了之前你告诉我们的消息——在埃及和叙利亚边境发生了激烈的冲突。而在约旦边境并没有任何冲突发生。他们表示一旦观察员获得更多情报，就会尽快给我们更详细的报告。之前我和（埃及外交部长）扎亚特（Zayyat）举行了会面，他提出召开联合国大会的要求。我告诉他，严格地说，我对大会能否召开表示质疑。我不确定我们是否可以这么快召开联大会议，我问他是否可以请求安理会召开会议。他表示目前并没有任何计划，但很快他会给我们寄来相关文件，并要求我们传阅这些文件。

基：我的立场是这件事先提交安理会来解决。

瓦：完全正确。我认为召开联合国大会不太可能。严格来说，周一前都不可能召开。我确实认为这是安理会的事。我也向他（扎亚特）提出了这个问题，对方告诉我对此他还没有任何计划。我向他表达了我对此事的关注，还告诉他，他们应该尽一切努力缓和局势。当时他很生气，还说："我们没有攻击他们，是他们在挑衅我基：我们的情报、我们的感觉，与此恰恰相反。仅供你参考，不要把我说的这些告诉别人，我们目前正与苏联人对话，讨论是否可以在安理会找到一个双方认可的解决办法。在此之前，我想如果有人希望召开联合国大会，当然，目前不是这样，会议是否可以稍作推迟？在我们得到苏联方面的答复之前，是不是可以暂缓我们的步伐？这一切是为了了解苏联方面的反应。我知道还没有人提出召开联大会议。

瓦：对，是没有人提出。

基：我们的重点是和平与安全问题，这都属于安理会的职责范畴。召开联合国大会没有必要，我们不会同意的。

瓦：我真该劝劝扎亚特。

基：即使周一开会我们也不会同意。这一点我想向你说清楚。

瓦：很高兴你对我开诚布公。

基：我们正在筹备一次建设性的安理会大会。提供些信息给你，我们正准备与苏联联手，共同寻求一个解决的办法，看看能否再次停火，能否重建停火线。如果这些能实现的话，安理会会议就能召开了。

瓦：这是最好的解决方法。希望这能成功，如果有任何问题，我给你打电话。

基：如果你给我打电话，这将有助于两国政府间的协调行动。

瓦：是的，我认为保持密切联系非常重要。在这件事情上，你认为苏联人是否会因为他们和阿拉伯人的关系而不敢那么做？

基：如果苏联人考虑到我们之间的利害关系，他们会那么做的。

瓦：这个方法不错，我希望尽早看到双方一致认可的解决办法。

基：再次重申，这些我是只跟你说，我的估计和你一样，他们不会同意的。

瓦：根据我的经验，我知道他们非常在意不做任何反对阿拉伯人的事，也非常在意不做任何可能给苏阿关系带来负面影响的事。

基：我认为这个尝试非常重要，我们应该试一下。目前并没有人要求召开联大会议，我们在得到苏联方面的答复之前也不会提出召开联大会议。如果你提出不召开联大会议，我知道你的立场。如果你可以在我们得到苏联人的答复之前推迟会议，如果有人问到要求召开联大会议的话⋯

⋯⋯

白宫办公厅主任亚历山大·黑格将军与基辛格的通话
1973年10月6日，周六
上午10点35分

基：我想就我们的进展给你说些最新的消息，再跟你谈谈我的策略。你也许需要让其他人冷静一下。

黑：好的，我正和总统先生在一起。

基：嗯。埃及军队从五个不同的地点跨过苏伊士运河，叙利亚军队深入到戈兰高地的两个地区，这是我们从联合国观察员那里得到的消息。我们认为应该重新对事实进行评估，以色列人的进攻（即便确实存在），也不可能在两个小时里发生转折，还让埃及人跨过运河，这太难以想象了！

黑：肯定的！

基：难以置信！我们必须认为是阿拉伯人发起的进攻。

黑：我想总统先生也是这么认为的。

基：现在的问题是，我们是要与苏联人结盟，还是抵制他们？对此，我们还没有答案。之前，考虑到我们的对外立场，我先给联合国秘书长打了电话，对他全盘托出，告诉他我们所做出的努力，告诉他我也已经和苏联方面取得了联系。我也和多勃雷宁沟通过了，告诉他，苏联和我们，应该共同倡议要求召开安理会会议；然后我们应该共同提出要求停火的决议案，并要求各方退回到1967年边界线。我告诉他们这将是展示我们双方良好信任的标志，我们也会暂时搁置召开安理会会议，直到有其他人召开。关于这一点，我已经和联合国秘书长沟通过了。苏联方面说他们需要等待莫斯科方面的回复。我这样做，一部分原因是为了弄清苏联的真正意图。如果他们希望平息战火，这样做战事就能很快终结；如果他们拒绝了我们的提议，那我们就要采取其他形式的结盟。目前，如果他们拒绝的话，我们将要面对两个问题：其一，平息战事；其二，就是我们的长期政策。为了结束这场战争，我们绝不能给苏联人和阿拉伯人留下我们和以色列过于疏远的印象，只有这样才能让一切进行下去。

黑：是的。

基：因此，考虑到战争的真相，如果苏联人跟我们结盟，那么我们将会采取中立的态度。我们会说"我们不清楚事实的真相，但战争应该结束了"。你明白我的意思吗？

黑：明白。

基：如果苏联人不跟我们进行结盟，而选择在战争这个问题上全力支持阿拉伯人，那么，我认为，我们的态度就应该倾向于以色列方面。

黑：是的。

基：这样做是出于以下几个原因：第一，为了平息战火；第二，为了避免苏联人有威胁我们或攻击我们的机会；第三，在银行里存些钱，应对与以色列的决裂，以为随后的协议做好准备。现在这一切都取决于苏联人的反应。在战争结束后，我们可以利用这次危机作为途径，启动我们的外交策略。现在已经没有拖沓的借口了。撤回停火线将带来两方面的内容：如果今天的问题意味着阿拉伯人将不得不放弃一些阵地——我的估计是，从明天傍晚开始，他们（阿拉伯人）占领的阵地会有所减少（因为在军事上的失利）。我认为即便以色列人占领阵地，我们也应该勒令他们放弃。你明白吗？

黑：明白。

基：考虑到阿拉伯人，我们必须这么做，但我认为这种令人尴尬的处境不会持续多长时间。

黑：不会，除非我们的领土也被吞噬了。

基：这正是我要提出的战略。我想我们别无选择。如果苏联人不和我们站在一边选择中立态度的话，那现在我们面对的下下之策就是，在战争依然进行的时候，保持中立。如果他们选择同样保持中立，那我们更应该保持中立，这才是最理想的局面。如果他们不愿赞同我们，而选择走进对方的阵营，我们就不得不有所倾斜了。

……

基：如果苏联方面全盘支持对方，那就会对我们的盟友关系造成巨大的伤害，这时我们就可以重提1970年9月（苏联联合叙利亚进攻约旦）那件事，在那个场合下，我们的态度必须非常坚决！

黑：总统先生在非常认真地考虑返回华盛顿的可能。

基：这是一个严重的错误！现在我们无计可施，只能等待局势的发展，至少要等到今天下午。目前，安理会还没有接到召开安理会会议的要求。

黑：对此，他也表示赞同。他的问题是，如果现在发生的是一场全面的战争，那么在这种环境下坐在这里，感觉非常，非常不好。

基：让我们一起等待苏联那边的答复吧。如果苏联拒绝与我们合作，我们会知道双方将处于对立的局面，那时他将扮演领导者的角色。

……

基：你要保证总统先生不会对我们的策略不放心，我认为这是我们唯一可行的方法，这个策略也依赖于他的演技和之后事态的演变。

黑：能不能尽快让舰队就位？总统先生非常关心此事。

基：是的。舰队已告知就位，但需要时间把船员召集回来。他们需要找到他们的人，这得需要提前几个小时通知。

黑：总统先生非常希望舰队尽可能集结起来，以便在需要的时候做出适当的反应。

基：一切正在进行，不过我们还需要等确认信息传回来，相信一个小时内就会发布了。他们需要时间找到他们的人。

黑：我和总统先生商讨后再跟你联系。

后面又打来了几个电话，为我们下面策略的实施提供了手段。

以色列驻美国副大使沙莱夫与基辛格的通话
1973年10月6日，周六
上午10点55分

沙：我方总理让我带给您一份个人保证，这份保证是建立在您和她互相信任的基础上的，她向您保证之前的攻击行为是其他人率先开始的。

基：我们的评估也是如此，我刚就此向我们的总统进行了通报。

沙：关于埃及方面提出的海面攻击的具体细节，这完全失实！

基：我也不能相信是你们率先发起了海面攻击行动，还让阿拉伯人跨过了苏伊士运河。

沙：几分钟后，她将在电台发表声明。

基：从私人角度出发，我想通过你给你方总理透露一个消息：我们已经向苏联方面提议，由两方——美国和苏联——共同呼吁召开安理会会议，（目的是）呼吁各方撤回到停火线。这是一个尝试，可以弄清楚苏联人是不是幕后的主使者，也可以帮助我们在日后的实际辩论中更倾向于你方。这个消息只能透露给你方总理。

沙：我会转达的。您还没有收到苏联方面的回复吗？

基：没有。我一有消息，就跟你打电话。

沙：还有一件事，我希望提出来的是，我方军队已经列出了一系列急需军用物资的清单，军方非常着急！

基：我今晚就回去了，那个问题我们最好面谈。

联邦参议员雅各布·贾维茨（纽约州共和党人）与基辛格的通话
1973年10月6日，周六
中午11点01分

贾维茨（以下简称"贾"）：这个赎罪日，真不错啊！你有什么消息？

基辛格（以下简称"基"）：我个人的估计是，你不要重复我的话，很明显，这是阿拉伯人率先发动的进攻。

贾：你认为是什么导致事态演变成如今这个局面？

基：现在我们要界定的是，苏联是否也参与其中。我们向苏联方面提出共同向安理会进行呼吁的方案，即在以色列同意的前提下，重建停火线。这样会查清事实的。

贾：可如果他们，如果他们有所行动的话，那这一切就将化为泡影。

基：解决方法就是撤回停火线。

贾：我知道外交手段是可以奏效，但只要阿拉伯人在战场上取得胜利，一切就会被严重冲击。和他们打交道太难了！

基：我们认为，要不是以色列完全被震惊了，要不是在赎罪日这一天发动战争，这绝不可能是他们最不堪的时刻。

……

贾：总统先生那边有什么反应吗？

基：我已经和他说过了。如果他认同苏联也参与其中，那我们必须要重演1970年9月的戏码——美国组织对进攻约旦的叙利亚进行抵制。如果苏联方面的确参与，那我们就必须进行严厉的谴责。如果他们离阿拉伯人远远地，那我们也会抽身出来保持中立。我们相信以色列人会照顾好自己的。如果我们判断失误，那只有重新回到策略制定上来。

贾：我听到的让我丝毫都开心不起来。

基：目前，我们和以色列人保持着最紧密的联系。在与他们进行商讨前，我们是不会贸然行动的。

苏联驻美国大使阿纳托利·多勃雷宁与基辛格的通话
1973年10月6日，周六
中午11点25分

基：我刚刚在和安理会方面通话。我被告知埃及要求召开联合国会议，但周一前会议是不可能召开了。不管怎样，这对世界和平与安全都是一个威胁，我们不允许这样的威胁出现在联合国大会上。

多：我明白。

基：这是一个非常糟糕的建议，我们绝不会同意的！

多：我明白。

基：我已经又和总统先生谈过了，他让我给你打电话，再次表达他对所发生这一切的深切关心，他表示这并不能摧毁我们花三年时间建立起来的一切。

多：谁破坏？

基：我们中间的任何一方！

多：谁？什么？

基：如果你打算采取全盘支持阿拉伯人的态度，在我们看来，这将印证战事的确由阿拉伯人挑起；任何一个正常的人都不会相信埃及人可以在五个不同的地点跨过苏伊士运河。那样的话，我非常乐意拿到贵方在那个地区的军事分析。既然所有战事都发生在以色列境内，我想事实就已经很明显了。只要你我双方发表共同协议呼吁各方撤离到停火线，我们就会在安理会会议上保持中立。

多：我明白，我也已经把这个消息送出去了。

基：今天阿拉伯人虽然在以色列的领土上，但我不相信这种情况可以持续72个小时，之后的问题就是如何让以色列人撤回到停火线了。如果我们都能同意这种方案，不管之后有怎样的军事行动，不管以军之后取得怎样的战果，我们都将坚持今天的提议，我们也会做好反对他们的准备。

多：正如你说的那样，撤回到停火线，我明白。

基：是的。

多：这是你强调的重点。

基：以色列提出了增加军用物资的紧急要求，对此我们还没有做出任何回应。如果事态发展超出了我们的控制，那时我们不得不回应他们。出于对所有这些原因的考虑，你我双方尽可能多的合作对于我们之间的关系是非常重要的。你可以代表我方总统向联合国秘书长表达上述意思，他刚刚和我谈完。今天下午我就要回华盛顿了，到时我会和你保持联系的。

多：好的。

基：我对我们能解决这个问题之所以很有信心，在于你没有离开纽约。

多：如果九点前我没有接到你的电话，那我今天早就走了。我们本打算在马里兰庄园举办一场晚宴，然后去度假。你知道后面发生的事情了，希望我们能够解决。

基：你的阿拉伯朋友们太狡猾了！扎亚特告诉我至少会有三个月的平静期，说会在十一月和我会面，还说他想下周访问华盛顿。我们的通话，以及总统先生和葛罗米柯的通话，让我们都以为我们还有时间争取到一个合理的解决方法。

多：我也是这么认为的。

基：我们非常关注这件事。如果你能让你的同事们知道，尽可能快得让他们知道，那我们会非常感谢的。

英国常驻联合国代表唐纳德·梅特兰爵士与基辛格的通话
1973年10月6日，周六
中午11点35分

基辛格（以下简称"基"）：我刚刚收到您关于安理会想法的消息。我想让您知道，我们已经在与苏联接洽，协商和我们一起共同呼吁他们（参战各方）撤回停火线、重塑停火线、采取中立态度的问题。

梅特兰（以下简称"梅"）：太好了！

基：我想知道，您是否同意在我们得到苏联方面的答复前，我方尽量推迟会议的召开。

梅：我知道了。

基：我们认为目前尚存在一个问题：我们在寻找事实之时，想要得到解决方案似乎就变得更困难了。我们认为是阿拉伯人率先发动了战争，这是毋庸质疑的。

梅：很可能！我方政府从不会打乱任何协商或涉及双边争论的过程。

基：我们的建议是在安理会解决问题。我们认为在这个过程中，如果我们可以表明自己的立场，呼吁停火，号召各方重回停火线，平息战火，那我们就可以为我们最关键的工作赢得时间。

梅：我不确定苏联人是否同意，不过你是什么时候有这样的想法的？

基：我们就是觉得不能让今天白白溜走。

梅：我同意。

基：今天早晨我们不会仓促进行任何事情，一下午我都在想事情。

梅：这一点，只要你说，我就会同意的。

基：我要尽量赶回华盛顿，我想安静地待两个小时想事情。如果您愿意的话，可以把它当作一个普通的提案，您可以在下午两三点，要求召开会议，我们肯定不会认为那样无法接受！

梅：这也是我们的想法。

基：我们今天还得多争取几个小时。

梅：我不会打扰你们的。我们只是认为全世界都知道发生了如此大规模的军事行动，我方却不露面，这样就不正常了。

基：对我们来说，这一点不是问题。

……

以色列驻美国副大使沙莱夫与基辛格的通话
1973年10月6日，周六
中午11点55分

基：我再次和总统先生以及苏联方面进行了沟通，我想让你知道我们的进展。我方在集结位于地中海的舰队，之后将开往东地中海地区。这需要大概12个小时的时间……我们几乎明天就可以批准你方在合理范围内所需的军用物资，特别是当苏联和阿拉伯结盟后，军用物资这件事就更肯定了。

沙：你肯定会批准的。

基：如果苏联在大会上和阿拉伯结盟，我们肯定会批准的；如果没有结盟，我们也很可能批准，只是我们还希望观望一下。对你方竭尽所能向我方提供的军情态势，以及提供你们可能要制定的计划，我们表示感谢，这样我们就可以进行评估。只要安理会召开会议，我们就会提出关于重置停火线、撤回停火线的议案，无论苏联人是否同意，我们都会这么做。

沙：无论他们是否同意，你们都会这么做吗？

基：我们还需要花几个小时等待他们的回复。如果没有的话，我们已经与英国协商了行动，他们会提出召开会议，我们负责提出议案。

……

沙：好的。

基：提出会议召开的时间大概是下午两点或三点，会议可能会在下午五点或六点举行。我们会要求各方停火，并要求各方撤回停火线。英国将准备提出这场战争是由阿拉伯人发起的。

沙：我认为这是显而易见的，来自双方前线的联合国观察员已经报告了这个情况。

基：事实上，这是毋庸置疑的！

[……]

白宫办公厅主任亚历山大·黑格将军与基辛格的通话
1973年10月6日，周六
中午12点45分

……

黑：我们就要回华盛顿了。

基：接下来他（指尼克松总统）要做什么？

黑：可以想象，我们要将就副总统的事情发表声明，这是当务之急。

基：这就是另外一件事了。

黑：肯定的！不过我要告诉你，这两件事就要联系到一起了。副总统一事悬而未决，他不可能安心坐下去。尽管（中东战争和副总统辞职将联系在一起）还不确定，但很快我们就能知道了。

基：如果另一件事也发生了，那我就可以从外交角度解释他回来的理由。我会把他回来的消息暂时搁置。想想看，如果苏联人态度强硬起来，然后他回来了，这会是一招好棋；但如果他提前回来了，这将会是一个疯狂的举动。坦白跟你说，如果苏联沉重地打击了我们，那[总统的]返回将是一个信号，表明局势变得严重了。所以三点前，我们不能让消息传出去。我们甚至可以把它当成明早第一件事来处理。

黑：好的，我会尽量把这件事情压下来的。

基：我情愿把事情压到明天早上。

黑：好的。

基：今天，我们让他一个上午都在接电话。明天，罗纳德还可以这么做。

黑：是的，好的。

基：你难道不认为，我们应该私下谈谈吗？

黑：我知道，因为我知道另外一件事。

基：你更会处理。我现在面对的问题是，我们是不是应该把它当作危机对待——什么也不说，采取强硬态度，不要制造紧张气氛。

黑：好的，我们保持联系，我把这件事带回去和总统谈谈。

基：多谢。

联合国秘书长库尔特·瓦尔德海姆与基辛格的通话
1973年10月6日，周六
下午1点20分

瓦：我想告诉你目前我这里的事态发展。扎亚特过来会见了[联合国大会]大会主席，两人见面时我也在场。扎亚特要求召开联合国大会紧急会议，这我已经和你说了，他之前也是这么跟我建议的……大会主席的反应和我一样，他表示理论上这不可能——他不可能在这么短的时间里召开会议。他们的会面持续了很长时间，最后扎亚特同意寄给主席先生一份信函，并在主席办公室签了字；他没有选择要求召开联合国大会特别会议，相反，他要求传阅这些文字。这份信函有两页纸，里面谴责了以色列如何发动攻击，自己做出了如何反应；他们还谴责以色列在埃及和叙利亚边境发动攻击，延续了之前以色列抢占阿拉伯国家领土的政策，并称这种抢占阿领土态势愈演愈烈。

基：我想这是我们最终可预见的。

瓦：这是一份[针对]以色列的谴责，称他们没有接受联合国第242号决议，诸如此类。这就是目前的态势。应扎亚特的要求，上述文字将作为联合国大会文件进行传阅；他还要求在周一联合国大会上发言。他还来我的办公室，并告诉我他并没有要求进行安理会会议辩论。不是吗？我可以想象他们根本没有这个打算。

基：我们觉得今天下午应该有一场安理会会议辩论，任何涉及到此问题的联大会议辩论，我们都将提出反对。

瓦：这是安理会的职责所在。

基：我们可不认为联大会议能担此重任。

瓦：联大会议倒是让人纡尊降贵了。我们没有这个问题，至少这周末没有。如果扎亚特请求发言，大会主席必须给他这个机会。当我问到扎亚特这个问题的时候，他表示只有看到事态有所发展，他才会选择发言。我想他是想看看军事行动有何进展。

……

下午2点10分，我们收到苏联领导人传来的一份非正式的答复，语气非常友善，依然存在结盟的可能，但也没有否决其他可能的选择。苏联方面的态度非常模棱两可，他们的领导人声称获知战争开始的时间和我们一样，理论上这种说法也许是成立的；但他们在两天前就陆续从埃及和叙利亚撤离，很明显他们已经预料到战事即将来临！

由苏联驻美国大使多勃雷宁对斯考克罗夫特进行口述
1973年10月6日，周六
下午2点10分

[这是一则由苏联政府传递给尼克松总统、国务卿基辛格的消息，由多勃雷宁大使进行口述]

多："苏联领导人获知中东地区爆发军事行动几乎与你方同时。鉴于该地区传回的信息自相矛盾，我方正在采取所有可能的措施查明事件的真相。我方与你方一样，非常关注中东地区的战事。之前，我方一再指出该地区的局势非常危险。"

"和你方一样，目前我方正在考虑可能采取的措施。我方希望能在不久的将来，与你方接洽有关可行性结盟之事宜。"

美国驻联合国代表约翰·斯卡利与基辛格的通话

1973年10月6日,周六

下午3点45分

基辛格(以下简称"基"):我收到了[苏联方面的]回复,他们说就在我们联系他们时,他们才知道战事开始。他们打算和他们[阿拉伯人]保持一致,但会和我们联系的。我认为我们应该再多等一会,大概一个小时左右,这样我可以和多勃雷宁再谈谈。

斯卡利(以下简称"斯"):这和我们的想法正好相反。我们得到的情报是,[苏联驻联合国代表]雅科夫·马利克在安理会的态度[并不明朗]。

基:这也许就是他们的动向。他们在安理会绝对不会说要去结盟。

斯:是的,我们非常肯定埃及不希望召开安理会会议。

基:我这就给他们打电话,我想从多勃雷宁那儿再看一遍。

……

苏联驻美国大使阿纳托利·多勃雷宁与基辛格的通话

1973年10月6日,周六

下午3点50分

基:阿纳托利,我收到你的消息了,我说这可算不上一份可靠的范例。这显示要么你们还有些疑惑,要么你们要跟他们结盟。

多:和谁们?

基:阿拉伯人。

多:为什么这么说?

基:你认为是什么意思?你能跟我解释一下吗?

多:很明显,他们[苏联领导人]并不十分清楚发生了什么,但从他们的角度出发,他们会进行比较,我们双方也都会进行比较,但至于他们具体的计划,我们还得再等一段时间。

基:一段时间是多久?我们非常希望知道你们的态度。埃及意图正式提出召开联合国大会,我们认为没有这个必要。我们必须说明,如果最后演变成联大会议辩论,那么我们就会顺其自然地发展。我们深信最终这将以以色列的胜利而告终,之后所有人都会听我们的;如果最后不是我们的预期,那么我们将暂时关闭沟通渠道[即:让以色列人摆脱这一切]。我们认为应该在安理会解决问题。

多:是的。

基:但我们会在听到你们的回应后,才会结束这一切。我们要等多久才能等到你们的回复？

多：一个小时。他们正在开会。

基：我会等到五点，然后再作决定。坦白跟你说，我们希望和你们合作。

多：这正是我们的回答。

基：对你们的回复，我也是这么想的。我跟你说的这些，是从你的朋友们的利益出发。没人相信他们可以欺骗我们。

多：不会的，不会的！

基：周二，让我们迎接一场拙劣的辩论吧。我们正在考虑提出召开安理会会议的要求，届时，我们会无可争议地提出各方停火、撤回停火线的提案。

多：明白。

基：我会给你一份决议草案的。

……

以色列驻美国副大使沙莱夫与基辛格的通话
1973年10月6日，周六
下午4点

基：你怎么样？

沙：很饿[由于赎罪日要求一天斋戒，故而不能进食]

基：嗯，这个我知道。在这种危机情况下，你就不能免除斋戒，吃点东西吗？

沙：我已经说了，他们正在准备食物。

基：飞行员怎么样？我希望他们能有东西吃。

沙：你不用着急，这种情况下，他们有特别饮食。

基：你还有什么其他事情要告诉我吗？

沙：我想，晚一点我会有消息的。我刚从电话通话记录里面得到一些消息。

基：自从上次我们打过电话后？

沙：是的。他们有两个桥头堡就要丢了，我们还可以建起来。我方在与埃及作战中投入了大约20架飞机，是与叙利亚作战投入的两倍。

基：好的。说到战略，请把下面这个消息带给梅厄总理，不要告诉别人，也包括内阁成员。

沙：我会的，不告诉别人。

基：埃及已经在要求召开联合国大会特别会议了，周一即将进行辩论。我们分析对你们来说，联大会议不是一个良好的平台——非常糟糕的一个平台。为了有效地实现[我们的策略]，我们必须要求召开安理会会议。

沙：是的。
基：关于这个提案，我们得到了苏联方面的回复——在这一点上，他们还未表态，说自己正在对此事进行研究，还说正在努力查明……我已经告诉苏联人了，如果联大会议变成一场拙劣的口舌之争，那我们的态度会非常强硬的。
沙：是的。
基：我非常想看到任何关于目前局势的消息，但目前这就是我们的决定。
沙：我会把这些告诉给梅厄总理的，我知道，从之前的电话里可以看出，苏联人的回复不是非常……
基：我们不清楚苏联人的回复是什么。
沙：[听不清楚]
基：我要跟你说的是，苏联人目前的态度是友好的，但他们没有表态。至于你们的战略，我还需要再措措辞。
沙：我马上就把这些转达过去。
基：我知道他们在耶路撒冷还有别的事情要处理，但如果他们可以经常给我们传些消息，那么将避免我们成为别人的笑料。狄尼兹大使什么时候回来？
沙：明后天吧，我也不清楚。
基：让我们随时保持联系。

白宫办公厅主任亚历山大·黑格将军与基辛格的通话
1973年10月6日，周六
下午4点15分

基：多勃雷宁表示他会在几个小时后传来消息，而根据我们目前在纽约的了解，埃及方面不同意召开安理会会议；目前尚未接到最高指示的苏联人，选择埃及；之前表示会提议召开安理会会议的英国人，现在却变得胆小了。告诉总统先生，我们依然在等待苏联方面的答复。如果六点还没有任何回应的话，我们会提出召开安理会会议。
黑：好的。
  [……]
基：一切还在可控制的范围内。他[尼克松总统]会想知道接下来我们要如何应对。六点钟，我们会提出召开安理会会议的要求，我会说总统先生已经让我返回华盛顿了，我还会说总统先生会在晚些时候发表声明。
  ……
黑：总统先生同意了你的策略，这很不错，亨利。我们目前唯一要担心的就是苏联那边。

基：……至于那个问题，我们得做好准备接受他们的想法，他们也要做好准备接受这件事。……在这场危机里，我们不能心慈手软。

黑：毫无疑问，我们不会那么做的！

英国驻美国大使克罗默伯爵罗兰德·巴林与基辛格的通话
1973年10月6日，周六
下午4点25分

……

基辛格（以下简称"基"）：我想告诉您，这些仅限于您和贵国首相知道，就是我方的大致策略。我们希望双方能像之前在1970年9月那样密切合作。

克罗默伯爵（以下简称"克"）：我相信我们也会希望这样做的。

基：……我说一下我们对目前局势的看法。我们非常相信阿拉伯人率先发动了进攻。就在我们向埃及、苏联转达不要发动先发制人的进攻时，我们也得到了[以色列的]保证。我们告诉埃、苏两国，如果以色列率先发动进攻，那我们将公开反对他们。

克：这是最新的消息吗？

基：这是晚上发生的事，但当时我们已经来不及、来不及改变我们在得到情报之初所做出的决定了。现在，我们对局势的看法是这样的。我们已经在和苏联人进行接洽，并提议召开安理会会议，会议的议题就是让各方重回停火线，让各方停火。我们这样做是因为，这是一个中立的解决方案，不会受到任何谴责。我方认为，只要我们的判断没错，那么不出几天，阿拉伯人会跪在我们面前恳求我们这么做。但在此之前，我们希望有一个平台可以让事态朝着这个方向进行。

克：在这之前，是的。

基：如果苏联选择在这个问题上支持我们，那我们的策略肯定能成功；如果他们不支持我们，那我方会迅速做出反应，澄清在这次战事中，阿拉伯人是真正的侵略者，我方或多或少地会支持以色列。这样做的目的是，我们正在启动——这一点您可以从新闻报道中看出来，而且正如之前我和您说的那样——一系列外交动作，以期推动事态良好发展下去。这次行动还需要说服以色列人承诺其他安全保证。

克：我探讨了……

基：如果他们看不出来我们的意图，那我方是否做出承诺也不会产生丝毫差别。如果苏联人选择不和我们一起平息这次战事，那您就要提前开启结盟。我们做好了接受他们选择的准备。这样做是为了所有人的利益，也包括西欧国家，而不仅仅是为了我国自身的利益。

克：安理会会议什么时候开始？

基：我给多勃雷宁打过电话了，我们已经收到了苏联方面的回复，不过我不会把全部内容告诉其他任何人。如果这次联合国大会最终演变成了一场拙劣的口舌之争，那接下来这一周的时间里都联系不到我们，即便纽约这里给出了天花乱坠的演讲，也是如此。那时我们就不会像现在这样，这么好接触了。而我们现在依然愿意进行合作，朝着中立的方向继续走下去。

克：好的。

基：我们会继续等莫斯科的回复。我给多勃雷宁的最终期限是五点，我们还会多等一个小时，等到今晚六点。如果等不到回复的话，我已经受总统先生的委托，会去要求我方驻联合国代表斯卡利先生，提出召开安理会会议。在会上，只要苏联不支持阿拉伯，那我们就不会陷入被谴责的境地。如果贵方代表被指示提供协调援助，那我方将非常感激！

克：我马上就把这个消息带回去。

基：一定要让我知道贵方代表接到的指示。

克：在我看来，这一切是不是完全超出预期了？

基：哦，是的！首先——这仅限于您和贵国首相知道——我们要求[⋯⋯]消息，甚至还给以色列大使打了电话，说[⋯⋯]，对方预计的是防御备战。今早我得到消息，昨晚他们依然维持防御状态。今晨我们得到了第一份确认消息。后来我就一直在打电话，把保证转达到各方，但战争还是在三小时前开始了！

克：你有些朋友，就像在越南还有世界上的其他地区，他们有些不可信。

基：你说的是莫斯科？

克：不是，我说的是在阿拉伯阵营里。难道你不认为他们变得更聪明了？

基：哦，是的，真是更聪明了！他们是不是自我毁灭取决于这次军事行动的走势。我们的情报是，尽管我们没有得到全部信息，但他们已经从五个不同的地点跨过苏伊士运河，只丢了两座[桥头堡]。

⋯⋯

当天晚些时候，我们收到从莫斯科传来的第一份具有实质意义的文件。

苏联驻美国大使阿纳托利·多勃雷宁与美国副国务卿布伦特·斯考克罗夫特的通话

1973年10月6日，周六

傍晚5点45分

多：我刚刚得到从莫斯科传来的消息，是我方总统就召开安理会会议问题进行几次磋商后的结果，大意如下：

当前，我们非常关注在仓促之间召开安理会会议所带来的结果。据我方所知，目前参战各国尚无一方提出召开此会议的要求。

其次，目前的形势并不明朗，从某种意义上说，参战各国还没有公开开辟沟通渠道。我方认为，你我双方都不具备与参战各方进行有效沟通的条件，也就无法查实当前的最新进展。在这种情况下，我方认为并不需要召开此次会议，这是因为这次会议会导致你我双方进行公开的辩论 —— 在中东问题上，我方的态度众所周知；你方在中东问题上的立场也绝不会因为这次安理会会议而改变。一旦会议召开，我方将不得不阐述我方已知的立场，公开与你方进行对抗。

自1967年开始，我方在中东问题上的立场就是 —— 以色列占据了阿拉伯人的领土，各个阿拉伯国家成为了以侵略的受害者，他们的领土被别人据为己有。我方认为这次会议不会有任何结果。我们必须承认联合国已经出来了合理的解决方案，关键在于方案如何执行。我方认为召开安理会会议没有必要。与此同时，在这个复杂，甚至危险的背景下，问题的关键在于你我双方积极磋商，如何解决中东问题。这就是电报的大意。我会一直在，你们随时都能找到我。

以色列外交部长阿巴·埃班与基辛格的通话

1973年10月6日，周六

傍晚6点

埃：我有一份详尽的报告……

基：如果你能今早拿这份报告给我，如果你能把这份报告复印给你的同胞们 —— 他们肯定愿意看到这份文件，那在我得到这份报告前，大马士革的人都已经看到了。

埃：由于天色已晚，叙利亚先遣部队失利了。一队警卫队包围了哈蒙山，联系不上里面的人。我方已经摧毁了60辆坦克，很多我们的坦克也已经损坏了。叙利亚已经发射了三枚蛙式地对地战术导弹，那是一种……

基：我知道那是什么。

埃：他们没有在我们预计的地点失利，却在一个小峡谷[迈凯耶峡谷]失利了。他们轰炸了我们的集体农场，北部有十人死亡，30人受伤。

基：你方打掉了多少架飞机？

埃：我不清楚。在与埃及的战斗中，我们前线的形势很被动。我们守住了东岸的一个据点，占领了一座桥头堡。我方打算晚上穿越他们的防线。我方军队拦截了一枚袭击特拉维夫的空地导弹，我方1架飞机把它打下来的 —— 在空中把它打下来的。我们还击落对方大约15架飞机。在与埃及的阵地上损失了3架飞机，50人死亡，140人受伤。

基：要的就是这种信息！你们有什么计划吗，进攻的计划？

埃：我国防部长表示距离发起进攻还需要几天时间，但我们会夺回自己的领土的！我有信心我们将夺回我们自己的领土。

基：我们不要过于草率，你个人怎么看？

埃：那正是我的想法。

基：……不要草率？你国政府从不草率行事的风格已经被检验过了。

埃：那都是程度不同而已，即便辩论即将开始也不草率行事。

基：我正在想，辩论是今晚进行，还是明天进行。

埃：要我说就明天。

白宫办公厅主任亚历山大·黑格将军与基辛格的通话
1973年10月6日，周六
傍晚6点05分

基：我正在考虑所采取的可行性的步骤。多勃雷宁说一小时后还会有消息。纽约这边，埃及人反对召开安理会会议，苏联方面还没有收到指示，英国人开始害怕了。我要等苏联人的回复到六点；如果没有消息，我们就要求召开安理会会议。如果到明天我们还没有出面呼吁他们停战，那我们就会被指责与他们勾结。[那样的话]就会在联合国大会上上演一场拙劣的口舌之争，我们就必须拔掉电话。他们最好现在就到我们面前来 —— 国防部打算跟以色列人翻脸了……

黑：这像是[国防部副部长威廉]克莱门斯说的。

基：目前一切还在可控范围内。我会在六点左右要求召开安理会会议。就在我离开纽约的时候，我对着麦克风告诉人们，考虑到我之前的职务，是总统先生让我返回华盛顿的 —— 你赞同我这种方法吗？

黑：我觉得还不错。现在唯一需要我们担心的，就是苏联人怎么看我们？

基：在这件事面前，我们绝不能心慈手软。

黑：是的，我们不能心慈手软。

苏联驻美国大使阿纳托利·多勃雷宁与基辛格的通话
1973年10月6日，周六
傍晚6点20分

基：我没看明白你那份电报的真实意思。告诉我你的看法，你怎么想的？你究竟在说什么？这可以挑起争端！

多：我的理解是，我们没从阿拉伯人那里得到情报。明天会一切正常。他们认为这将会是一场论战——一个小集团，你和我的名字都会写在上面。他们不喜欢这种想法。

基：你怎么说的？

多：参战各方都没有要求召开安理会会议，所以我们能做什么？这又会让你再次提起我们所谓立场的那些陈词滥调。

基：我们现在面对的是一场军事进攻，这是一个很艰难的位置，一个是否谈判的问题。面对初步协商，苏联要表明立场是一回事；战争开始后，苏联还要表明立场就是另外一回事了。三天后，你们会求我召开[安理会会议]。

多：我明白我们的立场。莫斯科不希望这么快就搅进去。他们会竭尽可能收复失地……

基：你私底下是怎么跟他们说的？

多：我们不喜欢这种想法。

基：但是……如果你提前知道，为什么不跟我们商量？

多：那个不能成为问题。

基：我们早已经告诉葛罗米柯我方的意图了。我们告诉……

多：问题是，我们能走多远，尺度又是什么？局面很可能是讨论我们的……

基：可是你们的人提前撤离了。

多：我不知道那件事。

基：看，两个结论。

多：坦白说，我们就是不喜欢这种想法。

基：我有……三点要说：第一，舆论怎么看；第二，国会怎么看；第三，存在于我们双方之间的特殊关系。如果你告诉我，在周一的辩论上——我们明白——现在你让我们先耐心等待，那周一我们将迎来一个非常混乱的局面，你知道这意味着什么吗？我们会在联合国大会上大打出手，最后一切变得无法解决。我们一直在拖延以色列进行轰炸，但我不知道还能拖延多久！

多：这一点我很清楚。

基：扎亚特已经要求在周一联大会议上发言了。

多：我能告诉你的是，我会跟莫斯科方面沟通的。
基：我也会和肯比斯坎那边交流，然后告诉你我们下一步的动向。我回头给你打电话。你别去马里兰度假！

美国驻联合国代表约翰·斯卡利与基辛格的通话
1973年10月6日，周六
傍晚6点40分

斯：安理会正在举行会议，我们是否继续等待？
基：我听说他们并非在举行正式会议，这只不过是非正式的磋商会议。还是同样的问题：是否停火？是否回到原来的状态？你需要注意下面这些问题：

　　如果我们只要求停火，那我们就应该利用联合国作为使侵略合理化的平台，侵略可以获得领土！让联合国呼吁停火，看看受害者会不会制造麻烦。

　　如果战事发生逆转，以色列开始主导战场，这时一定要记住我们已经做好了继续坚持的准备，即使解决方案还是回到原来的状态。

　　让联合国改变自己的态度，这显然是与他们的身份不相称的，这也是我们的态度，在此次整个危机过程中，我们也会一直坚持这种态度。就像[负责国际组织事务的助理国务卿]大卫·鲍波指出的那样，我们的确在1967年没有遵守条约，但到了今天，1973年，我们会遵守的。[1967年，曾设立了停火线。]

斯：重点是，我们在1973年会遵守条约。
基：是的，这是重点。但是我认为我们应该保持冷静，不要在外面过多讨论这个话题。今晚，我将拿到更多信息，届时我会告诉你我们是否决定直接呼吁召开安理会会议。

白宫办公厅主任亚历山大·黑格将军与基辛格的通话
1973年10月6日，周六
晚上7点10分

黑：我刚和总统谈过。他认为在有关苏联人回复的问题上，我们也许不应该等待太多时间，我们应该直接提出[有关重回停火线，重回之前状态的]议案。
基：完全正确。但是，首先，苏联人的回复马上就要到了；其次，我的建议是今晚就采取行动案，不管苏联人的回应如何，我们今晚尽快要求召开安理会会议。我们将提出在枪声再次打响前，各方停火以及重回停火线的建议……[否则]我们就是在鼓励侵略者。一旦以色列开始在战事上占据优势，以色列将攻占阿拉伯的领土，我认为我们必须提出有关停火、各方撤回停火线的建议，即使这个议题最终被否决，中国最喜欢这样做。我们就没有先攻占领土然后再呼吁停火的先例吗？

黑：亨利，我们的声明要说什么？先说说这个问题。

基：好的。就说总统先生指示国务卿基辛格立刻采取行动。我们还要等苏联方面的反应，很快！我会让你最终确定声明的内容。我得到苏联人的回应后就马上给你打电话。

此后，我回顾了与多勃雷宁沟通的过程，找到了其中危害到美苏关系的细节。我的策略是规劝苏联保持克制，以创造出利于某个结果生成的条件，这个结果最终将削弱阿拉伯人对苏联的信任，使其怀疑后者对其态度是否始终如一。

苏联驻美国大使阿纳托利·多勃雷宁与基辛格的通话
1973年10月6日，周六
晚上7点20分

基：接下来我们打算这么做：考虑到你方传递给我们的消息，我们今晚不会要求召开安理会会议，但是我们最初的[计划]是今晚六点提出要求，我们会继续等这个如何继续下去的决定，我们会等到九点。

多：早晨九点？

基：是的，正好给你们机会让你们去做礼拜。希望你能带来从莫斯科传来的消息，希望这个消息会比现在这个更具体一些。

多：关于哪方面？

基：你们的意图究竟是什么？我的看法是——我明白——你方无意卷入公开的分裂当中。

多：坦白跟你说吧，在公开场合下我们的立场与你方完全不同。

基：你是否能私底下给我一些关于你方行动的暗示。你我二人曾经私底下处理过类似问题。我们关注的是结果。我方希望停火，希望能回到之前的状态。重复一遍，到了周二你们会求我们这么做的。现在的问题不是我们在请求你方施以援手，我们在竭尽所能地避免我们双方关系出现恶化，否则从美国国内到议会都会产生非常严重的后果。一旦你告诉我你方和埃及、叙利亚搅在一起，那么到周一早晨，这一切就都结束了，任何辩论也就都无济于事了。

希望你能告诉我，你坚信在周一早晨之前将会停火，各方也能重新回到之前的状态。我方不希望这一切最终演变成公开的事件。告诉我们一些我们可以理解的事情，我会保密的，就像你我之前那样。我并非在要求你同意在公开场合下与我方行动保持一致，我只是在要求在明天早上得到具体的协调行动，便于事态朝着我方所期待的方向前进。我诚挚地相信，你最晚会在周二前告诉葛罗米柯和勃列日涅夫；最晚在周二前，战况会出现翻天覆地的变化。是吗？不是吗？

多：我明白。

基：对于当前局势，我们的看法是阿拉伯人的进攻已经完全被控制住了，马上以色列就要发起反攻了；以色列军事动员的完成 —— 最迟不过周一前 —— 更会加速这个过程。那之后我们大可以再比较一下。这就是我方对战事的理解。我们认为战事可能将在明天结束。阿拉伯人已经用行动证明了自己，他们发起了进攻，跨过了运河，他们可以大摇大摆地撤退，回到停火线上；那样你我双方就都能拥有一个美妙的安理会会议辩论了。

多：从政治层面上，我没有明白你的意思。你要我方的观点、我方的立场有什么用 —— 从1967年开始，我方立场就像原则一样不容改变 [1967年以色列被迫退回边界线]。

基：我知道你方的立场。

多：我跟你说的并不是公开辩论的事。让我们去跟阿拉伯人交涉也很麻烦，我情愿听莫斯科方面的回音。不过我也知道我们的立场，我方现在所面对的困难是，阿拉伯人试图夺回被以色列抢占的领土。他们一直在用这个说服我们，现在让我们告诉他们，"你们不能拿回你们的领土"，这太可笑了！

基：我已经意识到这种局面了，我不是说这一切很简单。我们面对的是一个完全不同的局面。虽然大马士革和开罗今天都没有发生突袭，但我也不知道明天会发生什么。

多：我明白。

基：是不是有这种可能，让你方的核心决策机构拿出一份我们可以私下协定的全盘行动计划？

多：除了安理会外，你对这个行动计划还有什么建议？

基：就是撤回停火线，回到之前的状态。我已经知会埃及方面会在以色列选择后有所动作，我还告诉葛罗米柯会在一月份与他进行对话。但如果目前这种紧张局势继续下去，我们之前的想法就都不可能实现了。

多：我明白。

基：我们已经形成了一个可以 [将行动过程] 付诸实施的框架，阿拉伯人已经用行动证明了自己。

多：亨利，他们怎么可能呢？

基：你看，他们就要节节败退了，我们现在讨论的不是这个问题。

多：我明白。从军事层面出发，我不跟你争论这个问题，你对军情更了解，我只是更想从政治角度来看这个问题。

基：他们几乎没有占领[多少领土]。

多：如果他们没有占领多少对方的领土，哪又如何要求他们归还呢？

基：我们有两个选择：我们可以让战争继续下去，直到以色列人将[阿拉伯人]完全驱逐出境、但又还没有进攻大马士革的那一刻，幸运的话，我们可以准确把握这个时刻，然后提出停火。不过很可能阿拉伯人会暂时休战24小时，之后退回到首都，等待冬天的到来。

多：我明白局势的实际情况。但让我们去跟阿拉伯人说，"听着，我不知道你们占领了多少别人的土地——一英里也好，两英里也罢，现在你们都必须还回去"。他们会说，"你是在要求我们把本属于我们自己的领土，还给他们吗？"。

基：你就不能说，你认为各方正在努力寻求协商吗？他们已经用行动证明了自己，证明了局势非常紧急，这是一个很好的心理时刻，能让他们做出慷慨姿态，而不是眼巴巴地等待战争带来的恶果。周一傍晚前，他们肯定会被驱逐出境的！

多：我知道。

基：这是一个新的战术——利用对方对于战败的恐惧心理威胁他们。

多：我知道。这还有很多值得讨论的话题。现在我们说说实际操作的问题。从实际角度出发，之前一直是他们为我们打点好一切，现在我们却要提出让他们归还领土，我们之前所说的……

基：我明白你的难处。

多：他们会说，你们和美国、以色列狼狈为奸。

基：会是谁先这样说？

多：埃及那边，是一个你见过的人[指的是扎亚特]。他们会说，苏联人跟美国、以色列狼狈为奸。

基：希望你我现在能找到一个解决这一切的方法，那样在你我两国的关系中间可能出现的情况里面，这个方法将成为凌驾于所有问题[指的是缓和紧张局面]之上的、无法避免的议题。

多：我明白。

基：我相信，在我们面对的所有问题中，上述方法将一举成为最关注的焦点。如果事态朝相反方向发展，到了周一，你我就只能在联合国辩论的演讲台上互相谩骂，那会是一场灾难。

多：我保证我方不会用这种态度对待美国的。不过我不确定以色列人会说什么。

基：你知道，即使是当地人，有时候也很难将其二者区分开来。

多：我们会尽量把他们拖延在美国境外，明白我的意思吧？

基：我明白。

多：我们会解决这个问题的。

基：不过这依然无法改变客观情况：将会有很多人对你群起攻之，他们全都怒火满腔。

多：我知道。所以这才是我为什么一直要从实际角度考虑问题的原因，你明白吗？

基：我明白。

多：他们会说你之前提过解放[在1967年中东战争结束后]，但现在解放对我们而言，已经是不可能了！

......

基：阿纳托利（多勃雷宁的名字），我无意冒犯你，只不过我们会在未来48小时里面对这个问题。想象一下，你我双方都什么也做，如果我们估计不错的话，到了周二，最迟周三，战场上的阿拉伯人就会失利。那时，我们该怎么办？

多：你没跟埃及人再通过电话吗？

基：没有，你认为我应该联系他们？

多：我觉得你应该。告诉他们你的估计，否则那将成为一个要求。他们会说：你是他们的[敌人]，而我们是他们的朋友，滚回你自己的国家去。

基：我今晚就给他们打电话，给他们打完电话，我就给你打电话。

多：这样就好多了。从我们的角度出发，一切看上去是我们试图出卖他们。

基：这么办吧：我们今晚不要求召开安理会会议了——给我们双方留下思考的时间，你我双方都好好想想。明天九点前，告诉我莫斯科是怎么想的。

多：九点？那可是当地时间凌晨五点啊！

基：告诉他们这次的弥撒很早，要早点去。

多：他们会觉得这周末讨论这些事情很奇怪！

基：我能想象在你们那边进行的是什么样的讨论。我知道他们[听不清楚]今天很高兴。

多：这就是最根本的问题，我也能理解你的创造力。

基：如果我有了什么想法，我会给你打电话的。

多：别在晚上打电话。我睡得早。

基：你不会马上睡觉吧？

多：不会。

基：你必须明白的是，如果联大会议最终变成一场拙劣的口舌之争，那我们唯一能保护自己的就是强硬的态度。我们会教给那些洋洋洒洒进行演讲的人所谓的生活常识，看看什么才是更重要的——是演讲，还是现实。我会非常粗暴，这就是我们的策略。我们希望在事态发展到这一步前把问题解决，至少可以达成共识。

......

白宫办公厅主任亚历山大·黑格将军与基辛格的通话
1973年10月6日，周六
晚上7点30分

基：……声称苏联人提到了以色列人。我告诉他们[苏联人]说，以色列在三天以内就会把埃及军队驱逐出境，还说他们会来求我们。

黑：肯定的。

基：我还告诉他们，如果我们不提出召开安理会会议的要求，那么到了周一，联合国大会辩论就会开始，除非他们和我们的想法南辕北辙，否则都听从我的提议。我还告诉他[多勃雷宁]，只要他没有得到苏联方面反方向的指示，那么我到明天上午前就会一直等着他，这样就可以避免让他陷入两难境地。

黑：是的。

基：如果消息非我所愿，那我们不得不要求召开安理会会议；否则我们会在联大会议辩论上一败涂地。

黑：我想他们已经了解目前的局势了，应该在今晚做出选择。

基：我是这样对多勃雷宁说的，如果最终走上了联大会议的舞台，如果美国成为众矢之的，那我希望对方明白，我们的态度会非常强硬，说一不二；想找死的人也可以有逃跑的时间。一定要保证这些事情总统先生全都知道。

黑：我会的。他上午总是非常希望找些事情做。

基：到十点，你就可以发表有关总统希望召开安理会会议的声明了。

黑：我真不明白苏联那边到底想得到什么？

基：其实，埃及人集结的军队比他们[以色列]能想到的数字还要多。

黑：真的？

基：以色列称他们攻下了苏伊士运河上的一座桥头堡，但表示战场上有60人死亡，110人受伤。你要把这个数字扩大一百倍，这才能与美方预测的数字匹配。如果我们一天就有6,000人死亡，1.5万的伤员呢？这可不是开玩笑！以色列还说自己的军队击落了6架飞机。[此处说出的信息和此前六点我在与以色列外交部长埃班电话记录中的数据不符，之所以这样做的原因可见后文。]

黑：也就是说击落了大概10到15架飞机！

基：是的，我们用后面这个数据。

黑：只要你自己觉得不用调整。

基：我挺满意这些数字的。

黑：我想你肯定希望明天公布这些数字吧？

基：是的。

黑：明天你能拿到更多新消息。不过从政治的角度分析，最好给苏联人再多几个小时，让他们好好忙一忙。

基：我们对此要时刻保持注意。如果他们采取强硬态度，我们就能知道自己将要面对的是什么——两个问题：首先，既然我们知道苏联人反复无常，他们这种办事方式也已经被多次证明，那我们能做的事情就有很多了。如果他们态度一开始就选择容忍，那想要再强硬起来就非常困难了。

黑：和总统先生一样。

基：的确。

黑：他注定会铸成大错的！

基：你必须搞清楚，苏联人是不是在利用我们？我们的态度是有话直说，无论付出什么代价，也不要在跟他们玩这种游戏了。

黑：我也是这么想的。

基：我们的配合很好。

黑：这也是我的感觉，我想我们的态度不能软下去。

基：只要你能坚持下去。

黑：即使他们的态度非常软弱，我们对他们也应该有话直说。

基：是的。不过这也有时间限制，我给他们定下的时间是明早九点。如果早一些反而是个错误，因为并没有人提出[召开安理会会议]。

黑：的确，有关这一点，我也已经和他说了。

基：他[尼克松总统]更希望今晚提出会议要求吗？

黑：我感觉，他会的。我跟他说，英国在慢慢否决重回战前状态的可能性，你也认为我们应该谨慎一些，在其他国家有所察觉前，不要惹怒对方。如果你再次和多勃雷宁通电话，告诉他这将是我们接下来的行动。

基：我已经把这个告诉他们了。

黑：还说什么了？

基：还说我会尽量说服那个在肯比斯坎的人的。

黑：好的，亨利。

白官办公厅主任亚历山大·黑格将军与基辛格的通话
1973年10月6日，周六
晚上8点

基：……英国表示会支持停火决议，但不同意撤回停火线，现在我们不得不面对他们这个问题。下一步行动：如果以色列拒绝停火，就对此进行制裁。周二或者周三，以色列也许已经反攻到阿拉伯人的领土上，那之后他们只有选择接受。第三，那些占领别国领土然后递交停火协议的国家……现在，两个问题，首先，我们今晚是否要提出召开安理会会议；其次，我们要提出什么样的议案？

黑：我们今天就到此为止吧。

基：明早九点我们再把这个想法告诉苏联——如果他们感到惊讶，他们肯定就会困惑；否则，我们就拖延时间。

黑：我不知道战事进行到什么程度了。

基：阿拉伯人依然在进攻，以色列这次有些过于胆小了。

黑：他们没有被包围吗，我是说叙利亚。

基：是的，但已经停止向以色列发射导弹了。

黑：导弹战？想都别想！我看埃及方面是想让以色列人直接跟他们的导弹作战，不过以方一点兴趣也没有。也许我们可以等到明天，我想我们大可以等到明天上午，只要我们有所准备就不会太着急。

基：明天上午九点，我们就应该行动了。

黑：我也是这么想的。

美国驻联合国副代表W·塔普利·班尼特与基辛格的通话

1973年10月6日，周六

晚上8点45分

基辛格（以下简称"基"）：你是和斯卡利代表在一起吗？

班尼特（以下简称"班"）：是的，国务卿先生。

基：有什么情况？

班：我们今晚成功地阻止了所有声明的发表。

基：好的，有人试图发表声明吗？

班：是的，是澳大利亚总理。在我们召开非正式磋商会议的时候，对方准备好了一份声明，可能他将在明天发表。我面前就有一份，如果您愿意的话，我读给您。

基：可以。

班："安理会主席于十月六日宣布，鉴于当天早些时候在中东地区发生的战事，已就此召开了安理会成员国紧急磋商会议。下一段：根据目前掌握的情报，安理会成员国对形势的发展表示了深切的关注，并对这次破坏停火线的战事行为表示强烈反对。下一段：接下来第一步，安理会成员国已授权安理会主席向联合国秘书长提出各方立即停火的要求，并及时向安理会各成员国迅速通报各方反应。下一段：在不影响参战各方之权力、主张以及立场的前提下，安理会成员国参考日程已批准了上述临时举措。"约翰·斯卡利指出这份声明对于我方是非常难以接受的，考虑到我方的观点，上述声明在强调停火同时，并未涉及各方撤回停火线的事宜。

基: 好的。

班: 该声明的结论部分是由英国、法国、奥地利、澳大利亚经过协商得出的，结论是上述四国同意不发表任何声明。约翰希望能在明天上午十点前得到我方的指示。

基: 好的，太好了。

班: 中国的立场是：他们不会同意任何形式的声明，因为目前叙利亚和埃及都未要求安理会采取行动。

基: 他们会同意明天召开会议吗？

班: 我想他们可能会提出反对，不过所有成员都有权利要求召开安理会会议。

基: 那也就是说他们对任何行动都会投反对票？

班: 很可能就是这样的结果。

基: 好的，再见。

班: 我会一直在电话旁。约翰正在准备一份群情激奋的演讲稿，他准备在华都大厦酒店进行演讲。

基: 别，告诉他，他做得非常好！

埃及外长扎亚特与基辛格的通话
1973年10月6日，周六
晚上8点48分

基: 忙乱而又艰难的一天结束之际，我想给你打个电话。我相信这一天对于你，对于我们所有人都是非常艰难的。我想非常坦诚地把我们对战事的评估告诉你，这种坦诚是长期以来我们之间一直存在的。首先，我认为昨天我们在[关于一月份开启和平进程]会谈上做得非常不错，这次会谈奠定了双方互信的基石，我很期待十一月你的到访，届时我们又将继续进行商谈。现在，我们面对的是一个非常艰难的局面，如果这场战争不能在恰当的时间终结，那么事态很可能再次超出我们的控制。当前，我们认为，如果战事继续的话，以色列人会在未来一两天内占据上风。对此，你可以有不同的想法，但这的确是我们的判断，因此，我方建议各方停火，维持现状。

扎: 反对什么，基辛格先生？

基: 不是反对什么，是回到战争之前的状态。

扎: 太奇怪了。

基：我明白你们的立场，周五的时候我们已经讨论过了，不过只有战事朝着某个方向发展，局面才可能对阿拉伯人有利。从私人角度出发，我只是想让你知道，即便胜利女神站在对方身边，我们也不会同意以色列肆意占领他国领土。我们希望此事能以一种有助于更好地开启会谈的方式终结。目前，我还拿不出具体的提议，今天我们在竭尽所能保持克制，希望能带来好的结果。

扎：那是自然。问题是，当你想到在开罗有五千埃及人在此战中丧命，现在再让我们回到原点，这是根本不可能的！如果我在开罗的话，我肯定会想我疯了！

基：埃及的死亡人数是？

扎：我不清楚有多少人，但肯定有几千人。

基：我们认为这次战事可能是由你方率先发动的，但也可能我们的想法是错的。

扎：即便如此，你们又怎么可以建议一个有如此经历的国家[有五千人在战争中死亡]退回到他原有的位置？我的意思是这是一个非常无理的要求！想想你刚才说的，假使停火后，我们就能回到战争的状态，那停火真是太美好了！启动停火就是他们这六七年以来的工作！难道一切就因为停火变得和睦了？我认为对他们和当前局势最好的选择就是让人们知道出现了战争，这样也就可以找到解决问题的方法。

基：我完全同意你的说法。

扎：就是因为停火，他们变得非常高兴，他们什么事情也不想做。我要和你聊聊这个日日夜夜让我们付出沉重代价的停火。我不知道这场战争是开始的，也不知道是如何开始的，但我们会尽可能利用我方目前拥有的[听不清楚]，继续向前。

基：你们拥有的是什么？

扎：我不知道，但回到我们原有位置的想法——当然，没人敢对埃及政府提出这样的建议，只是我不清楚还有什么其他提议。我昨天并没有参加安理会的会议，因为我……我不知道在那应该做些什么，安理会可以让绝大多数人给我们投赞成票，但一票反对一切就都结束了。

基：你怎么想的？

扎：我不知道。你有什么建议？目前的局势你已经研究了一段时间了，你了解以色列人，我们和他们一点关系也没有！

基：我们的看法是对方将在一两天里发动猛烈的进攻，那时我们就要面对另外一个问题，我们希望将战事尽可能地控制住，看能否用外交途径解决问题。我的意思是，你们已经用行动证明了自己，关于当前难以容忍的局势，你已经跟我说得很清楚了。

扎：目前的局势对我们来说，的确令人难以忍受。我们不断重复，这里是埃及的领土，但没有人[听不清楚]。既然是运河保障了以色列的安全，他们有怎么能够放弃这份安全保障？

基：的确，从很多方面都可以说，这是一场非常有效的军事行动。

扎：战争没有安全保障。所谓安全，只有在共存后才可能实现。

基：很遗憾，外长先生，我目前还没有具体计划，不过我的确认为你说得非常好。今天发生的事情给人留下了深刻的印象，现在的问题是，如何从现在的局势出发得到一个积极的结果，而不是使战争扩大化，这样可以避免很多问题。

扎：我希望开罗方面……我无能为力。战争，或者其他与之相关的事情，对我而言都无所谓。

基：听着，我……昨天你说服了我，你用你的决心和诚意说服了我。

扎：无论在哪里，和平都是最重要的。

基：这一点我非常赞同。

扎：现在的问题是，我该提出怎样的建议？重新回到[昨天的]边境线？这样的话我可说不出口。

基：但想象一下，这也许就是一两天后要发生的事情！

……

扎：好的，但我认为即便我们无法得到任何地方的帮助，我们也会竭尽所能。现在的问题是，人们过分强调安全这一话题，甚至在说得不到保护。这一点我们可以说，是不是我们可以要求些什么，做些什么？

基：我明白你的意思，从你刚刚提到的出发，如果现在我们表现得像政治家一样处理问题，那可能会出现一些积极的结果。但愿能有一个切实可行的具体方案。这就是我给各方打电话的原因，这你是知道的，只是我不知道真正的结果怎样。我只是希望你知道，我可以接受讨论，我们不会增加问题的复杂性。

扎：好的，我也希望如此，否则形势对谁都不利！

基：但是现在你知道了，事情闹到联大会议上去了！

扎：我并没有要求召开联大会议，肯定是人们弄错了。我只是希望联大会议关注我今天表述的内容。我会在周一再次提醒他们注意，就是这些。我们不希望进行联大会议辩论。

基：你真的不希望进行联大会议辩论？

扎：是的，不希望。

基：那好，之前就只是一个误会了，我原以为你是希望进行辩论的。

扎：不希望。给你们一个机会，至少我不希望在十一月之前进行辩论。我期待的是今天宣读我给[联大会议]主席的那份信函，把那当成描述事态进展的文件来选择，然后再聆听他人的发言，如果有人希望发言的话。鉴于今天并没有会议，我不得不推迟提出进行辩论这一要求。我知道各个电台的口径都不一样，但是我希望你们能[听不清楚]。只是我今天并没有要求进行联大辩论，甚至都没有提议。但愿这能给我们些许帮助，不过这只是[听不清楚]的事情。问问他们战场上究竟会发生什么，这更重要！

基：现在，假设你已经知道我们要试图解决这个问题，你认为我们该怎样平息这场战争？

扎：我不清楚，你们距这里太遥远了，可以很冷静地看待问题，你可以告诉我该考虑哪些问题，我准备好明早启程，会见我国萨达特总统，之后再回来。我会尽我所能，这是因为我坚信最终，所有战争会以一种我方所期盼的和平方式解决。对于这场战争，我认为这的确将出现一个协议；这一点你已经说过很多次了。

基：这些你周五已经解释过了。

扎：的确。直到你可以清楚说出来前，我会一直重复下去，也许你永远说不出来。但并不妨碍这是一个事实。所以，如果我们可以获得一份代表认可此次行动的奖励，打个比方，比如是你们美国授予的，那你就可以想当然地认为这是对所有国家的一个积极暗示。差不多就是这个意思吧。这些话我不是只为我们自己说的。我也不确定，你是否能考虑考虑，我们明天给你打电话，商讨一下下一步的方向。

基：今晚我考虑一下，我明天给你打电话。

……

联合国策略的重点并不是要一定通过某项决议，而是避免美国与其他各国分离开来，这样则会更加激怒阿拉伯世界。也能避免欧洲与苏联通过阿拉伯世界联系起来。具体来说：1. 我们之所以反对在战争前线设定停火线，是因为那样给世界各国开创一个先例，否则任何军事进攻占领的土地，都可以通过联合国合法化；2. 在所有情报部门预计以色列的胜利将无法避免时，我们为美国的政策方针与联合国的行动找到了依据；3. 我们试图把苏联挡在引领世界掀起——从意识形态到地缘政治两个层面——反美、反以浪潮的大门之外；4. 我们试图夺取战后外交和平进程的主导权。因此，我们与埃及外交部长以及萨达特总统保持密切联系，这样做可以搭建一条永不中断的纽带，即便在冲突最激烈的时期也是如此。

为了避免从开罗到莫斯科的信息传达中出现错误的信号，我与多勃雷宁取得了联系，并告知对方我们与扎亚特的通话内容，这样做也是我们发出的警示：我们正在与苏联的盟友建立沟通渠道，此前我们与之没有任何外交联系。

苏联驻美国大使阿纳托利·多勃雷宁与基辛格的通话
1973年10月6日，周六
晚上9点10分

基：我已经给你的盟友，扎亚特，打过电话了。

多：他有什么反应？

......

基：他表示自己并不是非常坚持在周一进行辩论，如果我们告诉他取消辩论，他也会照办的。

多：如果我们告诉他？

基：是我……

多：是"如果你告诉他"？

基：是的。

多：是让你告诉他。但我相信，你肯定跟他提及得到[听不清楚]。

基：我告诉他我明天前会给他打电话的。

多：为什么你不在一开始就让他那么做？

基：我告诉他，我不赞成那么做。

多：但是你说了，如果你跟他说，他就会取消的。所以，他到底在等什么？

基：我想让他再考虑一下，我告诉他我不同意进行联大辩论。

多：那他为什么要等？

基：你能让我先说完吗？他想要的是另外一回事。我告诉他我们的估计是他们注定会被驱逐出境。至少得回到战争前的边境线。他表示自己不能提出撤回开罗的建议。他们会让他下台的。但他说如果我能向他提出建议，他国政府会接受我的建议的。

多：这正是我所想的，是我想告诉你的，不要只是建议撤军，而是给他们提出一些别的建议。

基：你今天能给我提供一些思路吗？

多：我们提出的建议是关于哪个方面的？

基：这个，我自己也不是很清楚。要是想起来，我就告诉你。

多：好的。我们这么说吧，亨利。鉴于现在一切都由你决定，我还是希望你能在九点前跟开罗方面取得联系，我愿意帮你联系他们。

基：好的，也许这一切由你我二人决定。

多：我明白这种情况。但你的建议肯定会经过开罗方面的商讨，而不是被直接采纳。他们究竟在想什么呢？能不能给我点提示，好让我猜出端倪。

基：嗯。

多：这种情况，要么是对方赞同我们的提议，要么他会哗众取宠一番——跟大家说，"当时我也在那里，但我是被逼的"。我也说不准，也许会是"被逼进行石油商谈"，或者其他类似的内容。

基：的确如此。

……

英国驻美国大使克罗默伯爵罗兰德·巴林与基辛格的通话

1973年10月6日，周六

晚上9点38分

基：我们认为我们很可能无法避免将在明天某个时候提出召开安理会会议了。

克：无法避免，好吧。

基：但我们依然有强烈的预感，在目前这种情况下，单纯停火是一种目光短浅的行为，我会告诉你我为什么这么说的。我们判断以色列将在未来72小时内进入叙利亚境内。也许他们不会跨过苏伊士运河，但他们会消灭附近的敌人。那之后我们就会发现我们提出的决议可以非常容易把以色列人拽回来。哦，那……

克：我认为……

基：除我之前提到的基本原则外，现在我们决心一旦以色列人跨过目前的停火线，我们就会把他们拽回来。

克：这也是我之前想要说明的观点。如果他们的确那么做了，那我想我们就要面对一个全新的局面了。

基：是的，不过我们需要现在摆明立场。我来告诉你，埃班并不急于举行安理会会议。

克：我相信他不急。

基：即便会议召开，他也希望维持之前的状态。[听不清楚]

克：的确……

……

克：我认为这是一个非常困难的局面。

基：现在我们该怎么做……明天就要召开安理会会议了，我想告诉你和你的同胞们，你们好好想想。我并没有把刀子架在你们脖子上，让你们投我的赞成票。

克：的确没有。

基：我们会向大家展示我们的提案，之后我们并不介意事态进程缓慢。

克：不会的，我认为这样可能是非常合乎情理的，不是吗？

基：但是我们需要在安理会这个平台上推出我们的主张，这样就算对方提出召开联大会议，我们也可以从中阻挠，最终一切还是回到安理会的舞台上。总之我们是不会参加联大会议辩论的。

克：不参加！联合国大会的确是最糟的选择。

基：的确如此！我们必须要有一个[听不清楚]的立场，否则的话，我们就只有面对联大会议了。

克：是的，我同意你的观点，我非常明白你的观点。

第3章　　1973年10月7日

　　这一天始于我与黑格的电话，当时他还在和尼克松总统在肯比斯坎履行着他的职责。副总统阿格纽辞职一事依然在协商之中，尼克松总统心事重重。以色列提出军用物资补给的要求愈发紧急，我建议提供给对方所有承诺以及依然正在准备的物资。已经从纽约返回华盛顿的我，不得不辗转奔波于国家安全委员会和华盛顿特别行动小组两者之间。今天的情况依然在原地踏步。专门负责处理阻挠和平进程的安理会，面对来自各方的阻力，变得无能为力；苏联在故意搪塞；埃及，看看他们的大使就能知道，他们要么搪塞，要么提出在当前的分界线停火；以色列希望争取更多的时间完成动员令；叙利亚没有传来任何消息。只有美国做好了召开安理会会议的准备，但我们更希望的解决方法是采取拖延战术——因为到目前为止，安理会上没有人愿意支持我们。既然各方都需要时间，而我们希望的是离开联合国大会这个平台，我们决定在傍晚前后正式提出召开安理会会议，这样可以将安理会辩论推迟到第二天，投票则需要在周二或者周三进行。到那时，如果我们的情报分析没错的话，以色列至少已经反击到之前的停火线了，也许到那时，人们也就都能做好以前线为界停火的准备了。

白宫办公厅主任亚历山大·黑格将军与基辛格的通话
1973年10月7日，周日
上午9点35分

基：你在哪？
黑：在我自己的房间，准备去见总统先生。
基：我们还没有得到苏联方面的消息。我想，差不多中午的时候，（政府新闻发言人罗纳德）泽格勒就应该公布我们将提出召开安理会会议的要求了。但在此之前，一定要跟苏联再落实一下！现在，安理会没有人支持我们。不过在战场上，阿拉伯人比我们想象得都要好。我刚和以色列方面通了电话，他们说至少要到周三或周四才能准备好；他们并不急于召开安理会会议。事实上，没人着急——以色列、苏联、埃及、英国，他们全不着急！我想我们不妨低调地召开一次会议。现在安理会的无动于衷、战事依然继续，这一切已经让人难以忍受了，我们只有选择走在最前面。我们应该重新回到最初的停火线上。
黑：是的。
基：如果我们要求召开安理会会议，那就必须提出各方重回最初的停火线——直接要求停火，恐怕以色列人永远都不会原谅我们！无论如何，他们永远都不会遵守停火协议的！

黑：如果只有我们一方要求，恐怕场面会非常艰难。

基：单纯的停火协议看上去会是我们开始反对以色列人，这将会在国内、外造成一系列难以计数的结果，那样的话，我们昨天就应该改变我们的策略。

黑：以色列人害怕了吗？

基：他们快了！以色列人非常想得到军用物资补给，虽然已经批准了，但不知道是被国防部的哪个混蛋延误了。我也不是很清楚这件事，但我个人认为，我们应该放行部分物资。

黑：我也是这么想的。

基：我认为一旦阿拉伯人取胜，他们就会很难对付，而且谈判就更不可能了。国内危机[水门事件]将带来变化。

黑：是的，我同意这种说法。我认为我们必须坚持原则，必须向以色列提供我们承诺给他们的物资，前提是他们不能短期内稳定局势——我指的是两三天。

基：这也是他们的想法。如果我们今天不提出召开安理会会议的要求，会有人提出简单的停火方案！

……

黑：亨利，还有什么是总统先生需要知道的吗？

基：没有了，大概就是这些。

黑：真是一份有意思的情报。以色列人被阿拉伯人的信心震惊了！

基：是的，没错。

黑：这也许会让谈判变得简单一些。

基：这取决于我们的处理方式。我们现在必须站在他们[以色列]的一边，这样他们之后就有失去我们支持的可能。所以我认为我们必须要向对方提供物资。

黑：我们在说的是，弹药，还是备用物资？

基：让我想想，我知道了，我们要做的是把那些已经批准的物资提供给他们。

黑：空运过去？

基：我们什么都不用做。他们会派飞机过来，我们只需要完成前期工作，他们会把需要的东西整理好的。我认为，如果我们态度坚决一些，以后[以色列]就不会听我我们的了；但如果我们非常粗暴地对待他们，对方根本不会有任何损失。但之后，如果我们向他们提供支持，以色列人肯定也愿意在犹太移民、最惠国问题或其他争议话题上对我们提供帮助。[美国《杰克逊－瓦尼克修正案》终止了苏联的最惠国贸易优惠，这一法案由美国联邦参议员亨利·杰克逊和查尔斯·瓦尼克提出，旨在禁止向限制移民出境的苏联提供贸易方面的优惠。]

黑：我们中午前再联系吧。

基：到时让泽格勒把声明先念给我听。

以色列外交部长阿巴·埃班与基辛格的通话
1973年10月7日，周日
上午10点

埃：除了之前沙莱夫给你说的外，我还有两点要补充的。第一，很快你将得到军情汇报；第二，我刚刚接了几个电话，昨晚并不平静，这里的军队越来越多。

基：你指的是西奈半岛的情况？

埃：我的确说的是西奈半岛，但北部哈蒙，敌方渗透更为严重。我方部队在哈蒙山地区被敌人打败了，昨天那种特殊情况导致我们现在依然没有做好战争准备。你一会儿会得到军情汇报的，我想他们会在汇报中强调上述内容。

基：我刚刚和我的同事们进行了讨论，讨论的不是军情，而是我们的基本策略。

埃：我明白你说的是今晚提出安理会特别会议的事情，你想用这个会议取代……

基：是的，这样可以避免别人提出直接在当前的战线停火的方案。

埃：你可以在今晚要求召开会议，并提出方案，然后把讨论方案的时间放到明天。

基：好的，希望如此。我们认为我方依然需要一个表达主张的机会。

埃：我刚刚接到电报，称英国已经得到指示，要提出召开会议的要求了。也许你们可以跟他们进行沟通，告诉他们不用着急。如果你们可以让你方大使联系此事，我想我们会帮忙的。

基：我还没有给我方大使下达任何指示，我先跟英国方面联系一下，看看他们下一步的行动是什么。我相信他们不会在不通知我们的情况下，进行下一步的行动。

埃：你要说明两点：第一，你会要求召开会议；第二，你可以选择接受或拒绝对方的要求。你可以让你抢到先机，也能为你争取更多时间。在你得到详细的军情报告后，你会更清楚的。我方大使今天下午就回来了，他会想见你的。

基：他一回来我就见他，我们会跟英国方面取得联系的。

美国总统理查德·尼克松与基辛格的通话
1973年10月7日，周日
上午10点18分

基：我要告诉你，我刚接到了多勃雷宁的电话，他说勃列日涅夫将在两小时内给我们答复。所以我认为我们应该继续等下去，等对方这个消息；不过我也知道这样让人失去耐心了……

尼：你的意思是？

基：我知道一而再再而三地推迟很麻烦，但现在的问题是我们的建议很可能要面对没有支持者的结局。

尼：这不是我们希望的结局。

基：我想我们需要给出一个信号，让人们知道在安理会会议正式召开前，我们一直在积极促成此事，而不是完全置身事外。最好能知道对方的底牌是什么！我想如果我们等下去，即便中途会面对一些批评，但只要我们知道想要的事情，我们就能得到一个机会。

尼：我们必须拿到这个机会。从勃列日涅夫那里，我看我们得不到什么消息。

基：阿拉伯阵营的人会提出直接在当前的战线停火的方案……无论我们反对，抑或否决这种方案，都要面对非常尴尬的境地。我们得到消息，称以色列人会在周三、周四前做好决战准备，阿拉伯人在被驱逐出以色列前，绝对不会接受停火方案。我认为在这次危机中，我们必须要与他们立场一致，我们可以等危机结束后，这样他们就会有所顾忌了。

尼：我们必须要记住的一点是，我们不希望表现得过于支持以色列，否则那些石油生产国——那些没有搅入此次战争的石油生产国——会反对我们的。

基：目前为止，我们没有采取任何行动。

尼：你一定要让斯卡拉知道全部情况！

基：好的。

尼：公关是一个很复杂的事情，即便我们没有采取任何行动也是一样。让斯卡利去说，他很会说话，而且不会制造麻烦。

基：我们召开了一个会议，有我们四个人，还有其他人参加。

尼：先让自己置身事外，你是我们的关键所在。

基：我建议，只要我们一得到苏联的回复，你就宣布要求召开安理会会议。我已经告诉多勃雷宁说，在安理会会议问题上，我们不会过于坚持——如果苏联提出了一个我们可以在安理会外解决问题的提议，我们可以考虑。我昨晚已经给埃及外交部长打过电话了，我们一些来自石油生产国的朋友们正在埃及[本段通话结束]。

白宫办公厅主任亚历山大·黑格将军与基辛格的通话
1973年10月7日，周日
中午12点35分

基：我要告诉你目前的局势。埃及已经告知英国不希望召开安理会会议；但是一旦会议召开，我们就会孤立无援。因此我的建议是，我们把宣布召开会议的声明推迟到今天下午四点。现在，我们既不赞同开会，也不搅局；不要着急，但也要知道事态的动向。我想，周三，最迟周四，一切都会结束了，这样，联合国就能促成停火线的建立，很可能那时战线又拉到之前的停火线上。既然以色列和埃及都不希望召开安理会会议，我认为我们应该把声明安排到四点。

黑：好的，我认为这样可行。

基：我们可以说，我们已经准备好了 —— 无论是明天上午召开会议，或是今晚都可以。如果今晚召开非正式磋商会议就更好了！目前我们虽然还没有得到苏联的回复，但很快就会有的。

黑：我深感同意。他[尼克松总统]对目前的一切表示满意，他知道[战争]很快就要结束，他不希望安理会会议召开，更不希望成为会上的失败者。

基：是的。现在我们希望看到的是停火，但是我们应该 —— 准备好处理之后的问题。阿拉伯人希望我能介入。

黑：好的，亨利。我觉得没问题。我们会把发表召开会议的声明推迟到下午四点左右。关于苏联回复的事情，我会给你打电话的。

基：接下来一个小时里，我都能找到你吗？

黑：是的，我就在这。

苏联驻美国大使阿纳托利·多勃雷宁与基辛格的通话
1973年10月7日，周日
中午12点40分

多：我都在这里被钉牢了，我一直都在等消息。

基：我认为你应该给葛罗米柯打电话，我真是习惯了他那种惯有的精准，虽然这个让我很头疼。

多：我会给他打电话的。

基：在得到你的消息前，我们会一直推迟进行所有行动。我已经和总统那边联系过了，一切都在可操作的范围内。从朋友的角度出发，我想告诉你，希望你们不要进行任何单边行动 —— 我们目前还没有进行任何行动。我正在尽可能阻止我们任何一方进行可以导致重大结果的行动。

多：我还在等消息。我不知道你刚才说的是什么。

基：现在已经是莫斯科当地时间十点了吧？

多：他们的态度还不[明朗]。

基：他们还在那里[听不清楚]吗？这样对处于中东危机的人们好吗？

多：[笑声]对他们好吧！我还坐在这里等消息。

基：我们还得多等一会。你要让我知道消息，到时给我打电话。我没有理由把我的考虑告诉给我的那些联系人——你认为有这种可能吗？

多：我会给葛罗米柯提建议，然后告诉他的。

基：好的，让我们保持联系。

多：没有什么特别的。

基：我们等你的消息。在得到你的消息前，我会推迟与英国人会面。在得到你的消息前，我不愿意和他们对话。

多：好的，我会在消息翻译成英文前就给你打电话。

基：好！

联合国秘书长库尔特·瓦尔德海姆与基辛格的通话
1973年10月7日，周日
中午12点55分

瓦：你好！

基：你怎么样？

瓦：很着急，也很忙。我想问问你是否能告诉我你那边的情况，还有你的决定。

基：我也是这么打算的。我们一直在与苏联沟通，看看究竟能发生些什么。苏联人似乎并不情愿。

瓦：我也是这么感觉的。绝大多数成员国今天都不会参加安理会会议了。

基：我担心的是，现在发生的是一场非常严重的军事冲突，如果安理会会议都不能召开，那安理会还有什么用？

瓦：这也是我为什么给你打电话的原因。我们把这件事的来龙去脉解释给我们的专家听，但对于公众，我们应该怎么说？

基：我们依然在等待与苏联的沟通结果，我将在下午四点给你打电话，那时再看看安理会应该怎么处理此事。

瓦：好的。

基：我们可以在明天上午提出召开安理会会议。

瓦：这样我们就可以避免联大会议辩论了——根据联大会议要求，如果事情经过了安理会裁决，那就不必再通过联大的渠道。
基：扎亚特对我表示自己并非那么的顽固不化。
瓦：如果安理会会议能够进行，那样躲开联大会议辩论就更容易了，特别是在扎亚特不想发言的时候。
基：你是否能用你对联合国主席的影响力，避免让这场有关中东问题的辩论演变成一场煽动会议？［两者之间并没有联系，这只是说话人的说法。］
瓦：你从来没有对其他任何人提出任何要求吗？
基：我刚得到的消息是，西德和英国联合起来要求尽快召开安理会会议。当我拿到这个消息的时候，碰巧英国大使也在，我只是想证实这件事。
瓦：我们应该保持联系。我们已经做好了准备，现在就是在等苏联的回应。如果你能利用自己的影响力，把辩论堵在联合国大会的大门之外，我们将非常感激。我们会在明天提出召开安理会会议的要求。
基：我们会查清楚西德和英国下一步的行动，我不知道这是不是真的。非常感谢你的帮助！有消息，我会及时通知你的。
瓦：我能联系到你吗？我四点之前给你打电话。

以色列外交部长阿巴·埃班与基辛格的通话
1973年10月7日，周日
下午1点15分

埃：下一步行动的最好选择，就是按照你昨天的建议去做。
基：很可能我们会在今天下午晚些时候采取行动。
埃：我得到消息，称［英国首相爱德华］希思和［联邦德国总理威利］勃兰特将要求召开……
基：我刚刚和瓦尔德海姆打过电话，他也给我了类似的消息。我们认为应该在今天提出我们的方案，然后要求早晨召开安理会会议。见到尼克松总统之前，我还得再等几个小时。我们决定按照今天早些时候的讨论方针行事。
埃：我认为眼下的当务之急，是美国如何对公众交代召开安理会会议的问题。关于提出解决方案这件事，我认为，如果你不先提出，那你就没有优先权。
基：但如果我们先提出召开会议，我们就拿到了这个优先权。
埃：是的。刚刚过去的几个小时，我得到的消息是战况已经有所好转，桥头堡已经被我方攻下了。
基：好的。

国防部长詹姆斯·史勒辛吉与基辛格的通话

1973年10月7日，周日

下午1点30分

基辛格（以下简称"基"）：我今天一上午都在就我们的立场与总统先生通电话。我们又遇到了一件非常紧急的事，就是以色列请求对弹药及电子设备等军用物资进行援助，他们也列了一张清单，其中还包括40架幻影战斗机，当然提供幻影战斗机是不可能的。不过总统先生希望以色列能够打起精神，用其他武器战胜敌人，也希望他们能提出外交主张……

史勒辛吉（以下简称"史"）：不过他们最关心的是我们的响尾蛇导弹，不是吗，亨利？

基：你觉得国防部能不能悄无声息地处理好物资运输这件事？

史：我想我们可以。

基：已经被1967年那次证实了啊！

史：他们暗示他们会打起精神，而且不会把我们提供物资这件事牵扯出来。

基：你能让我在华盛顿特别行动小组之前知道此事吗？

史：好的，国务卿先生。

基：也许你能再看看那张物资清单，然后再告诉我，我们可以向他们提供些什么。

史：现在他们最希望得到的是响尾蛇导弹，事实上，他们想响尾蛇导弹想得都要疯了。

基：他们已经就此向总统先生提出了三次请求，并表示他们目前的损失非常惨重。

史：以色列在天上的损失最严重，这都是地对空导弹的功劳，埃及前线的这个装备着实让人不舒服。看上去以色列人希望埃及军队进入自己的包围圈，但对方的大部队昨晚并没有跨过苏伊士运河。以色列军队现在看上去很放松，跨过运河的部队也只有一少部分。而在叙利亚前线上则出现了很多问题。但两个战场相似的是，双方都非常谨慎，生怕自己成为世人眼中的坏份子。

……

美国总统理查德·尼克松与基辛格的通话

1973年10月7日，周日

下午2点07分

基：我今早和多勃雷宁通过电话了，他目前还没有接到消息。我认为如果到四点还没有动静，我们就要求明天召开安理会会议。我已经和瓦尔德海姆、埃班等人沟通过了。我已经和每一个人通了电话，感觉就像千奇百怪的万花筒一样，不过没人知道……

尼：要求召开安理会会议至少能证明我们有所举动，我们也许需要在明天决定下一步的路线……我们不需要再等勃列日涅夫的消息了，如果要改变主意，我们可以改变。

基：是的。但无法解释对于一场持续了两天的战争，联合国甚至连一场正式的会议都没有。我想泽格勒应该这样说，"战事已经持续两天了，我们认为早就应该召开安理会会议了"。

尼：绝对正确！

基：我方应该……

尼：无论你怎么和泽格勒说，在我这里都是可以接受的。战事和最初相比有什么不同？

基：事实上，阿拉伯人比我们想象得表现得更好。

尼：哪一方？埃及，还是叙利亚，还是两者都是？

基：两方都是！事实上，叙利亚在不断推进，埃及人已经跨过了苏伊士运河。你也知道昨天是犹太人的节日，埃及正是抓住了以色列毫无准备这个特点。

尼：就像珍珠港那样，不是吗？

基：是的。我们等到明天，然后宣布重回战前停火线的建议。到明天以色列人将逆转局势了。

尼：你真认为他们可以吗？

基：到了明天他们不是不可以。如果我们今天就把停火的建议公布出来，那阿拉伯人会说我们企图拖他们的后腿。而最迟到周三上午，以色列就能登上阿拉伯的领土。

尼：你觉得他们的武器状况允许他们这么做吗？以色列人虽然相信自己，但是……

基：我一会就和以色列大使见面，他刚从以色列回来。他答应我大概六点半到，还说会告诉我最新的消息。

尼：难道你不希望拉宾先生现在已经在那里了吗？［伊扎克·拉宾，此前刚刚从以色列驻华盛顿大使一职卸任，之后他出任以色列总理］

基：哦，天哪！

尼：他还不知道……你就不能找个人问问，比方说找[以色列国防部长]莫夏·达扬，或其他人问问？

基：我们正在与达扬联系，他更好接触，这也是我们的困难所在。我们在危机中从不谈判！

尼：我明白，你说的对。

……

尼：你那边一切还都顺利吧？
基：顺利？你已经看到了，报纸上铺天盖地都是我们的消息，他们要把美国和白宫对立起来。
尼：这样，你想怎么进行，都告诉泽格勒，让他全力协助你。
基：如果我得到苏联的消息，我会第一时间通知你的。
尼：你还是坚持认为我们能等到勃列日涅夫的积极回应？
基：是的，有消息我会马上通知你。

白宫办公厅主任亚历山大·黑格将军与基辛格的通话
1973年10月7日，周日
下午3点10分

基：我开始觉得苏联那帮混蛋在愚弄我们，我想我们应该在五点采取下一步的行动。
黑：是的，我们可以在五点进行，我们可不能把时间拖到七点半，然后让他们抢占先机。
基：我还得再打几个电话，让泽格勒随时做好准备。
黑：我让他与罗伯特·麦克洛斯基[国务院负责公共事务的官员]保持联系。
基：别，让他直接跟我联系，就算是因为语言问题，他也得跟我打电话，麦克洛斯基不知道这里面的深层含义。
黑：我告诉他让他发表一个简单的声明，不过我还是会让他给你打电话的。
基：以色列找我们要响尾蛇导弹都要疯了，国防部依然在搪塞他们。
黑：你可以告诉国防部，总统先生已经同意了。
基：计划是把这些军用物资送到某个空军基地，让他们通过以色列航班把这些物资弄走。对我们来说，这是一个稳赚的买卖。现在不管谈判怎么样，只要阿拉伯占据战场上的主动，那我们就很难控制局面了。所以，如果我们不向以色列提供援助的话，那他们就很难占据主动，我们最后什么也得不到。
黑：我已经和总统先生谈过了，他完全同意我们的做法。

苏联驻美国大使阿纳托利·多勃雷宁与基辛格的通话
1973年10月7日，周日
下午3点25分

多：我得到消息了，我先读给你听，然后再给你准备一份书面的。
基：我要重点！
多：大致内容是：这是一封从一位领导人到另一位领导人的信函[指从勃列日涅夫到

尼克松]，里面提到了他们对这个问题是如何讨论的，每个部长的发言都有提到；提到了我方一直希望在这个危机面前做些什么，但目前为止什么都没有做；我方的这种行为，如果使你方感到困扰的话，那我们表示遗憾。后面是这样写的，关于当前的问题，如果我们要说的话还有很多，但现在的主要问题是，我们如何采取紧急而又有效的措施摆脱当前战争所造成的结果。考虑到当前的战争局势，在以后相当长的时间里，这依然会是一个威胁。如果以色列能表明其对于谈判的态度，那这会是非常重要的。但同时也要牢牢记住以色列的安全局势——哪些对以色列来说是可以接受的，哪些是符合以色列人民利益的——只有这样，该地区才能维持和平。如果可能的话，保持国与国的安全与和平——在某些国家抢占别国领土的局面下——保持这种安全与和平。总统先生，正如您所知道的那样，我方一直采取克制策略。

事实上，对于以色列这样一个声称占领阿拉伯人们领土的国家来说，这种安全保证的实施，可能会成为联合国安理会第 242 号决议执行的一个良好的开端，而正是他们这种占领别国领土的行为，成为了中东地区危险形势的根源。我们非常希望，鉴于目前的情况非常危急，让以色列执行第 242 号决议充满挑战性，我们没有毫无争议地决定按照你我双方此前讨论的决定，继续进行有关中东问题的秘密磋商。总统先生，我需要特别强调的是，我们将从你方提出的"目前中东局势发展丝毫不能影响苏美关系中建立起来的一切"这一观点出发，我们不允许任何与之相悖的事物出现。

接下来我还有一个要口头带给你的消息，在向阿拉伯方面——阿拉伯国家的领导人——提出的建议里，我希望我可以说，但目前还没有说的是，一切会在日后的沟通中继续。

基：你也看到了吧，这对当前的形势并没有暗示任何实质性的可能，你我都知道这没有任何意义。

多：我需要给你解释的是，在这次以色列事件中，我们不止把埃及、叙利亚考虑了进来，还想到了联合国，甚至是智利。相信你也是这么做的。我们在做出决定之前，并没有和埃及、叙利亚政府事先讨论，也没有征求对方是否同意。

基：好吧，阿纳托利，我们注定会面临一个非常关键的星期，对我来说，这已经显而易见了。

多：我希望这不会升级成一场危机！

基：你自己也知道，我们已经准备好了，在这场战争结束之后，敦促以色列升级他们的外交行动。

多：你看到扎亚特的声明了吗？

基：那个同样也没有任何意义。
多：你的见解非常精准。
基：好了，阿纳托利。你能把这个信函打出来，然后给斯考克罗夫特送过去吗？
多：还要翻译出来？
基：是的，需要翻译出来，然后给斯考克罗夫特送过一份去。

国防部长詹姆斯·史勒辛吉与基辛格的通话
1973年10月7日，周日
下午3点45分

基：我和总统先生又沟通了有关提供物资的事情，他已经决定进行援助了。
史：我们不能保证在没人注意的情况下完成此事。
基：我们在1967年不是已经成功过一次了？我们会让他们自己过来取。
史：你会动用我方的飞机吗？
基：不会，对方派人过来。
史：我有个计划，一会见面会的时候我跟你说。
基：我们希望让他们过来取。
史：好的，我们到达后，我再跟你说我的想法。
基：我得把见面会调整到六点，苏联人拒绝了我们。现在唯一的解决方法就是，在我们的努力下，让以色列重新回到停火线上，然后再开启各方谈判。如果我们强行让以色列人回到停火线上，那我们就要和阿拉伯人摆明了立场，说明是从以色列人手里把他们解救出来。你能不能安排一个单独会议，就只有你，布伦特（斯考克罗夫特），我，我们三个人。
史：当然没问题，我们会给你几个时间选择的。

英国驻美国大使克罗默伯爵罗兰德·巴林与基辛格的通话
1973年10月7日，周日
下午4点25分

基：我已经和总统先生沟通过了，我们将提出召开安理会会议的要求。
克：今天吗？
基：不是，我们会建议明天召开会议，我们不会自乱阵脚，为了一个解决方案仓促行事。我们更倾向用之前我跟你说的方案解决问题。
克：是的，就是稳步前进那件事。
基：谨慎一点是没有错的。我想到了周二，战事胜负就可能已经出现端倪了。

克：非常可能。

基：没有认可的部分我们将会抛弃，如果战局情况对阿拉伯人不利，那我们会使之继续维持下去，可能我们不是强烈地反对，但会尽可能混淆视听。

克：我明白了。

基：如果我能想明白什么事情，那我们会提出来；如果你方能跟我们合作，那我们就可以共同维持谈判进行。第二天，我们会到你们那里，好好聊聊届时的战局情况，或者你可以到我们这里来聊聊抵制阿拉伯人。到了周四，一切就又会是一切全新的局面了。

克：好的。

基：当然这一切，只能让你们的**首相或者外交大臣**来完成。

克：的确。我会跟梅特兰爵士提及**此事的**[梅特兰：英国常驻联合国代表唐纳德·梅特兰爵士]。我们很激动这是一个在道义上更正确的做法，不过阿拉伯世界的人很可能会为此非常恼火。

基：我非常理解你的想法，关键在于阿拉伯人会因此遭受挫折。

克：是的。

基：如果真是这样的话，那我们在双方合作的问题上，他就不可能这么快介入进来，这样就能给我们双方更多的可能。

克：你认为安理会其他成员国会出席吗？

基：他们又怎么可能拒绝出席呢？这可是一场混乱的辩论啊！这是一个危险的先例——战争开始了48个小时，但安理会却依然没有介入其中。

克：完全正确！我赞同你的观点。苏联人表态了吗？

基：他们承诺会集中火力指责以色列，而不是指责我们。

克：他们难道不想试试在辩论上搅搅局吗？

基：如果他们那样做的话，我也不会表示反对的，现在我们可不为他们的行事操心。这难道不是你昨天话里的意思吗，难道我理解错？

克：哦，是的。

基：讨论，框架……阻止阿拉伯人下一步的动作不是我们在周三要面对的问题，这真是……

克：我完全同意。

基：如果我们等到以色列占据战场上的主动，然后再采取措施，我们就麻烦了。

克：我同意，我这就给伦敦方面打电话。

基：我们可指望你们支持我们的策略呢！

克：好的。

基：那好，多谢你们！

苏联驻美国大使阿纳托利·多勃雷宁与基辛格的通话
1973年10月7日，周日
下午4点40分

……

基：阿纳托利，我想告诉你我方总统的决定：我们会在今天下午五点正式提出召开安理会会议的要求。

多：你们什么时候发表声明？

基：大概在45分钟后，在此之前你们的塔斯社是收不到消息的。不过我们目前尚没有决定是否提出解决方案或其他议题。这也许只是一个讨论，但是我们无法避免要提出召开安理会会议的决定，我认为坚持我们昨天讨论的原则、彼此之间保持冷静是非常有用的，如果你方大使先生也能这样做的话，那我们很快就能过完这一天。即便我们会在明天提出建议，我们今晚不会提出，这些我们都可以商讨。我会在明天上午让你知道我们的决定的，我会在我们有所行动之前通知你的。

多：好的。

基：总统先生今晚就回来了，我会有机会跟他进行沟通。我明白你的想法，一系列事件发生后，我们的讨论就会成为历史。

多：好的。

基：这也是我们为什么不提出任何建议的原因，这样能给我们多几个小时的时间让我们考虑我们该怎么做。

……

美国驻联合国代表约翰·斯卡利与基辛格的通话
1973年10月7日，周日
下午4点45分

基：约翰，你怎么样？你现在在哪？

斯：我很好，我现在在办公室。

基：我们了解的是，总统先生将发表关于我们即将要求召开安理会会议的声明。我们会提出在明天上午召开会议。我已经向[负责国际组织事务的助理国务卿]大卫·鲍波解释过我们的策略了，他会给你打电话。但你要记住，最重要的是尽可能拖延时间、混淆视听。我也已经和英国方面联系过了，告诉对方我们的基本原则，他们已经承诺会没有任何异议地与我们进行合作，届时会表现出乐于接受对方意见的态度。一旦形势得到重建，我们下一步的策略就是：拒绝提供任何有意义的帮助——不能认为这样我们将不会提出任何解决方案，我们只要求召开安理会会议。

斯：好的。

基：让他们去猜。我们的主要目的是否决一切召开联大会议的可能。大卫［鲍波］会给你打电话，告诉你更多细节信息。

斯：好的。

基：我们的主要任务是不要把这一切处理得这么快。

斯：这样很好，亨利。

埃及外长扎亚特与基辛格的通话
1973年10月7日，周日
下午4点55分

基：电视直播就要开始了，我不能在这时报复他们。不能把我放在埃及电台的信号上，否则他们根本不会有人听懂我在说什么。

扎：当然，当然，但如果你能来我们国家的话……

基：我希望有朝一日我能访问贵国。

扎：你收到……那封信了吗［即指埃及总统萨达特的安全顾问默罕默德·哈菲兹·伊斯梅尔给扎亚特的信函］？

基：这封信很着急吗？还是私人信件？

扎：我认为那很重要，里面反映了我方不断呼吁和平的呼声。

基：那这封信就很有建设意义啊，我非常欣慰。我可以向你保证，我们会以一种积极的方式答复你这封信的。我想告诉你我接下来的计划，和你处理整个局势的方法相似。据我所知，你将发表声明，但不会提出进行辩论的要求，这和我们的讨论主旨精神非常一致。

扎：当然，我向你保证……

基：我们会在一个小时的时间里，提出明天召开安理会会议的要求。我们还没有最终确定是否会提出建议，我们认为如果在联合国安理会没有讨论主题，这显然是不可思议的！我们的想法会与你们的相同，我们会低调处理这件事，然后再决定是否提出那个有建设性的建议——一切取决于我们两国之间的关系。我之所以要向你解释这一切，唯一的理由就是我们绝不允许一场没有经过联合国讨论的战争继续进行下去，这也是我们的原则。这次大会，我们会完全从我们自身的角度出发，不去指责其他任何一个国家。我们还没有决定是否将提出解决方案，但如果我们选择提出，我们一定会让你提前知道的。

扎：场面很可能会令人倍觉尴尬。

基：我明白，但我们必须重新审视当前的局势。

扎：那当然，我方的态度会是——非常客观的。你知道，我们不能……

基：我们并不是在这里要求得到你们的支持，不过我也向你保证，无论下周我们在具体战术实施的过程中会发生什么，可以肯定的是，我们的战略部署依然是之前我和你讨论的那样，从我们的角度来看，我方会一直维持这种气氛。

扎：那封信……

基：当然，我收到那封信的时候，也许我会在看完那封信后给你打电话。

美国参议院外交关系委员会主席、联邦参议员威廉·富布赖特（阿肯色州民主党人）与基辛格的通话

1973年10月7日，周日

下午5点

基辛格（以下简称"基"）：我想告诉你的是，我们将在半小时内提出召开安理会会议的要求，很可能我们会把开会时间定在明天上午。

富布赖特（以下简称"富"）：嗯。

基：这样我们就可以把联合国也拉入战争里。今天下午我还给包括联合国秘书长在内的一些相关人士打了电话。我认为我们的做法已经成功了，关于这场战争的讨论将不会出现在联合国大会的议程上。

富：好的。联合国秘书长同意你的做法吗？

基：现在他的态度还不明朗，我认为很可能会，非常可能会是——美国的建议不会引起太多争议。

富：我觉得这样就代表一切充满希望啊！战地前线有什么新的进展吗？

基：现在已经是当地时间晚上了

……

美国参议院外交关系委员会高级官员、联邦参议员乔治·爱肯（佛蒙特州共和党人）与基辛格的通话

1973年10月7日，周日

下午5点05分

爱肯（以下简称"爱"）：局面好些了吗？

基辛格（以下简称"基"）：我认为到了这周末，局势将对我们非常有利。我们将提出

明天召开安理会会议的要求。

爱：你们会要求明天召开会议？

基：是的，今晚只是进行非正式性的磋商。

爱：我明白了。你说苏联的采取了容忍态度？

基：苏联人太糊涂了，他们在浪费时间。也许他们自己都不知道下一步要做什么。

爱：他们不知道下一步要做什么，这不是没有可能。很遗憾，因为战争，我们的赎罪日假期只能剩下三天了。不过这种事情经常发生，就像1941年12月7日珍珠港事件一样。

基：是的，这种事总是在周末发生。

爱：我有一种预感，你们会一切顺利的。

基：我认为我们是可以平息这场战争的。

爱：昨天有一个新闻记者给我打电话，对方声称你指责我和迈克[即参议院多数党领袖、联邦参议员迈克·曼斯菲尔德（蒙大拿州民主党人）]。如果你承认，那当然你就是指责我们了。我有一种预感，你会从目前的混乱中脱身而出，可能你比之前看上去做得更好。

基：我想，从长远角度来看，我们可以利用当前的形势。

爱：你说的是苏联人从埃及撤离这件事？

基：他们这种举动把自己的参谋拉到太阳底下。他们期待能有什么事情发生，但他们不希望自己卷入其中。

爱：我认为你做得很好！

以色列外交部长阿巴·埃班与基辛格的通话

1973年10月7日，周日

傍晚5点08分

基：下午好！我们已经决定按照我们之前商议的方针采取下一步的行动。因此，你什么也不能做！总统先生——并不是只有总统先生本人，还有我们在肯比斯坎的团队——会宣布我们将提出召开安理会会议的要求。我们将在，大约五点半左右，向安理会主席提出在明天召开会议的要求，就不选择在今晚进行了。我们不会给出是否会提出解决方案或提出其他议题的信号。你不要奢望得到太多信息。我们只是会提出一个解决方案，私底下我告诉你，这个方案根据我们之前讨论的原则制定的。我知道你将在安理会上发言，这我可以理解。

埃：我非常希望进行发言。

基：安理会上，我们可就指望你的口才了。这种情况下，你可不要吝惜自己的口才埃：啊！
埃：是啊，我也同意，这种情况往往发生在最不需要的时候。我只是想说，我们希望的是全面停火。
基：只要你对当前局势进行充分讨论，那么你会发现你根本没有进行建议的必要。
埃：……说是埃及和叙利亚侵犯了我们，而不是我们侵犯他们。我可以肯定地告诉你我们会密切关注其他西欧国家的动向，不过我认为这一点你已经做得很好了。

埃及外长扎亚特与基辛格的通话
1973年10月7日，周日
傍晚6点20分

基：外长先生！
扎：是的，基辛格先生。我很抱歉因为一件小事给你打电话。
基：没关系。
扎：有人在我们大使馆前进行示威游行行动，他们打破了我们所有的窗户。我们自己的性命并不重要，但其他国家的外长们也在这里，他们会……
基：不会是那样，那将是不可原谅的！请允许我代表美国政府向你道歉！
扎：这不是是否道歉的问题，而是关于……
基：这是属于纽约警察的司法权管辖范围内，我们马上就采取行动。
扎：但我们不管这到底是纽约警察还是旧金山警察的司法权管辖范围。
基：好吧，外长先生，我们马上采取行动。
扎：好吧，非常感谢！
基：我们马上采取行动。

纽约市长约翰·林德赛与基辛格的通话
1973年10月7日，周日
晚上7点10分

基辛格（以下简称"基"）：你好，约翰。
林德赛（以下简称"林"）：我是林德赛市长。
基：是你啊，你怎么样？
林：我看那个阿拉伯大使都已经歇斯底里了！
基：[笑声]他不是大使，他是外交部长。
林：不管他是谁，就是刚才打电话的那个。
基：他告诉我，他不怕死，但那里还有很多无辜的人。

林：目前示威人群达到了 6,000 人，局面还在我们的控制之中。由于我方警察逮捕了一些人，所以接下来的行动将移交给司法部门，这些人里面有犹太防卫联盟的人，也有阿拉伯人。这些人已经移交给了法院，所以他们现在都在监狱里。他们都被捕了。

基：好！

林：我们认为一切都在控制之下，我们已经调集了 1,000 名警察。我非常乐意给国防部送去这些警察的加班费。

基：好吧，收敛一下你的热情。

林：我觉得还都不错。如果事态有任何进展的话，我会给你打电话的。

基：非常感谢。

林：我一直跟斯卡利保持着联系，之前我刚刚和瓦尔德海姆通了电话，所以我认为他们现在都非常冷静。

基：非常感谢。

林：从今晚到明天，我们都会保持高度戒备。

基：非常感谢！

美国国会参议院多数党领袖、联邦参议员迈克·曼斯菲尔德（蒙大拿州民主党人）与基辛格的通话
1973 年 10 月 7 日，周日
晚上 8 点 15 分

基辛格（以下简称"基"）：我在今天早些时候给你打过电话了，主要是想告诉你我们的决定。现在，我们已经提出了召开安理会会议的要求。今天整整一天，我都在和英国、以色列、阿拉伯人进行磋商。我们认为，现在是一个开启谈判大门的恰当时间。

曼斯菲尔德（以下简称"曼"）：苏联方面是什么态度？

基：坦白说，我认为他们是被阿拉伯人这次的举动吓住了。我下面要告诉你的是机密消息——苏联人告诉我他们在战争开始前，就把他们在阿拉伯国家的顾问团队撤走了，这样的举动完全违背了世界其他各国的愿望。

曼：他们从战争一开始时就撤退了？

基：在战争开始前。他们提前两天就知道了即将开战的消息。所以，伤亡名单中并没有苏联人的名字。

曼：那很好啊。我们明天的立场就是要求各方重新回到战争爆发前的状态。我们预计随着以色列在战场上占据主动，场面就更好看了……

第3章：1973年10月7日

美国总统理查德·尼克松与基辛格的通话
1973年10月7日，周日
晚上10点30分

基：你好。

尼：你好，亨利，有什么新消息吗？

基：总统先生，我们已经把一切事情安排好了。安理会会议将在明天下午三点半进行。

尼：这是我们要求的。

基：是的，这是我们要求的。

尼：我的意思是，有谁支持我们吗？

基：支持提出召开会议？没有人，不过我们也不需要别人支持我们，我为我方争取了一个有力的立场。我认为我们不应该，总统先生，我们不应该提出任何建议，因为那样只有失败，我们应该贯彻我们的理念——事情应该以这样的方式结尾。

尼：[……]是你去那边，还是斯卡利去？

基：我不去，斯卡利去就可以了。

尼：如果联合国的想法最终没能成功，那我们一定要提前抽身出来。

基：周四傍晚前，人们就会恳求我们提出解决方案。我已经告诉苏联人了，我们不会提出解决方案，我们只想召开一场磋商会议。

尼：勃列日涅夫那里还没有消息吗？

基：收到了，我们已经得到他的回应了。

尼：他怎么说？

基：他的口气很友善，但并没有什么实质性的内容。不过他提到一点，苏联战前撤离的做法违背了阿拉伯诸国家的意愿，这一点我们已经通过情报部门得到证实。此外，他们还撤走了驻扎在地中海海域的舰队。

尼：我们的舰队在哪里？

基：哦，事实上，我们两支舰队已经都快就位了。不过我们的舰队是向东行进，苏联舰队向西。他们的舰队是在返航，我们的舰队刚刚出发。目前战局已经非常明朗了，所有人都希望能有一个解决方案，还有如何把以色列人维持[在之前的停火线上]——他们很可能跨过之前那条停火线。如果你要求他们返回停火线内，他们必须撤回来。关于这个问题，我已经和梅厄总理沟通过了，对方表示同意。

尼：我明白了。至于我之前在飞机上看到的那份简报，恐怕现在已经成为历史了。不过那些可恶的叙利亚人着实让我震惊了一下。他们比我料想的要好多了。

基：以色列还没有投入后备力量，不过叙利亚军队真是不错，他们深入到戈兰高地的两个地区,还控制了哈蒙山。你当时还在那边,你肯定看见了。

尼:的确,我想起来了。

基:他们这几仗打得真不错。明天前,火炮恐怕还不能使用。之前,伊斯梅尔(埃及总统萨达特的安全顾问)给我递过来一个消息,他希望能建立谈判框架。这样的呼吁力度远远不够,越南南北分治实现前四个月,也在进行谈判。伊朗国王也表达了相同的意愿,不过这样的呼吁力度也还不够,现在也还不是合适的时候。首先我们要实现停战,然后通过外交途径解决这一切。

尼:现在我们要做的的确是率先实现停战,那对我们将是一个巨大的成功,也是我们所取得的最伟大的成功之一。我们的国民会认为我们在事件面前表现得——非常强硬。

基:现在说这些还有点为时过早。当一个人说他能嗅到战机时,他指的是所有人对同一件事都采取相同的态度。我们的战机可能会出现在周三,或者周四。在你决定提出要求召开会议后的这段时间,我一直在以你的名义跟几位参议员进行沟通。

尼:我明天一早就到华盛顿,你明天在白宫吗?

基:我大概八点,八点半到。

尼:好的。你能不能过来找我,我们沟通一下,之后公布我们的想法。

之前提到一封埃及国家安全顾问默罕默德·哈菲兹·伊斯梅尔以总通萨达特名义写的信,该国外长扎亚特在今天早些时候也提到了这封信,正是因为这封信,让我们相信我们已经控制了目前的外交进程。此次战争开始的第一天,萨达特做出了一个惊人的举动——他与我们取得了联系。联系的消息是由情报渠道传过来的,这个消息是直接给我的,内容是伊斯梅尔向我们提出了停战条款,这些条款——要求以色列退回到1967年边界线——我们无法接受。但是很明显,对方表现出的是一种开放的态度;与我们进行联系就已经是非常危险了!萨达特不会打算以这种妥协的方法背叛叙利亚,甚至背叛苏联,要知道苏联对埃及的援助在此次战争中至关重要,而萨达特的妥协意味着叙利亚很可能会放弃这场战争,苏联方面则减少其对阿拉伯的援助。

现在重要的不是这封信的内容,而是它的真实存在性!萨达特已经向美国发出了要求,让后者主导和平进程,尽管我们一再在联合国上声称是萨达特放弃了他的军队曾经占领的土地。这个消息还传达出来萨达特清楚地知道什么是可获得的底线,"我们无意更多地卷入这场战争中,也无意深化当前的对抗";实际上,他是在表明埃及并未打算在已经占领敌方领土后继续采取进攻,他也没有把美国当成替罪羊,这和他的前任纳赛尔总统的做法天差地别。但如果我们可以正确解读萨达特的意图,就能看出埃及的军队部署与政治目标之间将出现一个巨大的鸿沟，这是无可避免的，也将最终导致政治谈判。

今天即将结束前，我汇总了我们在华盛顿特别行动小组会议上提出来的战略：

> 埃及不希望和我们在联合国发生冲突，目前苏联也不希望和我们发生冲突。我们的基本立场是重建停火线。阿拉伯人会尖叫声称自己被驱逐出了出生地，但是在周二 [10 月 11 日] 前，他们会跪着求我们停火。……我们在解决问题的同时，会尽可能减小此事给我们与阿拉伯世界、与苏联的关系所造成的伤害。如果我们能在与以色列的关系上未雨绸缪，以备日后谈判的不时之需，那样最好！ *

随着时间的推进，我们的这种战略更加证明了它的正确性。

---

* 然而，下面这些对话反映了我开始对情报部门所估计的以色列将在战场取胜的结论表示质疑。
基辛格：很高兴吧！
科尔比 [中央情报局局长威廉·科尔比]：叙利亚人认为自己在战场上做得很好，他们没看看长远目标？埃及也许只打算小范围跨过苏伊士运河。
基辛格：他们为什么不能守住自己那点战利品呢？每个见到萨达特的外长就说，萨达特告诉他们，埃及在占上以色列的停火线之前，绝对不会要求停火！
史勒辛吉：你太理智了，你跟那些缺乏理智的人说不明白！
拉什 [副国务卿肯·拉什]：很难想象，萨达特在跨过运河后，就原地不动了。
基辛格：我认为他肯定会跨过运河，肯定也会原地不动。我看不出来他会进一步深入。

第 4 章　　1973 年 10 月 8 日

中央情报局和国防部情报局都认为以色列将在周四晚上前扭转其在戈兰高地的局势,"不过对叙利亚发动进攻可能还需要一两天的时间",他们用这样的言论进一步推测叙利亚军队被瓦解的可能。而在埃及前线,可以预言最晚到周三,战局就将明朗,"随着以色列的不断进攻,几天后他们将掀起猛烈的攻击,尽可能摧毁埃及的军队",报告中这种相对中立的口吻显示了人们对以色列军队毫不怀疑的乐观态度。

在这种情况下,外交上的拖延似乎更符合我们的需要。随着时间的不断推移,我们与联合国安理会其他国家在停火线上的分歧 —— 是否以当前战线为停火线,还是像我方提出的以之前停火线为准 —— 终究被不断改变的战场局势所取代。一旦以色列军队反攻到战争开始时的那条边境线,我们就可以接受"以当前战线为停火线"的要求;如果以色列继续进攻超过此线,那安理会大多数国家就必然会倾向我们之前的立场 —— 即,维持战前的状态、以之前停火线为准,我方的态度自然也是同意的。因此在这个时刻尽可能保持冷静,避免以色列唾手可得的胜利激怒我们的阿拉伯朋友和苏联朋友们,这样符合我方的利益,或者可以说,一切看上去是这样,否则盛怒之下他们很可能用一系列的军事行动改变战事走向。

为了更好地确认战事未来的前景,我给伊斯梅尔回了一封信,意在尽可能让萨达特保持克制。信里的主要内容是,以色列已经用行动证明了自己,在战场上他们几乎不会再收获其他战果了,美国方面也已经通过外交途径介入其中:

> 我想重申,美国会尽一切可能帮助参战各方实现停火。无论美国,还是我个人,都将积极参与,以期为长期困扰中东诸国的难题找到一个解决方案。

今天剩下的时间里,我的工作包括:向国会里各机构负责人进行通报;通过外交途径把苏联人也拉到这场战争里来,避免对方在联合国和阿拉伯世界引领起反美风潮;并随时跟进中东地区和平进程的最新情况。

美国众议院外交关系委员会主席、联邦众议员托马斯·摩根（西弗吉尼亚州民主党人）与基辛格的通话

1973年10月8日，周一

上午9点46分

基辛格（以下简称"基"）：主席先生，我们很难有时间聚在一起啊！

摩根（以下简称"摩"）：是的，我一直四处奔波。

基：我刚刚在开会。这次打电话我是想就目前我方所知的情况给你做一份简报。

摩：好的。

基：主席先生，自从我方获知战争即将发生后，我们一直在努力斡旋。得到消息的第一时间，我们试图将战事化解在摇篮里，但未能如愿。目前我们一直在与安理会所有常任理事国进行沟通，与埃及、以色列，特别是苏联方面的外交部长保持着密切联系。我们曾在周六试图要求召开安理会会议，并提出各方停火，但未能得到他国的支持；要求召开安理会会议，很可能只意味着不会出现任何解决方案，我们面对的局面会每况愈下，故而我们选择竭尽全力在某些解决方案上让人们能达成共识；此外我们还请求安理会主席召开非正式磋商会议，不过他也没有得到人们的支持。我们的昨天几乎就是这么度过的，到了昨天下午，我们决定自己提出召开会议的要求，因为没有人愿意和我们一起提出要求。今天下午我们将参加一个会议，我们会尽量让各方实现停火，但是我想让你知道的是……

摩：那有关解决方案……

基：我希望你能看清楚目前的局势，我们认为现在并不是提出解决方案的时机，任何方案都不会得到人们的支持，而且我们的局面会因此变得更糟，我们也不希望与苏联或是埃及进行对抗。现在我方树立的形象是，我们是唯一一个与参战各方取得联系的国家，我们会在适合的时机提出我们的解决方案。

摩：是的，是这样。

基：但是我希望你知道的是，我们一直非常积极，只要我们想到了可以实施的方案，我们肯定会提出来的。我认为你也会认同这一点，我们不希望局面成为一场大喊大叫的比赛，那样会让情况变得更糟。

摩：我同意你的说法。

苏联驻美国大使阿纳托利·多勃雷宁与基辛格的通话

1973年10月8日，周一

上午9点54分

多：我刚刚收到了一个口讯，很快，但是我认为这口讯非常紧急。这是一个由勃列日

涅夫给尼克松总统的口讯，他让我亲自告诉你。这个口讯不长，我读给你听，"我们已就停火一事与阿拉伯国家的各位领导人进行了沟通，我们希望能在很短的时间里得到他们的回复。考虑到你我双方在维持和平和发展苏美关系上的广泛兴趣，我方认为应该与你方进行合作。我方希望尼克松总统也能与我方有同样的想法。"

基：我刚刚从总统先生那里回来，所以我现在马上就能答复你。你们的口讯体现了我方的精神，我们也会这么做的，我们非常愿意通过合作的方式为各方带来和平。我之前就想给你打电话的，跟你说些消息供你参考，关于我们讨论过的内容，我们今天下午不会在安理会提出解决方案的。

多：你们不会提出吗？

基：不会，我们只是去参加一场大讨论。我们应该对你方表示感谢，自从我们提出会议要求后，你方并没有给我们设置难题。

多：我不清楚……我只是得到了一个电报，电报将很快交到你方大使手里，然后经由他递交给联合国代表团。至于里面的指示内容，我不清楚。

基：你能告诉我，你接下来要做什么吧？

多：我这就告诉他们你方不会提出任何方案，你们今天不会提出的，是吧？

基：除非发生巨大变化，否则我们今天是不会提出方案的。

多：一切都要看局势变化了。

基：我们认为，既然你方不同意我们的提议，而我方又不可能赞同你方的决定，那最好的方法就是我们进行一场大讨论。

多：我也认为如此。也许讨论的过程中会出现解决方案，那时，当然，我们自然会跟你们取得联系。但是现在，我个人认为，最好的方法是一个没有结论的大讨论。

基：你为什么不把这些告诉莫斯科？

多：我马上就去办。

基：还有，我们会进行妥协，你知道，这并不是真正的妥协，只是……

多：我知道，形势使然。

基：我们会遵守你们的原则，不对你方发动攻击。

多：我知道。

……

美国参议院武装部队委员会主席、联邦参议员约翰·斯坦尼斯（密西西比州民主党人）与基辛格的通话

1973年10月8日，周一

上午10点20分

基辛格（以下简称"基"）：这真有意思，主席先生。

斯坦尼斯（以下简称"斯"）：你只是碰巧了，你找了方法。

基：主席先生，我之所以给你电话，是想告诉您一些最新发生的情况。

斯：谢谢你能这么做。

基：我们现在在做的，并不是什么哗众取宠的表演。我们本可以提出在周六召开安理会会议，但我们先知会了苏联人，告诉他们我们希望能跟他们步调一致，希望让他们也负起责任来。之后我们分别和埃及、以色列、英国、法国等国取得了联系，不过依然没有达成共识。

斯：没有什么？

基：没有达成行动共识。所以我们没有让自己陷入冲突的境地——那样的话，我们将被多数票否决——而是与上述国家保持密切联系，还一直向他们提供沟通渠道，用以解决问题。所以直到昨天下午，我们才单方面提出了在今天召开安理会会议的要求，今天上午，我接到了苏联方面的口讯，对方表示愿意同我们进行合作，还说会尽自己最大努力，避免局面失控。所以现在即便你看不见很多具体的举动，我们依然认为自己已经主导了这场危机，我们认为在几天之后，我们就将让战火平息。

斯：很好。

基：所以，我们认为以色列人将改变现在的军事局面，只给你本人透露点消息，已经有人愿意支持重返战前停火线的方针了，这就是周六下午时我们的立场，而当时阿拉伯人在抢占以色列人的领土。在以色列陆续踏上前者的领土时，我们要采取的立场将是：我们会公平公正地划定停火线。

……

英国驻美国大使克罗默伯爵罗兰德·巴林与基辛格的通话

1973年10月8日，周一

上午11点

基：我打电话给你是为了告诉你一些最新的消息。

克：谢谢你。

基：我方决定不在今天下午提出解决方案，而用陈述我方的总体目标取而代之，即：

各方停火，重回10月6日前的边境线上。这些不是以我方解决方案的形式出现，而是以我方理念陈述的形式出现。我方认为这将为你方提供一个机会。之后，我们不会进行投票或辩论。我们认为到了明天，所有这些问题全部都会毫无意义可言。

克：有那么快吗？

基：也许是周三。我个人认为是明天。我给你的建议是，不要热衷于以目前战线为停火线的想法，以色列的国界线可能会发生变化。我认为你在上周六时的立场更适合在这周二晚上使用。我将敦促 —— 我们会积极地提出我们的想法，但措辞会非常含糊。希望你方在伦敦的文件起草人也能采取与我方相同的做法……

克：好的。感谢你让我知道这些消息。还有，我碰巧在美联社录音上知道点事情，富布赖特和英国大使都不太满意当前的局势，我倒很满意。在目前局势的问题上，你我二人看法一致。

基：我倒不清楚那件事情，不过我宁愿认为富布赖特一直在不断前进，我认为你我二人都是守规矩的人。

克：好的。

基：我们并不介意出现一些分歧，这样会让我们向相反的方向前进。今天，我们不如按之前我说的进行，看看到明天有什么能够明朗化。

克：关于黎巴嫩请求你方代表其与以色列进行调停一事，你是否已经决定好了怎么做？

基：我还不知道那件事。

克：我还以为他们已经正式提出了请求。

基：向我们提出请求？

克：我是这么看的。他[黎巴嫩总统]也是这么跟我们说的。

基：如果真是这样的话，要么是我们还没有得到消息，要么是我的助手们没有把人口在1,000万人以下的国家的事情告诉我，如果黎巴嫩的确提出了那样的请求，我们会代表他们与以色列进行调节的。

克：我会让我手下的人与你的人保持联系。

基：让你的人和西斯科联系。

克：好的，亨利。

联邦参议员迈克·曼斯菲尔德与基辛格的通话
1973年10月8日,周一
中午11点25分

基: 你好,联邦参议员先生。我想就目前的局势跟你做一份简报。我们已经得到了苏联人的消息,他们表示正在运用自己对他国影响力要求他国保持克制,他们希望我们也能这么做。当然,我们已经这么做了。此外,这可是内部消息,我已经和埃及方面进行了沟通,并在今天下午与英国达成在安理会协调行动的共识,还与苏联方面进行了电话沟通,我们都表示会避免让这场安理会会议成为一个闹哄哄的赛场。我们一直没有正式提出解决方案的原因在于,很多相互抵触的解决方案并不能给当前局势带来任何益处,相反这些方案最终都不会顺利实施。我们在努力让各方达成共识,我希望你能明白我们这样的战略方针。只要真正的共识能够顺利出台,那我们绝对会表示支持,事实上我们从周六开始就已经做好准备了。我只想告诉你自己的是,我们的立场一直是各方重新回到战争开始前的停火线上。阿拉伯人表示这样的方案对他们而言非常地难以接受,我们之所以采取这样的立场,是因为我们相信,以色列目前的局势是将会发生改变的。

曼: 你的意思是说上个周五?

基: 我想告诉你的是,在解决方案面前,无论谁占据战场上的主动,我们都会要求其退回到上周五时各方停火线的位置。我判断,局面将朝着阿拉伯人不希望的方向发展。也许你会不同意我的这种说法,但我认为阿拉伯人不可能再占领对方的领土了。

曼: 爱肯[联邦参议员]给我打了电话。他得到了关于解决方案的风声,但他表示非常反对。他表示愿意支持你的立场,行动也会和你的政策方针一致。后来,参议院少数党领袖斯科特[联邦参议员休·斯科特]也给我打了电话,也对你表示了认同。我们都表示会采取与你一致的策略。在你有机会表明自己的立场、在你完成与相关人士的接触前,在安理会提出任何解决方案都是不可能的。

基: 你们不用对呼吁重返周五停火线的方案提出反对,我们认为这样的敌我战线明天就能实现,之后以色列就将朝阿拉伯国家继续推进。

曼: 我明白了,好的,你可以以此为基础与斯科特聊一聊,我也希望你能和他聊一聊。

基: 我可不希望别人说我特别希望这么做。

曼: 我跟斯科特打电话,跟他说我跟你说了,希望他会给你打电话。

基: 那样的话,我就愿意奉陪了。

曼: 好的,亨利。

美国国会参议院少数党领袖、联邦参议员休·斯科特（宾夕法尼亚州共和党人）
与基辛格的通话

1973年10月8日，周一

中午11点35分

基辛格（以下简称"基"）：你真能看透我的心思，我刚要给你打电话。

斯科特（以下简称"斯"）：我和迈克已经聊过了，当然，也跟爱肯打过电话了。就像迈克跟你说的那样，我们两个都会采取你所需要的立场。

基：好。

斯：只有上帝才会知道会有多少联邦参议员出现、他们会提出多少解决方案。现在的主要问题，也是我和迈克出现在这里的原因是，我们关心的是，是不是还应该说我们不会提出任何解决方案？或者是我们是否应该提供给你一些想法，支持你的立场？

基：希望你能拿到一份支持这个活动的参议院决议，这份决议将充分表达参议院同意停火、同意各方重返之前停火线的观点。

斯：这也是我们的想法。

基：……在此次战争爆发前，我们从来没有公开说过，但这将是我们采取的立场。如果我们能得到参议院的大力支持，那会很有帮助的。

斯：好的。迈克也在这里。假使我们能成功到参议院决议，因为绝大多数方案会送到我这里，这些全都非常狂热，还有几分盲从。

基：但无论我们用略带自私的观点来看，还是站在国家的角度来看，我认为最好的方案都是参议院能公开支持危机爆发以来我方的处理方式，并表达出希望政府能尽快促成停火、促成各方尽快回到战前状态的想法。

斯：好的，我认为这对迈克来说不是难事，我们会找到一个各方都满意的方法。我们一定能找到！

基：那将会对我们有很大帮助。

美国总统理查德·尼克松与基辛格的通话

1973年10月8日，周一

中午11点50分

尼：关于斯科特和曼斯菲尔德，他们是不是要把我们支持那种解决方案的事情说出去？

基：是的，他们是这么说的，不过他们不会说这是解决方案，他们会说这是我们的目标。

尼：他们会暗示出来政府方面赞成那样的目标。

基：是暗示我们应该赞同那样的目标。我跟他们说这不会与我们目前在做的事情发生冲突。我没让他们这么做，否则他们的举动会比现在更激烈。

尼：是的。如果我告诉我们别走得太远，这样能有帮助吗？

基：不会的，总统先生，他们不会走得太远的。

尼：对他们来说是这样。

基：不是，不是那样的。是从他们的角度出发别走太远。在参议院拿到这样一个解决方案前，斯卡利肯定会说出来的。这才是我们的立场里面最关键的部分。他们都在支持你。

尼：如果我能和他们取得接触的话，我肯定会说我们感谢你们的支持。

基：我觉得是应该感谢他们，那将会是一个非常优雅的姿态。

尼：好的。

联邦参议员雅各布·贾维茨（纽约州共和党人）与基辛格的通话
1973年10月8日，周一
中午12点55分

贾：休·斯科特跟你说了那个解决方案了吗？

基：说过了。

贾：你们两个没有想到什么吗？

基：我和他、和狄尼兹都谈过了，保证这个解决方案不会给他们带来麻烦。我们所能接受的解决方案的原则是：同意双方在以战争开始前的边境线为界停火。

贾：他们已经形成了一个解决方案，并在通过外交途径进行运作，还包括在其他地方建立防御性边境，根本不考虑联合国第242号决议怎么说，你觉得这会给你带来麻烦吗？

基：倒不会。

贾：我们有两个方面：一是批准目前为止此次危机的处理方案；二是支持各方同意的停火线的建立。

基：我不会说这是停火线，否则又会出现像1967年那样的麻烦。

贾：支持的是各方秩序的重置。

基：支持各方在战争爆发前的形势。

贾：用最后这个

基：好的。

贾：今天一切都好吧？

基: 希望如此。

我们会按时定期得到以色列大使送来的简报,他几乎从不放弃任何机会提醒我关于战场形势,也不会忘了提醒我军用物资援助的问题。

以色列驻美国大使辛卡·狄尼兹与基辛格的通话
1973年10月8日,周一
下午1点14分

狄尼兹(以下简称"狄"):如果你同意的话,我想和你说一下我拿到的最新消息,以及我方总理带给您的特别礼物。目前前线的局面看上去非常好,在西奈半岛和戈兰高地上,我方军队都已经由守转攻。军方认为我们很可能会把叙利亚人赶到停火线那边,在与埃及军队的对抗中,我们也在朝着这个方向迈进。

基辛格(以下简称"基"):我得到的一则消息显示,你们已经跨过苏伊士运河了。

狄:我也看到这样的消息了。我在一个小时前联系了总统办公室,但并没有证实这个消息。我要拿到这个消息后,肯定会读给你的。我们继续之前的军情简报:现在更重要的是我们能赢得时间,这样我们才能结束这场战争。……我们不仅会反对 —— 我现在还在等待我方总理的最高指示 —— 我们不仅会反对之前那种立即停火,也反对各方撤回的做法,原因很简单,因为这是不现实的,对方的军队根本没有做出军队撤回的保证。我想让你知道的是,我们在人员和武器上的损失都非常严重 —— 对方的萨姆-6防空导弹让我们非常头疼,我方战机极易被这种导弹击落。除了昨天我跟你说的那被击落的35架飞机外,我目前还没有得到其他数字。人员伤亡方面,我想可能已经过百了,也许是几百人,我现在还没有得到确切的消息。

基:几百人伤亡?

狄:是的,几百人伤亡。很可能我们已经在苏伊士运河对岸占据了一些军事据点,我说的这些还没有得到确认。之前我从梅厄总理那边得到的消息的确是,我们可能已经在苏伊士运河对岸占据了一些军事据点,在之前戈兰高地的停火线上也占据了制高点。就像我们昨天说的,这样能保证我方能抵挡得住对方新一轮的军事进攻,在各方政治角力的过程中我们手里也能有些王牌。由于目前战斗依然在继续,我说的这一切并没有得到任何证实。不过据我所知,战斗依然在我方进行。现在,我已经拿到梅厄总理给您的特别消息了,我先把这个消息读给您,然后当我们再次见面的时候,我会带给彼得(高级助理彼得·罗德曼)。消息如下:梅厄总理希望向您转达诚挚的谢意,感谢您提供给我方的帮助,也感谢您给我方的提出的英明的忠告。她在电文里说，您非常了解我们的想法，这正如同您就在我们身边一样。您非常清楚我们目前参战的目的。我们的目的是利用对其的军事打击打消他们任何发动下一步进攻的念头。我们在军事上付出了很大的代价，特别是飞机。现在我们面对的是军备上的严重差距。我方的飞机损伤惨重，梅厄总理强烈呼吁您尽快向我方提供幻影战斗机。就是这些。

基：我会尽力的。告诉你方总理，也只告诉她，我今天上午已经就向你方补给军用飞机的问题分别和尼克松总统、黑格将军沟通过了，正如你所知，我们昨天的确遇到一些阻力，但今天总统先生已经原则上同意了你方的请求。

狄：我知道了。接下来我们要怎么继续？我是不是应该等你的消息？

基：你最好能等我的消息。我的消息很可能会影响你们的战略考虑。

狄：这种考虑的确非常重要。我这就告诉我方相关人员。

基：我不想误导你。我们会将你们所占领的区域划定在停火线内——这也是昨天我们商议过的，这并不会影响短期内的军事行动，这也是我们在安理会采取的立场。在安理会上，我们不会提出解决方案，这只是一场理念的讨论会。

狄：当然。

基：还有一件事，我们今天上午得到苏联方面传来的消息，一副息事求和的口吻，要求我们敦促各方保持克制。不管怎么样，我们还是警告他们不要采取任何行动，还告诉他们我会在今晚的安理会会议上进行演讲，我的主题是：局面的缓和并不能取代不负责任的行动。届时我会有针对性地提出两点，一个是中东问题，另一个是最惠国待遇问题。我希望上帝能看到的诚意，不让我因为提出的观点而受到所有犹太人的攻击。

狄：在某种程度上，我愿意以上帝的名义表态，我认为你想的不会成为现实。

基：我也不认为那是一个明智的决定。不过这也不是我们的主要问题。大使先生，我最后一个问题是，黎巴嫩请求我们向你呼吁，对方称你们不应该侵犯他国的领土主权。黎巴嫩并没有选择通过外交途径向你们传达这个信号，我认为他们这样的做法更简单，省去了很多文件准备工作。

狄：我相信我们无意侵犯他国的领土主权。

基：如果你确实没有那种意图的话，你可以通过我给他们和英国方面转达一个口讯，这样可以建立起来我们需要的政治环境。

狄：我可以证实你的想法，我们会让英国置身事外的。

基：对，证实我的想法。希望你们能够尽快，这样对我们帮助很大。

狄：我还有一件事要说。今天上午我接到很多位参议员的电话，他们在表示同情的时候也都请求给予援助。我向他们保证说，美国政府正在全力促成和平、稳定，在这个问题上我们双方看法一致，我们非常同意这样的观点。有人希望能推荐出一种解决方法，而我认为他们目前在酝酿出台一份声明。相信斯科特很快就会联系你的。

基：他已经给我取得联系了。我告诉他我不会反对类似的解决方案，我昨天就跟他讨论过这个问题了，我不着急。

狄：顺便说一下，我也不着急。联邦参议员巴赫［伯奇·巴赫，印第安纳州民主党人］、联邦参议员克兰斯顿［阿兰·克兰斯顿，加利福尼亚州民主党人］、联邦参议员肯尼迪［泰德·肯尼迪马萨诸塞州民主党人］已经发表了声明。他们都参加了。我没想从他们身上拿到什么主动权，只是简单地给他们介绍了情况，他们还问我是否需要物质上的支援。我跟他们说，我和美国政府保持着密切联系，我方没有突出的问题。

基：是的。

狄：昨天我向你通报了我情报部门得到的关于苏联和叙利亚的消息，现在我要有所更正。情报部门并不确定，他们还让我告诉你，在没有进一步确认前，不要采取行动。

基：好的。

狄：在飞机和其他军用物资的问题上，不管你们怎么做，我们都非常感谢，这都将给我们带来很大帮助。

基：关于其他军用物资方面，我今天就会处理。

狄：我会一直等你的消息，我也会把你告诉给我的转告给梅厄总理。

基：我会尽快准备好反导和电报机设备的。

狄：也许我们可以安排一下见见面，我知道你将要……

基：也许我们今天下午晚些时候就能见面。

美国国会参议院少数党领袖、联邦参议员休·斯科特（宾夕法尼亚州共和党人）与基辛格的通话
1973年10月8日，周一
下午1点15分

基：你挂电话的时候，我忽然发现可能出现了一点歧义。我们提到的重回停火线，指的是周五，1973年10月6日的那个周五的边境线，而不是1967年边界线。

斯：在立法史上，我们已经提到不仅会支持你所做的一切，也会支持你在未来将要做的一切。贾维茨还一直在参加会议，我在和越南立法委员们在一起。他可是会说很多的，决议方案可能是这样的，"……谴责中东地区发生战争……既然决定这

将是参议院的职权范畴，我们除了要谴责此次中东地区发生的战事之外，还要全力支持联邦总统和国务卿，敦促参战各方实现停火、重新撤回停火线，参议院还希望该地区能实现平稳，最终能够驶向和平"。

基：太好了！

斯：我们没有说"更加和平"，我们认为只有地区保持平稳，最终才能走向和平。

基：我认为，这已经非常好了！

斯：今天我们创造了立法程序的历史，当时我们说，不仅会支持你所做的一切，也会支持你在未来将要做的一切。贾维茨希望能参与到这其中来，但他即将讨论你究竟是一个怎样伟大的人。

基：我可不能表示反对，告诉他我同意这个观点。

斯：当然，荣幸之至。

基：再见，非常感谢。

联邦参议员泰德·肯尼迪（马萨诸塞州民主党人）与基辛格的通话
1973年10月8日，周一
下午1点40分

基辛格（以下简称"基"）：我想跟你通报一些最新的消息。最开始是在周六，我们试图阻止战争爆发，但失败了；之后，我们试图结束战争，但还是没有成功。我们面临的问题是阿拉伯人出于自己的原因反对召开安理会会议，以色列人也是如此。我们在努力与苏联、英国保持联系。尽管如此，安理会成员国中依然没人提出召开安理会会议。因此，安理会目前也还没有通过任何决议。而且我们认为，在这种形势下，迫使形成安理会决议是一个非常错误的决定，这样会激怒所有人。有意思的是，阿拉伯、以色列、英国、苏联都恳请我们采取行动。

肯尼迪（以下简称"肯"）：你指的是不要召开安理会会议吧？

基：避免召开正式的安理会会议。周六一晚上，我们都在进行非正式的磋商，这也进一步把苏联从我们的对立面上拉了回来，促使我们与埃及保持密切联系。与此同时，我们也与以色列保持着密切联系。昨天，我们决定不在联合国层面上解决问题，但考虑到这势必会对联合国的声誉产生负面影响，因此我们决定选择安理会作为解决问题的平台。接下来我们会把自己的想法，而不是我们推出的解决方案展示给大家，即：此次战事应该终结，参战各方应该回到战前各自的边境线内。相信这种观点对于今天的阿拉伯人比三天前更有吸引力，这是因为以色列开始占据战场上的主动，到了明天，阿拉伯人会更喜欢这样的提案。一旦我们的观点得到支持，那我们就会将其升级为我方提出的解决方案。与此同时，我们与苏联方面也在进行积极地对话，我们在努力将苏联人置身事外，看上去我们也都处于有利的位置。

肯：你怎么看，我认为那个声音……

基：你在录音吗？

肯：没有。之前发生了这么多，录音这种事情现在怎么可能继续？以色列现在放慢战争进程是因为哪些压力？他们真打算放慢战争进程吗？

基：我们已经知会他们绝对不会支持他们战争结束时，各方依然维持目前的战线。但我们的判断是，到了这周末，战事很可能就已经结束了。目前交战各方都面临着严重的损失和伤亡。

肯：依我看，这场战事会越来越对以色列人有利吧？

基：从今天下午的情况分析，以色列人似乎开始处于上风了。

肯：你看到曼斯菲尔德提出的解决方案了吗？

基：是的，我看到了。我觉得那个方案没问题。我知道伊格尔伯格[劳伦斯·伊格尔伯格，副国务卿，首席助理]正在和你的助手正在筹备一次午餐或是一次会议。

肯：是的。

基：我愿意支持。

肯：谢谢你，亨利。

埃及外长扎亚特与基辛格的通话
1973年10月8日，周一
下午1点45分

基：外长先生，我有两件事情要向你说明。第一，就我们即将发表的声明，我已经缓和了这份声明的语气，我方的观点几乎已经看不到了。第二，我又在声明里面加了一条，即中东地区的和平需要各方遵守联合国通过的所有决议，我相信以色列肯定不希望看到新加上的这一条的。

扎：谢谢，我拭目以待。

基：你会发现，这份声明对处于当前形势下的你们，几乎不会有什么改变。

扎：那我必须要听听这份声明了。

基：我想告诉你，也是希望向你保证的是，我们一直在努力维持和平局面，这一点你可以从我与伊斯梅尔的沟通上就能看出来。

扎：现在我倒是非常失望了。

基：外长先生，你应该想想之前的几次会议，你会发现目前的这次会议几乎没有给各方强加多少改变。

扎：我之前在看《生活》杂志，读了关于你的报道，我们必须要知道我们要保障多大的实际安全性才能……

基：是的。

扎：现在你确定是在帮助他们维持当前这种与安全有关的伪命题了吧。

基：关于我的立场，我周五已经向你解释过了，我们会继续坚持这个立场。其次，我们在声明中所坚持的原则在将来也会一直坚持下去，即便以色列人开始占据对方的领土，我们也会一直坚持下去。

扎：我之前说过，我们不会允许这样的情况发生。

基：我明白，但除了我之外，没人能明白。

扎：没有人能明白吗？

基：这一点毋庸置疑，我理解你。我要想把消息送给伊斯梅尔，我该送到哪里？

扎：我现在在华都大厦酒店，37楼。

基：好的，什么时候送给你合适？

扎：随时都可以。我太太会一直在这边。

基：我们能把消息给她吗？

扎：是的。

基：我们会把消息送到华都大厦酒店37楼的，我已经告诉我们的人了。你有计划要给出答复吗？

扎：当然，我之前想，如果他们继续停留在我们的领土上，那我们就要给出答复了。

基：我想你会发现那并不是实际情况。你会发现其他解决方案会和我们的说法完全相反，我已经竭尽全力了，虽然我们现在面临着来自国会方面的巨大压力，但是我们依然在尽自己最大的努力。你我之间应该保持联系，因为我们希望朝着你我之前讨论的方向前进。你今天的声明我已经读过了，非常有建设性。

扎：谢谢。

基：你的表现始终如一，像政治家一样优雅。

扎：这也是我的希望。

基：我们会竭尽所能的。

扎：好的。

基：只要战争还未平息，你我每天都要保持联系。

以色列外交部长阿巴·埃班与基辛格的通话
1973年10月8日，周一
下午2点40分

基：外长先生，联合国秘书长转告我，他已经同意了埃及方面不在安理会发言的请求了，前提是只要你不在安理会上发言。

埃：我也同意。

基：我想这一切会非常顺利的。

埃：是我们一直为之付出努力的事情会非常顺利的。

基：只要没有意外情况发生，安理会上将会是斯卡利提出我们的立场，然后安理会宣布延期。

埃：我已经和澳大利亚总理沟通过了，他对合作也表示了同意。

基：我们在安理会上要面对的唯一问题就是我们一直在讨论的问题。我们会说，是埃及和叙利亚发起了这场战争。我们在这里不是来评判孰是孰非的，我们的原则是政府方面应该促成停火，最后我们听到的应该是"各方政府应该重新回到之前的停火线上"。我想如果你能在短期内选择暂时不要操之过急，这样对我们是很有帮助的，否则看上去会像是美国暗中勾结一样。

埃：我也是这么想的。我们已经用行动证明了自己，我想无论是对任何人还是对媒体，我们今天都没有什么要说的了。

基：我们这边在努力让国会通过解决方案。

埃：我已经从我方大使那里听到这个消息了。

基：你们太着急了。

埃：的确是。

基：我认为你根本没有必要再次申明你的观点。我们不会让埃及人轻轻松松就说是美国暗中勾结的。

埃：我想知道是不是无论何时保持沉默都应该是很有帮助的。

基：你准备好了，是进行六个小时的演讲，还是沉默六个小时？

埃：好吧。你给出的建议总是非常极端的。

基：我的确是希望走极端，你的说法没错。

埃：只要我没有得到你传来相反的消息，我就不会在安理会上发言。我参加安理会的会议，不过处于礼貌，而不是要求提出要求。

苏联驻美国大使阿纳托利·多勃雷宁与基辛格的通话
1973年10月8日，周一
下午3点

基：我想告诉你的是，我们依然在坚持我们今天上午讨论的目标。我们在发表的声明里指出，我们并不是想在这里评判孰是孰非，我们会用一种非常笼统的方式提出我们解决方案的原则，其中就包括我告诉你的那些想法，只不过我们的语气会非常笼统，以至于他们会以为我们只是在进行呼吁。如果你方的代表可以克制他自己的话，我想我们的这次会议肯定会非常平静的。我知道埃及方面肯定不会发言，我们对以色列人说的是，只要埃及在安理会上不发言，你们就不要发言；我也知道埃及方面表示不会发言。所以，只要我们能把这两件事情搞定，我们的会议就非常简单了。

多：你们不会提出建议？

基：不会。我们提出的只不过是一个理念，就是把德国话翻译过来。

多：好的。

基：我可指望你了，千万不要提出解决方案。

多：关于那个解决方案，我得到的所有情报都没有了。

基：我明白。马利克[雅科夫·马利克，苏联常驻联合国大使]并不是你放中央政府的成员，他也不敢否决你的想法。

多：绝对正确！

基：考虑到目前事态的严重性，我希望能知道你方高层人士给你的指示，以避免你与马利克发生冲突。我方发出的声明措辞非常巧妙，即便是阿拉伯人也不会被我们的声明激怒。关于撤回到之前的停火线，我还有一句话要说——这并非是一个提议，而是能促进一个良好氛围的形成。相信我们明天晚上前给出的判断，肯定会受到你的朋友们的欢迎的。

多：要等到明天晚上前吗？

基：或者是周三。

多：你是指停火？

基：我不确定他们是否希望得到一条停火线，但以目前的战局来看，阿拉伯人在以色列土地上潇洒不了几天了；那之后，如何选择就没有什么差别了，我们也会放弃之前的计划。我们不会提出任何解决方案，只是演讲，别的我们什么也都不会做。我向你保证，我们今天什么也不会做，我们今天没有提出解决方案的计划。

多：这正是问题的关键。

基：我是这么理解勃列日涅夫今天上午传来的消息的，他想表达的是我们双方应该在行动上协调一致。对此我们的答复是肯定的，我们在得到你们的消息前，绝对不会擅自行动。

多：你有机会和扎亚特进行沟通吗？

基：我今天给他打了两个电话。

多：你说今天？

基：是的。

多：他是要赢得这场战争了吗？

……

基：我认为，他们似乎觉得自己可能会赢下这场战争。

多：他们明着一套，暗里一套，一切还很难说。

基：他也没有给出具体的计划。他也不是一个阴险的人，只是还没有具体计划。现在我们面临的是一种新的战争思路。我不知道这种思路是不是他们从你们苏联人那边学到的，但我相信，如果是你们发动战争的话，你们肯定能知道战争的走势。

多：好的，保持联系。

……

美国驻联合国代表约翰·斯卡利与基辛格的通话
1973年10月8日，周一
下午3点15分

基：你拿到他们的消息了吧，这也没能震惊整个世界。我们这里最新的情报是很可能在安理会上没有人发言，但如果埃及人开口了，我们将不得不进行发言，不过一定要善待他们。我并非坚持你一定要发言，但一定要对他们友善一些，还要提及我说过的"和平"方针一直都不会变。我们无意与埃及发生冲突，我感觉苏联人似乎要放弃我们了。

斯：中午，我和苏丹外长、苏联常驻联合国代表马利克一起吃的饭，后来马利克先走了，他说自己要发言。

基：他什么时候离开的？

斯：午餐进行了40分钟后。

基：他自己说的？

斯：是的，这是我从安理会主席那里得到的消息。

基：你必须好好地判断一下当前的局势了。我们不希望今天下午与苏联陷入一片混乱，但如果他们先挑衅我们，我们只有选择回击。如果，我的意思是，如果他们有任何诋毁以色列的企图，我们就会说我方一直在刻意避免在声明中评判孰是孰非，对于他这种只着眼于过去的错误做法，我们感到非常遗憾，我们希望他们能够把注意力集中在未来。这么说可以吗？

斯：可以。我听说叙利亚和以色列都已经要求参加这次安理会会议，但还没有迹象显示他们会在今天发言。

基：我从以色列得到的消息是，如果埃及人不发言，即便叙利亚发言，埃班也很可能会保持沉默。现在埃班一直在克制自己，他目前只是说了今天上午那番话。

斯：很好！我已经拿到他的演讲稿了。我想我必须在午餐会前露面。

基：最好是那样。

斯：我会一直遵守你的指示的。

基：你做得很好。我认为到了明天，一切就会明朗起来，在我看来，阿拉伯人现在还没有了解到此次战事的风险。

斯：希望我能有所察觉，他们一直以为自己就要赢了，还以为自己占据了战场上的主动。

基：这正是缺乏沟通的结果，我们的情报一直是最新的。

斯：这一点我已经在午餐会上得到证实了。

基：周二或者是周三，一切都会明朗起来的。

联合国秘书长库尔特·瓦尔德海姆与基辛格的通话
1973年10月8日，周一
下午4点55分
……

瓦：我已经和马吉德代表沟通过了 [艾哈迈德·伊斯马特·阿卜杜勒·马吉德，埃及常驻联合国代表]，有两个方面我希望能提起你的注意。军情方面，马吉德代表给我打电话，称以色列战机轰炸了塞得港，对此他表示非常失望。根据埃及政府的指示，他把这个消息分别通报给了我、联合国大会，还有安理会主席。

基：什么原因？

瓦：我想他们还不明白战争就是战争，一旦开战，就无法避免平民伤亡。

基：出现了平民伤亡？

瓦：是塞得港的平民。

基：他们反对轰炸平民地区？

瓦：是的。

基：他们有理由这么做。

瓦：我不确定他们是否因此会让其驻联合国代表发言，如果发言的话，他们会说自己受到了以色列战机的轰炸，肯定还希望此事能得到我和安理会主席的高度注意。今天下午，扎亚特肯定还会就此发表声明，他的目标就是阻挠安理会上大辩论的进行。我问过他是否将在安理会会议上发表声明，对方否认了这种说法，他说不会在安理会上发言，所以你就可以按照最初的计划，根据会议程序发言了。

基：我从来没有见过这样的外交。你知道他们究竟在想什么吗？我们所有情报都显示他们注定将在此次战争中失利，我不明白为什么注定失利的一方会如此执着于时间问题，他们在拖延时间。无论哪方最终获胜，我们都要坚持自己的立场。

瓦：我跟你说，扎亚特跟我说了一些非常机密的消息，我也不知道他为什么要告诉我这些。他说，尽管自己在苏伊士运河上丢了两个桥头堡，但在战场上的总体局面还是很好的，他说这样的局面对他们来说还不错。不过我得到的消息却与之大相径庭，所以我判断，在安理会辩论即将开始之际，他们认为这场辩论对他们来说可不是一件容易的事。

基：我认为到了明天，辩论就要开始了。

瓦：的确如此。我看到了明天战事就会发生极大的变化，他们也会非常乐于……

基：我也这么认为。

瓦：另外一个我要告诉你的重要消息是，昨天傍晚我接到联合国观察员传来的消息，称埃及军方高级官员要求我们在苏伊士运河地区上的所有观察员全部撤离。该要求经由你方政府或是联合国秘书长提出。这是在第三次中东战争后，1967年7月10日在安理会上达成的共识，即第三次中东战争后，所有观察员都要撤回到运河地区。

基：的确。

瓦：昨天晚上我一直在等各方提出撤离的要求，但一直没有等到。我今天上午给扎亚特打电话询问此事，对方表示对此事毫不知情，他说会向开罗方面进行确认。很快，扎亚特就给我打回来了电话，称要过来见我。他表示之所以提出观察员撤离的要求是为了他们的安全考虑，观察员现在的位置是在埃及战线的前面，埃及方面将无法继续为观察员提供服务，但他们感谢过去以来观察员们付出的努力，他们表示现在已经不需要观察员了，因此才提出撤离的要求。我在今天上午大概十点的时候给[安理会]主席通报了关于撤离要求的消息，也把这个消息通报给了麦克兰特。与此同时，我还得到了一个重要消息，一些观察员，大概有两三个，被埃及军方"护送"到开罗，显然其他观察员依然在阵地前沿。我们在等待最终的消息，不过现在这种局面的确令人非常尴尬。

基：这件事你无能为力。

……

以色列驻美国大使辛卡·狄尼兹与基辛格的通话
1973年10月8日，周一
傍晚5点05分

狄：我们已经拿到今天战局的详细描述，我这就告诉你。不过在此之前，我想先回答你之前的具体问题，关于我方的地面部队，我们没有，重复一遍，没有，在苏伊士运河西岸采取军事行动。

基：好的，我也不知道我为什么会这么说的，怎么想就看你自己了。

狄：我方总司令对你的这个问题进行了回答，希望你能提起注意，他的回答是没有采取行动。我收到的电报里面的确是没有采取行动，我认为我军现在正在清剿苏伊士运河沿岸在我方境内的埃及军队。

基：我能提一个建议吗？希望你方在纽约的外长先生不会提出建议，我们对此将非常感激。

狄：我想说明的是，他告诉我，他已经和你沟通过了。

基：这样会让我们陷入你我双方相互勾结的尴尬境地，虽然我们对此并不表示反对，但避免陷入 [相互勾结的指责]，一直是我们的共同利益所在。

……

狄：我会告诉埃班，我们都支持不发言的观点。但一旦叙利亚发言的话，如果他觉得有必要进行回击，那他可以说一说今天上午我们已经讨论的话题。

基：也不需要具体的方案。你会发现我方提出的观点是非常温和的，但我们的主要目的是避免苏联人表态。我们现在越以不变应万变，就越能收获更多。

狄：那就是说一切会走保守路线。

基：是的。

狄：我一会打电话跟你说有关今天战局的消息。

基：给斯考克罗夫特打电话，告诉他你已经跟我沟通过了。然后你去和他谈有关弹药和军用物资的运输事宜。

狄：我会给他打电话的。

苏联驻美国大使阿纳托利·多勃雷宁与基辛格的通话
1973年10月8日，周一
傍晚5点40分

[此段录音未能记录通话之初的内容]

多：……我们在安理会上什么也不做，我是说在安理会上不会提出任何解决方案。我方已经告知我驻联合国代表，让其不要与美方代表进行任何辩论。同时，我方依然在与阿拉伯方面进行紧急磋商。为此，我们想，我们希望，你方是否可以尽可能不要推动安理会出台任何形式的解决方案。

基：可以。

多：在我们与我方盟友结束磋商前，希望你们都能这么做。

基：我能给你提一个建议吗？你那些阿拉伯朋友们在纽约四周到处说我已经给他们发出了最后通牒。

多：他们在纽约？

基：是的，我之前一直以为我们已经制定了明确的协议。

多：他们那是在试图拖延安理会会议的召开。

基：会议还没开始呢。

多：没有开始吗？

基：会议推迟了。我个人的建议是，我们不在乎会议是否会召开，我的计划就是召开会议、参加会议、休会。我向你保证，我们不会提出解决方案。

多：按照这些原则，我可以做些部署。

基：让我们静待事态的发展吧。你可以非常肯定地告诉莫斯科，说短期内不会出现任何解决方案。不会出现任何解决方案！我们在声明里面的口气是非常温和的。

多：我明白。

……

基：我们的共识是，你我双方都不会在不知会对方的前提下，单方面提出解决方案。

多：这也是莫斯科给我的指示。

基：我向你保证，我们不会那么做的，我们不会不给你和莫斯科方面沟通的时间。对我们，你方也要如此行事。

美国总统理查德·尼克松与基辛格的通话

1973年10月8日，周一

晚上7点08分

尼：亨利，有什么最新的消息吗？我刚刚收到了军情汇报。

基：是的。勃列日涅夫通过外交渠道又向我们表了态，他希望我方能暂时搁置提出解决方案的计划，同时他也承诺不会在未与我方进行沟通的前提下提出解决方案，还说他们正在积极与阿拉伯人进行磋商。

尼：好的。

基：首先，如果真如对方所言，那首先，我们根本不用着急提出任何解决方案。

尼：的确不用着急。

基：我们在创造纪录，目前我方是唯一推动事态向前发展的国家。

尼：是的，的确如此。

基：但是，如果我们成功地推出了我们的解决方案，我相信事情会在周四前彻底平息。

尼：哦，那是肯定的。

基：如果我们成功地推出了我们的方案，总统先生，如果在一切结束之前什么麻烦也没有，我是指阿拉伯人和苏联人都没有给我们找茬，那我可以说，这将是一个奇迹，是一个伟大的胜利！

尼：是的。现在我们唯一需要关注的，也是你我需要用长期眼光来考虑的问题，就是以色列。以色列在击败了埃及和叙利亚后 —— 对此我非常肯定，他们会变得更难缠，因此就需要你我作出决定了，这件事必须通过外交手段得到解决。

基：我同意。

尼：我们必须通过外交手段解决问题。当然，我们现在还不能告诉他们，但这一天肯定是要来的。不然，他们可能会变得非常强大，他们会说，"我们为什么不解决问题呢"，明白了吧，我们不能，我们在任何情况下都不能让以色列人因为一场胜利，因为一场他们注定要赢得的胜利，而变得更强大，我们不能让这种威胁再次丢给我们一个长达四年的困扰，我们也不能再次面对与阿拉伯人不睦的境地。我们已经不能再次面对这一切了！

基：总统先生，我完全同意你的观点。但是我们这周的努力一直是把我们的立场推向了……

尼：采取行动吧。

基：的确要采取行动。

尼：要和苏联人一起采取行动。

基：的确如此。

尼：对于以色列人，我的态度一直不够坚决。幸运的是，以色列将重重地打击那些阿拉伯人，我希望我们能提出一些合理的建议。你我都知道交战各方根本无法回到1967年边界线了。但另一方面，我们不能说因为他们拿下了今年这场战争，一切就回到之前的状态，虽然1967年同样是因为以色列赢得了战争，各方回到战前的状态，但是现在，我们不能这么做。

基：我非常同意你的观点。我认为我们这一周付出的努力会让我们在下个月里得到回报。

尼：也许是的，至少我希望如此。但是无论如何，对于勃列日涅夫，他也许希望这么做。当然，勃列日涅夫可能也已经想到自己的朋友们将在战场上受到重创。你也知道，这也是唯一能解释为什么[在1967年第三次中东战争结束之后]苏联前总理阿列克谢·柯西金与我方总统林登·约翰逊对面的原因了。

基：是的，但是在1967年，他们的舰队四处耀武扬威，对战争构成了极大的威胁，还在安理会上对我们进行苛刻地抨击，之后不仅断绝了与以色列的关系，还威胁我国的石油设备。而现在还没有哪个国家愿意支持我国的做法。

尼：是的。

基：这才是我们此次政策的成功之处，我们可以把这一点利用到苏联最惠国贸易优惠上[美国《杰克逊－瓦尼克修正案》终止了苏联的最惠国贸易优惠，这一法案称苏联只有不再限制犹太移民出境，才能获得美国提供的贸易方面的优惠]。

尼：谢天谢地，这样你就能让国会处在一个有利的位置上，是你让……

基：我已经和斯坦尼斯沟通过了[约翰·斯坦尼斯，美国参议院武装部队委员会主席、联邦参议员]。

尼：怎么样？他也认为我们现在的所有努力都是正确的吧？

基：他说他要把这个日子写在台历上，他说这是一个伟大的日子。

尼：为什么这么说？

基：因为他认为一切都在我们的控制之中，而且我们也处理得非常好！

尼：好的，好的。太好了！事实上，以色列人目前的确在采取行动，不是吗？

基：嗯，他们将在明天上午采取行动，我的意思是，从他们目前的位置来看，他们……

尼：他们会切断埃及军队的退路。可怜的埃及人！在跨过了运河后，他们会发现运河上所有的桥都被炸毁了。他们的退路也被切断了，差不多有三四千人吧。然后以色列人会进一步深入，捣毁萨姆防空导弹基地，到时候，叙利亚人可能就要仓皇而逃了。

基：不会的，叙利亚人……到了周三，那将成为一场火鸡射杀大赛。

尼：是的，然后，就是投降。

基：他们要么投降，要么彻底被打败。

尼：到了那时，以色列人也不会按照之前他们承诺我们的那样做，我们只有在得到我们想要的一切后才会解决这一切。这一次，以色列不能再欺骗我们了，亨利，他们不能再欺骗我们了。四年前，他们用了手段，四年后，同样的一幕不可能再次上演。

基：现在在停火前，我们首先要做的就是让他们撤回到自己的边境线上。

尼：我同意。

基：他们也是这么答应我们的。但谁也不知道我们将主导战后的局面走势，接下来我们将发动外交攻势。

尼：好的。

基：时间就在以色列完成选举后，距离现在还有两周。

尼：好的，我明白，你还要继续等待，等到11月1日那一天。

基：是的。

尼：好的。如果有事情发生，记得通知我。

负责南亚近东事务的助理国务卿乔瑟夫·J·西斯科与基辛格的通话
1973年10月8日，周一
晚上7点20分

基辛格（以下简称"基"）：乔瑟夫，安理会会议开始了吗？

西斯科（以下简称"西"）：是的，已经开始了。斯卡利发言了，一切都按照我们预想的那样进行。现在扎亚特正在发言，我听不清楚他在说什么，但他还没结束。

基：扎亚特表示回应了？

西：嗯，我不敢肯定这算不算得上是他的回应，他一直在说——从他的只言片语中我认为——他一直在说自己在通往和平道路上付出的努力，这和他在联大会议上的大同小异。他还没有结束呢。

基：好的，很好。然后就会休会了，你说呢？

西：我是这么认为的。这次会议的时间有些长。现在还有一个新的进展，自从之前我们获知来自侯赛因的消息后[……]，我为您做了[……]

基：我现在要去发表我的演讲了。你能用一分钟给我一份扼要演讲提纲吗？

西：当然可以，32秒就足够了。你要传达的信息比我们之前讨论的还要全面，这是因为你需要回答很多问题，你要传达的信息全部在这些问题的答案里。

基：问题是什么？

西：首先，他觉得现在适合发动进攻，趁热打铁。如果你不能开启谈判，那我会在后面的回复中制造一些噪音出来，你知道，就是……

基：说我已经提供给埃及人了。

西：是的，我会把这一点加上的。我还会提醒他说你已经在纽约展开了行动，希望他们的外交部长可以向你进行通报。

基：是的。

西：好的。

基：多谢你。

西：是我该谢谢你。祝你演讲一切顺利。

基：等一下，以色列已经正式就黎巴嫩问题作出了回应。

西：哦，好的。

基：你一会儿就能得到消息了。他们承诺保证主权完整、国家独立。

西：承诺保证主权完整和国家独立。

基：以色列唯一的要求就是，希望黎巴嫩不要对以色列采取任何军事行动。

西：黎巴嫩不要对以色列采取任何军事行动，好的。

基：以方还授权我们将上述消息转达给黎巴嫩。

西：好的，我会进行沟通的。

第5章　　1973年10月9日

极度的高傲自信开罪了神灵,他们痛恨事情被完全预知、被完全控制。我们的战略方针是建立在以色列将极其迅速地取得战事胜利的假设上的,这种假设的方方面面都离不开情报部门和我方与以色列的沟通,我方外交政策的制定也因此根本不会面对任何急迫感,因为我们认为,随着时间的推移,我方在安理会谈判席上的地位将出现改变。然而,这种假设却因为狄尼兹在10月9日深夜1点45分的一通电话而彻底打破了!

以色列驻美国大使辛卡·狄尼兹与基辛格的通话
1973年10月9日,周二
凌晨1点45分

狄:希望我没有吵醒你。

基:没关系。

狄:我本来不想吵醒你,但你的秘书说可以,我之所以这么晚给你打电话,是因为我方对目前的敌我形势进行了评估,评估一直进行到深夜。现在我正和我方的武装力量专员在一起,他是我方[听不清楚]的总司令。目前的局面让我们不得不面对一系列困境,长话短说,问题在于我们是否能夺回我方的领土,是否能补充战机?如果这个时间不方便的话,我们可以等到早上。我会让我们的武装力量专员和我一起去见你,还有一些相关的资料,这样你就能对局面有一个全面的掌握,之后我们还能一起给我方梅厄总理发电报,把目前我们所面临的困难局势告诉她。

基:好的,让我想想,我们早晨八点见面,八点之后你们在白宫地图资料室等我。

狄:好的,我等你。

基:目前的局势非常困难吗?

狄:困难的是我们要如何进行选择。简单地说,在运河地区我们面对的是敌人的五个步兵师,大概有五万埃及士兵,还有700辆坦克。尽管我们已经炸毁了他们身后的桥梁,但我们唯一的选择就是将军队压上,把敌人逼到运河沿岸。现在我们要面对的问题是,如何处理这种局面,而且解决这个难题我们需要战机等军用物资。

基:这么短的时间里,反坦克导弹比飞机更容易找到。

狄：我建议我们等到早上。如果你认为没有不妥的话，我希望黑格将军也能出席，因为我也会把我方的将军带过来。

基：我看看早上能有什么消息。

狄：非常感谢你的帮助。我们早上见。

早上8点20分，狄尼兹来到了白宫，随行的还有以方武装力量专员莫尔迪采伊·古尔，陪同我出席的是斯考克罗夫特将军。狄尼兹和古尔都是愁眉不展，他们表示以色列目前在战场上的损失既让人非常震惊，同时又完全出人意料。包括14架幻影战斗机在内的49架战机，全部都被击落！这个数字虽然很恐怖，但也不足为奇，因为无论叙利亚，还是埃及，都配备了来自苏联的地对空导弹。真正让人惊讶的是500辆坦克已经荡然无存，仅仅在与埃及交战一线，就损失了400辆坦克！狄尼兹请求我不要把这些数字告诉除总统之外的任何人，否则那些保持中立的阿拉伯人，很可能在这个时候送上沉重的打击。很快，谜团也逐渐被揭开了，"这也就能解释为什么埃及人这次如此嚣张"，我说道，"这一切究竟是怎么发生的？"古尔向我解释说，坦克损失过半是因为此前坦克一直放在车辆储备库里，没有得到适当保养，而在之后的沙漠运输过程中，运输速度过快。我提到了狄尼兹两天前预料的以色列将在周三取得胜利的说法，后者也只有承认，是"有些事情出了问题"。

从狄尼兹那里得到的消息，很可能会让我们对我方的战略方针从根本上进行重新评估。尽管叙利亚军队伤亡惨重，但他们还没有完全瓦解，以色列也因此很难将军事力量的重心从戈兰高地转移到西奈半岛；而与埃及的交战中，以、埃双方损失基本持平，前者也因此站在了一场消耗战的边缘，胜负难料。古尔建议称，以色列在这场战争中取胜的最佳机会，就是进攻叙利亚。因为只要埃及军队不走出地对空导弹的射程，一旦以色列对其发动进攻，那就要付出极大的代价。

最终，我们得出了两个结论：第一个结论是，如果以色列只是依靠现有装备，即便加上美国方面提供的少量高精尖设备的补给，他们想要在这场战争中取胜，也是根本不可能的。如果希望战争能够尽快结束，那么就必须为以色列提供大量军用物资。第二，重新制定新的外交政策也是必要的。战争远未结束，结果依然未知，外交政策也只能扮演着推动占据摆脱僵局的角色。

现在，最紧迫的问题就是再次进行补给！

这就是以色列人恐慌的原因，但狄尼兹和古尔都还不清楚，除了飞机外，他们最需要的是什么。以色列最需要的坦克，我方却是极为短缺，而且很难迅速实现转移。古尔建议从欧洲进行运输，但即便如此，也需要几周时间。最后我们同意率先使用以色列航班尽快运送军用消耗物资和电子设备。但显然，以色列的船队由于结构较小，只能装载7架民用飞机，根本无法运输重型装备。至于更大型的装备，我承诺将召开华盛顿特别行动小组紧急会议进行讨论，并答应狄尼兹会在今天结束前，把我们商量的结果告诉他。

古尔向我们询问有关情报的事情，我告诉斯考克罗夫特"把我们掌握的所有情报都给他"。我深信，如果以色列被苏联军队击败，那对于美国来说将是一场地缘政治灾难。我希望能在联合国批准阿拉伯国家的土地所得前，看到一场属于以色列的胜利。对此，狄尼兹说道："我们会把注意力集中在对叙战事一线，希望我们能够尽快获胜。至于埃及，恐怕时间还要更长一些"。

见面即将结束前，狄尼兹表示希望能跟我单独交流5分钟。他告诉我，梅厄总理希望以私人身份拜访尼克松总统，她计划就用这一个小时的时间，谈一谈有关美国对以色列进行紧急军事援助的事宜。那样的话，这将是一次秘密的访问。听到这个消息后，我在第一时间表示拒绝，当然也没有和尼克松总统沟通此事。提出这种建议的人，要么已经歇斯底里，要么就是在敲诈。这种出访意味着梅厄总理至少会有36个小时不在以色列境内，在国家陷入战争之时选择离开，这无疑是一种恐慌的信号，可能也会因此把那些一直处于观望状态的阿拉伯国家卷入到战争中来。在这一个需要梅厄总理大无畏的勇气、需要她做出抉择的时候，她的离开将使整个国家陷入群龙无首的境地。（战争结束后我才知道，这个建议是以色列国防部长莫夏·达扬提出的，他表示一旦梅厄总理出访，以方将军队撤离到西奈半岛）。况且这种出访不可能完全保密，一旦走漏风声，我们将不得不表明我们的政治立场，想要在战争结束后进行调解，这种想法很可能也无法实现了。整个阿拉伯世界很可能都将会反对我们，苏联人也因此要与我们划清界限。

上午9点40分，我组织多位政府高层召开了华盛顿特别行动小组紧急会议，会议期间也加强了警卫以保障安全。我将我们与狄尼兹和古尔的谈话内容向与会人员进行了通报，但没有提及损毁坦克的具体数量。同事们对我的言论表示怀疑。中央情报局局长威廉·科尔比称以色列在以叙前线战况很好，以方军队目前正驻扎在西奈半岛，以方之所以请求我方援助物资，是为了在胜利前获得尽可能多的军事援助，是为了传达美国无限制向以提供帮助的信号，这种帮助对此次战事的意义不大，但对于战后却是很有必要的。我以总统助理的身份主持此次会议，于是副国务卿肯·拉什表达了国务院的意见。由于时间紧迫，我未能向拉什传达我的看法，后者也因此表示支持科尔比。国防部部长史勒辛吉也认为向以色列补充援助物资没有问题，但是他担心的是，一旦因为我方向以色列提供军用物资而改变战事走向，阿拉伯人如果因此落败的话，那美阿关系势必会受到长期影响。他还指出在1967年前支持以色列复兴和帮助以色列进行武力占领是有本质区别的。其他与会者对此表示同意。

我个人的看法是，事态已经远远超出了可以微调的范畴。我们都认为一旦以色列被苏联军队打败，那么这无疑将打破中东地区的政治平衡和战略平衡。因此，避免以色列在这场战争中失利已然成为美国的战略重心。到那时，而不是现在的战时，我们应该用主导战后外交的方式，向阿拉伯诸国进行呼吁。在尼克松总统结束与科特迪瓦总统费利克斯·乌弗埃-博瓦尼的会晤后，我们将准备六个不同的方案供总统进行选择。

副国务卿肯·拉什与基辛格的通话
1973年10月9日，周二
上午9点20分

拉什（以下简称"拉"）：你好。

基辛格（以下简称"基"）：肯，我刚刚得到以色列梅厄总理个人带给我方总统的消息，这个消息虽然不太好，但我还是想和你分享，只是我不想在电话里说这件事。

拉：好的。

基：我将要召集华盛顿特别行动小组的高层人员开会，所以这个与会名单里面没有你。但在这种情况下，我们也许应该把你算成是我们的高层人员，所以为什么你不过来找我们呢？

拉：会议什么时候开始？

基：马上。你不用再向国务院进行汇报了，直接过来，就说你来找我。

苏联驻美国大使阿纳托利·多勃雷宁与基辛格的通话
1973年10月9日，周二
中午11点29分
……

基：……阿纳托利，我刚收到来自约旦首都安曼的消息。

多：是吗？他们说什么？安曼发生什么了？

基：说的是你方代办……我读给你听。

多：好的。

基："苏联代办提出求见我国王的请求，今天上午我方国王会见了苏联代办。对方表示苏联完全支持阿拉伯人对以色列发起的战争，他说苏联认为现在所有的阿拉伯国家都应该加入这场战争中来。"

多：苏联，你说什么？

基："苏联认为所有的阿拉伯……"

多：你说苏联？

基：是的。

多：是苏联认为，还是苏联参战？

基：是对国王提出的建议。

多：嗯。

基："国王认为这是苏联方面向他提出的要求，要求国王派兵参战。"

多：我们要求国王参战？

基：是的。

多：真是难以置信！是不是我们的……？我对此毫不知情。我也许必须接受我们已经与对方进行了磋商，必须接受我们完全支持阿拉伯国家，但是你刚才说我们要求苏丹国王出兵，是吗？

基：是的。

多：我马上就跟莫斯科联系确认此事，看看这件事究竟是我们主动提出的，还是……

基：是的，这件事的确是你们主动提出的。

多：我应该说，这件事的确令人难以置信。

基：你知道，我们并不是想给出任何结论，但我们非常希望你能让这些人冷静一些。

多：不。我能不能再尝试一下？苏联认为……

基："苏联认为现在所有的阿拉伯国家都应该加入这场战争中来。"

多：参战？

基：是的。

多：他真是这么对苏丹国王说的？

基：是的。

多：好的，我这就向莫斯科确认此事。这真令人难以置信！

基：是的。

多：我相信在这个国家我应该知道这件事。（笑声）他让国王这么做，我认为这的确难以置信。他也许只是说说。好吧，我尽快和莫斯科进行确认，然后我给你打电话，好吗？

基：好的。

上午，我还收到了另一则消息：莫斯科也向阿尔及利亚传达了同样的意思。

以色列驻美国大使辛卡·狄尼兹与基辛格的通话
1973年10月9日，周二
中午11点37分

基：你好。

狄：是基辛格博士吗？

基：是的，大使先生。要见总统先生，我们还要等一会。尼克松总统正在和科特迪瓦总统费利克斯·乌弗埃-博瓦尼进行会晤，所以四点前我们都见不到他。我会在四点之后跟你联系的。

狄：四点之后吗？

基：是的。

狄：好的。

基：希望你能在四点之前给我一份最精确的战局汇报，那将对我们很有帮助。

狄：好的，你四点钟就能拿到了。

基：如果可以的话，我希望能提前到三点。

狄：好的，我给你准备好。会晤结束后，你给我打电话。

基：会晤结束后，我给你打电话。我不确定你是否对国内局势进行了正确的评估。希望你已经做了，因为我认为耶路撒冷方面应该没有。

狄：关于什么的？

基：关于我政府可能采取的下一步行动。

……

狄：……我想向你确认一下，我周二上午接到很多联邦参议员和参议院的电话，都是以个人名义打来的，电话里都在询问我他们能做些什么，询问目前的局势怎么样。

基：嗯，我不能在电话里和你讨论这个问题。

狄：我明白了，我见你的时候我们再谈。

基：好的，你知道，我们并不反对参议员们打电话提供帮助，只要他们没有具体行动就好。

狄：是的。

……

联邦参议员弗兰克·丘奇（爱达荷州民主党人）与基辛格的通话

1973年10月9日，周二

中午11点48分

基辛格（以下简称"基"）：弗兰克，你最近怎么样？

丘奇（以下简称"丘"）：还不错，我知道你一直是个大忙人啊，亨利，我不会占用你太多时间的。

基：没有那回事，能听到你的声音我很高兴。

丘：你听到中东消息会更高兴吧。现在，既然战事已经爆发，你又处于这个战争漩涡之中，埃及和叙利亚的军队势必会在这次战争中有所损伤，在未来相当长的时间里他们都不再成为我们的威胁，我认为这才是这次战争给我们带来的唯一好处。我想知道以色列空军在此次战争中的损失，还有，我们能做些什么以弥补对方的这种损失。

基：嗯，当然，我们面临着两个问题，弗兰克，其一是提供帮助，其二是在战事正酣之际向以色列运输大批的军用物资，这是个非常棘手的问题啊！

丘：但是幻影战斗机，难道没有什么方法把让这种战机神不知鬼不觉地送过去吗？因为我知道埃及和叙利亚的军队正在源源不绝地接受他们的阿拉伯盟友们提供的物资。

基：好的，弗兰克，我们今天就着手这件事。碰巧的是，我们正在处理一些不太惹人瞩目的物资。

丘：嗯。

基：这件事在电话里很难讲清。

丘：我明白。

基：我也明白你刚刚说的是什么意思。

丘：我只是想表达一下我对此事的关心，我认为战争再次爆发是一场灾难，但这就是现实。如果我们能扮演更具决定性的角色，在这种局面下，胜利将会是最好的结果。

基：我同意。

丘：好的。

基：我认为在战略方针这个问题上，我们已经达成了实质性的共识。

丘：好的，亨利。我只是想表达我自己的感受，我不会……

基：是的，你不会，这让我很高兴。你知道，只要你不在公开场合下说那些事情是应该进行的，那样我就不用面对任何伤害。

以色列驻美国大使辛卡·狄尼兹与基辛格的通话
1973年10月9日，周二
下午3点45分

基：你好。

狄：基辛格博士？

基：是的。

狄：我向劳伦斯·伊格尔伯格解释了目前中东局势的一些情况。

基：快点说，我很着急。你怎么解释的？

狄：地面部队基本上没有大的变化，不过我们炸毁了叙利亚100辆坦克，目前他们在戈兰高地上只有30辆坦克了。

基：你们今天就炸毁了100辆坦克吗？

狄：是的，我们只是今天就炸毁了100辆坦克。在戈兰高地，叙利亚所占领地区的坦克数量只有30辆了，其他地方还有很多。而我们的空军从战争爆发那天到现在已经损失了49架了，今天就损失了11架。这些战机比叙利亚的要[听不清楚]六倍，战场上其他变化，不值一提。埃及前线部队依然很顽强，他们以几百辆坦克为代价，誓要在今天跨过运河，其他地面力量没有大的变化发生。

基：我们得到消息，称你方轰炸了苏联驻大马士革使馆。

狄：有人已经从广播电台里面听说了，不过我们还没有收到关于此的确切消息。对此，我自然会向我方求证的。

基：好的，我要去见尼克松总统了。

狄：我希望能听到你的回应，谢谢。

结束与尼克松总统的会面后，我在6点10分将尼克松总统的决定通报给了狄尼兹。总统要求加快向以色列提供战事消耗品、战机等军用物资的运输，要求每天运输两次，而且要马上执行。至于包括坦克在内的重型设备，很可能在战争结束前都无法运输到位。但我方保证会对以方在重型设备上的损失进行补给，所以以色列在此次战争中已经没有了弹药军火的后顾之忧。此次战争进行过程中，将由史勒辛吉掌握向以色列提供物资补给的数量，如果他认为以方在战争结束前需要坦克，那就需要在第一时间进行坦克运输。狄尼兹表示可以用没有"以色列航班"字样的飞机运送物资。没人提到美国运输机，只有在紧急情况非常需要坦克作战之时，美国战机才会被派上用场。

今天剩下的时间都被我用来沟通上述决定的实施过程。晚上7点25分，我建议狄尼兹去和史勒辛吉讨论有关再次提供物资补给的事宜，我还提醒他，这种新的军事形势很可能会要求各方改变之前的外交策略。

以色列驻美国大使辛卡·狄尼兹与基辛格的通话
1973年10月9日，周二
晚上7点25分

基：大使先生，我已经和史勒辛吉沟通过了，你可以给他打电话了。我唯一想提醒你的是，鉴于目前形势的发展变化，一旦出现以前线为界停火的建议，我方很难表示反对，因此你方在制定相应的战略时，一定要把这个因素考虑进去。

狄：以前线为界停火，你的意思是返回之前的停火线？

基：是以当前的阵地前线为界停火，我已经和埃班讨论过这个问题了，到了周二晚上，你们就完全可以接受这样的建议了。

狄：说的是下周？

基：一切取决于策略安排。现在我们面临的角色是美国最不希望看到的。一直以来，我们对未来的预测是，我们很可能会对敦促你方重返1967年边界线的提案[被迫]表示反对。

狄：可是没人把这个想法当回事。

基：也许不是。不过我们很可能面对大多数人给我们[投反对票]，他们也许不是没有认真考虑此事，但只要我们不表示反对，这样的提案——也就是重返1967年边界线的提案——还是可以顺利通过的。而且他们在所占领的地区驻扎了几周时间，保护公众的想法将是一件很麻烦的事情。我们没有必要去想象未来一定会发生的事情。如果我是埃及人，如果我是一个有些制衡观念的埃及人，我也许会给苏联人一点提示。

狄：我最后一次和埃班通电话的时候，他正在想以前线为界停火的提案可能会被你方否决。

基：那已经是周日发生的事情了。"周二"这个时间是他告诉我的，所以到了周二，最迟不晚于周四或是周五，到那时我们的态度会非常强硬。

狄：事实上，我们会竭尽所能的。

基：我说的是你之前给出的评论。

狄：是关于让……

基：让事态缓慢发展的评论。

狄：从我们自身的角度出发，我们并不是希望事态发展放缓脚步。我们只是希望能利用必要的时间，只是这些必要的时间。

基：我认为我们不应该在电话里讨论这个问题，但是我想你方高层应该已经意识到了当前的战略形势正在不断地发生变化。我们虽然可以拖延提出解决方案，但终归有一天是要解决问题的。当然，我们不会刻意提出我方的解决方案，所以你不用担心这个问题。

狄：我当然不担心。我会提醒埃班和耶路撒冷的高层人士注意当前形势的。

国防部长詹姆斯·史勒辛吉与基辛格的通话
1973年10月9日，周二
晚上7点30分

基：我已经和狄尼兹通过电话了，并告诉他，你我二人已经沟通过了，相信他们会和你的人取得联系的。狄尼兹还提到，在一些关键问题上，你的人应该提出双方见面的要求，我非常赞同这样的看法。

史：没问题。

基：还有，别忘了讨论一旦发生紧急情况，这些重型设备如何运输的问题。

史：是的，我们还要讨论有关M28型坦克运输的问题，我们可能要搬空一个师的装备。

基：给他们几辆M48坦克［是一种新型坦克］。

史：明白。

基：他们的战机数量还是很多的，他们会愿意补给坦克。

史：这么大的举动，恐怕我们不能秘密进行了。希望届时以色列的战机能在空中对补给进行掩护，否则阿拉伯人很容易就能发现这次补给行动。

基：所以我们要尽可能低调进行此事，这一点非常重要。

史：是的。

基：希望我们能在不与阿拉伯人树敌的前提下，顺利度过这次危机。

史：苏联人会给我们找麻烦的。

基：我5分钟后就给多勃雷宁打电话，吓吓他，让他不敢这么做。

深夜时分，我接到了英国大使克罗默伯爵的电话，显然他还没有拿到最新的战事报告，他很担心，生怕以色列军队进展过快，更怕他们已经跨过了战前的边境线，克罗默伯爵在积极促成以色列依然停留在边境线内的方案。然而这种维持各方原有边境线的提案，是我方早在战争爆发之初就已经提出来的，当时虽向英国方面通报，却遭到了对方的拒绝。再加上我们今天得到的情报，显然之前的方案现在已经不可能实现了。所以我认为，对于英国来说，最好的方法是让他们自己发现事实的真相。

英国驻美国大使克罗默伯爵罗兰德·巴林与基辛格的通话
1973年10月9日，周二
深夜11点38分
......

克：……你我已经讨论过有关停火线的问题了，埃班在纽约发表的言论指出，如果以色列的政客们能按照自己的意愿行事，那以军就会打到停火线一侧，不再继续前进，否则，这只不过是埃班自己的想法。此事与英联邦政府无关。我认为无论是美国，还是西方国家，都应该负担起将以色列军队阻止在停火线内的责任，这是非常重要的。我想我们应该把这种想法形成文字。

基：让我想想。

克：希望以色列人能把埃及军队驱逐出境，而且不再进一步扩张（这种想法我们之前已经讨论过了）。如果可以的话，我们希望这种避免事态进一步恶化的做法能帮助美国和我们获得世人的称赞。

基：我同意，这也一直都是我们的战略方针。

克：但我们是不是应该让把这些内容形成文字，毕竟局面随时都可能发生变化。

基：这是你国政府的想法吗？

克：事实上，这是我个人的想法，不是我国政府的想法。战场形势随时都可能发生变化。以色列人随时都可能把埃及人赶回停火线上，然后按兵不动。这是我们之前讨论的策略，但现在事态并没有按照我们的预想发展。你明白我的意思吗？

基：是的，我明白你的意思。

克：如果我们只有两种选择，那我们面对的问题就是你我之前讨论的问题：以色列军队在将埃及军队驱逐出境后，保持按兵不动，从外交角度出发，这种局面是我们希望看到的，那之后我们再返回头来审视我们与阿拉伯人的关系。我的意思是我们扛起这个责任，如果我们可以的话。

基：我非常同意你的观点。

克：真是英雄所见略同啊！

基：我可以告诉你，如果以色列军队跨过了停火线，那他们就将站在我们的对立面上。

克：希望他们别那么做。

基：我明白，但如果他们没有跨过运河，你们希望我方完全负责[有关各方撤回战前停火线的事宜]。

克：那只是我个人的建议，不是我国政府的观点。

基：那我们应该怎么运作呢？

克：我也不清楚，这也是我为什么希望能把这种想法形成文字的原因，我们希望如此。

基：你个人怎么看？不管怎么说，战争已经开始了。

克：埃班在纽约说的那番话，似乎在暗示他们可能那样做。他今天说……

基：可能在停火线前停滞不前？

克：是的。

基：是的，我认为这不是没有可能，所以我们已经强烈敦促他们这样去做了。

克：哦，你们已经采取行动了。

基：是的。

克：那样的话，你就能为此事负责了。

基：是我们共同为此事负责。

克：好的，没有问题。

基：我原以为你希望能公开发表声明。

克：的确是。希望他们不会跨过停火线，因为我认为以色列的政治会出现问题，我猜以军更希望军队能深入敌军。

基：那，你觉得安理会会议将如何进行下去？你们的人是否决定推出一个解决方案？

克：没有，没有那回事！

基：那是因为你认为所有解决方案都将被否决。

克：事实上，我认为我们没有需要提出的方案或者建议。

基：你是指以阵地前线为界停火？

克：我们可以那么做，但我认为……我认为这种做法有些过于简单了。如果以色列军队的确不会跨过停火线，那么你我几天前讨论的情况就会被所发生的一系列的事情所取代，那是因为我们的想法总是从一个极端到另一个极端。

基：是的。

克：但是如果以军跨过停火线，我们就不需要进行克制了，他们这种做法会使西方国家在外交政策上陷入困境，我的意思是，特别在与阿拉伯国家的外交政策上陷入困境。

基：我同意你的看法。

克：所以现在我们面临的问题是，我们究竟要放手一搏，还是提出解决方案。提醒你一下，我还没有去伦敦。如果我们能预料到未来，那我们就应该利用这个机会，改变我们与阿拉伯人在内的所有民族的关系。

基：对于此次战事的爆发，你方是否觉得震惊？

克：没有。战争的进展比我预计的要慢得多。

基：我们也这么看。

克：非要说震惊的话，战争进度只能是唯一一个了。

基：但这一点也导致了很多不同发生。

克：是的，不过这次战争也给了我们机会，可以让我们好好筹划一下接下来要怎么做。

……

鉴于所有和决策制定有关的人员都在华盛顿，而且我们并没有时间压力，所以进行的很多磋商都以面对面会议的形式召开，电话也就显得不那么重要了。

重新进行补给的决定意味着三方面的内容：第一，运输方式；第二，美国与阿拉伯世界的关系；第三，由时刻可能发生变化的军情导致的策略框架。

10月9日这一天，没有人提出有关运输方式的问题。我们的设想是以色列派商用机运送战略消耗品，其他物资将在停火后进行补给，尼克松总统也已经给出了承诺。

美国和以色列在如何应对阿拉伯国家的问题上出现了分歧。以方希望物资运输越惹人注目越好，而所有美方的决策制定者都认为应该尽可能地避免与阿拉伯国家发生冲突，特别是避免与阿拉伯温和派发生冲突，虽然这样的想法并未对美国战略利益造成负面影响。我们一直在努力帮助以色列增强信心，给他们提供在面对严峻考验时候的方法——一旦战争发生变化，以色列要面对来自自信心和武器的双重压力；与此同时，在向以色列再度提供军用物资补给的问题上，我们也尽量保持低调，我们一直都知道需要在阿拉伯世界里维护美国的形象。

为了实现这个目的，我给代表埃及总统萨达特的伊斯梅尔回了第二封信，对方应该在10月9日上午就收到这封信了。在信里，我表达了美国政府的"良好意图"，并强调指出美国"目前非常理解埃及希望和平解决问题的立场"，本着这种精神，美国：

> 希望重申自己通过与参战各方进行紧急磋商来解决问题的想法，这一切旨在和平解决中东问题。尽管前途困难重重，我们一定要以此为长远目标，在解决现有问题的道路上，避免与各方发生冲突，避免发生激烈的争论。

现在，最复杂的问题就是制定怎样的外交策略，因为这也涉及到停火的问题。在之前的1948年和1967年两次中东战争，都是以阵地前线作为停火线而告终，而且这两次停火方案都得到了美国的支持。但现在，战争已经进入第四天，依然没有任何关于停火的消息传来。事实上，联合国安理会一直在用一种拖沓的方法解决问题。而美国方面，虽然在敦促安理会会议的召开，但却在解决方案的问题上徘徊不前，这样做是为了给以色列时间，让以军迫使阿拉伯军队回到战前的停火线上。在战事初期，我们一直在准备对以阵地前线作为停火线的方案进行否决，但随着时间的推移，这已经成为了一场消耗战，我们之前的立场也不可能无限期地持续下去。

在看到最初的胜利希望后，阿拉伯国家并不急于提出解决方案，否则他们就不能继续扩大战果。以色列也没有提出解决方案，他们的目的是为决定性胜利养精蓄锐。苏联人一直处于观望状态，他们既不愿意抛弃那些阿拉伯盟友，又因为美国"以色列将获得战争胜利的"预言心神不安，此外，他们还需要特别小心与美国的关系，避免苏美关系受到伤害。

我们认为一旦以色列，这个被美方看做实际的盟友，被苏联提供的武器打败，将破坏目前中东地区的稳定，一系列以苏联为首的针对西方国家利益的冲突也将不断出现。我们看到了一个开启和平进程的契机：说服阿拉伯国家"苏联可能挑起战争，但他们在外交上不会取得任何进展"，这时，美国的外交政策就变得必不可少了！外交进展需要以色列的胜利，但这种胜利并非建立在团结所有阿拉伯国家抵制美国的基础之上的。在战争进行的过程中，我们需要对苏联实行遏制，一方面能使我方主导战后外交，另一方面也能削弱苏联的影响。虽然目前战争陷入僵局，但我们也不能容忍继续这样拖延下去。一旦各方对新的战略局势有所了解，那么提出停火就大有希望了。如果在以色列两条战线都损失了领土之时，美方同意停火，那么这场战事很可能以我们这位美国盟友的失利而告终，美国在战后外交领域的形象势必将被严重削弱。有关"作为超级大国的美国可以带来进展"的说法也就变得不足为信了。苏联军队可能已经取得了胜利，苏联也能通过外交手段保护自己的军队，那样的话，战争再度爆发的可能性也将大大提高 —— 以色列希望重新找回自己的霸权地位，阿拉伯人则坚信可以凭借军事实力打破任何谈判僵局。因此，在正式实现停火前，以色列有必要在前线取得进展；这也就意味着其在北线与叙利亚的战斗中，必须要有所突破，因为只要埃及军队一直逗留在苏伊士运河沿岸，在苏联萨姆防空导弹的掩护下，以色列南线的战事非常可能陷入僵局。

第6章　　1973年10月10日

到了10月10日，苏联似乎意识到了停火的机会。一场消耗战是以色列承受不了的，而以阵地前线为界停火就可以正式确认阿拉伯的领土所得。不过对于以色列人来说，幸运的是，埃及总统萨达特还没有准备好接受这份礼物，他一直认为拖延战争可以让他获得更多。于是，多勃雷宁也带来了莫斯科的消息：如果第三方提出停火，苏联方面将不再提出反对。他建议在安理会会议上，美国和苏联联合提出弃权。苏联之所以不急于提出解决方案，是因为萨达特还没有做好相应的准备。不过多勃雷宁也表示，这一切也不过就是一个面子问题——如果有人先于萨达特接受停火，他很可能也会同意的。

在这样的气氛下，我们决定拖延苏联人提出的计划，以色列可以在此期间尽可能争取对叙利亚战争的胜利，特别是在领土上，以为后续两国谈判做好铺垫。我们面对的局面则更加复杂了，多勃雷宁带来莫斯科的消息后不久，副总统斯皮罗·阿格纽宣布辞职。

苏联驻美国大使阿纳托利·多勃雷宁与基辛格的通话
1973年10月10日，周三
上午8点13分

多：亨利，我拿到了一封电报，是我苏联共产党中央委员会总书记勃列日涅夫给尼克松总统和你的，电文我还没来得及翻译，我边读边翻译。

基：但你也一定会把电报内容给我看吧？

多：那当然。这封电报是这么写的，"本着与尼克松总统相互理解的精神，在过去的几天里，我方一直在与埃及和叙利亚的高层人士就修正停火线的事宜进行磋商会议。不得不承认，我们与阿拉伯人的对话艰辛而又漫长，但是我们现在可以明确地告诉尼克松总统先生，苏联不会对安理会提出的赞成停火的解决方案表示反对。相信贵国总统可以理解在当前局势下，苏联不会在安理会提出停火的解决方案，但现在重要的是，我们对此并不表示反对，投票时，我们不会投出反对票，我们会选择弃权。事实上，做出这样的决定对我们来说并不是一件容易的事，关键在于我们在衡量当前形势的时候，考虑到了支持停火的利益群体以及其他方面的积极因素。我们维护和发展的这些积极因素，正是在过去几年苏美关系发展过程中、在国际局势变化过程中而出现的。总统先生，我们还希望您能关注的是，我们有必要将这次战事的解决方案只局限于停火这个层面，这是我方第一次提出这样的要求，否则我们要么会在解决方案上增加附加条件，比如增加一些其他条件，要么有条件地进行撤军 [即重返战前停火线的想法]。显然，这种做法最后只能导致失败，那才是最关键的！目前的局势给了我们一个共同合作的机会。我们之所以这样说，始于最近一次安理会会议上美国代表的发言中提到了这个决定，决定背后的暗示，是我们如此表态的唯一原因。如果我们正式提出这样的想法，苏联将注定面对一种非常艰难的局面，在这种情况下，苏联驻联合国安理会也只有表示反对。我们衷心地希望能够避免上述情况的发生，希望苏、美两国的联合行动能够促进或帮助中东地区建立停火线、恢复该地区的政治秩序。这可能会涉及你方向以色列提供军用物资的行为，你方也可能要为自己的行为进行辩解。你方的这种行为很可能将影响整个国家，我方对此也是高度关注。我们会将此事递交给安理会进行处理，我们也希望对方能够给我们一个协调行动的机会。"

基：我们需要几个小时考虑一下，我们今天晚些时候联系你。

多：我等你的消息。

基：你一定要等我的消息，但是不得不承认，这是一个积极的信号。

多：好的。

基：我肯定会联系你的，这件事我必须要和总统面谈，希望你能把这封电报的文本送过来。

多：好的，大概一个小时后你就能收到了。

苏联驻美国大使阿纳托利·多勃雷宁与基辛格的通话
1973年10月10日，周三
上午8点39分

基：我不得不告诉你，我们11点半之前都不会有时间见到尼克松总统了。总统先生在和蒙博托进行会晤，后者大概11点半才能离开。

多：11点半？

基：是的，所以你要下午才能等到我的电话。

多：好吧。

基：我必须告诉你，我们要谈的不止这一件事，还有很多。

多：我明白，不对，我的意思是，如果我正确理解了你的意思，你是说你除了讨论我们的事情外，你什么也不做？

基：如果你能在得到我们的消息前，什么也不做，那样的话我们将非常感激。今天下午，我会让你知道我们讨论的结果的。

多：好的。

基：现在，我能说点别的事情吗？我方注意到从埃及到叙利亚航线正在运送苏联物资。

多：你是指空运？

基：是的，空运。我可以告诉你这些运输机的数量和型号，但我相信葛罗米柯肯定知道这件事。

多：你们两个人都应该知道，不过有些时候他知道的比你更详细一些，不是吗？

基：但我并不认为这些消息能给我带来多大帮助，我们很可能因为这个原因做出同样的举动。

多：我这就回莫斯科，我马上就回莫斯科去！

基：我们……阿纳托利，这件事……

多：你的意思是出现了很多运输机？

基：很多，大概有22架。我想这个数字已经非常庞大了。

基：从布达佩斯方向过来，看上去这些运输机在寻找降落前最后的机场。

多：我明白。

基：这样找到他们就更容易了。

多：我明白。

基：阿纳托利，我们的行动不能被人非议，否则一切看上去会像是我们被人愚弄了，这一点真的非常重要。

多：是的，我明白。不过要到傍晚才能有消息。

基：我希望是在今天下午。

……

苏联驻美国大使阿纳托利·多勃雷宁与基辛格的通话
1973年10月10日，周三
中午11点45分

基：阿纳托利，我想告诉你的是，我们遇到了一个非常重要的国内危机，一会你就知道了，无论你是否能了解此事的重要性，但它绝对会成为今天下午的头条新闻。

多：是吗？

基：所以在我给你打电话以前，我们的决定要被推迟了，但是你肯定能得到我方的正式回复。

多：你是说今天还是明天？

基：今天结束之前我给你消息。

多：今天结束之前。

基：我想告诉你的是，我们现在绝没有用拖延策略。

多：但这个危机又是什么？你能告诉我吗？

基：是，是关于我们的副总统的。

多：我知道了。

基：我想告诉你的是，我会在今天下午四五点联系你的。

多：四五点。

基：是的。

多：好。

基：我们在非常认真地考虑你所说的内容。

多：不，我认为这对你我双方都是一个机会。

基：是的，我意识到了。现在，我是否可以敦促你，敦促你和你的朋友们，不要逼我们过早地做任何事。

　　……

基：……从一开始到现在唯一知道的人就是总统先生。

多：我明白。

基：很快你就会知道，尼克松总统很可能在几小时内不会提及这个问题。

多：我明白。

基：但是，阿纳托利，我今天告诉给你所有关于我国国内危机的事情，都因为我非常信任你。

多：是的，我明白。但是即将发生的这件事情，是否在某种程度上会影响……

基：它不会影响到其他任何事情。

多：什么事情都不会影响。我的意思是从外交政策的领域来分析问题。

基：说到外交政策，如果有的话，这能增强我们的外交实力。

多：我所说的能力，不仅只是公共关系的能力，因为有些时候……

基：说到我们的外交政策，即将发生的这件事，要么对我们不会产生任何负面影响，要么会增强我们的外交实力。

多：嗯。

基：但是提到决策制定，提到会见尼克松总统，目前看来很困难，至少要等到下午晚些时候了。

多：我明白，好的。我会等你一直到今天结束前。

基：所以，我们不希望这件事情一开始就涉及很多国家。

多：是的，我明白。

基：好的。

多：非常感谢你，我会一直等你的电话的。

基：而且此事我们也未曾与以色列方面进行讨论。

多：我明白。

基：因为我不想听见他们游说的声音。

多：的确，这样做的确很明智。

基：在我们有机会之前，至少要——

多：我们应该自己作出决定。

基：我们应该自己决定如何处理这个问题。

……

苏联驻美国大使阿纳托利·多勃雷宁与基辛格的通话
1973年10月10日，周三
傍晚5点40分

……

基：告诉马利克纽约这边谁也不知道发生了什么事情，告诉他不要把事情告诉任何人。

多：是的，亨利，好的。

基：好的，我晚一点跟你联系。

多：你可以给我打电话。

基：我会给你打电话的。你要把重要的问题告诉我们，我们也会告诉你的。我们不会逼迫你做任何事情，我本人非常理解你，我们还要多等一些……多等一些问题吧。我们认为这是一个非常严肃的建议，我们必须认真考虑这个问题，考虑一下如何回复。

多：亨利，我在媒体上看到了，看到了一些整备的消息。

基：可以告诉你，我们什么也没有做。

多：据说新闻媒体方面有很多整备的消息，我们怀疑会是另一个开端，你问问马利克，看看你们能不能做些什么。

基：阿纳托利，你和我一起经历了那么多的危机，我们也要解决眼下的这一个。你今天晚上会得到我们的消息的。

……

苏联驻美国大使阿纳托利·多勃雷宁与基辛格的通话
1973年10月10日，周三
晚上9点45分

基：阿纳托利，考虑到今天所发生的事情，我们必须和其他人士进行商榷，所以恐怕明天以前，我们无法给你答复了。

多：好，你明天给我打电话。

基：是的，我会给你打电话的，我会根据我得到的所有情报作出答复，你们国家的人是非常守纪律的。接下来这几个月里，我们可能会制定出一些让你们觉得糟糕的外交政策，但我们也会保持纪律性。

多：我明白，你很擅长此道。不过不要把苏联的不负责任说得过于不着边际。

基：是谁说过苏联不负责任？

多：你的演讲里，你应该知道的。

基：那只是一个小小的警告，我可没有说你们不负责任。

多：我只是想告诉你，我这可不是跟你吵架，我要告诉你的是，他们在用你用过的词。

基：他们怎么说的？希望这是马文·卡尔布说的，我没有跟他说过话。

多：那个，我不知道，电台里传出的主题都是国务院想……

基：这些事明天我会静悄悄地进行，我向你保证，美国国务院不会传出任何类似苏联不负责任的评论。

多：但是事情的进展是……在简报里面提到，有人在正式场合说过，有人在非正式场合也说过……

基：谁说的？你怎么看？没有人获得授权，等一下，阿纳托利，在你进行大范围抨击前，我想……

多：你明白……

基：你国牵扯到中东地区的一场大规模空运中，这对你们一点好处也没有，因为我方已经非常克制了。

多：我没听说。

基：我会非常乐意把这些数据转达给你的。我今天一天都会在白宫，不过明天我向你保证……

多：即使是罗伯特·麦克洛斯基[罗伯特·麦克洛斯基，美国国务院公众事务负责人]也在正式、非正式的场合给出了一些评论。我很喜欢他，他人很好，不过他也做出了一些评论。

基：他怎么说的？

多：我记不起来了，但他在正式场合里说过，当他被问及苏联因为什么保持克制，他的回答是，他不能说。

基：你必须……想想你们总书记给阿尔及利亚传递的消息，不要让美国得意忘形[意在敦促阿尔及利亚加入此次战争]。

……

与此同时，我们注意到20架苏联运输机正在向叙利亚进行运输，沙特军队正在向叙利亚方向前进。这一系列的举动促使史勒辛吉提出了一个全新的建议，即：放弃我们正在使用的方法，而是迈出更为深远的一步——看上去似乎沙特阿拉伯，或是特鲁西尔酋长国[阿拉伯联合酋长国的旧称]，也加入了这场战争。

国防部长詹姆斯·史勒辛吉与基辛格的通话
1973年10月10日，周三
上午8点27分
[此次通话的第一分钟并未翻录成文字]

史：……苏联方面开始进行第二次补给了。

基：是的。

史：这现在已经非常明显了，特别是沙特军队正在向叙利亚方向前进。

基：他们已经奔赴叙利亚了？

史：是的。你还记得起初约旦人不同意发兵吗？

基：记得。

史：他们现在要求从沙特调用军队，这需要经过约旦，不过约旦对此并未表示反对。

基：嗯。

史：所以我认为，我们将要处于在沙特阿拉伯地区所有的利益重心都将陷入危险之中的状态，所以我们有必要检查一下导致这种状态的根源。

基：那么你说，导致这种状态的根源是什么？

史：根源在于，我们可能要做出抉择。这个抉择是非常残酷的，要么我们继续支持以色列，要么我们失去沙特阿拉伯的一切；如果我们在中东地区的利益受到威胁的话，这个抉择将是参战，或者眼睁睁地看着他们走入这场消耗战中。

基：谁参战？

史：这个答案还需要时间来检验，也可能是其中几个国家。

基：但是我们支持的是哪个国家？

史：这也是我们接下来要讨论的问题之一。

基："我们"值得是谁？

史：我自己。

基：我得到一个非常紧急的消息，这个消息我必须和总统先生进行沟通，我今天上午晚些时候跟你联系，我们今天上午肯定要碰面的。

史：好的。

基：等一下，进行补给的事情你们进行的怎么样了？

史：还不错，考虑到他们目前就有那么几架飞机，情况还是不错的。

基：好的。

史：如果他们能多几架飞机，运输速度肯定会更快些。

基：是的。我晚些时候联系你。

美国驻联合国代表约翰·斯卡利与基辛格的通话
1973年10月10日，周三
中午12点15分
……

斯：……我想告诉你一些新的消息。伊朗大使胡韦达[费雷敦·胡韦达，伊朗驻美大使]依然与扎亚特保持很友好的关系，他对扎亚特说，"这件事在我看来已经是你们已经取得胜利了，你现在应该想想下一步的计划。"扎亚特的回答是，"我们可以接受和平，但这件事情我们必须先研究研究"。

基：的确如此，我们还是静待事情的发展吧。我们得解决所有麻烦的问题，但是你必须给我我所需要的信息。

斯：你能否从个人角度出发，给我一些指导性的建议？

基：我现在还不知道，希望我今天能得到一些情报。只要我们确认了那个消息，我会第一时间给你打电话的。

斯：安理会主席拉里·麦克兰特先生感受到压力了，他希望安理会表现出男子气概。他今天什么也不想做，不过我估计明天我就不能阻止他召开会议了。

基：我正希望他这么做！

斯：如果我们可能的话，避免在今天进行？

基：对，避免在今天进行。尽量保证让所有问题都能解决，为明天做好准备，所以今天有必要的话，你们还要再确认一下。

斯：好的。

基：所有主要的涉及对象，我们都与之取得了联系。不要让人打草惊蛇。

斯：不会有人打草惊蛇的。

基：我不是说你，而是其他已经到安理会的人，恐怕他们能察觉出异样来。

斯：刚刚之前，叙利亚人匆匆忙忙去会见[苏联驻联合国代表]马利克，说需要和苏联商量一些非常重要的事情。

基：我想可能是以色列开始对叙利亚进行轰炸了。

斯：他们说此事十万火急。

基：好的，约翰，只要我一得到消息……

斯：别忘了，如果事情向另外一个方向发展，我恐怕不能做我想做的事情……

基：事实上，约翰，你很可能比我知道的还要多一些。但是我不想在所有麻烦都解决之前采取行动。只要我得到新的消息，我就给你打电话。

斯：我知道，我明白，我完全赞成你这么做。

美国副国务卿布伦特·斯考克罗夫特与基辛格的通话
1973年10月10日，周三
中午12点25分

基：你已经和多勃雷宁通过电话了吧，你得到确认的消息了吗？

斯：是的，他说他马上就给马利克打电话，让他闭嘴！

……

斯：我也是这么跟他说的。

基：那我就没有必要给他打电话了。

斯：是的，我也认为没有必要。

以色列外交部长阿巴·埃班与基辛格的通话
1973年10月10日，周三
中午12点35分

埃：我想跟你谈谈我的想法，我和包括安理会主席在内的一些人士进行了沟通。而在此之前，我希望向你、向你的政府表示深深的谢意，感谢你们为我方提出的要求作出的努力。每一个以色列人都感动于你和你政府的这种行为。第二件事，目前的形势很奇怪，这暗示僵局很可能将持续下去。第三，苏联和阿拉伯的立场将是重返七年前的局势[即：1967年边界线]。他们还没有正式表态，因为他们还没有达成共识，他们自己也知道这样的想法是根本不可能被采纳的。

基：那样的话，我们会对此提出反对的。

埃：我们有充分的理由认为那样的做法会让所有人打消提出建议的念头。还有，你方大使建议……

基：我明白，我还有很多人在等我，第三个问题是他们提出直接在当前的战线停火，不是吗？

埃：……萨达特这样告诉欧洲驻埃及诸位大使，即使有100万埃及人在此次战争中丧生，他们也不会同意选择以[当前的战线]停火。我们必须利用他们的这种想法，除非苏联方面做出改变，否则我们不会停火。

……

基：你必须明白我对你方大使说的那些话。我们任何事情也不会提出。但如果有人提出建议或想法的话，我们的态度会变得非常强硬。

埃：我同意，目前我们还没有看出来有任何提出解决方案的迹象。我们不希望……

基：我刚刚告诉斯卡利今天什么事情也都不要做，这样做一点都不符合他的性格。

埃：我还在麦克兰特先生办公室的时候，联合国主席瓦尔德海姆打来了电话，后者表示需要召开会议。媒体们已经在议论会议迟迟未能召开的话题了，澳大利亚非常期待……

基：好的，外长先生，我们今天下午会把整个形势看得更清楚，届时我再给你打电话。

……

美国副国务卿布伦特·斯考克罗夫特与基辛格的通话

1973年10月10日，周三

下午4点50分

……

基：你可以给狄尼兹打电话，就说我们已经决定不在今天召开任何会议，我们已经批准了租用飞机的事宜。我方愿意把飞机租给以色列。

斯：你这样的想法真是一点预兆也没有啊！

基：就说美国和苏联不会联合出台任何解决方案，我们会尽可能远离……你是否告诉他不要采取任何行动？

斯：我跟他说，使战事不断激烈化——比如轰炸开罗市中心，这是一种愚蠢的行为——只能成为一场灾难，唯一的结果就是让尼克松总统率先采取行动。他说，梅厄总理说他们只有在对对方的侵略进行严厉的惩罚后，才会休战。我告诉他我们已经知道了梅厄总理说的这番话，还告诉他我晚一点会再给他打电话，再跟他沟通的。

基：你认为我们这么处理合适吗？

斯：我认为是这样的。如果他们能对自己的时间表有所考虑，那样的话也许会对他们自己有些帮助。我们并不是他们采取行动的唯一因素，他对此也没有做出回应。但是他告诉我，他们这周剩下几天，又有40架飞机无法正常使用了，这意味着将有三分之一的飞机停飞。他说他们已经增加了两架飞机，这样一共就多出来了

5架，但我认为这样不行，我告诉他，一共就只能多5架，飞机的总数不得多于5架。

基：你给史勒辛吉打电话，确认一下我们是否有必要增加投入，我们还能投入多少空闲的飞机？一定要用安全线路给他打电话。

斯：我明白。

国防部长詹姆斯·史勒辛吉与基辛格的通话

1973年10月10日，周三

晚上7点15分

史：我记得我跟你暗示过，我已经在派出那两架幻影战斗机前告诉过你了，除了使用我国的空中加油机外，我们此次行动没有其他切实可行的方法。

基：定在什么时间？

史：明天清晨六点整。报纸上已经有消息了，一些发言人暗示我们依然在向以方提供弹药武器。

基：哦，也许你是应该出动这些战机了。

史：第二个问题，我们正准备往地中海地区派些海军，这是正式、公开的派军行动，海军部队已经在诺福克地区待命。

基：我希望他们只会在那里驻扎一周的时间。

史：你希望我这么做吗？

基：是的，我的意思是，我不会派他们在那里停留一周时间，那太久了。不过，你的确已经派兵了，向那里派兵了。

史：嗯，从诺福克到直布罗陀海峡需要十天。

基：上帝，有十天时间，这场战争都已经结束了。

史：你确信战争会结束？

基：如果不是的话，我们就需要派兵了。你还有别的事情要跟我说吗？

史：我注意到有40架美国战机已经……

基：吉姆（詹姆斯的昵称），我向你保证，我们不会在没有通知你的情况下实施向以色利补充损失的幻影战斗机外再增加5架飞机的方案，而且补充的战斗机这些重型装备也得由你来操办。

史：好吧。

基：我不确定你是否已经接到斯考克罗夫特的电话了。

史：还没有。

基：如果我希望向以色列增加补给的数量，你能保证给我们什么飞机？

史：我现在也不清楚。

基：你看看，这只是我们基于战事不在进行下去的一种假设。

史：只能提供幻影战斗机。

基：以色列人今天下午向我通报了损失的数量，除了他们在战斗中损失的飞机外，还有40架飞机无法正常使用了。

史：我们尽力补上他们的这个缺口，尽力解决这个问题。还有，苏联人又开始进行补给行动了。

基：那很好！他们的战机数量比我们多很多，多勃雷宁给我打了电话，他对我说，亨利，我是非常了解你的，当我看到我方对外提供补给的数字时，我知道你们也已经采取了同样的行动。

史：你也非常了解他啊！

基：那的确是，也许这能使我们摆脱目前的状况。我认为也许我们应该采取一些行动了。

史：好的。你知道我们的问题所在。

……

联合国秘书长库尔特·瓦尔德海姆与基辛格的通话

1973年10月10日，周三

晚上8点27分

瓦：我很抱歉打扰你，但我认为我应该把联合国目前的局势通报给你。此次会议的结果并不令人满意。你知道，都是马利克引起的争议。扎亚特此前对不结盟国家发出了通知，明确地告诉他们不能同意，他这样做的目的是为了避免安理会形成任何解决方案——因为他们希望战事能持续下去，出台任何解决方案都会让这种想法化为泡影。这也就能解释为什么不结盟国家不同意起草解决方案草案。如你所知，以色列人一直都对解决方案缺乏兴趣。我之前和埃班沟通过，他告诉我，安理会关于解决方案的辩论今天不应该再继续下去，他们希望，希望在明天下午继续进行，还说届时他们会有三个国家参加发言。

基：哪三个国家？

瓦：秘鲁、肯尼亚，还有几内亚。

基：还有谁？

瓦：几内亚。

基：我都不知道什么时候几内亚也成为安理会成员国了。

瓦：此事还没有定论。目前我们这边的局面是，参战各方都不希望出台解决方案，他们都不希望停火，因为他们都认为自己能获得更多的……

基：我已经让约翰·斯卡利来我这里了，见到他后，我会让他给我讲一下事情的缘由始末，然后我给你打电话。

瓦：我希望就停火问题能给此战涉及的各方一份简报。

基：我们还是先看清目前的局势再说吧，我会告诉你我对局势的判断的。

瓦：如果你能告诉我你的想法，那我会非常感谢的。

基：你不应该局限于我的想法，但我们为什么不在明天早晨再次沟通呢？

瓦：有越来越多的政界人士开始对我发出质疑，他们说秘书长[联合国秘书长瓦尔德海姆]先生是否有所动作来终结依然在进行的战事，秘书长先生为什么不能做些什么来终结战事，好让人们都能回到谈判桌上解决问题？这就是我目前的心理状态。

基：我明白，对此我也不能表示反对。我原以为如果我能把我的想法告诉你，那么你就能做你想做的事情了。

瓦：我非常感谢你的帮助，我也明白。我认为他们根本不想做出任何有悖于阿拉伯国家利益的事情，我非常担心勃列日涅夫给[听不清楚]传达的消息，他们派往叙利亚的飞机也非常危险，这是一个非常危险的信号。

基：对此，我方也这样认为。针对这个问题，我们明天会发表声明的。

瓦：非常感谢你。

基：让我们保持联系吧，我明天上午打电话给你。

当天下午，我把苏联提出的停火方案告诉了狄尼兹，苏联的这个停火方案是由美苏弃权一项联合国旨在让中东停火的决议而带出的。我们一致认为，停火的时间点取决于战场形势，但战场形势又不甚明朗。但不管我们做出怎样的决定，向以色列提供军事补给已经迫在眉睫。

美国副国务卿布伦特·斯考克罗夫特与基辛格的通话
1973年10月10日，周三
晚上8点59分

基：布伦特，你看看，那些国防部的人似乎在故意拖延。重要的是，以色列人的情绪非常激动，他们认为我们是在背后给他们下毒手。

斯：他们太紧张了。

基：是的，但难道他们不应该吗？你个人怎么看这个问题？

斯：我希望我们能整理出来未来48小时的局势发展的一些头绪。一旦陷入僵局，那我们就有大麻烦了。如果他们大举兵力，我们就能采取下一步的行动；可如果局面向另外一个方向发展，那就会有来自各方的关于停火的压力。我们的选择，要么接受停火，要么提供更多的军事补给。他[狄尼兹]有没有告诉你未来将如何发展[关于以色列对停火的态度]？

基：没有。他希望能给梅厄总理表达自己意愿的机会。这一点，多勃雷宁可以等下去。

斯：你还是需要借口啊！

基：我不需要借口，你告诉他，我现在还没有做出决定呢！

斯：我以为你今天晚上就能有所决定了。

基：但是在48小时后，我们依然会面临同样的问题，如果在48小时后依然没有出台解决方案的话，那我们接下来这个周末能过好吗？

斯：恐怕不能。

基：现在唯一让我们有所顾忌的就是，他们，无论是谁，都怕我们投出反对票。

斯：我认为我们这周是看不到了[指看不到联合国同意停火了]，你怎么看？

基：是的，看不到了。

斯：不知道他们对未来发展的预测，不知道是否还会有决定性的事情发生，也许我们还能这样坚持到周五。你也许可以坚持48个小时，但我们目前的僵局肯定是无法坚持48个小时的，因为肯定有人会采取行动。

基：的确是，那样的话我们还能提出反对。

斯：我想那将会是一场灾难。

基：是吧。好的，谢谢你的消息。

白宫办公厅主任亚历山大·黑格将军与基辛格的通话
1973年10月10日，周三
晚上9点14分
……

基：我刚刚结束了与以色列大使的通话，这次通话非常激烈。他表示不能在梅厄总理还没有向尼克松总统表达自己意愿前，就同意此事。所以我们只能等到明天上午。我认为我们只有选择给他们12个小时的时间[即指讨论之前多勃雷宁提出的由第三方提出停火协议的问题，我之前曾经对此表示搁置]。

黑：必须的，我们必须这样做。

基：我这就给多勃雷宁打电话，告诉他们我们目前无法给他们任何答复。还有一件事，如果……

黑：他们必须明白，一旦通过停火协议，那也就只有顺其自然。你认为还有其他方法可以……

基：他们会说这样一个最终的胜利结果是在苏联长枪短炮的帮助下取得的；他们还会说苏伊士运河两岸都将成为埃及人的囊中之物。

黑：那结果会是什么呢？

基：埃及人会认为自己将取得胜利。

……

以色列驻美国大使辛卡·狄尼兹与基辛格的通话

1973年10月10日，周三

晚上10点

基：解决方案将在明天某个时候提出。你必须要明白我说的——我的噩梦将在周一或周二出现，届时埃及人会提出解决方案，而我们也只有对此表示反对。这一切令人觉得非常惋惜，多么希望埃及人提出停火的要求啊。这些就是我希望你知道的当下的现实。我并不是要求你来接受这一切。

狄：我明白。我现在正在等待以色列国内的电报，也许那封电报能解释发生的这一切。

基：我必须知道这种等待要持续多长时间。不知道你是不是希望把这件事情告诉给伊格尔伯格？

狄：我不能告诉他，因为这件事情还在进行中。

基：那我能给你打电话吗？

狄：随时，你随时都能给我打电话。今晚一整晚我都会在办公室。我刚刚和我的同事们说了有关租用飞机的事情。我从我国空军部队那里得到消息，称原定于在明天运送到以色列的幻影战斗机由于飓风的原因将推迟起航时间。

基：这样我就无能为力了。

狄：我知道，这是我刚刚得知的事情，而且……

基：这意味着周五将有5架幻影战斗机从我国起飞。

狄：所以，可能周五会有5架幻影起飞，我只是想把这件事情告诉你。但这个消息也可能泄露出去，所以我等你的电话。

基：是的，我会给你打电话的，谢谢你的消息。

第7章　　1973年10月11日

到了10月10日（周三）下午，事态已经很明显了——7架以色列航班无法将我方提供的军用物资悉数运走。经过华盛顿特别行动小组多位高层进行磋商后，我方决定在以色列向美国做出保证后，雇佣私人航空公司的飞机以运输剩余物资，在此过程中，以方需要提供相应的支持。

然而，企图采用雇佣飞机进行运输的想法被事实证明是一种惨败。没有一家飞机租用公司愿意承担阿拉伯联合抵制抑或是飞过战区的风险未完成这次运输。考虑到运输的是幻影战斗机，国防部本可以向飞机雇佣公司施加压力，但他们并没有感受到任何紧迫性，因为在国防部眼中，以色列至少还可以坚持两周时间，远远长于任何军事行动的抵抗时间。本可以负责物资运输的交通部，却希望在此次战事中置身事外。两大部门都是踢皮球的高手，他们总能把运输这个皮球踢给对方。

对于尼克松总统的军用物资补给决定，无论国防部，还是交通部都没有兴趣。他们抵触最多的是空运，生怕承担运输会在阿拉伯世界引起一系列不良的后果。此外，国防部还表示，美国本土部队应尽量减少因重型设备的装载带来的损失。鉴于我国需要按照上文描述的战略行事，因此我本人在物资补给一事上面临着很大的压力，但我却依然希望此事能尽可能低调地进行。对此，史勒辛吉也从未表示反对。但局势在技术层面的问题却愈演愈烈。应以色列的要求，美国空军出现了48小时的拖延，希望人们能充分看到这种拖延的依据。虽然布伦特·斯考克罗夫特和乔瑟夫·J·西斯科从未停止与飞机租赁公司进行接洽，但却屡遭搪塞。问题的关键在于我方在尝试了所有可能后，依然没有任何积极结果，因此我们只能面对一种事实：由于没有任何私人飞机租赁公司愿意把飞机租用给以色列使用，美国政府只能选择要么动用本国飞机，要么以美国的名义为以色列租用飞机，但无论哪种选择都需要承担风险。

然而，假使到了10月10日，无论我们对向以色列提供补给一事持何种意见，在中东地区战事出现明显变化前，我们都不得不推迟制定停火的外交政策。我方认为对于日后制定战后外交政策最有利的战场局面是，以色列重建战前的双方边境线，抑或是进一步使之扩大。这样的结局将证明，即便有苏联的武器支持，想要在战争过程中有所斩获依然如海市蜃楼般的幻觉，外交进程依然只能依靠美国的有力支持。否则的话，以色列在以叙战场上取得胜利，而在另一条战线，即以埃战线受挫，我们也只有接受谈判的命运，而且这种局面也会复杂得多。

10月10日这一天还是来了，但我们之前讨论的种种情况都已不复存在。以色列不过只是占领了戈兰高地,其中还包括部分被叙利亚部队占领的安蒙山地区。两支埃及军队牢牢地控制住了苏伊士运河。只要埃及装甲部队依然盘踞于此,考虑到其身后的导弹防御力量,以军重新占领西奈地区几乎是不可能的。这时,以色列在1967年中东战争时的经历就帮上了忙。他们放弃组建地面炮兵力量,而将目光投向了空军。这时,以色列唯一的选择就是按原定计划在第二天(即周五)对叙利亚发起攻击。直到我们将事态看得更清楚前,我们一直让苏联保持克制。(需要记住的是,就在同一天,10月10日,我们收到伊斯梅尔的消息,对方表示埃及坚持要求以色列完全从西奈半岛退兵,而我们尚未从叙利亚方面获知任何消息。)

美国总统理查德·尼克松与基辛格的通话
1973年10月11日,周四
上午11点

尼:你回到国务院了吗?

基:是的,我回来了。

尼:我想告诉你的是我们将要采取的策略。我希望你能对以色列大使施加压力,告诉他我本人对当前的局势感到非常失望;而且我也已经得到了消息,我也是这么告诉那些媒体记者的。这个消息不是以大使本人说的,而是他下面的人说的,这些人说我们已经不再向以色列提供任何支持了。我可受不了这些人这么说,如果我再听到有人这么说的话,我会让他承担这份责任的。你会把我说的这些话转告给他吗?

基:媒体那帮人,他们会乱写……

尼:我知道,但他们的确这么说了。他们认为这样能对以色列有所帮助,但事实上一点帮助也没有。使馆的工作人员本应该把这件事情平息下来。

基:我马上就让他们处理这件事。

尼:我们一直在帮助他们,他应该知道的,不是吗?

基:是的,他知道。

尼:这就像阿格纽那件事。他说的没有问题,但是他下面的人说的就南辕北辙了。以色列人必须相信我们,否则一切只能结束。

基:我马上就给他打电话。

美国副国务卿布伦特·斯考克罗夫特与基辛格的通话

1973年10月11日，周四

上午11点［此为电话记录时间］

斯：你看到合众国际社的报道了吗？他们说坦克和航母已经跨过了边境线。

基：我还没看到。

斯：报道显示这是莫夏·达扬说的，他说这是对大马士革采取行动的信号。中情局说可能性很高。

基：我给狄尼兹打电话。

斯：好的。

以色列驻美国副大使莫迪凯·沙莱夫与基辛格的通话

1973年10月11日，周四

中午11点10分

基：狄尼兹大使先生周四去犹太教堂干什么？

沙：今天是犹太教节日住棚日的第一天，大使先生去参加犹太成人礼，他的参加也能提升犹太人的士气。

基：但考虑到我个人的斗志，你们一方面要求我推迟联合国的行动，另一方面却让达扬在电台、电视台里宣称以军准备进攻大马士革，我认为这可不是好事。看看你们国防部长说的那番话，我们怎么可能推迟联合国的行动？

沙：你说得对。

基：我让尼克松总统推迟采取行动面临着前所未有的巨大困难，现在我又看到了这些消息。你让我怎么向苏联人解释？

沙：我去跟以色列方面沟通。

基：第二个问题，总统先生手里就拿着那些他认为非常"振奋人心"的报道，我希望你能让你的人在接受媒体采访的时候注意一下。如果白宫知道有人和以色列国内有过联系，那么他将付出惨痛的代价。

沙：能具体说说吗？

基：我手里什么也没有，但总统先生说他有，说他手里握着消息。我会继续等，等到我有新消息的时候给你打电话。如果你希望与我国在外交领域进行合作，那么我们必须率先在这个问题上合作。既然［达扬］已经给出了那样的声明，那我们肯定不能让联合国再去推迟［有关停火方案的事宜］。听到那份媒体报道的消息时，我正和助理们处理推迟行动36小时的事情。第二个问题，我要怎么告诉苏联人？这一切看起来就是最极端的相互勾结、最不守信用的行为。如果你们之前把嘴闭严,为了看到更明朗的事态,你还需要再等待八个小时。为平息以色列国内的局面,看看你能做些什么。看在上帝的份上,希望你们能远离电台和电视采访。如果出现新的情况,你会让我知道吗?

沙:我会的。

负责南亚近东事务的助理国务卿乔瑟夫·J·西斯科与基辛格的通话
1973年10月11日,周四
下午2点40分

基:以色列人为了租用飞机的事情都已经慌不择路了。

西:我知道。我想把我们目前知道的情况告诉你。我认为你最好能对此事进行干预。负责租用飞机的人一直在努力寻找运输机,从这一点上来说他们还是非常合作的,但问题在于他们能找到的飞机数量少得可怜。这样的行为,是不是说明他们受某种政治利益的驱动,我不得而知。但这一切却伴随着另外一件紧急的事情发生,我认为这件事和越南有关。现在我们面对的威胁是,国防部授权与交通部进行协调,后者需要动员200架飞机配合国防部此次的紧急行动。交通部很可能找到一些民用机救急。当国防部不得不被迫实施这次紧急行动时,这些民用机也只有当机立断,采取行动了。当然,既然现在讨论的是越南,而非以色列,那这种局势也就不带任何可比性了。不过我们依然需要面对来自国防部的问题——他们一直拖拖拉拉,至少我们认为是这样。所以我建议,你是否可以在百忙之中抽出一分钟的时间和史勒辛吉在电话里沟通一下,问问他对目前局势作何感想。这些民用机是不能解决问题的。

基:你能不能给他们打电话,告诉他们我们将按照你刚刚说的采取行动。

西:我一会再打给你。

基:我也会给史勒辛吉打电话的。

负责南亚近东事务的助理国务卿乔瑟夫·J·西斯科与基辛格的通话
1973年10月11日,周四
下午3点

西:我正在和史勒辛吉通电话。

基:我向你保证,明天上午我会在国会议员面前做一份简报。

西:收到。不过我想和你谈谈苏联和物资补给的问题,其他的事情我都能解决。

基:好的。

西:我已经把这件事情告诉詹姆斯[史勒辛吉]了。他告诉我,白宫方面已经保证会敦促美国全国航空协会尽快解决这个问题。我要和白宫里面的哪个人沟通此事，布伦特[斯考克罗夫特]吗？

基：是的。

西：我这就给他打电话。

以色列驻美国大使辛卡·狄尼兹与基辛格的通话

1973年10月11日，周四

下午3点05分

狄：我刚刚接到梅厄总理的电话，她表示正在尽自己最大努力保持克制。

基：不是克制你们的行为，而是克制你们的嘴，注意你们说出来的话。

狄：我跟她说你的原话就是要克制言谈，而非行动。梅厄总理很清楚目前的局势，我不说了，你来说吧。

基：两个问题。首先，我刚刚命令军方为你方租用20架飞机，很快你就能见到这些飞机了。不过我们租到的全部都是民用机。

狄：好的。

基：其次，我可以把安理会会议推迟到今晚，但苏联方面，我无能为力。我一直在试图阻止多勃雷宁采取行动，但他每个小时都会给我打电话。我认为到了明天晚上，事态肯定会向苏联人期望的那样发展，届时，你需要准备一套"同意，但是我们有条件"的方案策略。

狄：你的意思是，要出台一个停滞不前的解决方案吗？

基：我就是这么想的。

狄：你认为到了明天晚上，苏联人会希望得到一份停滞不前的解决方案？他们希望解决问题，希望现在就解决问题！

基：是啊，从今天早晨开始，他们都要把我逼疯了！

狄：你能告诉我，他（指尼克松总统）是怎么想的吗？

基：当然。总统先生很生气，他认为是你们在媒体目前混淆视听。

狄：我们现在真的是骑虎难下了。我们并没有告诉媒体目前依然没有敲定解决方案，我们说的是，总统先生一直和平时一样，我们什么也没有透露给媒体。目前的局面，已经是矛盾重重了，一个接着一个，所以所有人都在怀疑。但你可以向总统先生保证……

基：请注意，你们知道目前的问题是什么。杰克逊参议员[联邦参议员亨利·杰克逊（华盛顿州，民主党人）]已经给我打过电话了，他在电话里指责我缺少对此事的关注。

狄：他给你打电话前，先给我打了电话。我告诉他，我们的后勤保障出了问题，这就是他打电话给我的原因，他还说基辛格博士很……，但史勒辛吉有些害怕了。

基：的确如此。

狄：你真是说对了！感谢你为我们租用的飞机，不过飞机方面，你还能做些什么吗？

基：租用的飞机明天起飞。

狄：5架飞机？

基：是的。

狄：能不能多几架？我是不是应该和史勒辛吉谈谈这件事？

基：还是我和他说吧。

以色列驻美国大使辛卡·狄尼兹与基辛格的通话
1973年10月11日，周四
下午4点30分

狄：我想告诉你最新的进展。截止到五点（以色列与美国有6个小时的时差），我们打通了一条12公里宽、纵深10公里的前线通路，这条通路直通往大马士革。

基：嗯。

狄：我还收到了另外一封电报。

基：你们要完全疏通到大马士革的通路吗？

狄：我们不会那么做的。另外一封电报说，我方的军队已经向前推进了20公里，可能有些地方也已经推进了20公里。

基：你应该明白，我不是在告诉你这些。

狄：我完全明白你的意思，不过我不认为我方总理也明白你的意思。即便我和你沟通之前就是这样，从那时开始，叙利亚军队就已经开始瓦解了，叙利亚军队和装甲部队已经处于一片混乱了。

基：很好！

狄：我不想让你为我方轰炸叙利亚机场的事情操心。重要的是叙利亚空军一点也不主动，我方击落了对方7架飞机。我们注意到有5到12架飞机从苏联飞往大马士革方向。后来由于看到我方在机场驻扎的坦克，这几架飞机又回到了苏联在欧洲的空军基地。下午对方的飞机再次起飞并成功在大马士革降落。12架飞机全都降落在叙利亚，全部携带装备。到了下午五点，我方在两条战线上损失的飞机达到了10架，其中包括3架幻影战斗机、6架天鹰攻击机，还有1架超级[听不清楚]。

基：一共多少？

狄：一共损失了10架飞机，包括3架幻影战斗机、6架天鹰攻击机，还有一架超级[听不清楚]。

基：你们这些飞机是怎么损失的？

狄：全部是受到导弹攻击的结果。我们得到消息，称对埃及战线，战局没有变化。我们的空军力量在那条战线很活跃，我们估计埃及在苏伊士运河东岸有大概700到800辆坦克。他们试图占领阿德兹地区，但是没有成功。我们得到消息称一队[听不清楚]正在向北部机场进行渗透。我们还不清楚他们的意图何在。我要说的就是这些。关于补给重型装备的事宜，你是否从史勒辛吉那里得到任何回复？

基：这件事我已经跟他提过了，他表示会再次确认补给的时间计划表。

……

美国副国务卿布伦特·斯考克罗夫特与基辛格的通话

1973年10月11日，周四

下午4点40分

……

斯：我已经给布林加尔[克劳德·布林加尔，美国运输部部长]打过电话了，他表示会立即关注此事，还说会给我回电话来的。

基：要是这样，这将是最好的解决方案。安排华盛顿特别行动小组在六点钟召开会议。明天早晨我有什么安排？他们恐怕没有时间了。

……

负责南亚近东事务的助理国务卿乔瑟夫·J·西斯科与基辛格的通话

1973年10月11日，周四

傍晚5点35分

基：我们联系不上斯卡利进行部署。但我已经得到了可靠消息，安理会将在今晚召开会议，这次会议是肯尼亚发起的，他们也希望在此次会议上发言。扎亚特也认为自己需要表明自己的态度，还要表明自己对轰炸一事的愤慨，以及对召开会议的态度。

西：那是当然，你说的对。

基：现在，无论面对何种情况，斯卡利也不能张口表态。

西：如果是媒体询问，也是无可奉告。斯卡利打过电话来，说他希望和马利克碰面。但我告诉他，在我和你见面前，不要和马利克见面。

……

第7章：1973年10月11日

美国副国务卿布伦特·斯考克罗夫特与基辛格的通话

1973年10月11日，周四

晚上7点55分

……

斯：你今天晚上还过来吗？

基：我不过去了，我明天一早就过去。

斯：你是否向史勒辛吉提过明天运送F-4幻影战斗机的计划？

基：我认为一天2架战机是可以的。

斯：一天2架可能会——

基：那就再增加1架凑成6架。

斯：他们已经知道了一天2架飞机的计划。2架从这里起飞，2架从欧洲起飞，然后再有2架依然从这里起飞。

基：多少架飞机？

斯：至少6架。

基：那就告诉狄尼兹，他至少能得到6架幻影战斗机，我们也可能增加这个数量。

斯：好的。

……

有关物资补给和停火的讨论显然被另外一个问题打断了，那就是，约旦企图回应叙利亚呼吁帮助的要求，不过这并没有引起以色列方面的反应。

英国首相爱德华·希思与基辛格的通话

1973年10月11日，周四

晚上8点

基辛格（以下简称"基"）：你好！

希思（以下简称"希"）：是亨利吗？

基：能听到你的声音真好！

希：我们从我国的信息渠道得到了一个消息，是关于约旦国王侯赛因的，他现在面临着巨大的压力，他在试图把约旦的军队带到……

基：我想我已经知道了这个消息的内容。你方大使已经与我方大使沟通过了。我认为你的意思是，你希望我们能与以色列方面进行沟通。

希：如果你能与他们沟通的话，告诉他们这是最基本的要求，还有让他们不要发动进攻。那样的话我认为他们就可以摆脱压力了。

基：是的，我明白。我觉得这是可行的。希望你不用听到我传回来的相反的消息。不过不管怎么样，你都能拿到我传回来的消息的。我想此事我们不会遭到否决。我马上给以色列大使打电话。

希：我相信这已经是最好的安排了。我们就让他无计可施。

基：完全正确。也许我们应该在明天和罗兰德[英国驻美国大使克罗默伯爵罗兰德·巴林]沟通一下，谈谈我们的想法。我们希望能在明天中午前完成此事，也就是以色列当地时间傍晚六点前。在此之前你有时间吗？我能六点前给你打电话告诉你结果的。

希：好的。我们下周见。非常感谢你。

以色列驻美国大使辛卡·狄尼兹与基辛格的通话
1973年10月11日，周四
晚上8点10分

基：……约旦人为了避免遭遇压力，希望能向叙利亚派遣军队，这样也就能脱离危险了。他们不在乎你怎么想，他们只希望保证自己不会受到你方军队的攻击。

狄：他们派遣的是步兵旅吗？

基：是装甲旅。

狄：这支军队打算向我们发起进攻，还是打算原地待命？

基：原地待命。

狄：我必须把这个消息传递给我方政府。

基：我们会把该地区的名字告诉你的。

狄：这应该被叫做，基辛格博士，这应该被叫做借用一切便利条件发动战争。

基：他说那个地区树木茂盛，并不适合生活。伊格尔伯格会给你打电话的。你可以通过白宫专线找到我。我答应英国人今天晚上会给他们答复的。他们必须尽快推动停火进程，他们现在已经非常不耐烦了。我让他们一直等到明天。目前我的计划是告诉英国大使他们应该开始着手提出解决方案了，不过他们也可以拖延到周六，这样就能为我们争取48个小时的时间。

狄：当你提到停火的时候，你提到了英国和苏联两个国家，你说的是这两个国家都会同意停火、保持冷静吗？

基：……但是你应该让自己站在更好的立场上。

狄：我认为你的处境应该能更好一些。考虑到当前北部地区的形势，我估计苏联不会对明天的停火感兴趣的。

基：那，那就是他们的问题了。我也只能一次解决一个问题。

狄：我可没有指望苏联人能够这样做，国务卿先生。我想他们可不会读心术。

基：如果他们现在能推出新的建议方案，我会愿意听一听的，那样的话我们就能再争取48个小时了。我想我应该让事情运作起来。

狄：我认为现在重要的是如何争取时间。我还有一些其他需要讨论的问题。

基：半小时前，我接到斯考克罗夫特的电话，他告诉我飞机将在半小时后起飞。

狄：我被告知要在今天下午给运输部部长打电话，但是他现在出去了。我和他们的副部长进行了交流，后者表示会帮我的，还说会给我回电话。斯考克罗夫特也说会给我回电话。

基：半小时前，他们告诉我飞机就要起飞了。不过目前我真无法处理这个问题。伊格内修斯和运输部部长克劳德·布林加尔已经开过会了，他们试图解决这个问题。以色列航班在哪里？

狄：他们是在两天前起飞的，今天应该会有一两架飞机能够抵达。

基：我这里在尽最大的努力，我还想告诉你一件事。我们明天将再派2架飞机，后天再加2架，大后天还有2架。这比一天全都运完要好，这样能使物资运输一直进行下去。

狄：希望我能在之后三天看到这6架飞机。我还带来了梅厄总理的消息，她说她无法理解当前的会议推迟。坦克部队有没有任何动作？

基：我们还是在其他问题还没有混乱起来前，积极推动解决眼前的问题吧。我能在深夜给你打电话吗？我希望能尽快告诉你英国人的态度。

狄：好的。

苏联驻美国大使阿纳托利·多勃雷宁与基辛格的通话
1973年10月11日，周四
晚上8点25分

基：我认为我们应该和英国步调一致，我方也接到了英国首相打来的电话，大概也是这个意思。我告诉他我们明天早上第一件事就是对此进行讨论。

多：安理会将在明天早上召开会议。

基：早上开会吗？那我先把这件事情定下来。

多：但是目前，我到底应该对英国佬怎么说？

基：我现在也不知道，不过我已经和他们开始进行沟通了。

多：沟通过程的第一印象还好吧？

基：第一印象还是很不错的。

多：就目前来看，开始还是非常积极的，但最终答复要到明天才能给出来。

基：是的，不过我并没有告诉他们，你们也参与其中了。我不希望看到你们在伦敦的大使馆里出现过于热情的身影。还是让我来处理这个问题吧。我最晚明天中午给你打电话，中午一点之前。安理会会议上，除非我们与你们预先沟通，得到你们的认可，否则会议上任何事情都不会发生。我们只有在得到你们的同意后，才会有所行动；所以，只要你们不同意，是不会有人提出召开安理会会议的要求的。我们会尽量出台一个解决方案，如果这个方案能得到你方的认可，那我们就让第三方提出召开会议的要求。我们会让英国人去扮演这个角色。

多：很好。我认为也许把这个消息告诉我的同胞们会是一个很好的决定。

基：在获得英国的支持前，我不会把这件事情告诉斯卡利。

多：还是明天我等你的电话把。这段时间我会给莫斯科打电话，向那边解释目前发生的一切，也希望他们能有时间好好想一下。

美国副国务卿布伦特·斯考克罗夫特与基辛格的通话
1973年10月11日，周四
深夜11点37分

基：你有什么消息吗，除了合众国际社的那三行文字报道？

斯：有消息，是我刚刚从以色列领事那里得到的消息，称已有1,600名坦克兵和步兵突破了叙利亚防线，目前该装甲部队还有四公里就能……

基：我不关心这个问题。

斯：还有一个消息是说，达扬在特拉维夫的新闻发布会上发表了声明，内容是……
　　[……]

基：好的。他在新闻发布会上发表了声明。

斯：是的。

基：好的。

10月11日，我们依然在与埃及总统萨达特进行沟通。伊斯梅尔，作为萨达特的代表，让我们敦促以色列空军保持克制，不要把埃及平民作为攻击目标。我在答应对方将这个口讯传达给以色列后，还提到了另外两个问题：第一，我对苏联以任何形式参与此次战事提出了反对，这种行为可以直接把美国拉入战场，这样对埃及一方是极为不利的。第二，我通过伊斯梅尔再次提醒萨达特曾经说过的话，如果埃及希望战后能有一场成功的谈判，那么他们肯定会需要得到美国支持的：

美国军队不会参与到此次战事中来，美国军队不会以任何形式参与到此次战事中来,前提是除参战各方外,任何国家都不得派遣军队加入战争。……本着相互理解和友好善意的态度,美国方面已经做好准备接受埃及提出关于停火的建议。在战争结束后,这种理念将能带来很大的帮助。无论当前我们面临着多大的压力,美国都希望参战双方不会忘记停战的初衷。

第8章　　1973年10月12日

苏联方面给阿拉伯人源源不断地输送物资，然而我方物资输送渠道却迟迟未能开启。尼克松总统忙于寻找新的副总统人选，他也成了美国历史上第一位在执政期间定下自己接任者的总统。我把飞机租赁计划和与苏联商讨停火方案陷入僵局的立场告诉了他，截止到目前，僵局已经持续了48个小时。

午餐充满了火药味。多勃雷宁对美国第六舰队东移表示了强烈的反对。目前，第六舰队已经来到了希腊克里特岛附近，位置与苏联舰队非常接近。他强调说，苏联不会无视大马士革受到威胁。如果以色列不停下进攻的脚步，那么事态将无法控制。我警告他说，任何苏联的军事干预都将受到抵制，而且这也会给美苏关系带来巨大的伤害。

当天早晨，狄尼兹给我打来电话，称以色列已经准备好了接受英国提出的以当前战线作为停火线的建议。

以色列驻美国大使辛卡·狄尼兹与基辛格的通话
1973年10月12日，周五
上午8点35分
……

狄：还是约旦的问题。很遗憾，他们的答复是"不"。他是约旦总统的全权代表，对于当前战场上是否还将保持大量军队的问题，他的回答也是一样。现在的困难在于，如果避免约旦军队卷入到这场战争中来。

基：但这是否意味着你方将对约旦发起进攻？

狄：不，不会的。这一切只是意味着我们会向他们提出建议，尽量不要参战。我们的观点是，我们绝对反对约旦军队参战，还有反对约旦军队进入叙利亚。

基：是的，但一旦约旦军队进入叙利亚，你方肯定会对其发起攻击的。

狄：对这个问题，目前还没有答案。你是知道我的，约旦国王也向我方总理询问了同样的问题，他也间接提出不要采取这样的行动。但我并不认为我们需要向约旦发出警告，不是警告。我会进一步说明这个问题。我们的态度是我方对此持反对意见。

基：当然，这是显而易见的。问题是，如果约旦派兵进驻叙利亚，你方是否将对其发动进攻？

狄：好吧，我会澄清这个问题的……

基：现在，我们要说的第二个问题是，我们刚刚接到萨达特的求助，他表示你方正在以埃及平民作为目标进行轰炸。

狄：我还没有收到关于此的任何消息。

基：好吧，但我们是否能敦促你，不要以平民作为攻击目标？

狄：埃及平民？

基：是的。

狄：好吧，我马上就去核实这件事。

基：不要把平民作为轰炸目标！

狄：我非常确信我们……

基：我认为你们也不会这么做，但我必须保证我们把埃及的口讯转达给了你们。

……

美国总统理查德·尼克松与基辛格的通话
1973年10月12日，周五
上午8点38分

基：总统先生。

尼：你是来做早间汇报的吧？

基：总统先生，我已经核实了我们得到的消息，也把目前的局势与以色列方面沟通过了。目前以色列军队依然在向叙利亚境内挺进，虽然他们也遭遇了反攻，还有伊拉克的军队也准备向其发动进攻。

尼：中情局得到的情报显示，包括戈兰高地在内的地区，战事依然非常激烈。很明显，以色列正在战场上激烈作战。

基：是的，但是他们[以色列]宣称军队将继续前进，他们还表示不达目标不罢休。显然，对于以色列人来说，目前的战事局面比以往任何时候都要激烈。

尼：那是自然。

基：昨天，我们接到希思[英国首相爱德华·希思]的电话，他为我们带来了约旦的口讯，事实上我们之前就已经接到约旦方面的类似消息了，约旦表示如果该国不得不派兵进入叙利亚，他们是否可以得到以色列的保证，不会遭到后者的攻击。

尼：约旦人这么说的？

基：这真是一个非常恶劣的问题。

尼：以色列当然会发起攻击的。

基：是的，我也这么说了，我索性把问题踢给以色列，对方表示并无意增加在对叙战线上的军队数量,也不会刻意寻找借口攻击约旦。

尼:是的,他们不希望同其他国家发生战争。不过事情一直在继续,不是吗?

基:是的,我们得到萨达特传来的求助口讯,他希望阻止以色列以埃及平民作为轰炸目标的行为。我们也将对此给出回应,称我们已将这个口讯带给了以色列。之后,我们又收到了约旦国王侯赛因的求助信。看来今天外交进程将会出现前进的信号,我会在今天中午和英国人见面,看看他们是否将提出以目前战线作为停火线的方案。

尼:究竟推出怎样的方案才能让苏联人弃权?

基:是啊,那样的话我们就能直接绕过他们了。

尼:苏联人当然不会同意,除非中国方面……但是苏联,他们为什么一定要避免这个问题呢?我的意思是……

基:他们只是……因为目前战场上已经出现了某种意义上的平衡,以色列占领了叙利亚的部分领土,但他们却有部分领土攥在埃及人手里。

尼:很明显,他们从叙利亚那边得到的领土,还远远没有达到我们的期望值。

基:对此,我还没有得到确切的报告。

尼:目前,我们自己的行动,比如物资补给,进行得怎么样了?一切进行得顺利吗?

基:那个,昨天晚上我们最终定了下来,告诉史勒辛吉可以租用一些私人的民用飞机,让国防部租用民用飞机进行物资转移。

尼:好的。

基:我们之前也尝试了很多种方法,但是这些民用飞机租用方并不愿意把飞机直接租给以色列人。

尼:没关系。

基:所以这也是为什么物资补给将从今天晚些时候开始的原因。

尼:不过事实上,以色列并没有出现军用物资短缺的情况。

基:还没有。最重要的是,你给了他们一份保证,你保证会更换他们的军用设备。

尼:是飞机和坦克吧?

基:是的,这样他们就能放心使用现有的物资了,因为他们知道还能补充到更多。

尼:在我看来,这样做的分水岭在于……我们姑且不去讨论接下来我们要怎么做,但我经常强调,我们要务必保持该地区各国间的和平稳定。

基:我今天会召开新闻发布会的。

尼:保持该地区各国间的和平稳定,你觉得这是一个蓄意挑衅的观点吗?

基:我认为不是,我们一直在说……

尼:我也是这么认为的。这也是对包括以色列在内的国家发出的一个信号。

基：我今天会召开新闻发布会。我会把这个观点阐述清楚的。

尼：好的，其他的，我们就没有什么需要做的了。当然，我并不确定针对我们所做的一切，其他人是不是有更好的想法。

基：我们的确没有什么需要去做的了，总统先生，但毕竟……

尼：提到我方去干预战场进程，这完全不可能。

基：的确不可能。

尼：但是在向以色列公开提供大规模援助的问题上，这势必将引起苏联方面也会公开提供大规模的援助。

基：不过这依然无法改变未来两三天的局势，我们讨论的也是未来两三天后的局势。

尼：……以色列关注的可不是未来两三天后的局势，这才是我们的问题所在，不是吗？他们也许关注的是未来两三周后的局势，这样他们才能彻底击败敌人。

基：两三周后，来自国际的压力都将变得难以控制。

尼：我知道，如果只是考虑两三天后的问题，相信以色列人会在对叙战场上有所斩获的，不是吗？

基：是的。

国务院发言人罗伯特·麦克洛斯基、负责南亚近东事务的助理国务卿乔瑟夫·J·西斯科与基辛格的三方通话

1973年10月12日，周五

上午8点46分

麦克洛斯基（以下简称"麦"）：国务卿先生，早上好。

基：你好吗？

麦：我很好，我正在和乔（乔瑟夫的简称）·西斯科通电话。

西：国务卿先生，早上好。

麦：我们这通电话是为了给乔在今天上午的会议上提供一些建议，特别是关于向以色列提供物资的问题。乔，你继续说。

西：国务卿先生，看看今天上午出版的所有报道，这些都是国防部送给我的情报。我想目前我方在这个问题上尚未经过深思熟虑，我说的对吗？

基：我还没有看到任何报道，但是……

西：《华盛顿邮报》上有一篇盖特勒撰写的文章。

基：哦，那些混蛋们！

西：是啊！这些文章让我们担忧的是，我们正在逐渐靠近最后的决定。在这个问题上，我希望能得到一些指导，我之前一直都是尽可能低调地处理问题。

基：你说的对。

西：即便这是一次秘密会议，考虑到届时将有很多政界要人出席，这也不可能成为一次秘密的会议。美国是否还将向以色列提供军用物资、军用设备的补给？我要说的也就是你会经常在公开场合说的那些内容。我们自己绝对不会搅进来，我们一切努力的重心就是终止这场战争，结束战争也是我们一直希望的结果。目前，国会方面对这个问题讨论得非常激烈，这一点你已经非常清楚了。在这个问题上，你是否希望我推动事态的发展？

基：你如何来推动事态发展？

西：让我尽量试试吧。你知道，我们的策略一直是……

基：因为我也要召开一场新闻发布会，我不希望……

西：这也就是我给你打电话的原因。如果我说了一件事情，但你我口风不一致的话，局面将……我会这样说：你应该清楚我方一直以来的政策，目前，我看不到任何我方政策发生变化的可能。

基：是关于军用物资补给的政策。

西：我们就是在讨论这个问题，你认为我这么说怎么样？

基：很好，我也会这么说的。

麦：我认为你必须这么说！

西：接下来我想说一下关于苏联的问题。我是否需要和鲍勃［鲍勃，罗伯特·麦克洛斯基的昵称］保持一致，而且还需要非常低调地行事？

基：是的，就说我们已经向他们发出了警告，但现在说他们会有不负责任的行为还言之过早。

西：是的，的确为时尚早，我是否需要加上鲍勃说的那些话？当然，只有在事态扩大，我的意思是当我面对巨大压力的时候我才会这么说，否则我绝不会多说一句话。很明显，这将给目前的事态带来一副全新的面孔。

基：的确如此。

……

以色列驻美国大使辛卡·狄尼兹与基辛格的通话
1973年10月12日，周五
中午11点04分

基：我正准备去参加新闻发布会。

狄：好的，我只是想告诉你，我方的军队现在距离大马士革只有30公里。我军轰炸了大马士革机场，我说的是大马士革军用机场，而不是他们的民用机场。

基：我知道了。

狄：我还有其他一些事情想要告诉你，不过我会在你从新闻发布会回来之后再告诉你。

……

白宫办公厅主任亚历山大·黑格将军与基辛格的通话

1973年10月12日，周五

中午12点55分

基：事情进展得怎么样？

黑：很好，不错。你那边呢，你那边的新闻发布会怎么样？

基：我很公正啊，所以那些犹太人，他们可能要疯了！我认为我的任务就是让阿拉伯人、苏联人安静下来，还有就是拖延[联合国的进程]。

黑：你知道吗，苏联人已经完成了三次空运。

基：我中午午餐时就能见到多勃雷宁，如果他们的确有那样的行为，我们也就能证实了。

黑：他们是在逼我们发起反击，我们不能视而不见。

基：你是怎么知道的？

黑：最新的军情报告里面说的。

基：那就是了。如果他们的确这么做了，那我们也不会落于人后，我会在中午午餐的时候告诉多勃雷宁，我们最好也启动空运计划。

……

联邦参议员休伯特·汉弗里（明尼苏达州民主党人）与基辛格的通话

1973年10月12日，周五

下午2点30分

（地点位于八层餐厅，当时有多勃雷宁在场）

汉弗里（以下简称"汉"）：我知道你很忙，亨利，但我认为我有必要给你打电话，因为我不能参加今天下午的参议院外交关系委员会会议。我强烈认为我方应该向以色列提供必要的飞机运输设备。我知道我方已经启动了运输计划，但目前的速度太慢了，几个月之后他们很可能就会对我们产生依赖。我希望能看到我们在短期内向他们提供数架飞机。

基辛格（以下简称"基"）：休伯特，事情并不是你看上去的那样。你知道，而且你要记住的是，无论我们向他们提供多少，第二天他们肯定会来到你的面前，向你讨要相当于昨天五倍的总量。

汉：但我认为苏联可是在对阿拉伯人的军火库源源不断地进行补充。目前还有一些参议员留在国会山，他们已经听说苏联人在向阿拉伯人运送萨姆防空导弹的消息了，每天都有安东诺夫飞机降落在阿拉伯境内。

基：根据我们得到的消息，苏联方面运送的全部都是军用消耗品。希望我们搞错了，否则我们必须关注一下这个问题。

汉：我认为，我们绝不能让那个我们已经投入了大量精力的小国家，就这么被敌人打倒。

基：休伯特，作为朋友我想告诉你，我们会谨慎前行的。

汉：我们怎么知道苏联人没有欺骗我们？

基：如果苏联人敢欺骗我们，我们会知道我们该怎么做的。无论你什么时候有好的想法，都可以给我打电话。

以色列驻美国副大使莫迪凯·沙莱夫与基辛格的通话
1973年10月12日，周五
下午3点15分

基：我需要向伊格尔伯格确认你告诉给我的消息。

沙：好的。

基：这是不是意味着我们可以随时提出解决方案？因为目前为止我们一直在推迟。

沙：这意味着你们给我们提出的最新的一个建议，关于时间表的那个建议，我们差不多可以在明天傍晚实现。我认为……

基：是否意味着你们已经接受了？

沙：我们接受，但我们并不是敦促你方进一步[采取措施]……

基：好！这正是我所坚持的，谢谢你。我还有些消息想告诉你。

沙：洗耳恭听。

基：我们得到情报，称苏联方面动员了三个空军团，当我向苏联大使提出这个问题，希望得到他们的注意时，对方说了很多，不过我还是告诉他，我们不会对这种情况采取容忍态度的！

沙：是的，国务卿阁下。

基：我希望你能看清楚当前局势的发展。如果苏联方面干预战事的走势，那么我们也会不得不采取些极端的行为，但你必须要明白的是，苏联人也不希望别人距离大马士革太近，我只是希望能把这个消息告诉你，但如果你希望通过我把消息带给苏联人，我也会照做的。我告诉多勃雷宁，他们的行为会对美苏关系造成严重的伤害，一旦他们派兵加入战争，那我们也将采取行动。

沙：让我想想。

……

国防部长詹姆斯·史勒辛吉与基辛格的通话

1973年10月12日，周五

傍晚5点40分

……

史：根据我们之前会议的决定，我们准备了一批物资，总价值在5亿美元上下。杰克逊参议员希望在24小时里找到50架幻影战斗机。

基：告诉他让他自己去解决吧。我不管你就运输物资的合理性做出了何种承诺，但我依然认为我们应该推动解决方案的进程，我是说不是大规模的行动，否则这会闹得天翻地覆的。

史：我们正在朝着亚速尔群岛方向前进。在和杰克逊参议员确认后，我会给你打电话的，你还有什么别的事情吗？

基：我刚给你打了电话。

史：好的。我们会继续进行物资运输，这包括30架天鹰A-4攻击机、16架幻影战斗机、125辆坦克，其中65辆是M60型坦克，还有其他一些物资，比如3架隼式战斗机等等。

基：如果你能打电话告诉他，这是白宫下达的命令，这将会对我们产生很大帮助。

史：我会的，很高兴与你通电话。

美国驻联合国代表约翰·斯卡利与基辛格的通话

1973年10月12日，周五

傍晚5点50分

基：嗨，约翰，你好吗？

斯：很好。你给我打电话有什么事情吗？

基：是你给我打的电话。

斯：是你刚刚把我从国会那边拉了回来。马利克得到的消息是，如果以色列继续以叙利亚和埃及的平民为目标进行轰炸，以包括船只在内的其他苏联物资进行轰炸的话，这将产生非常严重的后果，

基：对此，我们不作任何评价。

斯：是的，我也无意给出评价。

基：如果他们公开在两条战线造成威胁，你必须要提醒他们。
斯：我会的。他们只是说这将带来严重的后果，对此我并未给出任何回应。如果这件事情今天结束的话，我今天晚上就返回华盛顿，我可能是副总统的候选人。
基：我一直认为你会是其中之一。
斯：也许我会成为副总统呢，他们告诉我要参加。
基：我也是。一会见，约翰。
斯：保持联系。

以色列外交部长阿巴·埃班与基辛格的通话
1973年10月12日，周五
傍晚5点53分

埃；我知道你现在面临着很多问题。
基：是的。
埃：我说的是，之前我给沙莱夫大使提过的、今天上午送到你那里的消息，内容是关于安理会[的停火协议]该怎么样继续下去。
基：是的。
埃：我非常希望……非常希望在采取行动前，能和你进行磋商，希望……
基：关于这个问题，我个人的理解是，明天前停火都不会发生的！
埃：是的，但事实上还会有一连串的演讲出现，这些演讲人都非常低调，希望我明天上午能赶过去。
基：明天下午晚些时候前都不可能提出。
埃：虽然明天上午不可能提出，但我们也需要进行安排啊。
基：我并不介意你公开造访我。
埃：我也许会的。还有一两件事情是梅厄总理希望我能转告你的。
基：我现在唯一需要的就是时间。今晚九点我们再打电话，怎么样？
埃：晚一点更好！
基：很抱歉，小布尔吉巴[小哈比卜·布尔吉巴，是突尼斯总统布尔吉巴的儿子]十点就要来了，我已经两次让他更改行程了。
埃：好吧，那就九点吧。

第8章：1973年10月12日

英国驻美国大使克罗默伯爵罗兰德·巴林与基辛格的通话
1973年10月12日，周五
傍晚6点50分

克：伦敦方面没有传来任何消息，我能很方便联系到你吗？

基：可以通过白宫总机找到我。

克：好的，我一得到消息就给你打电话。我已经把你让我做的第二件事情[即停火时间]转达给我方相关人士了。

基：虽然你没有必要非在今晚做，但是能得到初步的反应总是能带来帮助，这个问题，你个人怎么看？

克：我个人支持停火，因为这看上去是一个明智的做法。不过我也认为我们在扮演这个角色的过程中必须小心谨慎。

基：如果他们给我们找麻烦的话，那你我双方，为什么不能通力合作呢？

克：好的。我们还是在联合国里面统一战线吧。不过现在面对的问题之一是，我们国内在黑潭市正在举行会议，不过会议的沟通还是很有成效的，我希望能在今天傍晚得到进一步的确切消息。

基：好的，因为我方也需要时间制定我们自己的战略方案。

克：我认为如果我们要在未来做出抉择，那恐怕会是非常困难的。我不仅仅是在说我方在纽约给你的那份保证函。

基：哦，是的。现在比当时涉及到了更多的人和事。

克：我就是这个意思。

基：事实上，我也想和你说说这个问题。我一直希望能和亚历克[英国外交大臣亚历克·道格拉斯－霍姆爵士]讨论一下这个问题。

克：无论你什么时候与他会面，我都任你差遣。

基：我现在要先敦促眼前的行动进行下去，这样我才有精力应付其他问题。

当晚七点，苏联驻华盛顿副大使尤里·沃伦特索夫应该国多勃雷宁大使的要求与我见面，他表示有非常"紧急"的消息要转达给我。鉴于当时我正在白宫参加尼克松总统任命杰拉尔德·福特为副总统的新闻发布会，我表示这个口讯可以推迟到晚上八点再转给我。在稍后看到的口讯里，多勃雷宁向我表达了强烈的抗议，他说苏联战舰已经被击中了，还说苏联方面已经为"维护本国战舰以及其他一切运输工具"做好了相应准备。我严词回绝了这份抗议，并且向对方提出了警告——无论苏联出自何种原因对当前战局进行军事干预，都将遭到抵抗。

苏联驻莫斯科副大使尤里·沃伦特索夫与基辛格的通话

1973年10月12日，周五

晚上7点

沃伦特索夫（以下简称"沃"）：你在市中心做些什么呢？

基辛格（以下简称"基"）：就是消磨消磨时间，你收到关于这次中东战争的消息了吧？

沃：我方决定驻扎于此，并发起行动。

基：这是我所遭遇的最恶劣威胁之一！

沃：我可是一件秘密武器，他们让我来……

基：多勃雷宁大使在哪里？

沃：他去参加一个青少年的展览会开幕式了，但是他打算今天晚上去拜访你的。他很希望能尽快和你谈谈。我们能和你碰面吗，一个小时内与你碰面？

基：你看，今晚8点30分我必须出现在白宫，你问问他是不是能把我放在苏联政治局里，这样我就能让他当上我们国家的副总统。

沃：他只有一个小时的时间来做出决定。

基：让他今晚八点来国务院找我。

沃：你是能在八点半的时候离开白宫吧？

基：但我到不了多勃雷宁的大使馆。你听明白我的意思了吗？

沃：是的，我听明白了，我这就告诉大使先生。八点前他肯定能收到这个消息，他在国务院等你。

……

以色列驻美国大使辛卡·狄尼兹与基辛格的通话

1973年10月12日，周五

晚上7点45分

狄：基辛格博士，我刚刚从克莱门斯[威廉·克莱门斯，国防部副部长]那里回来，我的意思是，史勒辛吉和克莱门斯都在那里，我之前也和我方梅厄总理通了电话，我想知道，你什么时候方便能和我见个面？

基：今天晚上，我有很多事情要忙[指任命杰拉尔德·福特为副总统的一系列事宜]。

狄：我明白，我不是想催促你，但我认为我有一些重要的事情要和你沟通一下，都是关于目前的政局的。

基：等一会，多勃雷宁就来找我，他也说自己有重要的事情要给我说。

狄：很可能和我说的有联系。

基：你能现在告诉我吗？

狄：关于之前你方对我方提供的信息，关于那个威胁我国的信息[指苏联动员三支部队]，我认为此事非常紧急，我方总理希望你方能给予强势的回应。

基：这一点，毋庸置疑。对于今天下午我国一些亲犹太的参议员做出的尴尬表现，我感到非常失望。看上去似乎是我方做得还不够好。

狄：委员会[指参议院外交关系委员会]，或者是其中的两三位参议员，他们对你的一举一动非常了解。他们很关心每天2架幻影战斗机的补给方案，虽然今天还没有实施。我说的包括斯图亚特·赛明顿[密苏里州民主党人]、雅各布·贾维茨[纽约州共和党人]这两位联邦参议员。我感觉我必须要告诉他们事实的真相了，我还要告诉他们你为我们所做的都是对我们的帮助。

基：我们并没有注意到苏联方面的威胁，我们会继续按照之前你我讨论的时间表行事。

狄：梅厄总理的建议是，我们可以从今天开始按照时间表[实现停火]。

基：现在停火已经太晚了！特别是苏联向我们提出威胁后，我们绝对不能有任何胆怯的表现。

狄：你可以随时提出[停火方案]。

基：一旦你受到威胁，那你只有坚持原则。贾维茨强调了一点，他说你方应该为你们的战争所得付出代价。我们在周三就已经收到了苏联传来的[关于停火的口讯]，但现在已经是周五了，战争依然没有结束。

狄：我从来都没有真正走进过政治这块角力场！

……

以色列驻美国大使辛卡·狄尼兹与基辛格的通话
1973年10月12日，周五
晚上8点25分

基：我还是只能长话短说，因为我还要马上赶回白宫去。

狄：我明白。

基：我之前和多勃雷宁进行了沟通。他表达了两层意思：首先，他对我方向你方进行军事补给提出抗议；其次，他表示，关于你方以平民作为轰炸目标以威胁特拉维夫的行为令人发指，如果这种恶劣行为继续下去的话，将无法原谅。我告诉他，如果发现任何苏联飞机出现在中东地区，那么这将直接促使美国卷入战争之中。

狄：我先把你说的这个记下来。

基：我方的航空母舰正在从直布罗陀海峡开往……如果任何来自苏联的军队、飞机或地面力量出现在中东地区，那么美国都将采取干涉行动。我无权宣布采取行动的命令，但我也不希望达扬因此召开新闻发布会宣布任何相关的消息。

狄：达扬说过的话从来都不曾出现在我们的电报里，这正是问题所在。

基：你可以暂时相信这件事情的真实性，我今天下午和尼克松总统讨论过这个问题，不过我不希望此事走漏风声，特别是在国会通过《战争权力法案》这一天让此事大白于天下。

狄：什么？

基：那是一个关于限制总统开战的法案。眼前的第二个问题就是之前我和你谈过的[停火问题]，今天晚上，无论发生什么，我方都不会启动停火方案……

[……]

……

英国驻美国大使克罗默伯爵罗兰德·巴林与基辛格的通话
1973年10月12日，周五
晚上9点33分

克：你从多勃雷宁那里得到什么消息了吗？

基：是的，我跟他沟通过了，他这样说的，他说，你们提供的情报是正确的，但和我无关。

克：他这么说是什么意思？

基：他的意思是，他希望我能亲口说出，他们并没有一口咬定埃及方面会接受我们的建议，但他们也已经说明了，"如果你们提出解决方案是建立在埃及人也许将接受停火方案的这种假设上，那么这将是一场胜算很高的赌博"。

克：胜算很高的赌博？

基：是的。不过他真正想告诉我的是，现在我已经知道了以色列的态度，他们是支持停火方案的，但他们也许会提出一到两个问题。

克：嗯，那是肯定的。我们也一直就此向我们在特拉维夫的大使进行解释。当然，我并没有告诉他事态的进展情况，但他今天早些时候与埃及外交部部长阿拉汉姆·基德龙见了面，对方的态度非常坚决，他们说，埃及目前面临着来自战场上的巨大压力，这种压力他们早已经预料到了，不过他们会挺过这个压力阶段的。

基：你们的人必须要知道，我们认为停火方案非常合理，否则我们绝不会让你们提出这个方案的。

克：不会的，不会的，这一点我百分之百放心。我的意思是，我方对此没有任何疑问。我们只是需要核实一下，但我们这样做，并非出于对你方提供的情报的不信任。

基：没有那回事，确定权完全取决于你们。我只是告诉你们我得到的消息。

克：是的，是的。当你说情报虽然准确，但有点不相关的时候，我有点摸不着头脑。

基：似乎他们已经深信，埃及人并不希望处于……，他们不希望……

克：他们不希望……

基：他们不希望扮演提出解决方案的角色。但显然，如果是安理会在没有知会埃及的情况下就通过了停火方案，埃及人也不是不能接受。

克：是的，我的意思是，那样的话将是安理会强制推动事态发展，就不需要他们提出了。

基：的确如此。

克：我明白了，他们不希望站出来表示反对，他们可能对外会有一种消极的做法，但事实上，他们不会这样做的。

基：最终，他们也是会接受这个方案的。

克：亨利，你始终认为这样的做法是正确的，不是吗？

……

基：我个人认为的确应该这么去做，我认为这是实现和平的必经之路，至少这样做很有把握。我相信解决方案可以发挥重要作用。还有，我方之所以请求你方提出解决方案，是因为我们一直认为你方是安理会里面最值得我们美国信任的伙伴。

克：谢谢你，国务卿先生。

……

英国驻美国大使克罗默伯爵罗兰德·巴林与基辛格的通话
1973年10月12日，周五
晚上9点43分

基：我还是给你念念多勃雷宁传给我的所谓的"口讯"吧。"本着与尼克松总统相互理解的精神，在过去的几天里，我方一直在与埃及和叙利亚的高层人士就修正停火线的事宜进行磋商。不得不承认，我们与阿拉伯人的对话艰辛而又漫长，但是我们现在可以明确地告诉尼克松总统先生，苏联不会对安理会提出的赞成停火的解决方案表示反对。相信贵国总统可以理解在当前局势下，苏联不会在安理会提出停火的解决方案，但现在重要的是，我们对此并不表示反对，投票时，我们不会投出反对票，我们会选择弃权。"目前，这个消息依然还是高度机密。

克：当然。考虑到现在支持解决方案的国家，我方应该坚定不移地坚持我们的路线，这是显而易见的。

基：我认为，在你方决定采取下一步行动后，我们会让斯卡利和梅特兰爵士[唐纳德·梅特兰爵士，英国常驻联合国代表]碰面。

克：好的。一直以来，我都非常担心地面部队的情况。

基：地面部队的情况是，他们很可能会一直战斗下去，直到解决方案正式出台。

克：我想他们肯定会这么做的，这一点毋庸置疑。但是现在的问题是，解决方案出台后，他们是会终止战事，还是会选择拒绝执行解决方案。我个人的看法是，他们不会就这么罢手的。

基：我认为这一切值得他们这样努力下去。

克：我想我们没有任何好失去的。

……

就在我们等待伦敦方面对是否将发起解决方案的答案时，狄尼兹在当晚11点20分来到我位于白宫的办公室。在一通长篇大论后，他告诉我们以方将采取空运的决定。狄尼兹回顾了当前的军队部署，并重申以色列已经做好了以当前战线为停火线的准备。与此同时，前方传来了以军的消息，称以军在今天并没有大举向前推进。于是，这也就导致了下面这次对话的出现：

（以色列驻美国大使辛卡·狄尼兹与基辛格的对话）

基：你方是否希望我们今晚就采取外交行动？你们国家的军队今天是否发起了进攻？我得到的消息是否定的。

狄：没有，我们没有发起进攻。

基：希望我方可以更迅速地得知你方的行动。我想，如果明天没有出现任何军事行动的话，那目前的紧急状况就有可能慢慢消失。如果我早点知道今天以军没有发动任何进攻，那我就应该早点采取行动提出解决方案。

狄：我必须告诉你的是，关于我方是否将发动进攻，取决于我军的物资贮备能力。我原以为我方的物资，包括炸弹、导弹等等，还是可以支持我们发动进攻的，但现在……。

由于我们的外交信息无法和战场局面保持高度一致，这也为空运物资做好了铺垫。

国防部长詹姆斯·史勒辛吉与基辛格的通话
1973年10月12日，周五
深夜11点45分

基：我之前刚刚和狄尼兹召开了紧急会议，他告诉我他们的军火弹药已经用光了。以军制定的军事战略是建立在他们将在本周得到军事补给的假设上的，早在周二，尼克松总统也曾就此许下了诺言。目前以军已经停止了对叙利亚的进攻——由于缺乏弹药，以色列军队寸步难行。而且埃及方面已经对炮兵进行了转移，现在埃方表示西奈半岛地区依然是问题之所在。还有，我方曾做出保证的确确有其事。

史：那，你接下来想怎么处理？

基：我也不知道我想怎么做。我只是觉得我们的确曾经给出了类似的保证，你知道，这种保证对我们来说是很有帮助的。因为以方缺少弹药导致他们的进攻停止了一天，我为此已经和他们吵过了，以军停滞不前，而我们却一直在这里试图以外交途径解决问题。现在，恐怕他们要阻止这一切的发生了。

史：我们可以……

基：你确定你的人可以……？

史：那个……

基：我只是无法争取到目前的主动权，所以如果是他们希望事情能够发生，那这肯定将成为现实。

史：你是指租用飞机的事情吗？

基：关于租用飞机，你是知道的，不管怎么样，四天时间是可以找到的，不过……我也不知道这究竟是怎么回事，但那也不属于我的工作范围，我看出不来……我除了你，我想不到这次行动里还有谁希望这次运输行动可以顺利完成。

……

史：好吧，我们有机会告诉这些来自美国的飞机们，告诉他们的目的地。

基：只有隐晦地告诉这些飞机租用公司我们的行动，否则他们都不愿意出租飞机，我忽然发现很难想象这种局面。

史：问题的关键在于这些公司他们在国外都有非常好的市场，眼下并不像越南战争那会儿，当时他们都同意对外租用飞机，当时他们的飞机有一半都是空的。

基：打个比方，有没有人告诉……现在大陆航空公司是谁负责？还是斯克斯吗？

史：是的，还是斯克斯。

基：鲍勃·斯克斯。我非常了解他，他骨子里就是个爱国者。如果有人告诉他我们需要飞机，我相信他会毫不犹豫地把飞机租给我们，当然如果你给他任何暗示，那就另当别论了。希望租用飞机的事情下周前也不要发生，这样我也不会伤心了。

史：不过现在……以军的弹药军火是什么时候用完的？

基：现在已经用完了，他们已经停止了攻势。目前以军在西奈半岛面临着很大的麻烦，我这样说是从梅厄总理给尼克松总统的口讯中分析出来的，但这也是一种责任。

史：如果我们能启动运输计划，而且给他们施加压力的话，我想到了明天我们就能看到门口有很多架飞机了。但是我还是认为你可能会希望做些什么，你最好能让我们美国的飞机一直在领空范围内盘旋。

基：这一点，我需要和总统先生进行沟通。

史：或者我们还可以尝试其他可能……

基：可是难道我们不能向这些飞机租用公司施加压力吗？我坚信如果我们向他们施以压力，他们肯定会有所表示的。

史：这可能行得通吧。我们再没有询问他们的意见，因为我们的决定是和空军指挥部一起协同作战。

基：那样的话，他们可以在亚速尔群岛集结，那里已经有集结的飞机了。

史：有飞机在亚速尔群岛？你说的是什么意思？你指的是那些飞机租赁公司吗？

基：如果飞机租用公司从我们这里起飞，而以色列的飞机从亚速尔群岛起飞，那么这样至少可以给整个行动一些支持。

史：他们需要多少？

基：对此，我心里还没有把握。

史：好的，我看看我能做些什么。至少我们可以做一件事，我们可以帮他们找到10到12架C-130飞机，这是我们按原计划应该向他们提供的数量，我们会让这几架飞机全部都装满物资，然后让他们飞往以色列。

基：是的，那我们就这么运作吧。我这就给狄尼兹打电话，告诉他让他们的人和你联系。

史：好的。

基：看在上帝的份上，你能不能转告萨姆纳将军[戈登·萨姆纳，国防部负责物资补给的官员]让他走人吗？因为如果战争因此转变为一场灾难的话，这肯定是有原因的。我的观点是，我们需要以色列继续发起进攻，否则如果以军在明天晚上投降的话，我们到时也不会……

史：好吧，亨利，到时会是他们希望把军火弹药即将消耗殆尽的消息告诉我们。

基：但另一方面，我必须告诉你的是，我们每天都向他们强调军用物资终有一天会消耗殆尽。可我们从来没有告诉他们，他们可能会在八个小时前还拥有20架飞机，而八个小时后，这些飞机就消失了。

史：我的意思是，到前天晚上一直是这种情况。据说他们要和租来的飞机一起飞走。直到昨天晚上前，我们才开始以他们的名义租用运输机，所以，目前的形势是……

基：我们可以把之前出错的地方纠正过来，现在我们可以检查一下，从这里我们可以得到一些什么？

史：好的。

基：因为目前的情况是，如果以色列军队无力反击，那么我们整个的外交政策也就散架了。只有他们在战场上不断取胜，我们的外交政策才有可能成功，反之，如果他们的政策失败，我们只有死路一条。

史：我明白了。眼下我们要进行的第一件事，就是让我们募集来的C-130飞机来运输军火弹药。你希望让美国飞行员来驾驶C-130吗？我想我找不出理由拒绝这个提议。

基：我从来没从你提的这个观点来考虑问题。对此，你为什么不和以方的军事专员一起解决问题呢？

史：好的，好建议！

第9章　　1973年10月13日

国防部长詹姆斯·史勒辛吉与基辛格的通话

1973年10月13日，周六

凌晨零点49分

……

史：亨利，我们在五小时前和以色列方面进行了沟通。我们询问了对方日常物资消耗是多少，对方并没有就此有任何不安的反应。

基：那是因为他们不信任当时在屋子里的那些人。

史：你是说，当莫尔迪采伊·古尔将军和戈登·萨姆纳将军在一起的时候，古尔不应该相信萨姆纳吗？

基：不是的，既然古尔和萨姆纳在一起，那说明他是相信萨姆纳的。

史：萨姆纳曾有一次帮古尔办事的五天经历。古尔对日常物资补给的数量非常满意。

基：这是因为古尔公开宣布——我的意思是狄尼兹公开宣布，古尔是不是也表达了类似的意思我不知道，狄尼兹说我们每天都是这么说的，这是事实，还说接下来他们会有20架飞机准备进行物资运输。然而现在运输的事宜迟迟未能展开，否则，以军的处境就不会这么尴尬了，所以他们才这么说。

史：他们只用了一晚上就回到了之前的状态。

基：我已经在周二晚上告诉以色列人，说他们会得到20架飞机，我是在得到了西斯科的保证后才这么说的，这件事和你没有任何关系。到了周三晚上，我告诉他们，如果事情没有进展的话，我们会通过空军机动司令部解决问题。周四晚上，我向他们确认了需要通过空军机动司令部来解决问题。现在到了周五，我不得不告诉他事情发展得并不顺利。

史：是的，的确如此，能否顺利进行只差了两天时间。

基：虽然有这48个小时的时间差，但你需要为其中24个小时负责，我得为剩下的时间负责——也许这就是推迟的全部原因。我们就不要去为即将发生的事情烦恼了，在我看来，这些都只是我们的选择。现在我们手里已经准备好了10架C-130飞机，我们会把这10架飞机都装上物资。

史：好的，我们现在就准备进行物资装机。

基：很好，但我们现在并不知道飞机什么时候起飞。

史：你和葡萄牙方面的协商怎么样了[指的是在葡萄牙亚速尔群岛进行中转的事

宜]？

基：两个小时前，我们才拿到对方发来的电报。

史：好的，亨利，我相信以色列人的物资短缺还没有到一无所有的地步。他们不可能不知道自己还有多少可用补给，难道忽然间他们的弹药一下子就用光了？

基：你看，他们肯定把进攻搞砸了，但他们还不想对此负责。我非常肯定他们想把在战场上失败的责任归结到我们身上。

史：的确是这样。

基：但你还是希望能对此事做出解释的吧？现在，重中之重是，我非常认为这件事90%已经被解决了……你可以这样告诉[国防部部长]，说我已经把沙特阿拉伯逼疯了，还有我已经得到了该国外交部长的保证，让你的副部长把这个消息放出去。

史：我今晚六点的时候已经跟我的副部长联系过了，他看上去很轻松。之前你已经跟我提过了，你告诉我让我将此事告诉副部长，他也表示会让事情朝着你说的方向进行的。

基：不过一切也可能偏离我们的预定路线，但唯一能保证事态按我们预期发展的途径就是，我们要在短期内结束这场战争。现在我们几乎解决了所有问题，不过我们还需要让以色列再次发起进攻。

史：好的，亨利。如果现在以色列人还有武器弹药可以让他们在明天发动进攻，那么我们的补给就能在明天傍晚时候送到他们面前。不过，首先我们得先知道他们的武器装备还有多少储备？

基：如果能让他们明天发起进攻的话，我会给他们足够多的弹药。我可不希望直到安理会会议召开了，以色列人还因为没有弹药傻傻地坐在前线阵地上。

史：唯一的解决方法就是从今晚开始运输物资，即便如此，这在当地时间也已经快黎明了。

基：现在是以色列的早晨，现在是以色列早晨八点。

史：到目前为止，他们的弹药是用完了还是没用完？

基：我怎么可能知道？他们只是说已经停止了进攻。我晚上跟他们碰了面，这时定下了我们明天的外交方案。当时我说，你们明天晚上要向哪个方向发起进攻？后来，当我接到他们打来的电话，我就有所怀疑了，对方在电话里请求我能再争取一天时间。今天下午四点我又接到了他们的电话，这次他们说你可以在今晚启动[停火方案的事宜]。不过我并没有那么做，因为我还没有准备好，我必须要掌握好我的时间，这样我才能把一切问题都解决掉。其实我本可以昨天就提出解决方案的，不过我还需要24个小时彻底让这个解决方案顺利运行。

史：这听起来太让我觉得震惊了！我从五点半到六点半一直和以色列人在一起，但他们没有提到任何有关军火弹药的问题，他们甚至没有提出任何和该地区有关的问题。他们唯一提到的就是进行设备更新，还说希望能在两天内解决问题。

基：他们现在已经很害怕了，至少报纸上说他们因为西奈半岛的问题感到非常害怕，我的意思是埃及人占领西奈半岛的事实。

史：他们是在为自己制定计划。

基：他们那是在做傻事！

史：好吧，我倒是要弄清白他们的弹药储备究竟处于怎么样一种情况。我们一直认为他们的弹药能支持15天左右。

基：我肯定他们一定是根据六日战争时的经验来计算此次战争的弹药消耗的。

史：非常可能。

基：我肯定他们如今一天进攻需要的弹药就比六日战争总共消耗的弹药还要多。

史：这也是非常可能的，亨利，我真的认为这是非常可能的。不过他们迟早也会回来告诉我们他们的问题究竟出现在什么地方。

基：是啊，因为他们终究要自己面对这些问题，我也必须替他们说几句话，不是关于飞机的，事实上我们两方从来没能就飞机一事达成一致，而是关于其他问题——我们一次又一次地告诉以色列人，说他们会得到我们的军事补给，所以他们应该像补给就要到达那样进行战斗。

史：是的，但他们从来没有告诉我们弹药已经消耗殆尽。

基：那是因为你知道事态的发展，在这个问题上，你我知道的一样多。这些人又把事情搞砸了，每次都是。他们还生活在1967年吗？昨天整整一天，以色列都在告诉我，说他们正在朝大马士革进发，还说军队即将驻扎在大马士革郊外。今天上午他们给我打电话，告诉我如果可以的话，他们会征调民用飞机。现在，显然，他们之前的想法不可能实现了。

史：是的。

基：毫无疑问，造成目前这个局面，有80%的责任需要他们承担，不过这也无法帮我解决明天晚上的问题。你知道，只要战事继续，以色列人就是支持我们的一股猛烈的声势。

史：但如果他们的弹药用光了，那即便我们想在今天发动进攻也是心有余而力不足。最近的中转地点就是葡萄牙的亚速尔群岛。你也知道，除非我们这次物资运输使用美国飞机，而且飞机还能在亚速尔群岛中转，否则这件事情最终肯定会被搞砸的。五个小时以内就将……

基：至少我们还有C-130型飞机啊！我想我们现在能做到的就是给以色列人弄来10

架 C-130 飞机。然后我们就要调整飞机租用的方案，告诉以色列人他们无法得到其他防御补给了，相信这样的策略肯定是会奏效的。

史：是的，我们可以马上行动起来，但我们不能在周六展开行动。

基：是的，我们不能，不过至少我们已经可以开始进行了。所以，我们还是开始行动吧，亚速尔群岛、10 架 C-130 飞机，还有飞机租用事宜……

……

以色列驻美国大使辛卡·狄尼兹与基辛格的通话
1973 年 10 月 13 日，周六
凌晨 1 点 03 分

狄：我方的军事专员就站在我身边，他刚刚来我的办公室，向我转达了一些事情——萨姆纳将军给他打了电话，告诉他由于我们不能在今晚或是明天占领戈兰高地，所以萨姆纳将军已下达了进行军事物资支援的命令，这些物资都是目前前线急需的。

基：这就是你们希望的，是吧？

狄：是的，我们想得到军事物资补给，但我们也希望萨姆纳能够[听不清楚]，所以究竟…… 你知不知道你们美国能向我们提供多少物资，除了飞机还有别的什么吗？

基：我们的计划总共包括三部分：首先，我们马上就会支援给你们 10 架 C-130 飞机。

狄：10 架 C-130！马上安排吗？

基：是的，我们马上就安排这件事。现在你只能跟国防部进行沟通，但我个人更希望你们能在亚速尔群岛提前安排好接应的以色列飞行员。

狄：我明白。

基：如果有可能的话，尽量安排吧。

狄：我会尽力的。

基：这件事你肯定能解决的。接下来，我们会给你们租用一些飞机来运输物资。第三，我们需要在亚速尔群岛上征用你们以色列的航班，所以目前来看，你有三件事情要同时进行。

狄：我再向你确认一下，关于 C-130 飞机的问题，这些飞机要么会直接抵达以色列，要么会通过亚速尔群岛进行中转，具体路线还要取决于我们是否能在国内找到飞行员。

基：是的，不过你们要尽量去找一些本国的飞行员。

狄：当然，我们会的，我们毕竟需要本国的飞行员来驾驶…… 租用的飞机会直接飞到以色列境内吗?

基：是的。

狄：你知道一共租用了多少架飞机吗?

基：我不知道，不过我们会尽力的，希望这个数字能达到20架。

狄：我明白，现在我们要从亚速尔群岛起飞，我们要保证的是……

基：这三件事情你要同时进行。

狄：我们还要再看看，看看是否能找到足够多的飞行员来驾驶以色列航班和C-130飞机，稍后我们会把统计的结果告诉给你方国防部的，接下来我们要和国防部进行接洽，不是吗?

基：是的，不过出现任何问题，你都可以给斯考克罗夫特打电话。

狄：好的，要是出现问题，我会给斯考克罗夫特打电话的。好的，谢谢你。

基：再等一下，我很关注外交，所以也不指导你采取怎么样的军事行动，但我认为，如果这场战事明天就要画上终点，那我认为这会是一场灾难。

狄：好的，我会把你这个口讯还有之前你说的物资补给的事情，转达给我方梅厄总理的。

基：我之所以这样说是因为，如果你方军队在战场上处于下风，那之后发生什么也就说不准了。

……

这一天也因此成为了整个战事的转折点。事实证明，美国租用飞机来解决问题与直接派遣空军飞往以色列几乎面临同样的压力。这一天早些时候我和史勒辛吉颁布命令，要派C-130飞机直接飞往以色列，而同样就在这一天，尼克松总统也下达了派遣C-5A型战机直接飞往该国的命令。结果到了第二天早晨，以色列的空军力量全部改成了美国战机。

与此同时，我们准备执行以当前战线为停火线的外交解决方案，多勃雷宁曾在10月10日正式提出了这个方案，但当时我们的态度是希望将其暂时搁置，以便让中东战局能有进一步的发展。但是到了现在，当我们希望开始苏联人提出的这个方案时，却遇到了变数：我们之前制定的计划——在英国和苏联联合提出停火方案后，美国会提出反对——开始出现失败的迹象。英国方面表示没有萨达特，绝对不会采取下一步的行动。而后者却改变了主意(事实上，他从来不曾真心接受停火方案)，还准备在第二天对西奈半岛发动进攻，这样做一部分原因是可以缓解叙利亚军队所面临的压力。此外，苏联方面的态度也非常含糊不清，他们之所以这样做，要么是因为苏方错误地判断了形势，要么是因为他们根本无意全力支持这个方案。综合上述种种因素，今天绝大多数问题都将通过电话进行沟通的。

  苏联驻美国大使阿纳托利·多勃雷宁与基辛格的通话
  1973年10月13日，周六
  上午9点37分

基：我还没有得到英国的消息，我该给霍姆爵士[亚历克·道格拉斯-霍姆爵士，英国外交大臣]打个电话，看看究竟发生了什么事。

多：你已经跟他在电话里沟通过了，怎么还要打电话？

基：我们都认为应该在今天提出方案，但如果他们不采取行动的话，我想我们就应该去找澳大利亚试试看。

多：好的。

基：第二个问题，我们刚刚得到的情报显示，埃及军队正在准备在西奈半岛实施空降。

多：我不知道这样做有何重要意义。

基：我们必须要意识到，如果这一切是他们玩的把戏，那么我们就必须……要知道这肯定会产生一些影响的。

多：我们最好能在双方达成共识的基础上有所动作，事实上，我对西奈半岛的事情一无所知。

  ……

基：我们还没有得到以色列人的任何消息。

多：没有得到以色列人的任何消息吗？我可以把目前的这种情况告诉莫斯科，你有什么想法？

基：如果在中午前，我们还没有得到英国的回复，那我们就联系澳大利亚！

多：已经决定了吗？

基：我先跟霍姆爵士沟通一下，然后我会给你打电话，到时候我们再商量。。

多：我也应该给莫斯科打个电话询问一下目前的情况，不过我认为我打不打这通电话，根本没有区别。

基：别，我认为你不应该再跟莫斯科通电话了，我们还是先看看英国人会怎么做吧。

多：希望你能在中午前给我把电话打过来，我会等你的电话的。

英国外交大臣亚历克·道格拉斯－霍姆爵士与基辛格的通话

1973年10月13日，周六

上午9点38分

基辛格（以下简称"基"）：很抱歉，我们可能不能在明天碰面了，我刚刚和尼克松总统沟通了昨天我和罗兰德[罗兰德·巴林，即英国驻美国大使克罗默伯爵]讨论的那个问题。我们希望你方能按照昨天约定的方案采取行动。

道格拉斯-霍姆爵士（以下简称"道"）：好的。对了，你看到或者是以色列人告诉你萨达特的那番言论了吗？萨达特亲口表示以战前停火线为依据停火是没有问题的，但是他们强调必须让以色列人回到1967年边界线上。萨达特一再强调这是他们唯一的要求。我已经让我国驻开罗大使去拜见这位埃及总统了。我是这样告诉我国大使的：假使我们即刻提出以战前停火线为依据停火，那么马上就会有一个国际力量介入到中东问题上来，随之而来的不是安理会会议，就是安理会发起的国际行动，难道这些对萨达特的吸引还不够大吗？

基：我们不能以这样的方式进行合作，我们还没有做好相应的准备。我认为只要我们没有被误导，那么萨达特一定会同意你方提出的建议的。我们相信，只要埃及选择妥协，那我们另外一个方案肯定就能成功。

道：但如果萨达特拒绝我们的提议呢？

基：那我们只能接受陷入僵局的命运了。

道：到那时，我们面临的局面将比现在糟糕很多，而且我们也将失去所有可能采取行动的机会。现在看起来他们肯定会拒绝我们的。

基：这只是你个人的想法，但是我收到的消息却是，他们会同意的。

道：这个消息是苏联人告诉你的吗？

基：苏联人会告诉我们？我想不到他们这样做的理由，而且他们也不想把这种消息告诉给我们。况且他们能从哪里得到这样的消息呢？这只不过是一个小时前才发生的事。

道：根据我们获得的情报，萨达特可说的是"不同意"啊！

基：当你提到国际力量的时候，你是在说要进行全面撤退吗？

道：我的想法是：假设萨达特同意以战前停火线为依据停火，在国际力量介入到中东问题的同时，国际会议、联合国秘书长，又或者是其他国际组织也会介入进来，如果没有实现全面撤退，你认为我刚刚说的这一切可能吗？

基：事态不可能发展成这样……我认为我们已经达成了共识，我们从苏联人那里得到了消息，我们也可能从以色列人那里得到消息。

道：你现在手里掌握的只不过是多勃雷宁给你的消息，是他告诉你苏联认为萨达特会表示同意，但我们的情报分析的结果却与此恰恰相反。如果苏联无意向萨达特施压，那么我们两国得到的消息就真成了天差地别了！你认为埃及人会同意吗？

基：我的看法是，如果苏联人在这个问题上跟我们玩把戏，那么他们将受到惩罚，他们将以长期以来的美苏关系为代价受到惩罚，他们将失去美苏关系的全部。

道：我马上就和泰德[即英国首相爱德华·希思]沟通此事，关于我们沟通的结果，我会给你打电话的。不过我认为，一旦我们公开提出此事，那我们的所有可信度也将付诸东流。萨达特本人已经向我们提出了停火条件，这些条件嘛，全都是那些老套的内容。

基：但是以色列也给我们提出了另外一个选择。他们表示军队只有选择撤回到苏伊士运河沿岸。我们很可能会支持以色列向前推进战线，而苏联也会对埃及人提供类似的态度，也许我们真的应该试试看。

道：但是，我们不一定非要在周日晚上做出最终决定啊！

基：我希望是在今天晚上之前能有一个决定。我们也可以让澳大利亚提出解决方案。

道：我认为，除非苏联主动表态愿意停止继续向中东国家提供补给，否则我还真找不到他们会这样做的理由。

基：也许他们的确就想这么做呢！他们可没求着你让你提出解决方案，既然这份解决方案不能由我们美国提出，那么这就不算是针对你的计谋。事实上，苏联更希望由法国来提出这个解决方案。

道：我明白了。现在是美国时间几点了？上午十点？我今天晚上就会和泰德一起乘飞机返回伦敦，到时候我会跟他再一起沟通。我们不能冒被萨达特拒绝的风险，根据我们现有的情报分析，萨达特很可能会表示拒绝。

基：除非他们背叛我们！苏联已经向我表态，说他们会按照我们的方案采取行动的，既然这样，那他们还可能把解决方案提到哪个国际组织的席案上，因为那之后只能是美国表示反对，萨达特也拒绝接受停火方案，然后难道苏联再去支持埃及吗？我不明白这样做他们能得到什么好处，特别是考虑到他们希望我们能和法国接洽有关解决方案事宜的时候。

道：你认为以色列人会做出什么样的反应？他们会同意停火方案吗？

基：是的，但他们不会无条件地同意。就让他们提出条件好了，然后我们也许可能……我们能做的就是使这些疯子们达到某种平衡。

道：我们可能要做些什么了。

基：所以，无论苏联提出何种复杂的解决方案，我们都不会接受。他们唯一不希望看到的就是以目前战线为停火线停火的结局。

道：让我再仔细考虑考虑这个解决方案。三个小时后我给你打电话，因为到时我就能得到我方大使的形势报告,他现在正在和萨达特会面。

基：萨达特不可能率先同意此事。

道：他肯定不会率先同意的,但我也不能率先同意啊！但是如果苏联向其施压,迫使其同意呢？这绝对不是一个令人皆大欢喜的结局。让我再仔细考虑考虑这件事,我得看看是不是值得我们这样做。

基：如果事态发展的话,我方恐怕要向中东地区进行大规模空运,我得到的消息是……

道：目前战场上的局势怎么样？

基：以色列表示他们已经击退了伊拉克[派往叙利亚的]军队,我个人希望他们还能占据西奈半岛。今天我国的飞机就将飞往以色列,这注定是一次危险的行动。

道：三个小时后我给你打电话,感谢你给我打来的这通电话。

苏联驻美国大使阿纳托利·多勃雷宁与基辛格的通话
1973年10月13日,周六
上午9点50分

基：我刚刚和霍姆爵士通过电话,他说他们目前正在与萨达特进行接洽,后者表示永远不会接受以当前战线作为停火线的方案。

多：他们直接与萨达特会谈？我马上就把这个消息电报给莫斯科！

基：我一直在给英国施压,他们表示会在三个小时后给我回电话。

多：但你我两国都会表示反对的,我会坚决执行这个决定的！

基：我会继续给英国方面施压……

多：即便是萨达特本人通知我们要接受他们的方案,我们也会提出反对,这一次我们绝不食言！如果你我两国都提出反对的话,这肯定将对世界政界造成很大的影响。目前我们面对的问题是什么？英国人还没有下定主意吗？

基：英国的态度有些暧昧,他们认为萨达特不会同意我们提出的解决方案的,希望莫斯科方面能和萨达特取得联系沟通此事。

多：如果使用普通电话,我肯定无法在三个小时里得到我国的任何回应。

基：不行,普通电话危险性太大。

多：我也这么想。但说实话,如果他真的说要……

基：英国人很害怕萨达特拒绝我们的解决方案,害怕后者转而选择进攻。

多：也许我们应该找澳大利亚试试看。

基：这正是我们的打算。澳大利亚在埃及没有什么好失去的。我会在三个小时后给你打电话,我今天晚上要采取某些行动了。

美国副国务卿布伦特·斯考克罗夫特与基辛格的通话
1973年10月13日，周六
上午10点15分

基：我国的飞机在亚速尔群岛加油，一定要得到对方的允许吗？

斯：我再去确认一下。我认为这不是必要的。

基：如果真的一定要得到对方的许可才能去加油，那我们在那儿的军事基地还有什么用？

斯：美国军方不需要得到对方的许可。

基：是谁在阻挠这件事？把他的名字告诉我！我马上就把这个人清理出此次行动！

斯：是以色列人告诉你这个消息的吧？

基：是的，以色列人就在现场，他们说飞机如果不能加油的话，就无法起飞。无论是谁在阻挠这件事，现在就要把他清除出此次行动的队伍。你能现在就去处理这件事情吗？

斯：可以，没问题。

英国驻美国大使克罗默伯爵罗兰德·巴林与基辛格的通话
1973年10月13日，周六
上午10点26分

克：你们那边的会谈进行得怎么样了？

基：非常令人不满意！因为你们的人正在和埃及方面进行私下谈判。

克：我不知道这个谈判是怎么回事！

基：他们希望能与埃及人签署独立停火协议，双方都将同意……我想也许你能和他[道格拉斯－霍姆爵士]谈一谈，他现在依然还在斟酌此事是否可行。

克：我完全接受你的看法。

基：在和亚历克[道格拉斯－霍姆爵士]结束电话通话后，我和多勃雷宁也通了电话，后者表示你方对当前局势的分析存在一种错误的想法。

克：……是认为埃及会同意解决方案吧？

基：你们误解了苏联人可能在玩某种把戏，但他们甚至不知道你们究竟想和哪个国家联手提出解决方案！亚历克说多勃雷宁的说法和萨达特的完全相反，他为什么会单单提出多勃雷宁？

克：我明白究竟发生了什么事了，我完全接受你的观点。

基：我们已经决定了，如果你方依然左右摇摆，那我们除了同意之前我方提出的解决方案外，不会认可其他任何解决方案。无论你方提出进驻维和部队还是维和会议，我方都会提出反对的。这些都太复杂了！
克：是的，昨天我说的一直是让事情简单化！
基：希望你能施压……希望你能加入到我们和苏联的这个把戏中来，我们这个把戏也不会把你当成攻击目标的，否则我们会选择澳大利亚或者法国和我们联手。
克：好吧，我可不认为这样能对目前的局势有多大改变，我想那不可能比和我方联手好！
基：也许和法国联合不会有太大差别，但是和澳大利亚人联手，结果可能就会大不一样了。
克：我认为他们不会同意与你方联手的，毕竟……
基：我不瞒你，如果我们无法提出有关停火的解决方案，那我们势必会大规模增加对以色列的军事援助，我们倒要看看这场战争什么时候才能终结！

从某种程度上来看，以大规模军事补给作为威胁的说法的确有些不够坦诚，毕竟我方的空中补给已经开始了大规模的行动了。我们这样做的目的是，避免此次行动刺激到阿拉伯温和派、苏联和欧洲国家做出激进反应。

以色列驻美国大使辛卡·狄尼兹与基辛格的通话
1973年10月13日，周六
中午12点32分

基：你好，大使先生。
狄：你好，基辛格博士。
基：我有很多事情要和你交流。首先，我们今天将派出3架C-5 A运输机。
狄：C型运输机？是那些运载能力达到60吨的大家伙吗？
基：是的，飞机路线需要穿过我们在葡萄牙的空军基地[……]我们还要从亚速尔群岛向你方增加至少3架C-141运输机，幻影战斗机的数量也增加到了14架。
狄：14架幻影吗？
基：相信这些飞机将在周一晚上前抵达你国。
狄：周一晚上。
基：不过与此同时，大使先生，我想对你提出一些请求。我又接到了杰克逊[联邦参议员亨利·杰克逊（华盛顿州，民主党人）]的电话，他威胁我要进行国会调查，他跟我说目前我们采取的是一种非常恶劣的危机处理方式，还说他将要提出对国家安全体系进行全面检查。我必须要告诉你的是，如果我再听到有人对我提出类似的威胁，我将马上终止对你方的军事援助，但从我们的友谊出发，我根本不想这么去做。

狄：国务卿先生，我真诚地希望你能相信我，我没有和他说过这些，昨天我甚至都没有见到他。昨天我只是和赛明顿、贾维茨两个人通了电话，从昨天到今天我都没有见过杰克逊，我一个字都没有跟他说过！

基：希望真是这样！但是肯定是有人把这个消息带给他了！

狄：我愿意给他打电话，向他明明白白地解释目前的局面。几天前我的确和杰克逊通过电话，但我当时说的是，我们从来没有哪个朋友比基辛格博士对我们还要好，我可以当着他的面把这些话再说一次。我可以现在就给他打电话，将现在的情况一五一十地告诉他，除他之外，我不会给其他任何参议员打电话透露此事的。

基：现在问题的关键在于，在处理此次危机的过程中，如果出现大规模进攻的局面，我们无法继续镇静下去。所以我认为目前一切处理得还是非常出色的，虽然整个过程中也出现了一些解决方案推迟提出的情况。

狄：除此之外，一切运作还都是很不错的。

基：但是这个问题已经因为C-5型运输机的出现，而回到了原来的起点。

狄：是的。

基：还有……

狄：国务卿先生，我能就此次物资补给向你提个问题吗？这样我就能有一个清楚明了的了解了。这3架C-5运输机是要在今天起飞吗？你不用再重新估计了吧？比如衡量到底是在白天，还是晚上起飞，诸如类似的问题。

基：傍晚前，飞机肯定会起飞的。这个我敢肯定！

狄：傍晚之前！这3架C-141运输机是后来又增加的吧？

基：是的。

狄：这几架运输机也将在今天从亚速尔群岛飞往我国吗？

基：是的。

狄：那他们需要在哪里装运这些军事物资？

基：他们已经把军用物资放在亚速尔群岛了，你们昨天不是已经运走了吗？

狄：他们已经拿到这些军事物资了？

基：他们会携带上之前他们带到亚速尔群岛的这些物资起飞的。

狄：我明白了，好的。我明白了！我之前对此还一无所知。坦白地说，我还想问问你关于租用飞机的事情。

基：我们将会租用20架飞机，这一次我相信我们能顺利租用到这些飞机的。

狄：好的。我需要把这些消息告诉给我方政坛高层人士吗？

基：你只要告诉盖赫将军就好，一旦出现任何问题，你都要及时通知我。

狄：好的。

基：你也知道，我必须要告诉你的是，我方构建外交政策的基石是，我们不会让这场危机陷入混乱之中。考虑到我们与以色列的所有感情，如果最终我方因为此次处理不当而被各方攻击，那么我们也只能唯你们是问了！到时，我才不在乎是谁出卖了我们，一旦出现了那样的情形，我们也只能选择自保！

狄：我明白，我可以向你保证，我们这里不会有任何人，不仅仅是我，我们大使馆上上下下都不会做出这种事的！我请求你相信我，我也知道你一直在……

……

联合国秘书长库尔特·瓦尔德海姆与基辛格的通话
1973年10月13日，周六
下午1点13分

瓦：……我想告诉你下面这些消息，昨天在结束了安理会会议后，我和扎亚特进行了长谈，他提到他们已经做出了决定，这也是我希望告诉给你的内容。很明显，他们认为自己在战场上占据优势，我们姑且不管他们做出这样的判断是否有所根据。不管怎么样，扎亚特告诉我，他们已经准备好了接受停火，但这却需要以色列人率先承诺撤回到1967年边界线上。

基：好的，这根本不可能！

瓦：我也是这么告诉扎亚特的，我跟他说我认为他们提出的这个要求根本不可能。不过我还是认为我应该把扎亚特开出的几个条件告诉你：第一，要求以方承诺退回到1967年边界线；第二，承诺承认这条停火线，这事实上需要美国的认可和协助；第三，他表示愿意代表埃及承诺同意国际部队进驻到沙姆沙伊赫地区（即所罗门湾地区），并承诺建立国际缓冲地带；包括在戈兰高地部署国际部队——这并不是指在整个戈兰高地部署驻军，而是只限于叙利亚边境地带，他说那之后才会接受由国际会议协商讨论停火细节的问题等等。他还提到整个过程中必须看到巴勒斯坦的身影，后者必须以某种形式参与到协商会议的进程中来。我想我应该让你知道这些情况。我个人，当然已经非常清楚地意识到单单是他说的第一条，以色列人就无法接受，因为此前一天我已经和阿巴·埃班沟通过了。我也已经告诉了扎亚特，他所说的第一条，即便让我来看，以色列人也是不会接受的。对此，扎亚特的回应是，既然我们目前在战场上占据有利形势，我们就应该严格遵守这样的政策。

基：好的。

瓦：他们显然认为目前他们在战场上处于有利局面，他们自认为军队可以守住目前在

[苏伊士运河]东岸的战斗成果,而且他们也无意将此事运作地更灵活些!

基:好的,秘书长先生,我非常感谢您能把这些消息告诉给我。如果我有什么事情向你进行通报,我会给你打电话的,到时请您原谅我的唐突之举。

瓦:应该是我谢谢你才对。你有没有觉得,这些消息是你方与苏联进行沟通后产生的积极结果?

基:只有到今天下午晚些时候,我才能对此做出更好的判断。如果我有什么事情向你进行通报,我会给你打电话的。

……

就在这个时候,苏联放弃了提出停火的一切努力,这其中的原因,似乎是因为一直以来这都只是苏联人的计策,但更可能的原因是,萨达特比苏联方面预想的还要顽固。苏联方面采取的手段是不同意由澳大利亚提出解决方案。

苏联驻美国大使阿纳托利·多勃雷宁与基辛格的通话
1973年10月13日,周六
下午1点40分

多:我收到莫斯科传来的电报,我方认为在提出解决方案的人选上,用澳大利亚取代英国并不是一个很好的选择。

基:这难道不好吗?

多:我拿到的电报里的确是这么说的,电报里还说稍后会做出进一步的解释。我现在只是想把我得到的消息告诉你。

基:也许英国会因此成为世界强国!

多:可能吧,但是不管怎么说,电报里说我方会在稍晚时候给你一份对此的详细解释,我的目的就是想把这件事告诉你,我也不知道他们为什么会对此提出反对,我只是希望你能知道我刚刚收到的这个消息。

基:你应该已经看到关于我们那场新闻发布会的报道了吧?其中对于你我两国的描述,我认为还是非常温和的,我想这篇报道也得到了目的,你觉得呢?

多:从某种程度上,的确是。

基:但是另一方面,我希望,我真诚地希望…… 我注意到大规模空运今天依然在进行着[指苏联向阿拉伯国家进行军事补给一事]。

多:规模和之前一样,并没有增加。

基:现在你们已经向他们输送了105架飞机了!

多:你是说从开始到现在,总共105架了,是吗?

基：这个数字已经非常可观了！

多：我知道，我的意思是我虽然不清楚这个具体的数字，但是这……

基：……的确已经超过一定的界限了，一旦你们超过了某个标准，我们也会采取一些行动的，但不是展开全面行动。我的意思是我们现在已经被那些联邦参议员们包围了，他们不断冲我们大喊大叫。我希望你方能够理解我们目前的局势。我现在是站在朋友的角度说的，如果我们被耍了，我们肯定不会熟视无睹，肯定会有所动作的，虽然我们非常不情愿这么去做。你们也不要尝试去争取那些所谓轻而易举就能拿到的胜利，你应该知道，没有哪场胜利是轻而易举就能拿下的。

多：是的，这一点我非常明白。

……

英国外交大臣亚历克·道格拉斯－霍姆爵士与基辛格的通话
1973年10月13日，周六
下午3点35分

道：我们一直在与我方首相讨论你提出的建议。我们认为目前并不是提出解决方案的适当时机，因此我们也不认为应该在现在提出解决方案，但接下来的几天里，我们依然会竭尽全力寻找其他可能的建议方案。到目前为止，我们与萨达特的接触显示，无论哪个国家提出类似于解决方案，他本人很有信心能让中国在安理会上提出反对。因此，我们认为，苏联根本没有机会和萨达特沟通此事，更不要说强迫他去同意停火方案了，至少目前是这样。所以如果你方决意要提出解决方案，美苏两国决意要对此表示反对，当然我们英国也会竭尽所能的，但还是希望你们能找澳大利亚人试试你们的运气。

基：如果我们希望重启提出解决方案的事宜，我会给你打电话的。如果我们想到了其他方法，我也会给你打电话的。

道：如果我们想到了其他解决方案，我会在明天给你打电话的。只是目前，我们还没有想到任何解决方案。我方只是认为我们不会率先提出以当前战线为停火线的停火方案，正如你提到的那样，这是因为我们认为萨达特肯定会表示反对的；况且，他的态度也会非常激烈。之前我也已经和苏联方面沟通过了，我也把我方的想法告诉了他们。现在提出解决方案并不是意味着一切问题即将迎刃而解。当然，也许澳大利亚人希望扮演这样的角色。如果你们的确非常希望提出解决方案，麦克兰特爵士目前所处的位置特别适合促成此事。我方也反复考虑了这个问题，但我们并不认为你们能在安理会范围内得到任何支持。但是，你们难道不担心与苏联暂时保持缓和后带来的麻烦吗？

基：……我们已经在向以色列进行大规模军事物资的输送了。

道：我还有两件事情要说。首先，对于萨达特，法国人的看法和我们完全一样。我们认为如果苏联和萨达特联合起来的话，即便事态走向朝着埃及有一丝积极的发展，萨达特也会拒绝我们的；否则，他会给我们一个完完全全地否定信号。

基：我明白。关于你提到的我们和苏联关系缓和是否是我方考虑的因素，我只能说关系缓和并不是一切的终点。我认为目前局势的发展将促使我们不得不面对陷入一场冲突之中的局面。

道：我知道，这才是我们担心的事情。难道你们就不能和苏联一起把这个问题化解掉吗？难道你们就不能让他们消停一段时间？

基：我们尽力吧。

道：如果你们真希望在澳大利亚人身上尝试一下的话，我也不会泼你的冷水。

基：你别认为我们真的会那么做，现在我们还都不清楚苏联会不会同意我们用澳大利亚取代你们呢！

　　此前，美国的外交政策都在朝着两个方案不断努力着——向以色列提供军事物资补给和在联合国范围内提出停火方案。在得到以色列的同意后，我方已经准备好了对任何以当前战线为停火线的解决方案表示反对——当然这一切的前提是，以色列在戈兰高地的战果所得和埃及在西奈半岛的战果所得基本持平，这样在接下来的谈判过程中，我们就可以提出交战各方重返战前停火线的方案，从战争一开始，我方就一直坚持这样的解决方案。我们在停火谈判启动前，就已经在向以色列输送军事物资，这样的做法是为了保证我们在后续的谈判中处于更有利的地位，也能保证一旦谈判失败、战争继续，我们也可以处于上风——虽然我们把停火谈判失败当作是一种借口，一种用来化解因谈判失败的阿拉伯国家和苏联可能采取武力行动的借口。

　　而另一方面，苏联的态度愈发让人难以理解了。假设苏联对停火方案提出反对，一旦萨达特决定继续开战，苏联将和埃及形成相互牵制的关系。但如果萨达特同意接受停火，那么莫斯科又有什么必要对停火方案表示反对呢？也许莫斯科更希望萨达特能对停火方案表示拒绝，这样他们也算为即将发生的事情打下了伏笔。如果我的推测没错的话，埃及的战场局势将不日出现恶化。

　　但不管是什么导致莫斯科出台这样的外交方案，这都为我们对以色列进行军事补给提供了借口——我们可以把军事补给的行为当作是被激怒后的结果，也可以借此来加快中东军事进程。

苏联驻美国大使阿纳托利·多勃雷宁与基辛格的通话
1973年10月13日，周六
下午4点

基：阿纳托利，我刚刚收到英国方面传来的消息，称在提出解决方案的问题上，他们认为自己无力继续下去。他们称萨达特向他们说明了两件事情：第一，他本人不会接受任何停火方案；第二，即便任何人提出解决方案，他也会让中国提出反对；但他可能会接受……这一切给我们留下了两种可能，要么是你们苏联在耍我们玩……

多：这种可能你很容易就能对我们进行核实。毕竟，一直以来，你我的关系就是非常清楚的。前天，就是我们给你方回复的时候，当时在召开联大会议我们非常容易就能同意停火方案，但是……

基：好吧，现在首先我们应该找个人来提出这个停火方案。

多：我明白……只要这个停火方案被正式讨论，我们就将提出反对。

基：我从不怀疑你们会提出反对。但你们认为埃及人不会接受停火方案的想法到底是怎么一回事？你们一直都在鼓励我们与以色列进行沟通。但不管怎么说，现在英国人不愿意提出解决方案，而你们也不愿意让澳大利亚取而代之。

多：……我方的指示，我现在在等我方的指示。

基：我们现在什么也不会做，我们马上就要从这件事情里彻底解脱出来，然后任由其自生自灭。

多：我们还是随时保持联系吧。

基：……看起来你们更希望这场战争能够进行下去，你们也希望我们在这三天的时间里与以色列、英国不间断进行会谈。

多：但在此之前，我们怎么能知道英国在等待一个最终的决定？我相信英国人已经告诉你们了，我们从来都没有和他们有任何联系。

基：但你也可能知道萨达特会怎么做。

多：我只是想告诉你，你现在的想法是一个非常错误的假设。

基：我方的行动是建立在你告诉我们你们会与埃及进行沟通，然后埃及将接受停火方案的假设上的！没有理由去说……

多：都到了现在这个时候，虽然我们面临压力，但也应该相互沟通！

基：现在，他们的确说的是会让中国提出反对……

多：但也许萨达特会改变主意啊！

基：埃及人还告诉英国人，说他们也把同样的说法跟你们说了……

多：根本没那回事！

基：他们是为了拖延时间！

多：为谁拖延时间？为他们自己拖延时间吗？

基：是的！

多：为了以色列拖延时间，好让他们攻打叙利亚人？这种想法真有意思！

基：现在讨论这个问题一点意义也没有！

……

美国副国务卿布伦特·斯考克罗夫特与基辛格的通话

1973年10月13日，周六

下午4点05分

基：……据我所知，目前已经有15架C-141运输机和3架C-5运输机起飞了。葡萄牙方面已经[同意我们使用在亚速尔群岛的空军基地加油了]。你现在就开始运作飞机租赁事宜。既然我们要面对冲突的局面，那我们就全面行动起来。我马上就打电话——我要警告对方在此次行动中你可能要……还有，落实一下让我们的82空降师准备好需要多长时间。

斯：好的。

基：别的我们什么都不要做。我看只有用野蛮的行动才能对付这些混蛋们[指苏联人]。

斯：我刚刚和狄尼兹通了电话，他说他们对目前的局势非常满意，现在战场局面又开始对以色列人有利了。

基：我们那两艘航母是否已经装好物资了？

斯：目前有一艘在波士顿，这艘的物资几乎已经装运完毕。

基：让另外一艘也准备好。

斯：另外一艘预计将在15号装载完毕。

基：如果他们想玩的话，那我们就奉陪到底！

斯：我认为在目前这种情况下，我们已经别无选择了！

基：也可能是埃及人希望这么做。我对多勃雷宁说，他们这样是在欺骗我们，以争取到更多的时间；但他也告诉我，他们也一直以为我们在欺骗他们，以为我们在为以色列进攻叙利亚争取时间。

斯：这也不是没有可能啊！关于82空降师的情况，我回头给你打电话。

国防部长詹姆斯·史勒辛吉与基辛格的通话

1973年10月13日，周六

下午4点15分

基：葡萄牙人已经同意让我们使用亚速尔群岛的机场了。

史：只是那些租来的飞机能用吗？

基：只要是我们的人就可以。

史：上帝啊，这太让人震惊了，你到底跟他们说了些什么？

基：我只是告诉他们，我们是不会跟他们做交易的。一旦葡方拒绝了我们的要求，那我们肯定会铭记在心。一旦这场战争朝葡方不希望的方向发展，他们就要自保……这些消息我只是告诉给你一个人。

史：这意味着我们周一前就正式启动飞机租用计划，也就是说我们的飞机可以飞到亚速尔群岛了。

基：但你要记住一个问题，现在看起来我们的外交政策似乎有失败的迹象。英国人要退出，他们这样做是因为他们认为埃及人不会同意停火方案。我们也许要面对与苏联人的冲突了。苏联人可能也会知道现在所有的阿拉伯人都站在我们的对立面上。你应该知道埃及的米格-21战机飞过苏伊士运河的事情了吧，以色列人刚刚把这个消息告诉我。

史：……别管他们，就让他们在西奈半岛待着好了。等这些米格-21离开之后，以色列人的情况就会好很多。

基：以色列人已经在等这些敌人了，苏联人向我保证说以军就在等埃及战机离开。

史：我现在联系不上英国人，我们为什么不告诉他们我们不会提供海神式导弹或是北极星导弹[配备在核潜艇上]？

基：不用了，他们肯定也能得到这些导弹的，这种武器杀伤性太大、太残忍了。还有，不要把你知道的这些消息告诉其他人，要说也要等到明天上午再说。

史：我这就告诉克莱门斯[国防部副部长威廉·克莱门斯]有关葡萄牙同意我们加油的消息。我告诉你一些有意思的消息吧：我们有很多物资要运走，考虑到我们接到飞机可以直接飞到以色列的消息，我们把物资全都装运在了飞机里。后来我们发现这些物资依然还在美国，并没有被运走，而且我们也没有接到国务院的任何说明。现在物资已经被运往亚速尔群岛了，中午时分还会有15架C-141型运输机和3架C-58型运输机起航。

基：运到特拉维夫去？

史：是的，亨利。

苏联驻美国大使阿纳托利·多勃雷宁与基辛格的通话

1973年10月13日，周六

下午4点25分

基：阿纳托利，我想告诉你，我刚刚和尼克松总统碰了面，他委托我告诉你，关于昨天我跟你说的输送美国飞机的事情，在目前这种情况下，他无法继续保持克制。

多：你的意思是目前是怎么样一种情况？

基：由于目前我们不清楚埃及方面的真实态度，我们之前提出的计划现在无法实施。我们已经准备好了，只有你们停手我们也才会停手。

多：你说什么？

基：我们已经做好了准备，你们什么时候停止物资输送，我们就什么时候停止对以色列空运补给物资。

多：我马上就把这个消息转给莫斯科那边知道。

基：所以昨天我跟你说的那些事情，从现在开始一个小时后，就不再作数了！

多：你连一个小时也不愿意等吗？

基：我们什么时候都能停下空运的进程，我们也不会一下子就增加空运的数量和规模。

英国驻美国大使克罗默伯爵罗兰德·巴林与基辛格的通话

1973年10月13日，周六

下午4点35分

克：亨利，我还是没有得到任何消息。

基：我已经和亚历克通过电话了，他说你们国家不愿意提出解决方案，他还说已经与埃及方面进行了沟通，称埃及人强烈反对任何停火方案。

克：他们不会……？也许他们已经改变注意了呢，想在战场上战胜以色列人？他们纯粹是在妄想。

基：不过我也刚刚和尼克松总统沟通过，他认为这件事真是疯了！我们回顾了过去三年里发生的种种危机，然后发现我们根本不可能再与埃及人合作下去。

克：我们虽然面对的人不同，但是我们的目标还是非常一致的。

基：……我想告诉你的是，我们已经开始对以色列提供空运物资了。也许之后我们将不得不面对一些冲突。

克：那是无法避免的。我已经告诉我们在伦敦的同胞们，说你们别无他法，这种情况真的令人不安。

基：特别是考虑到我们要求你们去做的恰恰是一周前你们建议给我们的内容。

克：我认为从那时开始，之所以发生这些改变，原因在于埃及人显然不惜一切代价了。

基：不过唯一的安慰就是，不管希望西方国家采用怎么样的策略，我们都会荣辱与共，至少我们可以保持最起码的尊严。

克：当阿拉伯人大吵大闹说要用石油对付你们时，你们将采取什么态度？

基：只有反抗！

克：反抗？那注定会是非常艰苦的，不是吗？

基：我们别无选择！

克：好吧，我们会尽力的。

基：你可以把我们说的这些话带到伦敦去。

苏联驻美国大使阿纳托利·多勃雷宁与基辛格的通话
1973年10月13日，周六
晚上7点40分

基：我这就要去见尼克松总统了，在此之前我想向你确认一下，你是否拿到了你国给出的解释？

多：大概5到10分钟后，我就能拿到了，你能等吗？

基：萨达特给英国传递了消息，称其已经向你国大使发出了通知，他表示无论任何情况也不会接受停火方案。

多：10分钟后我给你打电话，可以吗？

基：好的。

英国驻美国大使克罗默伯爵罗兰德·巴林与基辛格的通话
1973年10月13日，周六
傍晚5点25分

基：罗兰德，我希望你能明白，我之前跟你说的那些话，全部都遵从了我国的外交指令。这虽然不是我个人的意愿表达，但这并不意味着我不认同这样的做法。

克：我明白。

基：我得到了一份情报，但我不想在电话里给你读这份情报的内容。不过这则情报证实了我们确实没有对你们撒谎，你愿意过来跟我面对面聊聊吗？就5分钟。

克：你在哪？还在国务院吗？我想我大概可以在20分钟之后到，我也有点事情希望能和你谈一谈。

美国副国务卿布伦特·斯考克罗夫特与基辛格的通话
1973年10月13日，周六
傍晚6点45分

斯：……直升机航母将在周一出发，这艘航母也将取代之前在地中海地区的那一艘。也会因此带来一些影响。我只是觉得关于82空降师的消息不要和我们向以色列进行物资补给的消息同时被媒体曝光。也许……

基：我不希望看到这种情况发生！现在的局面开始变得越来越乱了。

斯：那太糟糕了！

基：我们恰恰可以利用英国拒绝提出解决方案、苏联不认可澳大利亚这两件事情来解释我们此次的空运行动，你也知道这次空运我们无论如何也都是要进行的。

斯：的确如此，我们派往以色列的飞机最早会在明天早晨六点后抵达以色列，我认为那时召开会议挺合适的。

基：好的，谢谢你。

以色列外交部长阿巴·埃班与基辛格的通话
1973年10月12日，周五
晚上7点35分

埃：我一直在想昨天我们讨论的政治行动。

基：你应该知道今天不可能采取这些行动，狄尼兹没有把英国人的所作所为告诉你吗？

埃：他跟我说了英国人拒绝提出停火方案的事情，还有苏联不同意由澳大利亚取代英国提出解决方案。我唯一不能理解的就是为什么苏联在拒绝由澳大利亚提出方案的过程中，态度如此坚决，一点回旋的余地都没有！如果他们真希望提出解决方案，那么目前的情况似乎是在暗示……

基：对于苏联是否希望提出停火方案的问题，我现在已经不是那么确定了，但我知道你们肯定不希望由我们来提出停火方案。

埃：是的，我们不希望，我也把这个想法转达给了我们的梅厄总理，她对此也表示了认可。我们提出的另外一个建议就是，停火方案虽然以安理会作为优先选择，但我们也不会仅仅局限在安理会这个平台上。此外，我还隐隐约约地想到了丹麦、巴西等国家，但我并不认为和澳大利亚相比，上述这两个国家对苏联来说更容易被认同。你们认为英国的拒绝就已经算是最终结果了吧，但这毕竟还没有成为事实，尽管现在美国还没有提出解决方案，尽管中国有可能提出反对。你们认为苏联对澳大利亚的拒绝是非常强硬的吧，而我希望得到苏联确认此事的心情与之相比毫不逊色。现在唯一的可能在于，我正在试图从我国找到最紧急的事情，我们已经克服了今天上午发生的状况。我想知道这是否存在……

苏联驻美国大使阿纳托利·多勃雷宁与基辛格的通话
1973年10月13日，周六
晚上7点55分

多：这是个口讯，是勃列日涅夫针对昨天我和贵国尼克松总统在招待会上提到问题的回复。

基：跟我说来听听。

多：首先，勃列日涅夫对你方总统先生和我方大使昨天的谈话内容表示非常满意；他对此也非常确信，在这封电报中，总统先生表达了自己的观点，还希望我向想基辛格博士你转达他愿意严格以这种观点为指引行事；他还希望，无论面对多少困难，无论需要付出多少努力，我们都应该坚持下去。

基：好的，希望可以用事实证明[所采取行动的善意]。

多：后面是关于中东地区和安理会的局势：最近几天，以美国为首的一些国家虽然在与其他一些国家进行磋商，但最终结论都未能涉及立即召开安理会会议的内容。我们并不知道出现此种情况是何原因。但是，问题是答复——关于目前中东地区的战场局势是如何发展的，战场局势的发展开始偏离我们的预想，这才是最近几天发生的事，况且冰冻三尺非一日之寒，这肯定不是一朝一夕就能出现的结果。你们不要试图去和我们走一样的政策，我方关注的是停火，同时我们也希望以色列那些恐怖分子能够不要再以阿拉伯平民作为轰炸目标[这也是多勃雷宁认为苏联不接受停火方案的理由]，这样的话只能让阿拉伯诸国的首都城市和民众陷入更糟糕的局面之中。这也是为什么我们讨论这些问题会变得困难重重，这里面包括很多具体的问题：目前阿拉伯人已经开始提出反对了——他们不同意接受安理会提出的旨在各方停火的解决方案。他们认为各方应该以目前战线作为停火线同时停火，而且还需要再出台一个解决办法，即以色列军队从阿拉伯的领土上撤军，退回到1967年边界线。这还不算完，最终关于停火问题与阿拉伯国家进行磋商的内容，目前还没有形成书面文字。

基：我们这三天来所付出的全部努力，都是建立在[先由第三方提出停火方案，然后美苏两个超级大国联名对该方案表示反对]的想法上的，而现在你们就这样放弃了这种想法！

多：最开始的两天时间里，我们也在为你说的这个方案进行着各种各样的准备，但现在阿拉伯人说他们不同意，我们更希望从大局来考虑问题，这也就意味着我们需要排除所有冲突带来的影响。这将是我们做出的一个重大的决定，这个决定也能对战局走势产生影响。

基：那，这个决定又让我们处于何种境地？我们已经无路可退了！

多：现在，这就是安理会的问题了。

基：所以现在一切又回到了周一时候的原点。

多：看起来是这样的。

基：看来这48个小时的确什么都有可能发生啊！

多：两天了，从前天到昨天。昨天上午，我给了你一份答复，当时我很震惊，你也知道我当时是非常震惊的。之前，我们已经有几天没有接到葛罗米柯传来的电报了。在那两天里，我们之间的关系非常密切，我方也已经准备好了对解决方案表示反对，除此之外，我们根本没有其他的想法，当时我们是非常坚定的，因为我们也不希望这种复杂的局面持续长达两天之久。但那之后，阿拉伯人却改变了自己的立场，葛罗米柯这时也发来了电报，称让我们看一看基辛格的态度，看看其对停火方案是否支持。为此，我们感到非常遗憾，你没有…… 我们一直在等你，等你得到英国或是其他国家的回信。这两天里面，我们并没有同意解决方案，我们还是和你们一样，决定对方案表示反对，尽管阿拉伯人会依然非常强烈地反对我们的决定。

基：可与此同时，你们也向阿拉伯输送了140架战机！难怪他们的态度会这么强硬！

多：也不能这么说。安理会两天前提出的议案称不允许进行空运，但你方对此表示了反对。也许是你们过于相信英国人了，澳大利亚人可能从昨天开始就准备……
〔如果在24小时前，让澳大利亚提出解决方案可能还会被安理会通过〕。

基：昨天，英国方面与萨达特进行了会谈，是什么导致推迟提出停火方案？萨达特是永远都不会接受……

多：昨天上午，昨天上午他发来了电报，当时我很震惊，就是昨天我最后一次和你打电话的时候。我已经很清楚安理会的想法了，不过我到了今天上午才知道马利克已经接到了反对的指示。我立即给马利克发了一封言辞强烈的电报，内容你也抱怨过了。之后我马上又给斯卡利打了电话，称我们将会提出反对。

基：问题在于，目前在战场上的真实情况是，今天你们勃列日涅夫同志言辞恳切，说你们会尽力不发生冲突，但你们向阿拉伯人提供了140架战机却是不争的事实。这个数字太大了，我们对于我们在中东的朋友提供的补给，无法跟你们提供的相提并论。

多：你看，你也已经做出决定了！

基：你已经等了五天了，今晚埃及人就要展开对西奈半岛的攻击了。明天，一旦美国援助以色列的飞机顺利抵达，那么你就等着听阿拉伯人生气的叫喊吧。不管怎么样，我们也不会允许让各方势力关系缓和成为单方面用来争取优势的工具，对此，[你根本]不能抱任何幻想。我能平息目前的政治困局——我们向以色列的物资输送已经进行四天了。我们被朋友[即英国]拒绝，无意中帮助你们争取了两天的时间，你们用这两天与阿拉伯人取得了联系，不过他们后来改变主意了。我想如果我们和你们、和阿拉伯人站在一条战线上，很可能到最后的关键时刻尼克松总统给你们勃列日涅夫书记传消息，说原本需要实施的计划，现在阿拉伯人却不同意这么做了。今年夏天，我们已经达成了共识，我们的朋友会提出反对，而我们依然会坚持下去，这是因为这对我们非常重要！所以现在你可以给莫斯科发电报，让他们可以省省力气了，我们不会接受阿拉伯人的这种态度的，你方向我们提出这个建议无疑进一步恶化了当前的局面。

多：好吧，你说的很有道理。

基：……希望能接受埃及目前的态度，直接跟这种情况打交道。事实上，我们早在周三就已经知道埃及人的态度了。

多：他们是在周三之前跟你们提出的这个建议吗？还是周三当天？

基：埃及人是周三的时候向我们提出这个建议方案的，他们还说会把这个方案也给你们一份，但是我们拿到的方案和埃及给你们的完全不同。[我们拿到的方案是]以色列退回到1967年边界线，然后会举行[和平]会议，包括世界强国、巴勒斯坦、阿拉伯诸国都将参加此次会议，会上将就国际边境[即1967年边界线]、巴勒斯坦地区的安全和未来两大问题进行讨论。

多：周三，我们当时还在积极准备支持……

基：我是这样告诉尼克松总统的，我对他说，虽然这些方案是通过伊斯梅尔传到我们手里的，但我更相信你的话。目前的发展和阿拉伯人告诉给我们的完全不同，我认为阿拉伯人——你是很了解埃及人的，他们无论如何也不会同意停火方案，但是如果阿拉伯人根本不同意停火方案，你们又怎么能支持他们呢？

多：我明白你的想法，只不过他们是几天前才改变主意的。

基：我们倒是一点意见也没有，现在我们静观其变就可以了。

多：我们完全不能接受现在这种上、下两部分的解决方案！

基：第二部分又是什么？

多：撤退，让以色列人撤回到边境线上。

基：回到安全且是国际公认的边境线上吗？

多：是撤回到1967年边界线上。

基：不行，这一点完全不能接受。也许莫斯科方面也不能接受，他们可能会加上一些责任条款以求不会使局势出现进一步恶化。直到今天下午之前，我还一直相信，我们可以通过向各方施压达成解决方案，可以通过施压实现停火。但是现在这些都不可能了，你方无法，或是说根本不愿意接受停火。显然，无论之前美、苏两方做出了多少声明，现在的两国已经陷入了一种冲突的状态。你觉得到了周一，我们应该怎么跟我国的民众交代？整整一个周末，我们都告诉民众让他们努力保持克制。难道这就是我们双方局面缓和的结果吗 [尽管现在我们已经不再是同一阵营了]。很难想象我们会允许在中东战场上遭遇挫折，这是很难接受的！

多：的确难以接受！

基：我知道你们现在也面临着问题。有些事情你们不得不做，但是并没有任何法律说你们必须援助他们140架战机啊！

多：我明白，这的确是个问题。

基：直到现在这一分钟，以色列战场上还没有出现美国的飞机，一架也没有！我处理此次危机的整个策略都是围绕着对你们的信任而展开的。我不妨告诉你，除了我们的目标之外，我个人的信誉在此刻已经不是那么重要了。但这不是针对你个人而言。昨天下午，我们从萨达特那里得到一份报告，内容和之前你给我的完全相反。我说过我对你是绝对信任的 —— 在此之前，你从来都没有欺骗过我们。

多：想想目前的局面。你让自己处在一个向其他国家提出建议的位置上，但是很快局面就要发生改变了，现在的情况是，我把全部的赌注都压在你们身上，而其他人却做了两手准备⋯⋯ [听不清楚]

基：我们为什么要跟你解决 [和萨达特有关] 的问题，我们为什么不能直接跟萨达特本人进行沟通？

多：这就取决于尼克松总统和你的决定了，不过 [很可能这将] 引起灾难性的后果。

基：我们会在战争结束后再解决这个问题，我们会好好处理这种特殊的关系的。这种关系一旦发展起来，就将产生实质性的结果，希望已经看过了那场新闻发布会，你能发现这是我演讲时候说的话。

多：我看过了。

基：周一，这将用来 ——

多：—— 用来弥合公众关系。

基：到了周一，你们就可以继续向他们输送飞机了，大概有50架到100架吧。

多：你也可以这样做。

基：这样做只能激怒阿拉伯诸国的首脑们，所以这对你们来说是一场胜利。我们现在唯一能使局势 [明朗化] 的策略就是让阿拉伯人相信他们不可能 [赢下这场战争]。所以我们不妨在三四天后再看看中东局势，类似像回到1967年边界线的建议,只能让局面变得更糟!

多:好的,我会在电报中把这个消息送回到莫斯科的。

基:尼克松总统非常生气……

多:我在电文中会提到这一点的,不过不会引用你说的话。我可以向你保证,[局面]越来越危险了。

基:今年一月,我们已经就联合处理最基本的问题达成了共识,当初的约定到了现在已经完全被忽略了,我们现在绝对不能让你们因此事而受到压力……

国防部长詹姆斯·史勒辛吉与基辛格的通话
1973年10月13日,周六
[此次电话的时间未予记录]

基:我们将在周一上午召开国家安全委员会会议。

史:好的。

基:开会的具体时间还不清楚,不过我会通知你的。

史:好的。

基:如果我们能得到一份关于以色列战场的局势报告,那这样对我们来说将会很有帮助。你们那位国防部专员能搞到一份局势报告吗?还是我们应该派个人过去看一下?

史:我们这位国防部专员非常出色,事实上,我们正打算因为他提供的那份报告而对他进行奖励的。

基:明天晚上前,我们是否能得到一份完整的有关以色列战局的报告?

史:他刚刚知道关于补给的事情。还有,你知道古尔将军是怎么评价我们的吗,他说,"不要再为弹药着急了,我们无意用弹药轰炸机场,我们的关注点在其他方面上。"我想,我们向以色列输送补给物资是很明智的行为,一旦在战场上兵戎相向,还是很依赖于我们亚速尔半岛中转的这些物资的。

基:我们会让美国进行空运的行为在一定时期内合法化。

史:只有在葡萄牙那边行不通的时候,我们才会执行飞机租赁计划。

基:那要到周一上午了。

史:也许我们可以公开,或者私下里利用……我们可以公开宣布愿意取消空运物资的计划。那些飞机租赁公司肯定不会为以色列政府卖命的,他们只听国防部的命令。

基:通过这个飞机租赁计划,我们可以得到什么?

史:我们确实得不到什么。当前这种局面,我们能遮掩的不多——可以允许让以色列政府雇佣这些飞机，这样就可以把我们的政府从这件事上解脱出来。我们可以说是代表以色列政府租用的这些飞机，这是运输部要求的，把重点转移到飞机租赁上来，发表公开声明。

基：好的，但肯定有人会问，是谁租的？租的什么？[这还是]国防部租的，还是美国的飞机，所以你们又能得到什么？

史：我们就能降低我军在此次行动中所扮演角色的分量。

基：好，那样就值得了！

史：一点都不值！我们利用这件事情获得更多，这才是值得我们去做的。苏联军队已经到达中东地区了。

基：与苏联单独交锋才是问题所在，别让我们……

史：又是阿拉伯人……

基：是阿拉伯人让我担心空运物资的问题。

史：我看，你可以把这个转化成优势。

基：记住明天在华盛顿特别行动小组会议上，我们会如何处理这个问题，我们能用这些租赁来的飞机得到一些什么。[我们必须找到]一个更好的方式来报道这件事。

史：他们应该允许更有效地使用这些以色列空中舰队。我们应该用这些租赁来的飞机把这些物资运到亚速尔群岛去。

基：我还是比较欣赏这样的说法。

史：我们还有很多选择——可以让这些租赁来的飞机把物资送到特拉维夫，而不是通过我们美国自己的渠道。要看起来就像是美国政府的行为——要么是美国政府公开租用的，要么是美国政府私下租用的。

基：说是美国政府租用的？真不知道这样说我们能得到什么好处！

史：……没有人支持以色列，所有人都把他们当作贱民、无赖！

基：这一直在不断证实我希望避免的事情，这恰恰是阿拉伯人希望看到的。

史：我们怎样才能避免这件事情的发生？

基：我认为你自己肯定做不到。

史：好的，我们明天就去讨论有关飞机租赁计划的基本方案。

第10章　　1973年10月14日

鉴于停火方案在提出过程中受到挫败，而另一方面，物资空运却已展开，现在我方的决定很大程度上依赖于中东战场的局势，依赖于是否阻止或缓和阿拉伯国家的反应态度，依赖于在遭遇水门危机时，美国如何避免与苏联发生冲突。考虑到以上种种，我通过伊斯梅尔给萨达特传递了消息：

美国希望能把本国的想法转达给埃及：只要各方实现停火，美国愿意立即切断物资的空军补给流程。

在此，美国希望重申，美方已经意识到埃及无法接受在此次战争爆发前的停火分界线。一旦战事结束，美方将立即为实现中东地区公正而长久的和平而努力。鉴于我方与埃及的沟通渠道在建立过程中颇多波折，因此我方希望，无论外界事件如何发展，美埃这条沟通渠道将永远保持下去。

从上述角度出发，美方愿意竭尽所能，付出最大的努力。

我们还将这个消息转达给了沙特阿拉伯的费萨尔国王、伊朗巴勒维国王。

而尼克松总统现在终于从危机之中暂时解脱了出来。阿格纽辞职后，副总统的人选最终敲定在杰拉尔德·福特身上，公开水门事件录音带的危机，以及对尼克松的弹劾程序，没多久就启动了。

美国总统理查德·尼克松与基辛格的通话
1973年10月14日，周日
上午9点04分

尼：亨利，你好啊！

基：是的，我很好！

尼：今天上午有什么新消息吗？

基：的确有。埃及人已经发动了进攻，不过目前进攻刚刚开始，我们还不清楚战场局势如何。

尼：那是当然。

基：以色列方面称他们已经损毁了敌方150辆坦克，他们自己也只有15架飞机的损失。不过这些数字并不能说明什么问题，一切要取决于 [埃及军队] 行进的方向。

我们得到的最新消息是，对方已经到达了米特拉山口地区，不过我们得到的这个消息并非十分确切。米特拉山口距离苏伊士运河只有30公里，而且这里很可能是以色列军队防守的主要阵地所在，但这里的以军只有西奈半岛驻军的三分之一，所以目前的情况很……

[……]

基：……关于以色列，我们猜测有两种可能，首先，以色列这样做的目的是将敌方军队吸引到萨姆导弹防御带之外，这样他们就能歼灭大部分敌军，如此以来，这将决定此次战事的走势。而另外一种可能是，以色列军队目前的确陷入了困境之中，不过不管发生了什么，我们都将在今晚之前得到消息。我想，到时候我们也就能明白，为什么昨天不能顺利提出停火协议了。在我看来，如果埃及人没有准备好拒绝停火，他们是不会发动进攻的。

尼：是的。他们在说，苏联人可能想要……苏联人没有给我们带来其他消息吗？

基：没有，现在时间还有点早，再晚一点会有的。我们能在今天结束前得到他们送来的消息，这一点我非常确定！

尼：什么时候？事实上，我们已经告诉苏联人要……

基：总统先生，现在的问题是：我们昨天提出了停火方案，并要求各方撤回到战前的边境线上。如果以色列能在战场上击败埃及，那我们就将处在一个非常有利的位置上，那之后我们就能十分自然地提出以当前战线作为停火线的方案，而埃及很可能会在以色列进一步攻击叙利亚前，接受我们的这个方案。现在埃及人希望各方能重返1967年边界线，这种想法我们肯定是不能接受的，否则这意味着以色列在此次战争遭遇重创，这应该是战争结束后各方进行谈判时讨论的问题。目前，我们在努力——昨天我在和你打完电话后，也和多勃雷宁通了电话，我们现在一直在努力的，就是在寻找能将停火与实现和平联系在一起的方案。

尼：我想，可能我们已经找到了。现在，我们必须要面对的是，对于苏联方面来说，他们目前与我们处于一种对立的局面，那是因为我方向中东地区提供的……你明白我在说什么，就是在圣克莱门特的那次会议上[1973年6月勃列日涅夫与尼克松在圣克莱门特召开会议]，当时我们欺骗了他们，他们也知道我们在欺骗他们。如今，我们必须要解决一些在外交层面的问题了，因为如果我们要走停火方案路线的话，苏联人会知道我们可以使之成为现实——考虑到以色列的积极应对和我们对其一如既往的支持。我这么说虽然很坦白，但这却是事实，亨利，难道我说的不对吗？

基：你说的很有道理。

尼：不过他们现在的立场肯定和我们期望的有所差距，所以我们还是要做些什么事情……

基：我……

尼：因为在战争结束后，我们必须牢牢地把以色列人抓在手里，这一点苏联人也非常清楚。我们必须把以色列牢牢地抓在手里，事情就应该是这么发展的。不过我不知道我们的这个想法是不是能实现，之前我们也是这么告诉他们的，还说我们要把他们牢牢掌控在手里，后来不也是没有成功吗？

基：现在我们就要把他们牢牢地抓在手里，战争结束后，我们将在十一月启动外交进程。

尼：我知道，但是……

基：我们需要在外交进程启动前，做好一切准备。不过现在已经是木已成舟，无法挽回了。我认为，现在我们需要做得是，能不能找到一个解决方案，在这个方案下，我们不用直截了当地提出重回1967年边界线，但同样也不否定这种可能性。我们也可以因此根据联合国第242号决议提出各方撤军，相信所有人也都会对此表示同意。还可以加上和谈会议等议题。这样的话，也许到了明天，我们的这个方案就能在安理会上得到各国的认同和支持了。

尼：是的，召开会议肯定会赢得各方赞同。

基：而且我知道英国人也在朝这个方向努力着，我会在晚些时候和克罗默伯爵会面。

尼：英国人，希望他们到时不会袖手旁观，否则那就太糟糕了！

基：总统先生，还有两件事情。首先，英国人对此的基本态度依然不容乐观，这是因为他们依然在试图……我已经在昨天把这层意思向克罗默伯爵提过了。我告诉他，如果战事进一步持续下去的话，你们在沙特阿拉伯的损失将和在埃及的损失一样。涉及到此次战争这个具体的话题，这一次，英国的表现极其糟糕，他们只是被动地坐在那里企图收拾残局，他们没有做出任何贡献。反观埃及，尽管他们表现出的是一种非常消极的态度，但他们没有想过去说服英国，他们也没有选择冒险。也许我们应该像你昨天建议的那样行事，如果能得到英国或是法国的支持，我们应该提出停火。那样的话，我们将不得不面对在安理会上，只有两个国家支持停火方案，其他任何国家要是选择支持停火的话，都无异于是自杀。

尼：是的，我明白。

基：不过到今天快结束的时候，随着西奈半岛战事的展开，中东局势将进一步明朗。不管是叙利亚还是西奈半岛发生了什么，战事都可能被过度拖延，这是因为各方从国外获得的军事物资补给都要远渡重洋才能抵达目的地。

尼：在沙漠战场上的战事是不会被拖延的。这一点我们很清楚，沙漠战场上战事变化得非常迅速。我还要强调的一点是，我们的物资补给事宜进行地怎么样了？

基：我希望能在一个小时之后给你打电话，我马上就要去参加会议，会议这就要开始了。

尼：好的。

基：到时候，我会在电话里给你一份非常精确的简报。基本上，我们努力的大方向是，要在今天结束后，用租用来的飞机替换下我们自己的军用飞机。

尼：好的，好的。就像我说的那样，我们必须要这么做。我的意思是，无论我们提供3架运输机，还是300架运输机，我们都会遭到外界的指责，所以我们绝对不能让苏联两手空空地来到中东战场。但另一方面，我知道这也是一个足以致命的过程，我想说的是，亨利，我没有耐心看着我们向以色列投入大量的运输机，即便这些都是运载量达到60吨的大家伙。

……

尼：我想说的是，只要我们想采取行动，那我们注定要为此付出代价，不过我并不认为我们向以色列投入越多，就意味着我们将付出更多代价。我必须向你强调的是，我认为目前局势依然在向着我们希望的方向发展着。今后我希望麦克洛斯基在报纸上这么评论，我们美国的确向以色列提供物资援助，但我们这样做的目的只不过是希望保持各方平衡，这样我们就可以创造出可以公平解决问题的条件。问题的关键在于，如果不按照我说的那样报道的话，一切看上去就像是我们提供这些物资，是为了能让战争无限期地进行下去，这种说法肯定站不住脚。

基：是的，的确是。即便之前没有类似的报道，我们也要让这个报道今天出现在民众眼前。

尼：最根本的是，提供物资不是简单地对此次战事火上浇油，我们的目的是保持各方平衡，这才是我们正确的选择。在那之后，我们只有在保持中东地区的和平之后，才能以一种公平的方式解决问题，才不会偏袒任何一方。这才是我们所希望的。

基：是的，总统先生。

尼：但是现在对于苏联人来说……

基：我希望能得到苏联人的正式回复。直到昨晚十点，我也没能接通与苏联人的电话。我给了他们一个非常……

尼：我们不能一直因为同一件事情为他们辩解。

基：希望他们什么都没有做。

尼：真希望他们什么都没有做。眼下，他们基本上就是这么说的。依我看，这些苏联人喜欢这种共有财产的方式。英国人袖手旁观，有些事情应该早已经发生的，比如，即便以色列人叫苦不迭，我们也应该告诉多勃雷宁，我们应该告诉苏联人，告诉他们说勃列日涅夫和尼克松会解决这个问题的。我们早就应该这么做了，这一点你是知道的。

基：的确如此，非常对！

尼：如果多勃雷宁能知道我们的想法，那他很可能会喜欢上它的。我会在一个小时后给你打电话，还是一个小时后你给我打电话吧。

基：好的，总统先生，只要华盛顿特别行动小组会议一结束，我就给你打电话。

尼：好的，再见。

美国总统理查德·尼克松与基辛格的通话
1973年10月14日，周日
中午11点10分

基：你好，总统先生。

尼：你好，亨利。我刚刚和艾尔[即亚历山大·黑格]沟通过，我临时要和他去处理一些事情，眼下我有点忙。

基：没关系。

尼：听到我们已经全面出动的消息，我很高兴。

基：总统先生，这次的空运规模非常大。每过15分钟，就会有飞机抵达。

尼：好的。让他们做好准备。我之前提过的唯一一个要求就是，我让他们去看看欧洲战场上是否还有以色列需要的小型飞机，这样他们就可以用这些飞机来弥补自己的损失。还有一个问题就是关于那些装载量很大的大家伙，如果需要的话，可以把那些M-60型坦克放在飞机上，前提是我们希望这些坦克能带来积极的效果，只有这样我们才愿意把坦克运输到以色列去。

基：好的，总统先生。

尼：所以，换句话说，不要……如果我们决定向以方提供物资，就不要浪费运输资源。

基：事实上，关于这些大运输机，总统先生，我们是有一定灵活性的，我们甚至可以把天鹰攻击机带过去。

尼：你的意思说，把天鹰放在运输机上带过去？

基：是的，除此之外，我想不到其他方法，没有任何国家会同意别国飞机飞过自己的领空。

尼：好的，这些大型运输机能装几架天鹰？

基：差不多五六架吧。

尼：好的，放几架天鹰在大型运输机里面，一定要这么做。你明白我什么意思。如果我们要去应付这些麻烦事的话，那我们就准备开始吧。

基：我也认为是这样。总统先生，我想我们在刚刚的华盛顿特别行动小组会议上讨论了这个问题，就在艾尔离开之后。我们可以在各方签署停火协议、在苏联停止向中东地区输送物资之后，停止向以色列提供物资援助。

尼：我认为现在是时候私下传递消息了，我的意思是你一直在传递消息，但其中有一则消息应该是我传递给勃列日涅夫的。

基：我放出的所有消息都是以你的名义进行的。

尼：好的，但是我觉得他应该知道……他应该知道现在不仅仅是中东地区的安全，还有未来我们两国的关系，都陷入了一种非常危险的境地。只要苏联方面决定结束战争，那我们会马上为停战做好准备，而且我们也已经准备好了，你是明白我的意思的。不过我也不清楚，你知不知道目前就停火问题，事态是否有任何发展，那样的话，我们就不用……

基：是的，的确有进展了。我正在积极促使事态能有积极的发展，我想我会给多勃雷宁打电话的，我会把你强调的这些告诉他。

尼：好的，好的。你要用一种非常具有安抚性却又非常强硬的态度告诉他，告诉他我非常后悔做这件事情，我很不情愿，不过现在我们又无法取得积极进展，现在我们能做的也只是以牙还牙，而且我们也已经为此做好了准备。目前的局势……到现在还没有传来任何关于战场局势的新消息吗？

基：战场局势，以色列炸毁了敌方150辆坦克，不过目前他们还没有对外公布这个消息。

尼：而且，他们自己只有15辆坦克的损失，这个消息，我今天上午就已经知道了。

基：这个消息差不多是今天上午10点半的时候传来的。

尼：埃及方面呢？

基：他们还是继续向南推进，而没有向东推进，目前他们也无意突破西奈半岛。所以，目前在运河沿岸的埃及军队，他们依然还只是在维持防守状态。他们也许会[内容不详]，但是……

尼：叙利亚方面有什么新消息吗？

基：关于叙利亚，今天上午以色列人告诉我们，他们已经阻止了叙利亚军队在大马士革的推进，大概以20公里的样子。目前以军正在向叙利亚步兵逼近。一些来自国外的记者，他们从大马士革出发，一直到达叙利亚军队前线，他们的报道指出叙利亚军队目前士气低落，都要准备放弃武器了。但总统先生，这就是埃及人依然持观望态度的原因。目前，绝大多数的以军还驻扎在那里。我们特别行动小组估计，以色列军队还需要三天的时间击退叙利亚人，而在埃及战场上，以色列人至少需要四五天的时间。

尼：那我们制订了什么计划？

基：我们的计划是，我们希望能在本周结束战事。

尼：[内容不详]

基：是的。

尼：我知道你只有在战事一方被击败后，才可能展开行动，这才是问题的关键所在。不过至少现在我感觉好多了。关于空运的问题，就像我跟艾尔说的那样，如果我也参与你们的讨论，那就不是3架飞机能解决的了。天啊！我们不管这些运输机有多大的装载量，让它们直接参战就好！

基：我从你身上学到的一条就是，如果你确定要做这件事情，就把这件事情做好！

……

我们之所以向苏联做了保证，目的是让我方在不断增加对以进行物资补给数量的同时，能让苏联保持克制，避免其向阿拉伯国家增加物资输送。此后不久，我们向以色列输送的运输机每过15分钟就会出现在以色列境内。

苏联驻美国大使阿纳托利·多勃雷宁与基辛格的通话
1973年10月14日，周日
中午12点36分

基：我刚刚和总统先生通过电话。

多：好的。

基：总统先生从你方领导人的利益出发，他希望我知道两件事情。我也希望把这两件事情告诉你，第一，我们现在已经开始在对以进行空运了，你知道，就是向以色列输送物资。

多：是重型装备，还是军火物资？

基：目前这个阶段还都是军火物资，现在我们对于向以色列提供重型装备还是非常谨慎的。如果有，也只有很少的一部分。停火之后，如果你方停止向阿拉伯国家进行空运，那我方也会马上终止空运行动。否则，我们在第一时间会增大对以提供物资补给的规模，其中肯定也会包括重型装备。但我的意思是，对以的物资援助，我们不会增加到最大规模。

多：是的，我明白。你的意思是，你们不会经常进行空运吧？

基：如果战事继续的话，那么我们也将被迫卷入其中。你是知道的，我们现在已经准备好了，以色列已经向我们多次要求支援幻影战斗机了，我们虽然也援助了一些飞机，但这里面并没有他们急需的幻影战斗机。

多：是的，我明白，我真的明白。

基：你也知道，幻影战斗机一直是他们最希望得到的……

多：战事之初，你就说过向以色列提供空运物资，不是吗？

基：那时一切都还在运作之中，现在我方的空运计划已经正式启动了。是的，已经启动了。

多：是啊，这不过是个情报问题。

基：是啊，这不过是一个涉及情报[和]建议方案的问题。如果你方能在各方停火后停止向阿拉伯国家进行空运，那我们也会停止向以色列进行空运。

多：好的，但是这一切都和你提到的停火有关，不是吗？

基：是的，的确和停火有关。

多：好的，我马上就把我们说的这些内容发电报给莫斯特去。

基：阿纳托利，你是知道的，我们都知道现在战事处于危险之中，因为如果战争一直持续下去的话……

多：如果你有机会能看到我昨天发给莫斯科的电报，你会发现，我在电报里说的和你告诉我的完全一致。

基：没有，我没看到。

多：当然，我个人对这份电报持保留意见，但我却把你说的一字不落地告诉了莫斯科。虽然我这样做有失公允，但我应该让他们知道你方目前的想法。通常情况，我是不会转述你的原话的，我会简单地总结一下，然后以电报的形式发出去；但这一次，我把你的话全都写在了给莫斯科的电报里面，因为我觉得……

基：但是我给你的建议是，今天我已经在引导媒体的报道方向了，我要把报道内容减少到最少，在报道上，我们什么也不会说……

多：你的意思是，针对媒体？

基：是的，我们会对媒体说，我们的确在准备一些事情，但这却要从明天开始进行。就像之前我跟你解释的那样，我们不得不被迫透露一些消息……

多：是的，我明白。关于明天我已经说的很清楚了，在此之后，即使你不说些什么，也会有其他的报道冒出来。

基：是啊，除非我们知道未来的形势将如何发展变化。

多：爱的，我明白，我明天给你打电话。

……

国防部长詹姆斯·史勒辛吉与基辛格的通话
1973年10月14日，周日
傍晚时分

史：关于物资补给的计划，你们进行得怎么样了？在早晨我们讨论的10架幻影战斗机的基础上，我们又增加了4架。我们是不是要在明天把这些战机都运到以色列去？

基：我可以明天把这些战机都运走，然后在后天，也就是周二休息一天；或者是明天先休息，后天再进行空运。

史：那样的话，我们援助以色列的战机就达到20架了。还有一个问题，关于我们的反坦克导弹。你是知道的，我们的这些反坦克导弹从来没有出现在公众的视线里面，所以这可能会产生巨大的轰动效果。我们都已经准备让我们这些新发明低调一些……

基：你说的究竟是什么东西？

史：这是一种击毁坦克和其他装甲目标的导弹，威力大、射程远、命中精度高。

基：相比起来射程更远，是吧？

史：射程大概可以达到二三公里。

基：但你们现在的问题并不是来自这些数字，而是在于如何把这些导弹送到以色列去？你怎么看？

史：是的，我也是这么认为的。

基：我的看法是，现在既然我们已经开始向以色列提供物资援助了，那我们就一定要拿下这次战争的胜利。

史：我希望我们的时间表能和我国的外交计划时间表相配合。

基：我们的外交计划，我已经告诉给苏联人了，说在明天上午之前，如果他们希望改变中东战场走势的话，我们并不介意告诉他们——如果你们跨过我们美国的底线，肯定会有一些不好的事情发生。

史：你的意思是，我们先拖垮他们，然后再出其不意。

基：你还有其他要说的事情吗？

史：没有了，亨利，谢谢你。

第11章　1973年10月15～16日

战争开始后，意味着我们的外交进程也就要启动了。萨达特已经决定要进攻西奈半岛，这样做很可能是为了缓解他们的叙利亚盟友在前线上的压力，但这样也会让其驻扎在苏伊士运河附近的军队走到埃及空军的防御圈外。同时，这也能让以色列空军将三百逾架苏联战机轰炸殆尽，以军借此也能一改之前一周在战场上的颓势。至于以色列军队何时能发动进攻、何时把埃及军队赶回到苏伊士运河附近，也只是时间问题。之前我方所提出的条件之一就是各方重返战前的停火线，而现在这个条件距离我们是越来越近了。阿拉伯人认为是否能顺利实现停火，取决于以色列人是否同意重返1967年边界线；但是随着战事的不断推进，他们的这种想法已经是无关紧要了。

根据联合国第242号决议，停火后各方将进行谈判，为此我们一直在努力促成此事。由于这242号决议本身存在歧义，各方均有自己的理解，因此在1967年投票表决中，该决议顺利被各方通过。

10月15日，萨达特的安全顾问伊斯梅尔，针对我向其知会的空运问题给出了回复。他在回复中再次重申了有关埃及决定要"保持这条美埃沟通渠道畅通"的愿望。埃及不需要任何其他国家以其名义表达任何想法，这也就意味着，一旦莫斯科与开罗的说法发生矛盾，我们无须理会任何来自莫斯科的解释。此外，伊斯梅尔还否认了其"因为自己品尝过了耻辱"，就会做出羞辱以色列的行为。对于我方为停火所做出的努力，伊斯梅尔表示了"感谢"，称这是政治解决问题道路上的必要准备。但是考虑到埃及此前的经历，伊斯梅尔表达了类似划分停火线的行为是否可以切实付诸实施。换句话说，伊斯梅尔对目前埃及所面临的敌人——以色列——表示了指责。而其对于我方的停火建议表示反对的做法完全是不切实际的，如果我们向其解释我方的外交政策为何最终可以行得通，埃及人也许可能会改变主意。

之后，伊斯梅尔提到了空运行动，和往常对待我方向以兜售军火物资不同的是，他并没有提到"难以接受"这次空运行动，也没有反复利用这次空运行动大做文章，抑或是利用后续产生的结果对我方进行威胁。相反，他一再催促我要更努力地将武力解决方案与政治解决方案结合起来。令人震惊的是，他还邀请我访问埃及。

> 为了感激国务卿基辛格博士为此次战事所付出的努力，我们欢迎基辛格能访问埃及，我方接受对任何问题——无论是解决方案，还是计划——

进行谈判，但这一切要以以下两方面作为根本原则：第一，我们要让外界相信，包括基辛格博士在内的各方势力都不会对此表示反对，第二，埃及绝对不会在领土和主权问题上妥协。

谨以此送上我最诚挚的问候，法赫米·伊斯梅尔

10月16日上午，我们向埃及给出了回复，我们希望能借此表达将在未来进行外交斡旋的意愿，以此让埃及方面保持克制，让其不在下周采取任何空运行动：

> ……在这种情况下，美国又能怎么做呢？基辛格博士已经多次说过，只会对可以运输的物资做出承诺，而且肯定会输送所有他承诺的物资。关于伊斯梅尔先生在10月10日传递的消息中提到的建议，这个建议包括五方面的内容，事实上，埃及是在借此请求以色列同意埃及提出的停火条件。然而，基辛格博士认为，除非战事被拖延，否则停火是根本无法实现的。在当前形势下，美国无法通过施加压力促使各方停火。
>
> 目前，美方可以保证顺利实施的是竭尽所能在各方达成停火之后协助实现最终的解决方案。基辛格博士认为最近发生的一系列事情可能已经很好地能帮助美国在日后处理解决方案的问题时，更好地发挥该国的作用……
>
> 因此，目前埃及方面需要作出一个非常艰难的决定。埃及的坚持只意味着战争将进一步持续下去，同样也意味着这将摧毁之前取得的一切成果。那样的话，一切只能依靠军事手段来解决。上述观点不过是美国随意推测出来的，而美国也认为这个观点不够清晰。无论如何，美方采取外交手段都难称合理。
>
> 如果问题最终需要通过外交途径解决，那停火将会是先决条件。只有这样，美国在外交层面的努力才能取得进展。在美方提出的正式承诺中，埃及将会发现美方如此行事的必要性和紧迫性，美方这样做的目的是为了充分加入到此次战事中来。
>
> 基辛格博士非常感谢埃及提出的访问邀请。一旦中东各方实现停火，他将非常审慎地考虑此事，同时，他也希望此次中东之旅能给该地区带来长久的稳定与和平。
>
> 致以最诚挚的问候……

16日上午十点刚过，我们就举行了华盛顿特别行动小组会议。既然我方已经决

定要实施空运,那就应该让其他人知道我方的意图。我们几周前的疑虑如今已经完全驱散了,我方试图将外界可能会对我们的批评,转化为更为危险的后果。同时,我也指出,我方对以色列的补给应该以我方的原则为指导,"考虑到目前处于半冲突状态的形势,希望与苏联一起,尽快稳定局面。我们每天都要多给他们施加一些压力。"我还提出了一个笼统的指导方案:我方向以军提供的补给物资,至少要比苏联多出25%。我们还决定启动海上运输,以便于对空运进行补充——苏联方面已经在黑海附近停靠了多辆运输船,船上都装满了物资,其中还包括苏联最先进的武器装备。

在危机到来之时,对于那些超级强国而言真正的赢家是那些能够通过仔细判断,确定何时向对手发动攻击的国家。我也向我在华盛顿特别行动小组的同事们阐述了上述观点:

> 今天无论发生什么,我们都必须低调行事。现在我们不会举办任何记者招待会了。如果在此次危机过程中,我们能不与苏联发生任何冲突,与阿拉伯国家的关系也不会出现裂痕,那么就可以说,我们从这次战争中得到了有用的东西,其他任何说法也都只是哗众取宠。在物资问题上,我方的态度会非常强硬,我们会继续向以色列进行物资输送。

之后传来的消息越来越对我们有利了。我方获知,苏联一架VIP飞机已经飞往埃及首都开罗,我们猜测苏联总理阿列克谢·柯西金就在这架飞机上。之前他毫无征兆地取消了与丹麦总理的会面,这的确出乎我们的意料。这意味着苏联很可能敦促萨达特接受我方提出的停火方案,况且接受停火对于这位埃及总统来说也无需多费口舌。苏联媒体也可能公开丑化苏埃关系。

与此同时,我方获悉一支拥有25辆坦克的以色列地面力量已经跨过了大苦湖沿岸的苏伊士运河区域,他们正在准备摧毁阿拉伯人的地对空导弹基地。他们如能继续前进,以色列人获得此次战争的胜利也算有了保证——埃及驻扎在苏伊士运河的军队将完全暴露在以色列空军的轰炸之下。不过现在讨论以色列是否能守住苏伊士运河西岸还为时尚早。因此,华盛顿特别行动小组依然认为以色列人的此次行动只是一次突袭,事实上,我们也的确言中了。

周二晚些时候,我向尼克松总统进行了汇报,告诉他三分之二的可能性战事将会很快结束。

所有种种,加上事态的发展,我们得到的全都是利好的消息,因此我们也不需要做出很多决定,各方的电话沟通也很少,大多都是和新闻发言人、联邦参议员进行交流。10月15日的主要电话包括:

国防部长詹姆斯·史勒辛吉与基辛格的通话

1973年10月15日，周一

上午9点08分

基：你好。

史：你好，亨利。

基：告诉你一个消息，但不要…… 这个消息我在华盛顿特别行动小组会议上都没有提到——苏联在今天凌晨三点的时候传来了一个消息，是有关采取下一步行动的建议，这正巧也和我们正在考虑的内容有关。

史：这很好啊！

基：他们的建议和我们之前在周六提出的停火方案有关，而且也和联合国第242号决议有关，一直以来，我们也都是遵循242号决议来制定方案的。

史：是的。

基：你应该明白，现在我们依然希望能暂时对这个消息保密。我认为目前情况非常明显，苏联人现在很着急，所以我认为我们此时大可以向以色列进行物资输送。

史：好的，你的意思是让剩下6架运输机也加入到输送物资的行动中来？

基：要是我，我明天就启动这6架运输机。

史：好的，没问题。但我还有一件担心的事情，就是关于口径为175毫米的火炮。你知道，这个175毫米的火炮可以自行发射，以色列正是用这种武器对大马士革构成了威胁，我们必须仔细考虑这个问题，否则这会对大马士革造成毁灭性的灾难。我不是说现在就要得到你的答案，但我希望……

基：好的，我要先确定他们不会轰炸大马士革。

史：他们现在急需架桥设备，肯定是在准备横渡苏伊士运河了。一想到这个问题，我就……

基：先让我仔细考虑一下……

……

国防部长詹姆斯·史勒辛吉与基辛格的通话

1973年10月15日，周一

上午9点40分

基：吉姆，我答应了多勃雷宁一件事情，那就是我们不会就苏联发表任何挑衅的言论，不过这件事情依然在准备之中。

史：好的，我会很小心地处理这个问题的。

基：所以，你也能明白，现在有些事情我们只能私下议论议论议论罢了，但绝对不能在公开场合正式提出。

史：好的，那很好啊……

……

联邦参议员雅各布·贾维茨（纽约州共和党人）与基辛格的通话
1973年10月15日，周一
上午9点45分

基：刚刚过去的这个周末，我都没抽出时间给你打电话。我想告诉你目前事态的发展情况。我们在周六下午正式启动了对以色列的大规模物资空运，现在每过15分钟，以色列机场上就能出现一架我们的运输机，到了明天上午，我们给以色列提供物资的数量就能和苏联在过去五天给埃及提供的物资总量持平。

贾：好！

基：F-4战斗机也在此次运输的范围之内，大概一天平均能运输6架。

贾：很好。

基：到了明天，总共就有20架了。

贾：那太好了，亨利。对于当前这个不断变化的政治角力你怎么看？他们昨天在打给我的电话里提到了一个解决方案，说杰克逊他们那帮人准备明天就提出这个方案。不过我也告诉他们要把这个方案的内容告诉马歇尔·怀特［负责国会事务的国务院助理国务卿］。

基：他们的方案内容到底是什么？

贾：这个方案，你是知道的，督促增加对以色列的援助力度，和你目前在运作的事情大致一样。你应该问问怀特关于这个方案具体的细节。他已经拿到这个方案的文案了，我今天上午就得把这个方案送出去。

基：我还没有看到呢，我得看看这里面的内容。至于他们是否在借用这个方案抨击目前的联邦政府，我不在乎！

贾：没有，没有的事！

基：这件事，我们目前还需要面对两个问题。第一就是尼克松总统还没有完全放开对以援助的手脚。

贾：这一点我非常肯定。

基：如果他因此受到指责的话，那么……

贾：如果我可以避免，我肯定不会让总统先生陷入被指责的境地。是的，我可以避免这件事的发生。

基：事实上，我希望有人能够提一提这件事。

贾：我会去处理的。

基：这件事情非常重要！

贾：我今天上午就去处理这件事。无论什么时候我们需要推出这个解决方案，我都会不惜一切代价使之成为现实。

……

联邦参议员斯图亚特·赛明顿（密苏里州民主党人）与基辛格的通话

1973年10月15日，周一

下午3点15分

赛明顿（以下简称"赛"）：对于昨天晚上你告诉给我的事情，我的疑虑已经消除了，但看到今天上午报纸上的报道，我又有些担心了。

基辛格（以下简称"基"）：关于杰克逊的？

赛：是斯库普［联邦参议员杰克逊的昵称］的评论文章。注意那篇文章的标题。我希望你能知道，我已经和狄尼兹通过电话了，我把这件事情告诉他，还告诉他这样的评论是失实的。他跟我说，他知道这样的评论的确有些问题。事实上，我们两个人每天都在电话里面聊很多。

基：你真是太善解人意了！

赛：我想告诉你的是，无论发生什么情况，我认为没有任何事情比目前以色列的事情更重要，虽然这是一个很小的国家，但这却是我真实的想法。

基：我知道。

赛：再有，为了实现……我现在也不是非常确定，但是我还记得，在类似的问题上，勃列日涅夫一度压力非常大，这只能让当前的局面变得更糟！

基：现在一旦我给多勃雷宁打电话，也就意味着美苏双方结束了这种缓和的局面，他肯定会说"除了最惠国待遇，我们苏联什么都不在乎！"

赛：改天，让你见见我的朋友，他叫艾贝·法恩伯格。

基：能够见到你的这位朋友，我很高兴。他会来华盛顿吗？

赛：是的，他会来的。你有时间见见他吗？

基：荣幸之至。你来安排时间吧。

赛：好的。他们现在给我的压力也很大。现在你和史勒辛吉，我谁也联系不到。我给国防部的人打过电话，但是他们也不能确定是否可以将幻影战斗机运到以色列去！

基：告诉你个消息，我们目前每天向以色列输送大概6到8架幻影战斗机。

赛：我知道这件事，运输这件事就在我们这里进行，我能把这个消息放出去吗？

基：恐怕不能。

赛：我就是想听到你这句话。

……

埃及外交部长穆罕默德·扎亚特与基辛格的通话

1973年10月15日，周一

晚上7点29分

扎：国务卿先生。

基：外长先生，你好。

扎：很抱歉这么晚还打扰你。

基：没关系，外长先生。能接到你的电话我很荣幸。

扎：今天早晨，我接到伊斯梅尔的电报。我认为他已经给你发过电报了，然后才给我发的这一封。要是我们把定于明天的会议暂时推迟一下，你认为怎么样？

基：完全由你决定。

扎：我想，如果我们能暂时搁置一下，看看接下来会发生什么事情，然后再召开会议，会好得多。

基：好吧，我明天就给他回复。

扎：我看到报纸上总统先生给出的评论了，我读了很多次，只是我不知道他这些话到底是什么意思。

基：他只是在解释我方的基本政策，并没有暗示任何特别的信息。

扎：没有暗示任何特别信息或其他事情吗？

基：目前来说，没有！

扎：好的，非常感谢你！

10月16日的电话，大多数都是和我获得诺贝尔和平奖有关。为了肯定我和越南领导人黎德寿在结束越南战争过程中做出的贡献，我们二人获得了当年的诺贝尔和平奖。

苏联驻美国大使阿纳托利·多勃雷宁与基辛格的通话

1973年10月16日，周二

中午11点42分

多：希望我有幸可以参加你们的那个派对！

基：什么派对？

多：就是和你获得诺贝尔奖有关的派对啊！

基：我想借用我们美国喜剧演员格劳乔·马克斯说的一句话，"那些吸纳他参加的俱乐部，事实上他本人都不想加入其中"。至于黎德寿是否有资格获得这个荣誉，我不愿多作评论，不过我看这肯定是出了什么问题。

多：我还是要向你表示祝贺。你应该拿到这个和平奖。这是一件值得铭记的事情，我希望借这通电话送上我最诚挚的祝福。

基：非常感谢！

多：亨利，坦白说，我可能是为数不多能够毫不犹豫地说出你功绩的人。

……

美国总统理查德·尼克松与基辛格的通话

1973年10月16日，周二

中午11点46分

尼：我希望向你表示祝贺！

基：我知道谁更应该拿到诺贝尔和平奖。

尼：是的，是的，不过我还是要给你两条建议，我觉得你应该发表一份小小的声明。

基：我已经告诉所有人，告诉他们我要感谢你给我这个机会，而且，最重要的是，这是因为我目前的职位才创造了我拿到这个和平奖的机会。

尼：很好。我建议你现在放掉手边所有的工作，然后和我照一张庆祝你获奖的照片以示纪念。你看12点半怎么样？

基：没问题。

尼：从现在到一会我们照相还有一段时间，你发表完声明再来找我好了。

基：我会在12点半到的。

尼：来之前一定要先发表声明，这样你就不用到了白宫再发表声明了。

……

联邦参议员巴里·戈德华特（阿利桑那州共和党人）与基辛格的通话

1973年10月16日，周二

下午3点57分

戈德华特（以下简称"戈"）：我真不想告诉你这些。之前伊朗国王来找我了，他邀请佩吉[巴里·戈德华特的妻子]和我访问伊朗。我们选定在12月1号去，但是考虑到目前的形势……

基辛格（以下简称"基"）：你说的是中东形势吧？只要我们不故意捣乱，中东战争将在未来几天内就全部都结束了。

戈：我很高兴能听到这个消息。我们现在是在与苏联人合作吗？别了，你还是不要在电话上告诉我这个问题的答案了！

基：我们现在的确在与苏联人合作，我们现在也在与埃及人合作。现在的形势依然很复杂，依然前途未卜。

戈：不过我们还是有方法克服的吧！

基：不过你肯定将受到非常好的接待。

戈：对于一个拥有一半犹太血统的人来说，这已经很不错了。

基：是的。

戈：你那边一切都还好吧？

基：很好。希望我能在下周和我那些保守党的朋友们见个面，我恐怕他们现在已经陷入很大的麻烦之中了。

戈：我倒是没有听到任何消息。

基：不过我想告诉你的是，我们的国务院可不是一个恶劣的场所。

戈：我知道，我明天就要去国务院，但我要离开……

基：你什么时候回来？

戈：我会在十一月份吧。

基：十一月？

戈：十一月上旬，我需要参加多个演讲活动。

基：我会和你的办公室人员保持联系的，我们最好能解决一些问题。

……

为了能进一步缓解阿拉伯国家的紧张形势，尼克松总统在10月16日同意与阿拉伯诸国的多位外交部长会面，即与来自科威特、沙特阿拉伯、摩洛哥以及阿尔及利亚的外长召开会议。

负责南亚近东事务的助理国务卿乔瑟夫·J·西斯科与基辛格的通话
1973年10月16日，周二
下午4点10分

……

西：我现在就在行动中心，这里特别行动小组的人并没有召开新闻发布会。我认为，他们现在颁布了严格的限制令，这里所有人都没有对外发表过任何言论。

基：好吧，这肯定是国务院情报办公室的人。尼克松总统要跟阿拉伯人会面了，我现在要抓紧时间跟他再沟通几个重点问题。

西：他们大约30分钟后就能到您那里。

基：这些阿拉伯外长们应该严格遵守我们之前商讨的准则。我是不是应该先跟他们碰面？难道他们不希望看到我吗？

西：他说你和总统先生都要见，你是愿意先见诸位阿拉伯外长，还是之后再跟他们碰面。

基：我倒希望能先跟他们碰面，不过总统那边……这样，让他们在十点一刻的时候来我在白宫的办公室，然后我们再从这里去总统那边，你跟我一起去。

西：我会的，我马上就安排这件事，安排好后，我会向你逐一汇报。

基：还有一件事，如果总统先生想见我的话，我们就得临时改变决定了。

西：如果总统先生想见你的话，我们就把你跟阿拉伯外长会议的时间安排到11点。我明白，我们要缩短阿拉伯外长与总统先生、与您的会面时间，还有一件事，也许你希望各国驻美国大使也参加此次会议。

基：不希望！

西：我的意思是，你是否希望阿拉伯国家中只有一位外长与您进行会面？我的建议是，最好能让阿诸国的外长和该国驻美大使参加会面。当然，此举并没有任何意义。

基：我现在……我现在还没有得到任何关于此的确切消息，我很不喜欢这种大规模的会议。

西：这并不是重点所在，这真没有什么重要的。你为什么不能在明天上午作出决定呢？这些外长们都知道他们是无法与尼克松总统的会面的。

基：好的……

……

沙特外交部长奥马尔·萨卡夫与基辛格的通话
1973年10月16日，周二
下午4点35分

基辛格（以下简称"基"）：外长先生，我期待与您在明天的会面。

萨卡夫（以下简称"萨"）：谢谢你的关注。我要对您表示祝贺。

基：谢谢。我之所以给您打电话，是代表我方总统邀请你方国王在此次中东战争结束之后访问美国。

萨：这件事，我们能放到明天再进行讨论吗？

基：明天可能还有其他人在场，不过也许我们能抽时间讨论一下这个问题。

萨：你们打算把访问定在什么时候？

基：我们会尽快找一个双方都觉得合适的时间。

萨：好的，谢谢你，我们明天见！

美国总统理查德·尼克松与基辛格的通话
1973年10月16日，周二
当天晚些时候

基：总统先生！

尼：外交方面有什么最新进展吗？

基：我今天与苏丹外长碰了面。

尼：很好。

基：他手上很可能握有爆炸性的消息，你是知道的，他和其他的阿拉伯人关系很近。

尼：我并没有打算让他参加明天的会议。

基：不是，他们是自己选得自己。不过，随他们的便吧。

尼：还是让我们琢磨琢磨萨达特的想法吧，只有我们同意提出一些外交帮助，而且这些帮助能使埃及人保留些脸面，那样的话我们才可能找到当前中东问题的解决方案。之前你提出的那条就非常不错了！

基：不要把我们的想法强加在这三国身上 [这里实际上是四个国家，即：沙特阿拉伯、摩洛哥、科威特和阿尔及利亚]。

尼：不会的，不会的，我并没有打算明天就采取行动。

基：直到阿列克谢·柯西金从开罗回到莫斯科，我想我们都不会采取任何行动。

尼：我们要怎么告诉他？

基：他已经拿到我们提出的方案了。

尼：要是他回来之后告诉我们他不同意怎么办？

基：我认为他们拒绝我们的可能性很小。

尼：不过还是可能发生变化。你觉得他明天会回来吗？柯西金这次出访，大概要多长时间？

基：我打赌他明天晚上之前肯定会回来的，否则的话，他周四才可能回来的。

尼：你见过曼斯菲尔德 [参议院多数党领袖迈克·曼斯菲尔德] 提出的建议了吗？非常经典！他建议英国、法国、日本、美国和苏联联合召开高峰会议。看在上帝的份上，天知道这样的高峰会议能有什么样的结果！

基：总统先生，这将会把我们置于死地，那样将是以色列和我们遭到其他六国的反对，这个想法简直是疯了！

尼：这就像之前在越南战争中一样，我们那些民主党的朋友们，他们已经惊呆了，他们惊讶于战争即将结束，他们还想着来到战事第一线在前面指手画脚呢！

基：这能有什么区别？除非有人疯了，否则一点区别也没有！

尼：不过什么都是有可能发生的。

基：别有那样的想法！

尼：希望我们能保护好在特拉维夫的机场跑道。

基：他们不会轰炸那里的。

尼：他们为什么不会轰炸那里？

基：因为他们害怕我们会把苏联的空军当作攻击目标，现在有三分之二的可能将提出解决方案。在刚刚过去的一周里面，我们太草率，出现了太多的失误，现在我们已经显示了自己的威力，所以这周提出解决方案更好一些。

尼：如果空运继续的话，要涉及多少架战机？50架吗？每次都是战争结束时比战事之处投入的飞机要多。

基：现在我们每天运输飞机的速度是每天6架，不过运输数量取决于战事何时结束，抑或是中东问题何时解决。

尼：战争结束之后，以色列人要对我们感激涕零了。

基：参议院已经在发表声明了，贾维茨也贡献了一份。从外交层面来说，这样的结果的确能对我们产生帮助，至少在我们没有准备好之前，他们这样的举动表示你并没有完全退出这场中东游戏。

尼：我明白，但我们必须……他们应该在我们准备好后再发表声明。

第12章　1973年10月17日

我们确定的政策依然是继续等待中东战事的进一步发展,与此同时,我方依然在加速向以色列空运物资,另一方面,我方也一直在努力使阿拉伯国家保持冷静。在外交层面上,我们开始准备提出以当前战线为停火线的方案了,我们决定在提出此方案后启动各方谈判,这也完全符合联合国第242号决议的精神。1967年第三次中东战争结束后,各方在联合国的斡旋下通过了第242号决议。该决议要求以色列军队撤出在战争中占领的领土,各方也要尊重各国边境线。但准确地说,第242号决议却增加了各方出现理解分歧的可能。这项决议使战后的谈判成为可能,解决各方在理解上的分歧也因此成为该决议的目标之一。

美国总统理查德·尼克松与基辛格的通话
1973年10月17日,周三
上午8点44分

尼:今天上午的外交进展或是战场局势有什么新消息吗?

基:战场局势,看起来是陷入了僵局。但是在外交进展上,所有情报人员都不清楚目前是什么状况,但他们分析苏联总理柯西金出访埃及,的确导致了一些后果,阿拉伯诸国对此的报道都非常低调。我判断在柯西金离开开罗前,他们什么消息也都不会放出来。

尼:是的,的确如此。

基:这正是我们的大麻烦。

尼:问题在于,他此行的目的是,他是想平息战火,还是进一步扩大局势?

基:总统先生,现在还很难判断,两种可能都有。我们也不会因为他在埃及,就放慢前进的脚步,任何事情都不会减速。现在我们在以色列空运的物资比苏联向阿拉伯国家投入的物资多近30%。从今天开始,我们每天空运物资的总重量就应该超过苏联那边了。正如我说的那样,我们不会……任何事情我们都不会减速,但如果他想进一步扩大局势,这在我可能看来是非常难以置信的。

尼:是的,是的。

基:而且肯定会发生……

尼:你还没有得到柯西金的最新消息吗?

基:直到他从开罗回来,关于他的任何新消息我们都得不到,这一点我非常确信。不过苏联新闻媒体一直在装聋作哑，我猜他们是准备挖出点消息来。我不知道现在苏联是不是站在埃及一边，但我们得到的所有情报都显示，埃及的态度和之前相比要强硬很多。

尼：以色列的突袭行动[即指以军跨过苏伊士运河]也并不是那么成功，是吧？

基：肯定不成功！

尼：这一点我已经知道了。

基：就在现在，两方人马正在西奈半岛进行坦克战。不过我们目前还没有收到任何关于这场坦克战结果的报告。总统先生，我想和你谈一谈有关那四位外交部长的事情……

尼：我已经看过这次讨论的重点了。

基：你看过了？

尼：是的。

基：请记住最重要的一个问题是，这次会议是在我们采取任何行动[即向以色列进行空运]之前召开的，他们也不能对此表示抗议。

尼：是的，你说得对。

基：我不会把我们的想法强加给他们的，因为他们本身就不是能够与之谈判的那种人，我们最关注的问题现在就摆在埃及人和苏联人的面前。

尼：是的，但如果他们一直强调以色列必须撤回到1967年边界线上，那你怎么办？

基：你就说，一切要等停火后再进行谈判。

尼：好的，进行谈判，那这是不是意味着我们就同意他们的建议了？

基：总统先生，我觉得谈判很难实现。我在之前跟与人交流的过程中，一直在刻意回避这个问题，不过我也多次强调，这个问题在解决过程中应该遵循安理会第242号决议，现在对他们来说，他们一定要把停火和后停火时代区分开来，对此，我能找到的一个非常充分的论据就是，他们希望美国能充分介入到停火后的外交进程中来，这也是您之前承诺给他们的。但是这就意味着这场中东战争将有条件地结束，而这些条件也促使我们与各方频繁接触。第二，如果我们现在没有尽力终结这场战争的话，那么随之而来的将是无休止的谈判，伴随着无休止的战争。

尼：是的，的确如此。如果我们不为这场战争画上一个终点，那么埃及人根本别无选择，他们只能与以色列人战斗到底。

基：那他们将会用这场无休止的战争把以色列人赶出去。

尼：所以现在我们是唯一能对以色列人产生影响的国家了。

基：这正是我想要说明的。还要说明的是，由于战事的不断继续，战场局势也发生了一些变化。

尼：局势变化了？你的意思是？

基：他们 [指阿拉伯诸国的领导人们] 会提到一个问题，"我们怎么知道战事结束后，局面不会陷入僵局呢？"一定要对他们说明的是，当前的战术形势已经发生了很大不同，现在中东地区没有任何一个国家能够宣称自己具有绝对的霸权地位，所以他们也只能依赖于……

尼：换句话说，以色列理论上已经不能再宣称自己具有霸权地位了，是吧？

基：是的，但我绝对不会这么直白地说出来，因为……

尼：我明白，好的，我明白你的意思了。

基：我已经和沙特外长沟通过了，我向他转达了你邀请沙特国王访美一事，他听后非常高兴。其实，你可以在外长会谈结束后，和这位沙特外长再多聊几分钟。

尼：好的。

基：一定要记得两件事情。首先，你要对他在刚刚结束的这一周里面所扮演的积极角色表示感谢，其次，你要说你非常希望能在停火后见到沙特国王，至于具体时间双方可以互相协商。在访问这个问题上，总统先生，我一直在强调停火，否则他们就会提出其他推迟停火的理由了。

尼：好的。

基：我们不希望他……处于外交政治的最前沿并不是这位沙特国王的兴趣所在，那样的话，他自己就会卡在一堆麻烦之中不能自拔。

尼：那在停火之后呢？

基：停火之后，他们也许会提前让他来美国。

尼：我们可不希望看到这样的结果。

基：我们当然不希望，那样的话对我们没有一点好处！

尼：我们不希望任何一个人介入进来。

基：我想到了明天，事态肯定会在某个方面有所突破。当然事情也可能朝着不利于我们的方向发展，不过那时柯西金也已经回到莫斯科了。

……

国防部副部长威廉·克莱门斯与基辛格的通话

1973年10月17日，周三

上午9点35分

基辛格（以下简称"基"）：比尔 [克莱门斯的昵称]，我现在就在白宫。我能非常强烈地感觉到，我们今天可以通过追加军费款项的方案 [这些军费用来支付对以空运和我方在此次中东战争中的各种开销]，我们今天就可以不再围绕着数字和那些议员们捉迷藏了，我们今天就能生成一个确切的军费数字。

克莱门斯（以下简称"克"）：亨利，我们已经估计出这个数字了。昨晚，我一直在看方案草案。

基：很好，这大概有多少？35亿美元？

克：不是的，亨利，只有29亿美元。之所以是29亿，是因为昨天你我在开会时候我提到的17亿，只不过是当前信贷的数字，并不能代表此次方案中军费总额。我们已经没有其他的办法了，现在提出的29亿事实上是军费的净增数字。

基：好的，不过你可是给其他人出了难题啊！

克：肯定的，这里面还包括涉及柬埔寨500万美元的军费。

基：好的。

克：这就是我要告诉给你的全部。我能再找到一份草案，我的意思是，我现在就能给你一份草案副本，不过我猜比尔·蒂蒙斯［负责国会事务的总统助理］已经拿到草案副本了。

基：我们都认为有必要在今天通过这份方案，否则一旦外交斡旋出现转折……

克：明白。

基：你能做些什么帮助我们通过这份方案吗？

克：是的，亨利，我们这边可以。我可以在今天下午就把这个方案草案带到华盛顿特别行动小组那边去，不过你还是应该先看看这个方案，这样在我们启动物资运输之前，你可以知道我们进行的是什么。你愿意让我们几个人过去，向你做一份关于此的简报吗，大概15分钟吧。

基：问题是，一会我要和那些阿拉伯国家的外长们碰面。

克：好吧，亨利，我们这边已经准备好了。唯一的问题在于……

基：在华盛顿特别行动小组会议后，你打算明天什么时候进行空运？明天上午吗？

克：是的，明天上午。

基：这应该不算推迟了很多吧，不算吧？

克：我想不算。不过在我们的计划里，我们应该在明天上午的华盛顿特别行动小组的会议上，讨论此事。

基：这样很好。

克：好的，亨利，祝你一切顺利。

第12章：1973年10月17日

苏联驻美国大使阿纳托利·多勃雷宁与基辛格的通话

1973年10月17日，周三

上午9点42分

……

多：我接到我国政府的指示，向贵国尼克松总统和你传达一个高度机密的消息，我想告诉你的是目前我国正在与阿拉伯诸国领导人进行磋商。

基：是的，这也就是为什么柯西金出现在开罗的理由了。

多：的确，莫斯科方面也希望我把这个消息告诉你，但是想必你已经知道了。

基：倒也不是，我们只是知道一位苏联高层出现在了开罗。所以我们也已经告诉以色列人，不要轰炸开罗、不要轰炸开罗机场。

多：这个人正是柯西金。

基：此人的身份之前我们还没有得到证实。

多：但是我国政府的确希望我把这个消息告诉贵国总统和您本人。

基：我希望你能注意到，在这个问题上，我们一直低调行事。

多：是的，我看到了。我注意到在这种情况下，你方依然采取了非常低调的态度，这也是我希望告诉给你的消息。

基：你是知道的，如果外界出现怀疑的声音，我方也是无能为力的，这是因为……

多：是的，我了解，我非常了解。

基：坦白说，我们知道有一架苏联VIP飞机降落在开罗，所以可能有些人已经知道这个消息了。

多：是的，我明白。

基：但你必须要清楚的是，我们并没有就此发表公开声明，或是将此消息泄露出去。

多：是的，我明白，这也是他们特别强调要我告诉你们的，他在开罗除了进行磋商会议外，还有就是讨论停火方案[此停火方案不仅包括停火，还包括后续的各方谈判，这些都是在联合国第242号决议的框架下完成的]。

基：阿纳托利，你必须要明白的是，我从来都不希望误导你，有关停火方案，我们已经在周六与以色列人讨论过这个问题了，但目前我们并没有就此与之有更进一步的沟通。

多：是以第242号决议为框架吗？

基：是的。

多：联合国第242号决议？

基：是的。虽然我们认为以色列人会接受这个方案，但坦白说，我们自己并不希望接受，我方媒体会因此出现非常激烈的反应。

多：是的，你们的确不想。

基：所以，如果你们传回来任何消息的话，我们也都会延后24个小时才能知道。

多：我明白。

基：我只是不希望你们的人被误导。

多：好的。

基：我可以非常确信地告诉你，我们跟你说的一切，我们都会负责到底的。

多：还有最后一件事情，亨利，我这里还有一份勃列日涅夫带给你方尼克松总统的口讯，从停火方案的角度来看，停火并不会马上进行，但你我两国的关系一直不错，我想也许我应该私下里告诉你，这个口讯一共有四页，虽然这还只是一份口讯，我想我会让你看到这个消息的，别的就没有什么事情了。

基：你能在一个小时内让我看到这个口讯的内容吗？

多：我马上就去。

基：送过来，以便我们也留个记录。

多：只能你自己看，如果你对此有任何想法，请一定要告诉我。

基：好的。

多：我随时都可以找你，我的意思是打电话找你。

基：你是知道我方的政策的，我也早已经告诉你了，我方的政策就是尽力，应该是竭尽全力，不仅需要维系各方关系的缓和，更要加强这种缓和的局面。

多：是的，这也是勃列日涅夫这条口讯里面的主要意思。考虑到目前的整体局势，我认为他所说的还都是非常有帮助的，虽然这里面没有涉及到任何即将发生的事情或是最新消息，但你会发现，他说的这一切还是非常有意思的。

基：好的。

......

美国总统理查德·尼克松与基辛格的通话

1973年10月17日，周三

下午1点40分

......

基：总统先生，我认为这是一个非常成功的上午！更重要的是，他们[指阿拉伯诸位外长]也非常高兴，总之，这是一个非常成功的上午！

尼：现在，让我们把目光转到苏联来。你觉得我们能在什么时候得到柯西金的消息？

基：勃列日涅夫已经给我们传来了一个非常长的口讯了。不过这个口讯本身并没有涉及什么内容，他只是围绕这个停火的话题展开。目前事态并没有发展到无法挽回、需要缓和各方关系的地步，我们应该能在明天晚上之前收到他们的消息。

尼：这个过程中，你也可能会接受曼斯菲尔德参议员提出的建议了？

基：总统先生，他们什么时候不让我们失望了？他们总让我们失望！

尼：这的确需要再好好考虑考虑了。

基：他们又什么时候站在你身后、支持过你？

尼：从来没有，但是他们这次提出的计划——在联合国这个平台上解决问题、召开六方会谈的计划，简直太疯狂了！

基：他们从来都不会支持我们的任何决定！

尼：我们这次与阿拉伯人的会议可害苦了那些新闻记者，他们还等着会议结束后爆料呢！

基：那是肯定的。

尼：今天真是发生了很多事情！

基：我们可以在这些可怜的外长们面前炫耀一番了。

尼：现在，毕竟我们支持的是以色列人。

基：现在，毕竟我们美国的飞机每过半个小时就会在特拉维夫的机场上降落。人们已经开始认为一切都理所当然了，现在不允许我们出现哪怕是小的动作。

尼：战场局势怎么样？

基：看上去似乎坦克战还在继续。

尼：我看这已经是陷入僵局了，我的确这么认为。

基：我也这么看。

尼：目前两方也都出现了伤亡。

基：我猜以色列几乎不可能取得胜利，但无论付出任何代价，这都是值得的。

尼：好吧，我们现在可以先休息休息了。

这段电话录音中提到的"在这些可怜的[阿拉伯]外长们面前炫耀一番了"指的是针对沙特外交部长奥马尔·萨卡夫在离开白宫后面对媒体记者发表的评论，"那个可以解决越南战争的人，那个可以平息世界各地的战火、给各地带来和平的人，肯定可以轻而易举地在中东问题上施展拳脚。在解决中东问题、为我们所在的中东带来和平的道路上，他将扮演重要的角色"。

以色列驻美国大使辛卡·狄尼兹与基辛格的通话
1973年10月17日，周三
傍晚5点20分

基：你好，大使先生！

狄：我不会因为前线的问题麻烦你，那个问题我会直接告诉给[布伦特·斯考克罗夫特]将军。我从达扬那里得到消息——他也是刚刚从前线战场上下来，是大概在20分钟前给我打的电话。他希望把这些消息连同对于你赢得诺贝尔和平奖的祝贺一道送给你：目前他非常相信我们的军队不会在苏伊士运河沿岸使你我两国蒙羞，这是他亲眼所见的情况，而且他对目前的局面非常满意。我们认为，既然达扬已经证实了战场局势，那我们就不用向任何人乞求什么了，他的意思是你、我两国，我们都不用向谁乞求什么了。他表示现在我们不宜采取任何行动，而是要静观其变。

基：你应该是知道目前的局势发展的。

狄：我已经向我方梅厄总理详细说明了目前的局势。

基：几位阿拉伯的外长们，他们的目标一致。所以现在这个问题就变得很棘手了，我们需要让安理会再次认可一份决议，虽然现在我们已经有一份通过了的决议了。

狄：我还没有从联合国秘书长那里听到过类似的消息，你说的是停火和联合国第242号决议吧？

基：停火会成为第242号决议执行的基础和前提。对此他们也没有提供给我们任何构想和规划，而我们的判断恰恰依靠的就是这种构想和规划。

狄：我明白。我也是这么告诉我方总理的。现在的问题在于这第242号决议有很多不同版本的解读方法。

基：但我们不会认可任何一种解读方法。

狄：我希望我能在明天上午得到我国的回应，到时我会给你打电话的。我认为国防部部长的消息是非常重要的，从中你可以察觉到……

基：我很高兴听到你这样的说法，空运补给物资的事情现在进行得怎么样了？

狄：非常顺利。我和戈尔达[即梅厄总理]在电话上沟通过，她告诉我以色列的人民在哭泣。她到了机场，不仅看到了美国援助的飞机，还有进行援助的美国人，她非常激动，她说这是她一生中所见过的最令人激动的场景。在此，我还要表达对你荣获诺贝尔和平奖的祝贺。昨天在知道你获奖的消息后，我们使馆的每一个人都为你感到高兴！

基：谢谢你！我想告诉你的是，而且只告诉你个人，尼克松总统认为[把停火和联合国第242号决议联系在一起]，让我们很难拒绝。当然，我们还没有对此公开表态。

狄：好的，我想说，之后也许你希望能见到一些更为具体的情况。

基：我们还没有给出解决方案。

狄：你们打算什么时候出台解决方案。

基：我的直觉是，柯西金从开罗返回苏联时，就是我们拿出解决方案的时候了。当然，这么说的前提是他现在的确还在开罗。

狄：我们绝对不会接受重返1967年边界线的方案。

基：相信我们，我们也不会接受这种方案的，而且我们已经把这样的想法告诉给了诸位阿拉伯外长，我们也把这个想法告诉给了阿拉伯多位大使。

狄：我这就把这个消息传回以色列去。

第13章　　1973年10月18日

10月18日，周四。这一天上午，以色列发表官方声明，称以军已经对苏伊士运河上的桥头堡进行了加固和扩张，目前桥头堡已经向北延伸了八英里，向南延伸了四英里。在帮助罗纳德·泽格勒准备今天上午新闻发布会的过程中，我对他说，我希望能在周日或周一停火［即10月21日或22日］。

尼克松政府新闻发言人罗纳德·泽格勒与基辛格的通话
1973年10月18日，周四
上午10点07分

泽格勒（以下简称"泽"）：关于我方在中东地区的政策方向，你怎么看的？

基辛格（以下简称"基"）：保持冷静，别搅局！让中东局势继续维持目前的状态。

泽：我们是不是应该对你昨晚说的那些言论说"不"？

基：我不会那么做。我现在依然这么说，我之前之所以有过那种言论，是因为当时我身处于一个非常隐秘的环境，不会走漏消息。你是知道我的，我不会提前把任何消息放出来，目前为止，我没在任何报纸上看到过类似的消息。

泽：电报里出现过。

基：但是报纸上还没有！

泽：这个消息已经在下午的报纸上满天飞了，不过还算不上是头条新闻。不过昨天从国务院传出来的消息确实是非常轰动的，说你之前的言论几乎是在暗示美国已经介入到外交活动中来……

基：这个问题，我已经骂过麦克洛斯基。我们不应该，其实是他不应该这么写。我们今天上午的新闻发布会，多少还是会有一些自私的成分在里面的，我的意思是在麦克洛斯基的问题上。在外交活动进行的过程中，对其进行讨论，这不是我们的做派。

泽：关于石油危机［石油输出国组织发表声明称将减少石油产量］，你认为我们最好应该怎么做？我可能需要回答减产5%时，我方的态度会是什么？

基：就说我们会处理这个问题。我知道这只是一个代表事件，但如果我们就这么说出来，那他们肯定会逐渐增加削减的数量。就说这个问题你已经意识到了，在这个特殊的敏感时期，我们难道不能说"我们认为根本无法实现任何切实可行的目标"吗？

泽：我认为这正是对问题的最好回答，我想这样的说法肯定对我们是有帮助的。我们昨天进行了一场非常有建设性的会议，我们与各方也都取得了联系。

基：关于这次富有建设性的会议，我还是倾向借用阿拉伯外长们的言论。

泽：我也是这个意思。我们会继续与各方保持联系，当然这其中也包括苏联。在这个特殊的敏感时期讨论石油问题，我们应该不仅仅是为了实现中东地区的和平吧！

基：是的，我认为这正是我们如今最应该去做的事情，这样的话，一旦战事结束，我们就将处在一个更有利的位置上。我必须要告诉你的是，如果我们能在不与阿拉伯或苏联交恶的前提下解决中东问题，那对我们来说也将是一个非常不错的结局。

......

美国参议院外交关系委员会主席、联邦参议员威廉·富布赖特（阿肯色州民主党人）与基辛格的通话

1973年10月18日，周四

下午1点15分

基：阿肯色州那边怎么样？

富：一切都很好！我一到了这边就开始旅游了，现在我正在该州首府小石城。

基：你现在累吗？

富：挺累的。

基：我想把目前事态的最新进展告诉你。你可能已经知道了，柯西金目前身处开罗，他基本上已经提出了此次中东战争的解决方案，内容就是那天晚上你我讨论的那些，说要以当前战线为停火线进行停火，而且还将停火与联合国第242号决议联系在了一起。

富：很好啊！

基：苏联人告诉我们他们对柯西金提出的建议表示支持。柯西金此行的态度非常艰难，埃及人一直希望能给出一个确切的时间让各方重返1967年边界线。但是我们必须要记住的是，这一切都是缓和谈判的结果，如果不是缓和关系的话，柯西金又怎么可能出现在开罗？一旦苏联媒体知道了我们正在向以色列输送物资的消息，他们肯定不会善罢甘休的，那样很可能事态将不在我们的控制之下。我们已经与包括阿尔及利亚在内的四位阿拉伯国家的外交部长进行了沟通，我们也提出了同样的解决方案。我们还许下了承诺，一旦各方停火，我们将倾尽美国全部力量结束这场战争。尽管如此，我们依然希望在未来48小时或72小时内能发

生一些事情，我们也希望所发生的事情能朝着我们所期待的方向进行。

以色列驻美国大使辛卡·狄尼兹与基辛格的通话
1973年10月18日，周四
晚上8点28分

基：你走了之后我就给多勃雷宁打了电话，我用一种非常低调的方式告诉他，说我之前一直希望柯西金能尽快返回苏联，我不想让他们失去耐心，否则的话，他们可能会出现各种各样的想法，那样的话，我们可能就需要36个小时或者是48个小时来考虑问题。我之所以把这些告诉多勃雷宁，是希望他能把我的想法告诉他们国家的领导人们，这样对方就不会认为我们还在拖延时间。我向他询问有关战场局势的情况，他告诉我他手中的报告显示战事处于一面僵局之中，我说我们的报告也是同样的观点。3分钟前，他告诉我苏联会在两个小时后给我们送来回复，其中也包括他们提出的解决方案。

狄：这个回复可能在柯西金回来之前就出台了？

基：他并没有说这个方案是不是……是不是非常重要。这样吧，我会给你打电话的，我只是希望你能知道这个消息。

狄：我想战场局势的报告很快就能到苏联高层的手里了。

基：这个问题多勃雷宁倒没有任何暗示，尼克松总统也没有……我可以给他们打电话，告诉他们总统正在休息。

狄：你方总统在做什么我不清楚，但我方梅厄总理目前的确在休息。

基：我刚刚想到，如果我们的外交斡旋的确起了作用，那你最好保证能随时找得到你。现在我知道的事情你都能知道，有些事情我还没有来得及告诉给尼克松总统，所以你比他知道的还多！

狄：我一直都会在办公室里。

基：消息大概需要在两个小时后传过来。

狄：我不着急。

基：我知道，我也不着急。

苏联驻美国大使阿纳托利·多勃雷宁与基辛格的通话
1973年10月18日，周四
晚上8点45分

多：勃列日涅夫同志希望我能把下面这些消息传达给贵国的尼克松总统。不过我读的并不是消息的原稿，消息如下：

"我们依然在与阿拉伯诸国的领导人们进行磋商,所以目前我们还需要一些时间,但与此同时,我们苏联,我们苏联领导层在考虑一个问题,那就是安理会制定的方案草案究竟涵盖了哪些内容?我们认为这份草案文本里面将包括以下三方面的内容。

第一,呼吁各方立即停火,所有军队立即回到各自的所属国家。

第二,停火后,根据联合国第242号决议的内容,要求以色列军队立刻从当前所占领阿拉伯国家的领土上撤军,而且以撤军要在最短时间内完成。

第三,决定在停火的同时召开适当的磋商会议,旨在中东地区实现公平且切实可行的和平。"

这些就是消息的主要内容,我再重复一遍[再将上述三方面内容重复一遍]。

基:与谁进行适当的磋商会议?

多:我们认为从这个消息可以推出以下几个结论。我们认为最好的结果是这次磋商会议涉及到的国家越少越好。我们苏联已经为此做好了准备,如果你方觉得会议的结果没有问题,那我们会在第一时间把包括以色列在内的其他参与方邀请进来。要知道,这次磋商会议是以苏联、美国两国的名义召开的。

基:你们为什么对自己的盟友那么残酷?

多:谁的盟友?我们有很多盟友,所以我希望你能说清楚是谁。

基:就是你们唯一一个担任安理会常任理事国的盟友。

多:看看我们的谈话吧,我们为什么不能放弃他们呢?

基:事实上,我们希望我们的盟友成为常任理事国的心情不比你们少,我们更希望自己的盟友是安理会常任理事国。

多:我们不妨看一下苏美两国需要面临的最终结局。各方需要获得保证,于是问题也就出来了,那就是解决方案是否可以顺利通过?我现在非常同意你的观点,只要我们的朋友们能够接受这个解决方案,那苏、美两国就能联合起来共同保证解决方案的顺利实施。此外,我们还做好了相应的准备,要保证领土的完整和安全,边境线和前线的不可侵犯,我们所说的这些也包括以色列在内,同时我们也会把主权完整与国家独立考虑进来。在获得美国和苏联的联合保证后,我相信任何一个国家或个人都不会对这份保证的执行性有任何怀疑。因此,这也是为什么勃列日涅夫同志希望在不违反上述原则的前提下,和尼克松总统交流看法,他也希望能够得到白宫的看法。而对我而言,现在有两个问题需要解决,第一是中东问题;第二是你我两国关系的进一步加强。

基:我明白。你可以在十点或者十点半的时候,得到尼克松总统的回复,而且总统先生希望此次消息传递能私下进行。尼克松总统也没有具体提到你方勃列日涅夫所提问题的答案，他和勃列日涅夫考虑的问题一样，但尼克松总统并没有过多地考虑细节。我是不是应该把总统先生给你们的消息送到你那里去？

多：好的，我刚要说我跟你打这通电话前，就已经收到消息了。

基：那是因为我们无法在两个小时的计划里做出回复。想想看，我们还没有跟总统报告此事。在我看来，他们提出的第二条很难实现，即根据联合国第242号决议，停火后，以色列迅速撤军，至于撤军到哪里，联合国目前都没有明确的说明。但我还是要说，我发现你们付出了具有建设意义的努力。

多：是的，是我个人非常具有建设性。

基：我们为什么不考虑一下以后再处理此事，而非要在现在就进行辩论。如果我们遇到了反提案，一定会给你们打电话的。

……

美国总统理查德·尼克松与基辛格的通话
1973年10月18日，周四
晚上9点35分

基：你好，总统先生，我想告诉你我们收到了苏联传来的初步消息，他们在向着我们期望的方向前进，不过现在距离我们期望的结果还相差很多。

尼：我知道了。

基：这个消息是勃列日涅夫传给我们的，这是他们最初的观察结果。柯西金目前还没有离开开罗。他们目前肯定在沿着你昨天描述的方向前进，不过目前我们必须保持冷静，我们不能向任何人透露我们的决定。

尼：是的，我们也不想……

基：我认为以军在这场坦克战中进行得非常出色，只是他们目前还没有告诉我们。

尼：这将促使苏联人有所行动。

基：我认为，我们可不能指望那些胆小鬼们，但我们又必须在这件事上获得成功。

尼：这倒是个好消息。

基：所以我们还需要48个小时或者72个小时的时间。昨天，我已经以你的名义给勃列日涅夫进行了回复，里面除了提到你已经综合考虑了所有因素之外，别的什么也没有说，我还表达了尽快实现具有建设性结果的希望。

尼：让他们放心，告诉他们我们已经准备坚持到底了。我们不希望他们会认为我们会一直坚定地进行下去。当然，还是要多谢你了。

为了获取更多的时间——这也能增加莫斯科和开罗两方面的压力——我向苏

联传递了消息,这正如我和尼克松总统做的那样,这个消息是以总统的名义传递给勃列日涅夫的,内容是避免以色列撤军时出现问题的各种具体细节。

苏联驻美国副大使尤利·沃龙佐夫与基辛格的通话
1973年10月18日,周四
晚上10点20分

沃龙佐夫(以下简称"沃"):这里是沃龙佐夫。

基辛格(以下简称"基"):尤利,听到你还在城里的消息,可真让人丧气。

沃:这就是所谓的心理战争。

基:目前来看,局面变得越来越困难了。尼克松总统在传递给你方第一书记勃列日涅夫的消息里面做了一些改变。他认为,根据我们昨晚从你那里得到的消息,他只需要把大概的思路表达出来,并不需要参与到目前各方的辩论当中。

沃:当然。

基:在向第一书记勃列日涅夫传达的消息里面,尼克松总统提到了解决中东问题的大概思路,还提到了我们和苏联的两国关系。你们能得到的是,也就是你们将看到的是一个非常有建设意义、而且非常积极的方案,这个方案可以促使美国在问题解决的过程中充当主要的促进力量,但又不会以强调撤军为重点。我们可以就此在晚些时候交换看法。而总统先生认为目前的局势依然不甚清楚。

沃:我明白了,我会尽可能解释清楚的。

基:就是这封我们从你方得到的信件,非常热情洋溢,我们相信你们也能感觉得到,当前的中东问题确实需要你我两国的共同努力才能结束。

沃:这也是我们的方针,谢谢你了,我会把这些内容向我方的大使先生进行汇报的。

基:我希望能告诉你方第一书记勃列日涅夫,如果我们能完全用谈判解决问题的话,那事态肯定会有些许不同。如果你还有任何疑问的话,不妨让我知道。

沃:好的。

美国副国务卿布伦特·斯考克罗夫特与基辛格的通话
1973年10月18日,周四
晚上10点45分
……

基:苏联人给我们写了一封信,里面包含三方面的内容,我这就给你送过去。其中,第一条和第三条我们都非常同意,但第二条我们不能接受——第二条的内容是以军根据联合国第242号决议进行撤军,这对于他们[以色列人]来说,绝对是无法接受的。至于前线方面，我已经给狄尼兹打了电话，也把消息里第三条的内容转告给了他，所以我现在需要找些刺激，能让我在明天的时候利用上。这些以色列人和越南人一样讨厌！

斯：在我看来，你现在有了一个非常好的开始。当我们创造一些我们可以依赖的事物时，他们可能也会相对开心一些。

基：[以色列人]告诉我说，他们要击退敌人更多的坦克。我担心场面很可能会演变成一场土耳其射击游戏。如果他们继续前进，那么肯定有人会受伤的，这一点我非常肯定。

斯：真正的危险是，埃及军队将很可能出现恐慌。

基：一旦以军攻克了埃及军队的防守，这将意味着萨姆导弹防御带不复存在，当埃军完全暴露在对手眼前的时候，后者也就会开始瓦解，你会发现他们的军队并不是那么出色，他们将无法得到物资补给，他们会被饿死的。我好奇的是，这样的军队又是怎么渡过苏伊士运河的。

斯：这对我来说也是一个疑问，以色列已经建立好了新的防御体系。他们已经打败了两处埃及军队，一处是步兵，一处是炮兵。

基：这就是我们得到的详细报告吗？

斯：是的，[以色列人]向敌方一处防守很强的区域发起了攻击，他们知道如果他们向敌方的薄弱区域进攻的话，他们会遭到两处强敌的围攻。

基：他们向防守很强的区域发起了攻击，之后还跨过了苏伊士运河。这是一支非常优秀的军队，或者可以说是埃军太差了！

斯：以色列人是非常聪明的，他们无所畏惧，喜欢冒险，而且希望能获得有力地支持。

基：……苏联人建议谈判在美、苏两国的指导下进行，除阿拉伯和以色列参加外，其他任何联合国成员国都不能参与进来。可以想象，周恩来先生肯定也希望在这个场合表态；当然，欧洲人会希望被逼到墙角处。

斯：那是自然了。尽量召开谈判会议一贯是联合国的老把戏了。

基：我这就给伊斯梅尔带个消息过去。你认为我这样做合适吗？我会说无论战场上局势如何，我们都将坚持自己的观点，不过我们这样的说法也很可能让他们起疑。

斯：我觉得这个说法很好，你应该马上把这样的观点送给他们，不过也要告诉他们我们会提点他们，也不会站在他们的对立面上的。

基：我担心他们会因此停滞不前，不过这也预示着萨达特的想法就要破灭了。

斯：我也认为你说的对，埃及人很快就会被赶回自己的领土上去。

基：不过他们也要非常小心。现在的问题在于无论人们怎么说、怎么做，这都将会是苏联人的失败。之前所有我们无法接受以色列在战场上失败的原因，现在都可以用到苏联人身上了。即便他们狡辩说我们提供的物资是导致他们失败的原因，我们也应该让这些阿拉伯人知道他们最好能站在我们这边。

斯：那样的话就最好了！

……

第14章   1973年10月19日

以色列在苏伊士运河西侧的滩头阵地的范围在不断扩大,这也因此再次增加了停火的压力。柯西金如今也明白了我们并无意接受此前一天勃列日涅夫提出的要求——之所以这样做是因为我方发现让以色列做出任何撤退,对他们来说都是无法接受的。而苏联方面,为了能够打破目前的僵局,勃列日涅夫邀请我访问莫斯科。

苏联驻美国大使阿纳托利·多勃雷宁与基辛格的通话
1973年10月19日,周五
中午11点04分

基:你好,阿纳托利。

多:你好,我接到了勃列日涅夫给你方尼克松总统传来的消息。我把消息的内容给你读一下,好吗?

基:好的。

多:"亲爱的尼克松总统,
中东地区的局势已经变得越来越复杂了。你我两大强国,正如我们之前达成的共识那样,应该竭尽所能平息战火,以防事态发展超出了我们的预期,那样的话,中东局势也将不得不面对一个非常危险的转折点。"

基:好的。

多:"如果中东战火进一步持续下去的话,那么这很有可能给我们两国的外交关系造成巨大的伤害。我相信无论你们美国还是我们苏联,都不希望见到这样的结局。可是一旦这样的假设成为现实,那我们就必须立刻做出行之有效的政策性决定。我方坚信,在你我两方都愿意的情况下,我们两个国家可以把出台决定的过程变得简单化。"

基:是的。

多:"现在时间对我们来说是非常重要的,不仅仅是每一天都很重要,每个小时也都很重要。"

基:是的。

多:"…… 在这里,请允许我和我的朋友们向贵国的国务卿,也是总统先生最亲密的政治伙伴基辛格博士提出建议,希望他能以尼克松总统全权代表的身份,尽快来莫斯科与我方进行谈判。如果他能在明天,也就是10月20日抵达莫斯科,那就最好不过了！如果您方能尽快给出回复，我方将感激不尽。

你最忠诚的朋友，勃列日涅夫，1973年10月19日"

基：你们的口气还是非常友善的，不是吗？

多：你说什么？

基：你方提出的是一个非常友善的建议。

多：这的确是。

基：好吧，我先跟尼克松总统联系，然后我再给你打电话。

苏联向我方发出的邀请几乎解决了我们在战略制定上的问题，这也意味着我们在得到一个可行的结果前，中东问题将不会被放到联合国的平台上解决。这份邀请也将阻止苏联在我前往苏联或与之谈判的过程中，出现任何行动。同时，这也能为进一步增加各方的紧张局面争取到至少72个小时的时间。关于苏方邀请的问题，尼克松总统、我、黑格和斯考克罗夫特四人一起对此进行了商讨，最后我们得出的结论是，莫斯科之行将推进我方的政策制定。

苏联驻美国大使阿纳托利·多勃雷宁与基辛格的通话
1973年10月19日，周五
中午11点38分

基：阿纳托利，我已经和尼克松总统进行了初步的讨论，我们已经就与你国进行高层访问的事情达成了基本共识。

多：好的。

基：你能不能现在就告诉我，为什么葛罗米柯这一次没有表态？

多：我想，这是因为柯西金已经从开罗回来了，现在他们希望能够进行谈判，我想这里的"他们"指的是勃列日涅夫、柯西金，还有葛罗米柯。

基：我明白了。

多：这才是我们真实的想法——我们现在不能用电报的形式告诉你萨达特说了什么，或是他在前前后后又说过一些什么。他们希望你有一天能出现在他们眼前，相信柯西金会把发生的一切简要地告诉每个人的。这就是我对我方向你方发出邀请的想法，他们希望你去是因为他们能面对面地与你交流此事。

基：你会和我一道返回莫斯科吗？

多：是的，如果你不介意的话，我不仅会和你一起回去，还要和你一起回来。

基：和我吗？

多：是的。

基：希望你到时能够坐在前面。

多：(笑声)好吧，到时我一定会的。

基：至于谁带我过去，还有其他一系列的问题？

多：这不算问题。我们会派人告诉你的，这些小事由我们负责就好了。

基：好的。我一会给你打电话。现在几点了？差一刻12点了？

多：是的。

基：我两点以前给你打电话。

多：两点以前，好的。

基：对于你方提出的建议，我们深有同感。

多：亨利，我确实认为此事非常紧急。

基：阿纳托利，当你们苏联提到这个建议的紧迫性的时候，我就知道这已经不是普通意义上的事情了。

多：好的，我们明天就走，因为我方的确认为此事非常着急。

基：他们希望我明天就能到，不过目前我还脱不开身，今晚前我都脱不开身。

多：是的，我明白。所以你明天才能到莫斯科，但是……

基：我明天就能到，但是……我明天晚上才能到，我们可以在周日进行讨论。

多：周日，好的。

基：我希望和你方三位巨头会面之前，能够先休息几个小时好养精蓄锐。

多：(笑声)你真是一个有意思的人，之前尤利还在莫斯科的报纸上看到你的照片了。

基：有一天晚上，我还真以为自己是一个有意思的人。

多：是的，那是因为……

基：现在，我正在想我可以在今晚午夜时候前往莫斯科。

多：上一次我们就是这个时间走的。

基：那还是我们一起执行秘密行动的时候。

多：我想是的。你肯定能在今晚到吧？

基：差不多是晚上八九点钟的时候。

……

苏联驻美国大使阿纳托利·多勃雷宁与基辛格的通话

1973年10月19日，周五

下午1点35分

……

基：阿纳托利，关于你方给我们传递的那封密信，尼克松总统已经同意我去莫斯科与你方面谈了,但你必须要明白的是,这样将使我们面对很多来自国内的政治问题。

多:那……

基:你们也不要过于放在心上,我想我方只要把这件事情公开出来,说此次出访是应苏联方面的邀请就可以了,这一点非常重要。

多:我认为这样难度不大。

基:我们希望在我们美国时间凌晨一点公布这个消息。

多:凌晨一点?

基:是的,我想我们的飞机应该在凌晨零点30分的时候起飞。

多:可以。

基:那样,我们就能说这是应苏联政府的邀请而进行的访问了,我此行的目的是为了进行紧急磋商。当然,如果你能和我们一道去的话,我们会非常高兴的。我想在此次我访问贵国期间,我们任何一方都不会采取单边行动吧?

多:你的意思是?

基:不允许出现武力威胁。我想你我双方会尽量保持冷静,我从来没指望此次苏联之旅,我们会达成一个最终协定,我只是希望我们能就停火问题进行协商。

多:停火?

基:不过我们也没指望能在一天时间里就可以针对停火达成共识。

多:好的。

……

鉴于目前我们的国内形势,可以说我们此次出访苏联的时机已经差得不能再差了!尼克松总统在与参议员约翰·斯坦尼斯就是否交出水门事件录音带的问题进行谈判,拒绝交出录音带导致了司法部部长埃利奥特·理查森和司法部副部长威廉·拉克尔肖斯的辞职。随后,在10月20日,水门事件特别检察官阿奇博尔德·考克斯也被解雇。两天后,参议院启动了对尼克松总统的弹劾程序。

白宫办公厅主任亚历山大·黑格将军与基辛格的通话
1973年10月19日,周五
下午3点20分

黑:我想跟你说说我们一直在处理的那个问题。总统先生希望能够在今晚发表你要出访苏联的声明。

基:这不可能!

黑：为什么这么说？

基：首先，我已经告诉苏联人，我们会在明天凌晨两点钟发表声明；其次，今晚我肯定是和中国人在一起，他们邀请我共进晚餐。尼克松总统究竟希望在什么时候发表这个声明？

黑：只要我们把其他问题处理好[指的是斯坦尼斯计划]，我们就去发表声明，大概是在傍晚六点到八点这个时间段吧。届时，他会把这些新闻记者召集到新闻中心，记者们也是可以携带照相机的。

基：到时要说什么？

黑：就说我们在与勃列日涅夫进行磋商，就说他一直在与勃列日涅夫保持联系。

基：说苏联邀请我们的事？

黑：总统先生希望你能准备一下发言稿，看一下他应该说些什么。非常简短就可以。

基：他为什么要这么做？

黑：原因很多，原因之一在于正是这个理由才可以让他发表后面的声明。

基：他打算在同一个时间发表两份声明？

黑：是的。

基：那真是一场灾难！

黑：为什么这么说？

基：坦白地说，我个人的确认为这是一个非常拙劣的表演，这看起来就像是他在用一个国外的政策来掩盖一个国内的问题。

黑：我们说的这个国内问题并没有引起争端[指的是斯坦尼斯计划]。这是一个很好的问题，非常好的解决方案！在水门事件过程中，总统非但没有着重提到你将出访莫斯科，反而发表了一份与之无关的声明，这样的做法看起来太奇怪了。要知道，现在人人都想知道中东地区的情况。我看这并非是做作的虚伪，你是不是在等待两件大事发生？

基：难道他没有解雇考克斯吗？

黑：到目前为止，还没有。现在就让考克斯放下手头的工作，无疑是让他自动辞职。

基：我不想把外交政策和水门事件联系到一起，否则的话，你后半辈子会一直为此感到内疚和悔恨的。我认为这两件事情，无论哪一件他都不应该自己一个人去做。

黑：欧文[塞姆·欧文（纽约州民主党人），参议院水门事件调查委员会主席]、贝克[霍华德·贝克（田纳西州共和党人），参议院水门事件调查委员会成员]、斯坦尼斯[约翰·斯坦尼斯（密西西比州民主党人），参议院武装力量委员会主席]在帮他。我们已经进行了很大一部分了，总统先生现在也必须这么做。

基：但如果他把这件事情和外交政策扯在一起，那样的话，他就要和犹太人一起处理这件事了。人们会永远记住他是为了掩盖水门事件才说这番话的，我真的要恳求你，希望总统先生能在声明中把这两件事情分开讨论。

黑：他希望能那么做，他就是那么想的。

基：不行，不可以。他肯定会在一个声明中把这两件事情都说了的。

黑：你的意思是在同一时间？

基：是的，如果他真要发表声明，我宁愿提出反对。现在，苏联人已经提出让我们……如果总统先生现在就置身事外，那我方的态度就非常明显了。

黑：这件事情你判断得非常对！

基：这也没有让我感到特别费脑筋，我只是觉得做出这样的决策并不明智。此外，我们还需要回复苏联人，于是总统先生也将陷入困境——他把自己的全部名誉都放在了这次声明上。现在苏联人已经对我们发出邀请了，我们必须马上对此做出声明，而且还要低调处理。我们可以在今晚给部分媒体记者打电话。现在这依然是一个大事件，只是总统先生并不会面对电视直接发表声明。

黑：好的。

基：我可以告诉你，这样做比之前的方法对他更有帮助。那样的话，将会是另外一个故事，一个看上去可以推翻上一条新闻的故事。我这么说可没跟你开玩笑。

黑：我知道你没开玩笑。

基：如果他坚持的话，我们可以按照他的方式进行，不过我相信他会后悔的。

黑：好的，我会看看我能做些什么。

白宫办公厅主任亚历山大·黑格将军与基辛格的通话
1973年10月19日，周五
下午3点35分

黑：对于你的疑惑，我现在已经有了答案。总统先生说"可以"，但是他希望关于你访问苏联的声明可以通过白宫进行发布。

基：是的，没问题。泽格勒会解决这个问题的。另外一个问题：你们必须在今天晚上发表这份声明吗？

黑：是的，肯定的，毫无疑问。今天晚上是我们存档的最后期限。

基：好吧，但你能解释一下这是为什么吗？

黑：你说的"解释一下"是什么意思？

基：坦白地说，这都是我的问题。在目前这种局面下，访问莫斯科丝毫没有乐趣可言。现在无论尼克松总统说什么，都会增加我此行的难度。

黑：相信我们的声明能对你产生很大的推动力。

基：你真认为是这样吗？

黑：这一点毋庸置疑。所有媒体记者都知道今天晚上是我们存档的最后期限。

基：事实上，这将成为我出城的很好借口，我之前已经说过了，说泽格勒会在明天凌晨两点给部分媒体记者打电话的，还说他明天上午会在白宫，而不是国务院，进行一个简短的新闻发布会。此外，当我从苏联回来的时候，不管到时候会产生怎样的结果，他都应该勇往直前。

黑：我明白你的意思，你说得对。

基：谢谢你的理解。

苏联驻美国大使阿纳托利·多勃雷宁与基辛格的通话
1973年10月19日，周五
下午4点30分

多：……我是否能告诉他们那将是一架商用飞机。

基：告诉他们我将乘坐B-52型飞机抵达苏联。

多：笑声

基：看起来我得在哥本哈根转机了。

多：那样的话，他们就得通过商业进行了。

基：我们只能说，好吧。

多：那是因为我觉得这样会更安全一些。我会告诉我们苏联的人，说你将在哥本哈根转机。然后你就可以使用你们的泛美航线抵达莫斯科了。

基：好的，不过你得告诉我们降落的纬度。

多：好的。

基：声明没有问题了吧？

多：我会跟你保持联系的。

苏联驻美国大使阿纳托利·多勃雷宁与基辛格的通话
1973年10月19日，周五
下午4点30分［此为通话记录时间］

多：……我们收到了勃列日涅夫发来的一封简短的电报，内容是感谢尼克松总统和你对其提出的建议给了肯定回复。对于你方将就你出访莫斯科发表声明一事，勃列日涅夫表示不会提出任何反对的声音。我还被告知在你来莫斯科的路上，你身边不必有我们的人相陪同。

……

基：我要尽量弄明白你所说的内容。我们的讨论一直建立在停火的框架之下，你我双方讨论的，也从来不是停火问题的解决方案。

多：我没有必要把这些告诉他们。

基：我只是不希望看到他们失望。

多：他们既然已经邀请你去了，那你就可以把尼克松总统的立场告诉他们。

基：的确如此。

多：好的，很好。

基：好的。

我们收到的情报不断显示，以色列人在中东战场上的胜利已经迫在眉睫。在这种情况下，以色列人再次考虑将停火与实行联合国第242号决议的内容联系起来，尽管这一切的确有史可查——1967年外界认可以色列已经是对他们最大的礼物。

以色列驻美国大使辛卡·狄尼兹与基辛格的通话
1973年10月19日，周五
晚上7点09分

基：大使先生，是不是只要我认为发表声明将帮助我更好地得到你的想法，那我就可以随时发布我即将出访苏联的消息。

狄：当然，随时都可以。如果你要有所行动的话，能不能让我知道，我好跟你一起走。

基：如果我发表声明的话，我肯定会的，到时我会告诉斯考克罗夫特的，你可以从他那里知道消息。

狄：我还没有把这个消息告诉给我方总统，不过我想这也没有什么问题。

基：事实上我本无意那么做，我现在之所以这样做只不过是想尽可能推迟对方的行动。

狄：我可以现在就给梅厄总理打电话，我能在10分钟里就给你我方的回复。

基：我已经得到我方尼克松总统的同意了，我要是能早一点，现在执行的就不是他的计划，而是你的计划了。我马上就去推销你的方案，那意味着如果各方接受，那么你们也必须马上接受你的方案。

狄：你的意思是在周日之前吗？

基：我并没有给你一个时间，这是因为我觉得他们根本不可能接受的，不过我也不知道目前的局势将成怎么样发展。

狄：我们最新收到的消息显示，我方军队又占领了一座埃及城市，该市距离埃及首都开罗只有35英里，而且恰好位于苏伊士运河和开罗中间——苏伊士运河和开罗相隔 70 英里，这座城市正好位于两者之间。

基：攻下这座城市真是花了你们很长时间啊！我想这个过程你们的军队并不好过。

狄：我方军队的确经历了一段很艰苦的时间，所以现在已经下令让士兵们进行短暂的休息放松。

基：之前你我已经讨论过我方的策略了，所以现在你应该很清楚我们的策略——我们与苏联人的谈判在莫斯科当地时间周日上午之前根本不会启动，而且在莫斯科当地时间周日下午前也根本不可能达成结论。至于结论，在我方与你们正式商讨之前，任何结论或是措施都是无法实施的。我把这些消息告诉你是方便你方制定计划。在这里，我能不能提一个小小的要求？我方总统在外交层面上的行动全都是善意的，这一点非常重要，所以你方必须坚定地照此执行下去。因为你方现在已经取得的战果完全建立在摧毁埃及军队之上的，在过去的六年中你们一直遵守联合国第242号决议，因此我不想……

狄：我们不会再犯同样的错误了。

基：我并不是在要求你方政府改变立场，你们也不可能那么做。但如果事态真的发展到了那一步，在我无法避免的情况下真的发展到了那一步，那么请记住：在停战之后，看在你们的份上，总统先生一切都好，从来没有被任何人指责曾出卖别人，这样的结果将是非常重要的。在之后进行的外交进程上，相信你们会非常希望尼克松总统的帮助。

狄：是的，我明白。你的意思是……

基：我们可以假设一下，如果你们认为的最坏的结局发生，会是什么样子？那样的话，我给你的那份解决方案也注定无法成为现实。不过，我们还可以为他政治家般的表演向他表示祝贺的。

狄：你甚至无法想象和其他问题联系起来会是……

基：第二阶段的内容不可能被包含其中[指苏联方面在前一天提出的要求以色列撤军的计划]。

狄：对于你们的观点，我认为你们是想把这一切和联合国第242号决议在某种程度上联系起来，之所以谈判就是为了履行第242号决议的内容。

基：的确如此。我并不是在说让你们完全依赖于各方对停火方案均提出反对，但我能告诉给你的是，一旦在长时间磋商谈判后，停火方案成为最佳方案，那么你应该，你应该从心底里对我方的尼克松总统表示感谢。你必须要对我们尼克松总统表示感谢！

狄：我会在电话里向我方总理传达你的建议的。你此次的苏联之行应该是秘密进行的吧？

基：明天凌晨两点，我方会就我访苏发表公开声明，在此之前，此事的确要处于保密状态。

狄：我尽量把详细的战场情况告诉给斯考克罗夫特的。

晚上7点15分，我再次与华盛顿特别行动小组的成员们召开了会议——两周以来，我们的会议从未间断过。与会人员包括：国防部长詹姆斯·史勒辛吉、参谋长联席会议主席托马斯·摩尔、中央情报局局长威廉·科尔比，以及我的副手、副国务卿布伦特·斯考克罗夫特。虽然我们每天都召开会议，有时会议过程中各方的表现也都非常激烈，我们也几乎从未达成共识，但我们总能化解危机，也能让结果朝着我们期望的方向发展。基本上，我们实现了我方的目标：我们已经为实现外交层面上的重大进展创造了条件，我们也证明了我们的朋友们在此次危机中的安全，我们成功地阻止了阿拉伯人利用苏联武器在战场上取得胜利，我方对主要的阿拉伯国家依然保持了良好的关系，也为战争结束后，我方主导外交进程建筑了坚实的基础。要知道，我们在完成上述努力的过程中，还经历着一个世纪以来美国前所未有的内政危机。

第15章   1973年10月20～22日

10月20日，周六。凌晨两点钟，我和同事们乘飞机前往苏联，此时距离这一场中东战争的爆发已经过去近两周的时间了。此外，与我同行的还有苏联大使阿纳托利·多勃雷宁——与我搭乘同一班飞机对他来说，能让他在最短时间内回到苏联。尽管我此次苏联之行在最初并未公开，但我们的飞机起飞后不久，我方政府便在声明中透露了这个消息，白宫方面称我此次出访是应尼克松总统的委托"与苏联领导人进行直接的高端对话，此举的目的是为了能尽快解决中东地区的战争"。

为了更好地争取时间，我之前已经告知多勃雷宁，我从未在经历了横跨几个时区的长途飞行后立即展开谈判，我还告诉他我也只有到了苏联当地时间周日上午，方能准备好与苏方进行谈判，那时已经距离飞机起飞有36个小时了。而在这36个小时的时间里，我和多勃雷宁都知道，中东战场上的局势变化只能是朝着利于以色列的方向前进。此外，我也在不断地告诉以色列大使辛卡·狄尼兹，一旦以方获知我方无法暂时搁置停火方案超过48小时，那么我方将强烈建议以方在一定条件下采取军事行动。（事实上，我此次苏联之行恰恰将这个时间长度增加了一倍）。

事实证明，中东战局的变化完全主导了谈判进程。尽管之前我已经向狄尼兹提出了在我访问苏联期间，以方应随时向我方报告有关战场局势的最新情况，但在此期间，我们从未收到过以色列政府对于战场局势的任何消息。

尽管并不是出于苏联人的本意，但他们还是同意了我的请求，我在长距离飞行后并没有进行谈判。我们到达莫斯科的时候，已经是20日晚7点30分了。苏方设在苏联国宾馆的欢迎晚餐刚结束，晚11点，我忽然间就被请去克里姆林宫与勃列日涅夫进行"私人聚会"。在当时的场面下，空气中的每一个分子都带着一股非常古怪的味道。与此同时，就在中东战场上，美、苏双方每天也都在向各自的盟友输送着数以千计的物资，这也给中东局势的发展起到了推波助澜的作用，各方都希望削弱或者完全消除对方在此次战争中的影响。勃列日涅夫对于此次"私人聚会"的贡献在于他的言论，他表示苏联方面对于中东地区进行的空运和海军计划并非出人意料，他们这样做只是在履行一份长达四年的协议，"根据这份协议，我们必须向他们运送物资，连这个数量也是有要求的"。对于他们在中东局势上火上浇油的做法，苏联人的解释仅仅是这完全是按照法律程序进行的，这样做更是为了在各方处于僵局之时能维持一个不引发争论的大环境。听到这一切，我用讽刺的语气说道，"在我们看来，你用两周时间完成了一份应该在四年里履行的协议，你们这样的行动只能说让我们记忆深刻啊！"

尽管我在这场以私人聚会为名进行的谈判中，并没有面对勃列日涅夫给我的任何压力，但他却带来了尼克松总统的消息，声称尼克松总统已经向其转达了命我为全权代表，这样一来，我那所谓以"需要争得华盛顿方面同意"为借口推迟谈判的伎俩，在这个时候也将完全没有用武之地。据我所知，无论在任何时候，我国政府都无权监督谈判细节和进程。与此同时，在国内正上演着"周六晚大屠杀"——司法部部长埃利奥特·理查森和司法部副部长威廉·拉克尔肖斯、水门事件特别检察官阿奇博尔德·考克斯先后离职，一场暴风雨正在侵袭华盛顿，这使得几天后，尼克松总统也不得不面对被弹劾的命运。

此外，我们还从我方的情报部门获悉，苏联方面对11条全部空运线路中的7条进行了调整。而以色列方面，尽管我们尚未收到以色列给我们的任何消息，但我们从埃及国家安全顾问伊斯梅尔那里得到的信息显示，中东战场上局势正朝着我们希望的方向发展。伊斯梅尔还告诉我们，埃及目前已经打消了以色列军队在停火后撤退的想法，但他们却希望召开和谈会议。

10月21日中午，美、苏两国代表在克里姆林宫见面，我拿出了一份由我和西克斯在前一晚精心设计的停火方案。在这个方案里面，我们表达的第一层意思是各方以目前战线为分界线停火。第二层意思是要打消苏联要求以色列立即撤退到新停火线的念头；事实上，我们在这里并没有涉及到撤军，只是呼吁各方"全面"履行安理会第242号决议的"各项"内容——从外交层面来看，这样的要求极为不明确，各方甚至可能经历数年的外交进程也无法达成共识。我方的第三层意思要求马上进行谈判，而且要求"涉及的所有各方"都要在"合理保护"下参与其中。换句话说，停火很可能导致以色列与阿拉伯国家进行直接谈判，而这种谈判此前是一直不为各方所接受的，而且也这也是以色列内阁的胜利，此前，以内阁曾表示会打开大门欢迎各种让步，不过我方也没有给予任何保证。

然而，令我们惊讶的是，勃列日涅夫和葛罗米柯并没有对我们的方案提出质疑，相反，他们表示出了赞同，不过也提出了一个细节的改动，即把对谈判的"合理保护"改成了由美苏两方联合对谈判结果进行担保，委婉地提出了强制停战的意向。针对他们的改动，我也提出了反对，我一直认为这种所谓"保护"，是指谈判初期需要美、苏两国进行外交介入，只有在这种情况下，一些敏感的基本问题才有可能被解决。而勃列日涅夫和葛罗米柯几乎没有任何争论，就对我的这种说法颇为赞同。

四个小时的谈判后，美、苏两方就停火方案达成一致，双方也都对"保护"一词有了共识。如此神速对于任何一场谈判来说几乎都是不可能的，特别是我们的谈判对象是苏联人，每一个字眼都需要语言上的翻译，再加上通读方案材料、各方动辄就要停下来进行讨论,能用四个小时解决问题实属不易。

我们此次达成的协议,事实上是对两周前我方提出的解决方案的进一步完善。起初,我方提出的解决方案只是笼统地贯彻安理会第242号决议的内容。要知道在几个月前的高峰会议上,勃列日涅夫还曾表示永远都不会使这份242号决议付诸实施,当时他还说道,在苏联自己的规划中,安理会第242号决议几乎与阿拉伯激进组织的想法没有差别。这份为美苏所共识的协议从细节上也保证了安理会根据第242号决议召集各方进行直接谈判的可能。涉及各方也将史无前例地在谈判桌上第一次展开直接对话。

可以说,我们此举也是实现了我们的战略目标:首先,我们履行了对以色列的责任;其次,苏联在中东地区的影响力得以削弱,一旦和平进程正式开始,那么削弱更会呈加速之势发展;再次,我们也因此与阿拉伯国家建立了良好的关系,事实上,根据以色列方面得到的情报,所有细节都在显示,此前阿拉伯国家只与苏联结盟的局面已经出现了改变。

但是想要顺利地解决中东问题,希望依然渺茫。

第16章　1973年10月23～27日：

10月22日，我们乘坐的返程飞机，首先在以色列降落，我们在这里与以方商谈了相关的停火事宜，随后我们中途经由伦敦抵达华盛顿，在伦敦期间，我在机场向英国外交大臣亚历克·道格拉斯－霍姆爵士简要地通报了我此去苏联的一些成果。

我在10月23日凌晨四点抵达华盛顿，在休息了几个小时后，我获知中东地区又已经战火重燃。起初，我们都认为这只不过是停火后交战各方的正常接触，但很快我们被告知事情并不是我们想象的那样。

23日上午九点半，联合国秘书长库尔特·瓦尔德海姆给我打来了电话，告诉我埃及方面已经就以色列违背停火协议正式提出了抗议，而且还要求召开安理会会议。瓦尔德海姆建议由斯堪迪纳维亚半岛或其他国家的国际部队介入中东地区维持停战。对此，我的答复是我需要与我国的相关人员和苏联方面率先进行磋商后再作决定。

几分钟后，我与负责国际组织事务的助理国务卿大卫·鲍波沟通了有关派国际部队维持停火的事宜。对方表示，目前可行的最便捷的方案就是派遣之前曾驻扎在苏伊士运河沿岸的联合国观察团前往斡旋。

随后，我又联系了苏联驻莫斯科副大使尤里·沃伦特索夫，多勃雷宁目前仍身处莫斯科，没有回来。在与沃伦特索夫的通话中，为了使事态能朝着积极的方向发展，我向其表达了对于勃列日涅夫热情款待的感谢。同时，我也着重强调了美苏双方在谈判中共同关注的"安全"问题，此前苏联方面一直非常关注这个安全问题，并提出苏方释放关押的以色列籍战犯将成为战后谈判的先决条件。之后，我就转入了正题，将有关联合国秘书长告诉给我的以方违背停火协议的事情告诉给了沃伦特索夫，还告诉他参战各方都在强烈谴责对方的行为。在电话里，我提到最好的解决方案是安理会授权瓦德尔海姆呼吁各方遵守停火协议，如果安理会能派遣联合国观察团或者联合国维和部队，我方也会对此表示赞同和支持。很明显，沃伦特索夫还没有接到莫斯科方面的指示，他只是一直在用"嗯"、"啊"声来表示自己的确听懂了我说的话。我提出为了加快其与莫斯科的沟通进程，他可以使用我方的电话线路，但却遭到了对方的拒绝，不过他也表示会"马上"与莫斯科沟通此事。换句话说，正如我所预料的那样，从这次中东战争的第一天起，多勃雷宁就在抱怨他们糟糕的通讯线路，并恳请使用我方的沟通设备，他们这样做正是为了能削除我方对苏联与阿拉伯串谋的疑虑。

话筒放下还不到5分钟，我再次接到了沃伦特索夫的电话，显然，我告诉沃伦特索夫的消息已经传到了莫斯科，而这时，这个消息也给对方拉响了警报。沃伦特索夫带来了勃列日涅夫给我的消息，鉴于此前勃列日涅夫都是直接与尼克松总统进行沟通，所以他这次的做法并不常见。从苏联使馆拿到勃列日涅夫的苏文信件，到我得到这封信的英文译文大概经历了一个小时的时间。在这封信里，勃列日涅夫称以色列军队正在沿着苏伊士运河西岸向南行进，他表示这个消息的来源是"通过苏联自己的可信消息渠道获得的"，也就是说，这个消息并未通过埃及情报部门，而是苏联米格-25战斗机在埃及领空境内进行侦查时获得的。勃列日涅夫认为以色列此举"难以接受"、是"明目张胆地欺骗"。他建议安理会在当天中午就召开紧急会议，而此时距离中午12点也只有不到两个小时的时间。在这次紧急会议上，勃列日涅夫认为应该重申停火，并要求各方撤回到10月22日停火方案通过时，也就是12个小时前，正式宣布停火时的战线内。（苏联此举非常精明，这样轻易就可以让以色列回到此次冲突爆发前的阵地上。）勃列日涅夫随信还附上了一份苏联起草的安理会决议草案，该草案中明确涵盖了他的上述想法。

　　目前，我们处于严峻的困境当中。从勃列日涅夫对安理会会议急切的呼吁中可以看出来，埃及第三军目前所处的情况，比我方情报部门提供的消息，抑或是以色列人给我们描述的，还要糟糕很多。现在埃及军队正处于困境，考虑到之前我方与苏联在莫斯科进行的谈判，再加上我以美国国务卿的身份在返美途中曾在以色列停留，如果我们美方依然袖手旁观，那么我们与阿拉伯国家的温和派、与苏联进行谈判的所有信任基础将荡然无存！

　　当天中午11点04分，我非常着急地与以色列大使狄尼兹通了电话，后者并不知道目前以军的位置。不过他也以以色列梅厄总理的名义"亲自向我，而且非常自信地表示，任何对埃及前线的冲突，都不是以方率先发动的"。考虑到我对戈尔达·梅厄的了解，我认为这一次她是在利用我对她的轻信在"发动攻击"这个词上做文章。在已经宣布停战的情况下，处于被动局面的埃及第三军却率先发起攻击，而后所有人再次提出停火，这根本说不通！

　　不过眼下我们根本没有时间去争辩，只有时间能告诉我们答案……

苏联驻莫斯科副大使尤里·沃伦特索夫与基辛格的通话
1973年10月23日，周二
中午11点25分

基：我刚刚和尼克松总统通了电话，我们有两个问题，首先，如果可以的话，我们希望安理会会议能推迟一下。

沃：哦，不过这并不意味着我们以色列的军队能在此期间再把战线向前推进50英里。

基：不是的，我并不认为……我是根本不知道他们前进的速度有多快。

沃：我也不知道，但是……

基：至少要为我们争取一个小时！

沃：这样，安理会会议从来都不会准时开始，但我们并不能排除12点开会的可能，那样的话就有时间对决议和其他所有事情进行表决了，你们可以好好度过你们的时间了。但不管怎么说，推迟会议时间在阿拉伯人看来，都不是什么好事！

基：你认为马利克和斯卡利有机会推迟会议的召开吗？

沃：马利克说他的时间已经排满了，他12点的时候正和阿拉伯人、安理会主席在一起。

基：那你可以在投票或其他过程中做些手脚啊！

沃：不过他们肯定也会有所行动的，这一点我非常确信。

基：好吧，那你就到那时再安排吧。第二个问题，我们肯定不能接受你们的措辞，什么叫"撤回到联合国安理会正式通过停火方案时的位置上"？

沃：你的意思是建议我们改变一下措辞？

基：我们这边还没有最终决定，我只是刚刚和总统先生聊过，我们认为应该这么说，"他们现在在哪，那么停火线就应该以哪里为界"。

沃：以他们的位置决定停火线！好的，我马上就把这个消息送到莫斯科去，我会告诉莫斯科，你做了一些调整，当然，我也会告诉马利克。不过，还是应该让斯卡利和马利克就这个问题沟通一下。

基：当然！

沃：你看怎么样？

基：很好，不过这也不是最终确定的消息。

沃：我宁愿看到不确定的消息，我倒希望局势像我们之前那份文件描述的那样发展。

基：不可能，那肯定是不可能的。

沃：根本不可能！

基：那样的话，我们肯定就无法接受了。

沃：好吧，那我们现在就着手行动吧！

我和狄尼兹一起看了那份苏联起草的联合国决议案。就像我跟沃伦特索夫说的那样，我告诉狄尼兹，我们不能接受苏联提出的"各方撤退到安理会正式通过停火决议时的区域"的想法。但是对于各方军队撤退到停火方案正式实施时的停火线上（停火方案将在12个小时后正式生效），我又根本找不到拒绝理由。我对狄尼兹说我方更倾向联合国观察团介入其中，对方也表示将对此看一看以方领导人是何态度。

与此同时，我寻求与苏联商讨一个可接受的解决方案

苏联驻莫斯科副大使尤里·沃伦特索夫与基辛格的通话
1973年10月23日，周二
中午11点32分

沃：你好，亨利。

基：尤里，我会在半个小时，最多45分钟里给你答复，但我们所接受的最终的停火线，只能是停火正式生效时的停火线。

沃：这已经是确定的消息了！

基：还没有确定，这只不过是我们目前依然在考虑的想法。

沃：正式生效！好的，我明白了。

基：此外，我们这里还得到了一个消息，不过我知道这个消息对你们来说根本不是问题——当你提到关于停火的时候，首先，我们必须要知道的是，联合国的人现在已经到了开罗了！

沃：好的。

基：我们想说的是，"为了实现这个目的，联合国的人虽然现在身处中东，但是……"

沃：他们现在身处中东。

基：但是，首要的是……

沃：你刚刚说那话的意思是……

基：比如说，那些在耶路撒冷的观察员们。

沃：你想的不是叙利亚的问题啊！

基：不是！

沃：我们现在讨论的是埃及，而且……

基：是的，不是叙利亚。我们现在的确在讨论有关埃及的问题。

沃：是的。

基：我们的方案是针对埃及来制定的。

沃：是的，我明白。你这句话的意思是，你要从以色列的角度来看问题，是的，要参与到……

基：我们只是希望能得到更多帮助。

沃：好的，我们所有的人都能为你服务，首当其冲地就是那些在埃及开罗的人们。至于其他的，在我看来都不是问题，不过，亨利，还有一件事情，就是关于推迟安

理会会议的。斯卡利向马利克建议三点进行,这真是太糟糕了!

基: 是的,我也是刚刚接到消息,说安理会的会议会照常举行,只不过他们会推迟投票的时间。

沃: 是的,那样也好!

基: 那样也好?

沃: 是的,至少我看这样的决定也不错。你是知道的,我现在已经没时间再和我们莫斯科的领导人们沟通这件事了!

基: 不过你还是要把我的建议转告给马利克。

沃: 我会告诉他的,我这就联系他。

中午时分,狄尼兹告诉给我一个非常复杂的消息。大意是,以军无意从目前的阵地上撤军。狄尼兹称,以政府的考虑是,鉴于目前已经无法区分最初时停火线的位置,那么政府也只能选择拒绝撤回到停火线上了。尽管如此,以色列并无意用这种方式挑战联合国的权威,这也恰恰反映了联合国的担心——他们担心之前联合国针对以色列的行动并没有为我们带来任何帮助,同样也没有给我们解决任何问题。因此,我们向我国驻联合国代表斯卡利发出了指令,直到我方确定下一步的行动计划前,尽可能不要打破目前的僵局。

中午12点36分,我们接到了勃列日涅夫发来的消息。这个消息还是给"尊敬的尼克松总统"的,里面除了提到对以色列"背叛行为"的不屑外,还有苏联对于阿拉伯各国领导人将完全接受并遵守停火方案信誓旦旦的保证。这封信精美的措辞完全表达了苏联人的态度,其中并未涉及诸如"以色列是否将会撤军"、"以军撤回到什么地方"这些极其难缠的问题,重点仅仅是如何实现停火。尽管此时,美、苏两方对于停火的联合保证已经不复存在,但苏联方面依然请求我方"立即"共同与之"采取最有效的措施"强制各方实现停火。他们在这里之所以提出美苏联合保证,目的很可能是劝诱埃及接受最初的停火线。对此,我认为如果苏联方面只希望建立一条全新的停火线,那么从实际角度来看,我们的工作也算是非常简单了;如果我们需要让以色列实现撤军,那么我们注定要经历一段非常动荡的岁月。

为了能在苏联提出更为具体的停火方案前占得先机,我们在分析了勃列日涅夫传来的消息后的一个小时的时间里,以尼克松总统的名义做出了答复,在这份回复信中,我们并没有把那些通过分析得到的结论认为是我们推断的结果,而是想当然地认为这是非常明确的信息:

我要向你进行保证,我方认为我们有责任为目前以色列争端画上一个句号。我方的情报显示,埃及人需要为此次违背停火协议的行为负责,不过现在并不是你我争辩这个问题的时候。我方已经向以色列明确表示,称他们应该即刻采取行动实现各方停火,希望你们也能向埃及方面提出同样的建议和忠告。

此外,我们还决定,以之前我方和苏联方面定下的停火方案为基础,继续努力。否则,一旦苏联单方面提出停火方案的话,我们将不得不否决我们曾经讨论过的停火方案,这势必会让我们陷入一种进退两难的局面。

苏联驻莫斯科副大使尤里·沃伦特索夫与基辛格的通话
1973年10月23日,周二
下午1点35分

基:我真应该告诉你,我们现在真的很麻烦了!我还是跟你说说关于[联合国解决方案的]问题吧。我们已经得到确认,联合国安理会通过了立即终止任何军事行为的决定,还敦促交战各方必须归还正式停火后所占领的区域。

沃:明白。

基:他们还谈了一个老话题。现在我方愿意接受联合国的方案,如果你方也愿意的话,我们可以使之成为联合决议案。

沃:好的,明白。

基:第二段里,提到了中东地区和开罗地区的人员问题。下面这个消息只限于你我知道,我不会在这个问题上花费太多时间的。

沃:我没听明白。

基:应该包括……我认为这一个非常合理的建议,你觉得呢?

沃:我也是这么认为的,我得把这件事和马利克谈谈,我会给你确定的消息的。

基:我们最好还是讨论一下停火线的位置问题吧,这才是撤军的原则问题。关于停火线的讨论,我们打算慢慢进行。

沃:让他们去争论好了,只是不要动手就好!

基:还有,我们非常关注你方勃列日涅夫和我提到过的交换[战犯]的问题。

沃:这个问题,我会跟莫斯科提的。

基:你要再跟你们的人强调一遍!别忘了把他们的回复告诉我。

沃:等我5分钟。

基:我们会把这个处理成一个联合决议案。

沃:联合决议案?马利克一直在向我强调,在决议问题上,你我一定要分开进行。

基：告诉马利克不要那样做。希望你能听懂我说的话。

沃：是的，我能听懂，没有问题。还是那句话，我需要5分钟的时间……

美国驻联合国代表约翰·斯卡利与基辛格的通话

1973年10月23日，周二

下午1点36分

斯：马利克就是个该死的白痴！

基：你一定要告诉他保持冷静。我们现在正在解决问题。

斯：现在就告诉他吗？

基：是的，现在就告诉他。沃伦特索夫目前正在等莫斯科的最高指示。

斯：他说他已经和沃伦特索沟通过了，还说已经……

基：我刚给沃伦特索夫打了电话，还把我们的提议告诉了他。你告诉他要保持冷静，否则我就把他送到西伯利亚去，我可是比他更了解勃列日涅夫。你去问问勃列日涅夫有没有亲过他的嘴？这位苏联领导人可是亲过我的！让他去找沃伦特索夫，我们已经向他们提出了一份新的提议，我们认为应该……

斯：好的，我这就给他打电话。

苏联驻莫斯科副大使尤里·沃伦特索夫与基辛格的通话

1973年10月23日，周二

下午1点40分

沃：对于你方提出的变动，我方愿意接受。现在，我方已经完全接受你们的提议了。

基：给我10分钟的时间，我要把这个消息告诉给那些在纽约的疯子们！

沃：我已经给马利克打过电话了，他也把这个消息告诉给了斯卡利，所以现在斯卡利也知道了。

基：好的。

我们一直认为已经给予了以色列最大的灵活性，可以让他们与对手在战场上讨价还价。但以色列希望得到的却是我们无法给予的：他们希望能够彻底消灭埃及第三军！

10月23日，周二。当天下午，我们收到以色列梅厄总理一封措辞激烈的来信，内容是狄尼兹读给我听的。对方在信中表示安理会此次推行的决议完全是埃及伙同苏联预谋的结果，这分明就是为埃及率先违背停火协议的辩解，"以色列人根本无法接受协议上提到的那个时间点，这份协议又将让我们不得不面对来自苏联和埃及的最后通牒,最后美国也只能在这份协议上点头答应。"当然,我们并无意称这份协议是敦促以色列和埃及两方停火的最后通牒,因为停火协议已经正式通过;这也不是敦促各方重回停火线的最后通牒,因为我们此前还没有确定停火线的位置,而且苏联方面也没有停止对埃空运的脚步,甚至没有减缓的迹象。但是从以色列人的态度可以看出来他们战事之初到现在,在这三周的时间里,他们的心里充满了挫败感。戈尔达告诉我们,以色列绝对不会同意这份停火议案,甚至都不可能去讨论这份决议的可行性。看上去,他们已经决定要通过在战场对埃及的羞辱来解决这次中东危机了。我方没有兴趣看到萨达特因为以色列威胁停火而遭到毁灭,要知道此前我们一直都是赞成停火的,而且也一直在积极斡旋。对于这三周时间里战场局势的变化,如果以色列人不是那么震惊的话,我们就会发现,以色列人的所作所为将扼杀一切外交斡旋的希望,这注定会升级成一场长期斗争。一旦萨达特下台,那么埃及总理的位置很可能被一个更为激进的、亲苏联派的人所取代,那样的话,埃及很可能利用苏联的弹药装备在短时间内,重组埃及第三军,下一场埃以战争也只能是时间问题,而我们也不得不再次经历此次危机中我方经历的一切苦难和困难。由美国所主导的和平谈判进程也将在还未启动之时,就已经成为过去!未来再次变得无法确定,局势发展又将大大地不利于我们!

下午3点02分,我在电话里和史勒辛吉简要地就当前局势进行了沟通。我们关注的重点在于是否终止对以空运。停火的浪潮在不断给国防部施加压力,都要求五角大楼停止对以的物资输送,这很大程度上是由于资金预算的原因。看上去史勒辛吉也是支持我的观点的,在当前危机被解决前,我们只有选择继续对以进行空运。

国防部长詹姆斯·史勒辛吉与基辛格的通话
1973年10月23日,周二
下午3点02分

史:你怎么样?

基:有点累,不过我还能坚持。

史:我们现在有麻烦了,停火后我们该怎么办?

基:我们正在解决问题。我们将在下午四点与苏联联合出台一份联合决议。

史:我是在问你有关空运的事情!

基:目前,在我们解决其他问题前,对以空运我们都得继续下去。

史:所以,也就是说,他们什么时候停手,我们也就什么时候停手了?

基:我们已经给了他们一份提议,我想我们现在必须保持态度强硬。如果我们单方面终止空运,那么结果将是非常麻烦的!

史：没问题！这些埃及人太不可靠了！

基：我倒不这么认为。

史：所以我们的态度要更强硬才可以！

基：现在我们提出要实现新一轮的停火的联合决议，你认为这是不是一个错误？

史：目前的情况我并不是很了解。

基：我们不妨假设一下，如果苏联单方面提出决议案，那我们是否要对此投反对票？

史：应该，我的意思是不能，我们不能投反对票。

基：如果我们投了反对票，那在阿拉伯人那边，我们可就麻烦了！

史：这个游戏就是让我们继续对以进行空运。

基：我们会在下午五点召开华盛顿特别行动小组会议，空运的问题还是留到明天吧！

……

美国副国务卿布伦特·斯考克罗夫特与基辛格的通话

1973年10月23日，周二

下午4点20分

……

斯：我知道你刚刚和史勒辛吉通了电话，人们都希望能终止目前的对以物资输送。

基：我会跟他们沟通的。

斯：他们[指国防部]希望能平息外界的声音。

基：为什么这么说？

斯：五角大楼的人们不知道中东局势进展得怎么样，他们认为现在既然已经实现停火了，那我们的物资输送也就应该结束了。

基：至少要告诉他们，直到我给他们打电话确认前，他们都必须随时做好准备。为什么我们现在一定要终止对以色列的物资输送？要知道苏联方面根本没有终止对阿拉伯国家输送物资念头！

……

国防部长詹姆斯·史勒辛吉与基辛格的通话

1973年10月23日，周二

傍晚5点09分

基：我看到一条新闻，内容是国防部情报称由于苏联减慢了对阿拉伯国家的物资输送速度，所以我们也应该减慢对以色列的输送速度。你能不能让你的人安静一些。我们需要以色列人去……[在这场战争中]以色列人有一条不受限制的物资补给线路，所以我们对他们的武器输送应该全面展开。明天上午十点，我们会召开华盛顿特别行动小组会议。

史：要是你不想见到我，也许比尔[即威廉·克莱门斯]会代我出席的。

基：不用了，我今天已经把所有的事情告诉你了。不管怎么说，我们明天都会共进午餐的。

史：我们要共进午餐？停火进行得怎么样了？我们究竟是要镇压反对的声音，还是要继续容忍下去？

基：现在对我们来说，已经可以算是一个伟大的胜利了。一旦进入和平谈判的阶段，我们将面对很大的压力！

美国总统理查德·尼克松与基辛格的通话
1973年10月23日，周二
傍晚6点50分

……

基：……很多媒体记者来信，他们都把目光聚集在了中东问题上，现在人们开始意识到你在这场危机中发挥的积极作用了。我认为这对我们来说是一个有利条件。

尼：说到……如果把这场危机和古巴冲突进行比较，苏联人可能永远都不会去想肯尼迪总统了。我们很有优势，但是对于目前的中东局势来说，他们也许已经……我们没有航母，他们又不能搬动我们的飞机。

基：这才是我要说的重点。

尼：他们已经意识到进行空运是需要一些胆量的。

基：这一点毋庸置疑，现在局势对我们来说，已经是一场很大的胜利了。

尼：你这次的谈判非常成功。我们把措辞改成"敦促"是非常明智的，这样做非常好！不过今天你还是得好好休息一下，明天我们还有一场硬仗要打。

……

海军上将托马斯·摩尔与基辛格的通话
1973年10月23日，周二
晚上8点28分

基辛格（以下简称"基"）：我之前给你打过电话，但恐怕之前的消息已经不再是新闻了。我只是想向你确认一下，我们对以色列的物资输送是否依然在全速进行。和之前相比，我们在运输的速度和数量上都不应该减少。

摩尔（以下简称"摩"）：现在我们的速度是每小时五班飞机，累计运量已经有16吨了，我们还会继续运输的。

基：我们不会切断对以色列的供给。如果你接到任何停止供给的命令，我会尽可能把这个下命令的人带到总统办公室。尽可能把运输飞机装满。我希望看到的是，无论装载量还是运输频次都和我们之前承诺给以方的无异。

摩：好的。

直到当天傍晚，多勃雷宁才从莫斯科回到美国。随后，我们在电话里对目前的形势进行了回顾，涉及了在没有危机状态下如何促成新一轮停火的问题。

苏联驻美国大使阿纳托利·多勃雷宁与基辛格的通话
1973年10月23日，周二
晚上7点10分
……

多：当我离开莫斯科的时候，我注意到我方所有领导层人员都[非常满意]，不过你的以色列之行却让局面看上去很糟，要知道你此行之后发生了很多事情。

基：我们在今天下午又达成了一份联合决议。你们那边和埃及人已经达成共识了？

多：让我感到震惊的是，你居然没有同意我们提出的停火方案中第二段的内容。

基：哪个第二段？

多：就是让他们撤回到之前同意的那条停火线上的决议啊！

基：首先，这条停火线就是问题所在。现在我们面临的最大困难就是确定这条停火线的位置。我们不想争论这条停火线究竟在哪。不过最后我们还是站在你们这一边了，我已经和尼克松总统说过这件事了。

多：现在看起来问题又迎刃而解了，你之前有没有惊讶的感觉？

基：我绝对一点消息都没有听说过。

多：我也觉得你什么都不知道。

基：今天上午，沃伦特索夫给我打了电话，中午一点的时候，我们也只能同意这个方案。这种推迟也算不上过分吧。

多：战场局势什么样？

基：以色列人发誓称这又是埃及人率先发动的攻击，此外，我们没有其他消息来源。

多：战场局势呢？战事依然在继续，还是已经停止了？

基：我认为已经停止了。我们用最为严厉的口气敦促以色列人停止这场战争。

多：他们开始……他们是不是还在周日声明中提到的那个位置上？

基：他们说他们会遵守那份声明的内容的。但谁知道他们现在在哪？他们的意见从来都不一致。

多：你方的侦察机也没有传回来任何消息吗？

基：我们从来没有派侦察机去进行侦查。坦白说，我们根本不知道实际情况究竟是怎么样。

多：你还不知道呢？

基：我们今天已经两次向他们表达了停火的迫切要求，我也让以色列大使来我这里，告诉他要立即停火。

多：勃列日涅夫，就在我离开莫斯科的时候……

基：沃伦特索夫向你们的领导层去抱怨了，我觉得他这样做不明智。你们不能10分钟前给我们一个方案，并期待我们能在10分钟后给你们答复，这太神奇了！我们……

多：好在你和勃列日涅夫已经达成共识，停火将在12个小时后正式启动。

基：你方提出的解决方案是，以达成停火共识为界，各方要撤回到这个时间点前的区域内。我们并不愿意对一个任何一方都不愿意同意的事情表示赞同。现在是埃及说东，以色列说西，你们不知道究竟要怎么办，我们也不知道。

多：他[苏联驻联合国代表马利克]后来又不得不给我们打了电话，他表示赞同第二条停火线。但几分钟后，我们又接到了西斯科的电话。

基：他没有权力这么做，我必须要澄清这一点。让战场上的赢家接受停火，这并不是一件容易的事情。从达成停火的那一刻开始，以色列就开始在战场上取得优势了，尽管如此，我们还是同意了你们的解决方案。

多：在莫斯科，我们并没有就哪一方在战场上占据优势做出判断。

基：为了达成这份协议，我们这边可是付出了很大努力的！

多：相对于阿拉伯人，我更担心你我之间的互相理解。

基：今天，我们几乎花了一天的时间说服以色列人停火，我想他们现在已经停火了。

多：如果你不介意的话，我想明天见你一面。

基：我想我们——在以色列问题上，我们还是应该共同支持的。

多：他们同意接受了？

基：还不是100%确定。但如果我可以解决战犯问题的话，相信他们就会同意了。之前我和以色列总理进行了长时间的沟通，我也把这次沟通的结果告知你方的勃列日涅夫了。

多：你不觉得我们应该在明天见个面吗？你明天要召开新闻发布会？

基：明天没有，新闻发布会在周四召开。我也想你和谈一谈，接下来几周时间里，事态肯定会有很多起伏和波澜，我们必须用外交手段解决这些问题。

多：这才说到点上了！好吧，亨利，现在最重要的事情就是你和勃列日涅夫能够达成共识，以及中东地区的形势。如果我们态度坚决的话，无论发生什么事情，我们都能挺过来。但是如果我们左右摇摆的话……

基：你认识我已经很长时间了，我不会耍勃列日涅夫玩的，那样做愚蠢至极，所以我肯定不会那么做。否则即便我们在这一次危机中占了上风，我们之间再也无法搭建起一座彼此信任的桥梁了。我们无法决定以色列下一步的行动，不过他们一直在发誓，说的确是埃及人率先发动的进攻。

多：现在的问题是我们要先停战，然后通过政治途径与勃列日涅夫商讨此事。

……

就在多勃雷宁返回华盛顿的途中，中东局势发生巨变。下午3点15分，我们接到萨达特本人传来的消息。这个消息是通过埃及情报渠道送抵美国的，这是第一次，"萨达特"这三个字清清楚楚地出现在我们眼前，但这也足以说明事态的紧迫性。在这个消息里，萨达特写到，尽管在过去六年的时间里，埃及和美国从未有过任何外交接触，但现在美国应该"尽最大可能对目前的中东局势进行干预，即便这种干预意味着要动用军队，也要实现之前美国和苏联共同促成的停火协议"。之后，这封信里还提到美国已经答应在停火问题上给予"保证"[这样的说法很可能是由于苏联的误传所致]。

埃及方面建议，我们应该动用美国军队，并把矛头指向我们的盟友——以色列人。埃及人这样的说法，与以色列人希望在他们消灭了埃及军队后，我们能向他们提供积极的外交干预一样，都是站不住脚的。因此我方决定坚持敦促各方停火的原则，等到各方实现停火后，我们再积极促成各方针对停火线的位置进行磋商和讨论。傍晚5点15分，我给勃列日涅夫回了一封信，就在今天早些时候，这位苏联第一主席直接给我写了一封信。回信内容如下：

> 正如我向沃伦特索夫说的那样，相信他也向你证实了，我方可以接受你方起草的安理会决议案，但这一切的前提是贵国政府必须向我保证，鉴于目前[停火线的]位置依然处于争论之中，一旦战斗各方发生分歧，贵国政府必须采取措施来缓和此事。

虽然我们一致认为我们在信上讨论的是很遥远的事情，但我还是给狄尼兹打了电话，希望他们能后撤100米来暂时保持局势的稳定。

以色列驻美国大使辛卡·狄尼兹与基辛格的通话
1973年10月23日，周二
晚上7点20分

……

基：我们接到了一封萨达特写的信，他在信中恳求我们促成停火。多勃雷宁已经从莫斯科回来了，他们现在非常担心这件事。

狄：好的，我会把这个消息带给我方总理的。

基：我们已经得到你方军队的保证，他们称这只不过是一个防御性决定。用他们那些犹太人的脑子好好想想吧！如果战事再次爆发，你们完全可以撤退几百米的。

狄：我会把这些消息带给梅厄总理的，看看她能不能找到一些沙堆进行防御。

基：现在还不用，直到你们面临压力，不得不撤退时，你们大可以撤退几百米，而且一定要保证对方看得到你方的撤退行动，之后他们就不得不生成新的压力了。所以我还是希望你们能够撤退几百米，然后在明天停止这场战争。到时，肯定会有人站出来发表你方将在周四撤回到停火线内的声明的。你明白我的意思吧！

……

以色列驻美国大使辛卡·狄尼兹与基辛格的通话
1973年10月23日，周二
晚上8点30分

狄：我刚刚和我方梅厄总理进行了沟通，她已经授权我郑重承诺，只要埃及停止攻击，我们也会立刻停手的。我会把我方的承诺告诉给莫斯科，恳请你把这个消息传给萨达特知道。此外，梅厄总理让我向您私下承诺，如果埃及宣布停火而且真的可以付诸实施，那么无论我方之前在战场上取得怎样的优势，我们都将宣布停火。

基：这二点和第一点没有什么不同啊！

狄：不是的，这是她个人给您的承诺。

基：我们要把这个消息告诉给埃及人知道。

狄：要告诉给埃及和苏联知道。

基：告诉他们我们已经得到你们的保证了。

狄：如果他们宣布停火，而且付诸实施，那我们也将停火。梅厄总理让我告诉你，即便我们会在战场上有很多损失，我们也会停火的。她让我转告你，昨天你们讨论的内容现在已经在考虑之中了。他们决定，至少要给停火一个机会。但这次打破停火的行为，的确是埃及人率先发动的。

基：如果我是以色列国家安全顾问的话，我会告诉你我该怎么处理的。

狄：梅厄总理还希望我能转告给你的就是，她认为撤退二三百米根本解决不了问题。无论埃及人，还是苏联人，他们都知道我们目前的位置在哪里。她的建议是，我们现在可以完全接纳停火方案，但之前的确是埃及率先打破了这份平静，而正是因为这个原因，我们又攻下了对方的领土，就是这样。我方梅厄总理就是希望我能向你转告，她从来不认为撤退二三百米能解决问题。

基：是啊，现在她能对以色列负责了！

狄：我的建议是，我们现在不如先这么处理，然后我们还要一直保持联系。

基：我们现在面对的局势非常艰难，现在我们并不是说是谁率先打破了停火后的平静。如果你现在身处苏伊士城，你会发现几天后，就会有人饥饿致死。

狄：我方军队还没有进入这座城市，他们只是在外围驻扎。

基：你们封锁了进城的路线，东岸的人们马上就会面临缺水的局面。

狄：这件事可和我们的军队扯不上关系！

……

苏联驻美国大使阿纳托利·多勃雷宁与基辛格的通话
1973年10月23日，周二
晚上8点35分

基：你今天晚上真是不想休息了，是吧！

多：我之前也不知道，我回来的航班是从法兰克福转机的，恰好这架飞机是从以色列飞往纽约的，这也太巧合了吧。

基：之前我们打完电话后，我就跟以色列人取得了联系，我告诉他们必须要终止这场战事。现在我已经得到了他们的承诺，以色列人表示只要埃及正式停火，无论以色列目前在战场上取得怎样的优势，他们都会停火，而且只要埃及人能遵守停火协议，以色列人肯定也绝对不会违背。我认为他们会停火的，所以我想我们现在就终止目前战乱的局面好了。现在以色列人正处于防御抵抗状态，他们还没有对对方采取进攻。所以希望你能告诉埃及人，让他们尽快实施停火。

多：下一步就是停火线了。

基：这是后面的问题。现在萨达特要求的是让我们来结束这场战争。

多：结束战争，让他们回到各自的地盘上去。

基：现在，我们的第一步是实现各方停火。

多：这也是我最希望的事情。

基：现在埃及人依然在发动进攻，这一点我是非常清楚的。

多：我这就联系莫斯科，向他们通报这件事。

基：那之后，我们再讨论下一步的行动。
多：好的，亨利。晚安！

美国参议院外交关系委员会主席、联邦参议员威廉·富布赖特（阿肯色州民主党人）与基辛格的通话
1973年10月23日，周二
晚上8点35分[此为通话记录时间]
……

富：之前这段时间你肯定很难熬吧，不过好在你已经取得进展了，这让我感到非常高兴。
基：是的。
富：他们现在又开战了？
基：我们通过了第二份决议——是我们和苏联，在这份联合决议中，我们要求各方立刻停火，并要求各方撤回到战事开始时的停火线上，之后我们会要求联合国观察团介入此事。坦率地说，我们可以做到非常坚持原则，但现在我们不确定以色列人停火线的位置，所以这之后肯定还会问题重重。
富：我看了你们和苏联人的协议，我觉得还是很受鼓舞的。
基：事实上，你也扮演了一个积极的角色。
富：我倒希望我的确如你所说。
基：我并不是说你扮演了一个极具决定性意义的角色，但多勃雷宁提了很多次了。现在局面好多了，让阿拉伯人和以色列人坐在谈判桌前已经不是不可能了，这就是他们所说的适当的支持和帮助。我只告诉你一个人，我和勃列日涅夫决定美国和苏联应该在安理会的监管下，向后续谈判提供支持和帮助。
富：这才是我们希望的积极进展，中东局势的缓和又重新回到议事日程上来了。
……

以色列提出的防御性决议看上去是命令军队撤军，实则是在迫使埃及第三军就范。就在人们已经意识到以色列切断了埃及最后一条供给线路的同时，新的战争也就无法避免了。即便我们迫使以色列停战，埃及第三军注定也要选择逃离。以色列的决定导致战争无法阻止，而如果我们被逼到极端的话，我们也只能信守与莫斯科的协议了。

美国提出的率先解决停火问题的策略，实际上是解决埃及第三军问题的先决条件。随着时间的推进，中东地区的紧张军事在进一步升级，埃及第三军所处的局面也

愈发危险。

苏联驻美国大使阿纳托利·多勃雷宁与基辛格的通话
1973年10月24日，周三
上午9点45分

基：阿纳托利，中东那些疯子们又开始忙碌了。我们现在得到的消息是关于苏伊士运河东岸的，目前西岸的局势还是比较平稳的。我们得到消息，以色列声称他们被攻击了，埃及人并没有表示是谁率先发起的这场袭击。我希望你能知道目前为止我们的行动部署。我们已经向以色列传回了消息，告诉他们必须停战，还得到了他们的保证，以色列人坚称自己只是处于防御姿态。至于我们传给埃及的消息，我们也可以给你一份副本，我们告诉埃及人，我方反对以色列采取任何形式的军事进攻手段，因此我们也告诫埃及人不要采取任何进攻行动。这就是目前我们得到的消息，有关这一次是否是埃及率先发动进攻，目前我方情报人员还没有确认这个消息，所以我们自己也不确定，我只是希望你知道我们目前的行动，我会把我们给埃及传递的口讯做一份副本给你的，你知道的，我们跟以色列说话时，措辞可是非常严厉的！

多：好的。

基：还有一件事，你们苏联的高层人士必须要明白的是，我们现在可没有玩任何把戏。我们双方已经取得一致了，现在我们要做的就是把这份协议付诸实施。

多：的确，这才是重点所在。

基：我们保证会将这份协议付诸实施的。

多：我这就给莫斯科发电报。

基：我也马上把那份副本传给你。

苏联驻美国大使阿纳托利·多勃雷宁与基辛格的通话
1973年10月24日，周三
上午10点10分

多：亨利，我刚刚收到莫斯科发来的电报。

基：正好，我也有些最新消息想告诉你：以色列已经正式知会我们，他们同意美国从特拉维夫派遣军事专员到前线进行观察，以证明以方的确没有率先展开军事行动，我们也把这个消息告诉给了埃及。

多：从特拉维夫派人？

基：是的。派遣美方军事专员的目的就是为了确认以色列只不过是在进行反击，除此之外，他们并没有任何攻击行为。以方允许美国派遣军事专员，你知道的，这算是某种程度的保证，证明以方的确遵从了联合国的停火协议。

多：派遣的是联合国的军事专员？

基：不是的，是美国的军事专员。

多：你最开始说的是联合国的观察员。

基：你听错了，我说的是美国的军事专员，联合国的观察员也会去的。

多：他们也去？你打算向以色列派几个人过去？

基：尽可能多吧，我也不知道人数呢。眼下，我正在和我这边的人商量人数的问题，看看我们军事专员部门还有多少人。其实，我们那边也没有几个人。

多：是谁提出的这个要求？你，还是他们？

基：是我最先发起的。我对他们说要有证据，证明以军的确没有率先发动进攻，我们还让……

多：你派过去的人只是暂时性的吧？

基：嗯，就是暂时的，一天之后我们就让他们回来了。

多：好的。

基：但埃及方面请求我们，他们希望能借用美国地面部队的力量，为此次战事画上一个句号。

多：他们真这么跟你们说了？

基：是的。

基：我这就把我们给萨达特总统那封信的副本给你一份，在信里，我们就是这么告诉他们的。

……

苏联驻美国大使阿纳托利·多勃雷宁与基辛格的通话
1973年10月24日，周三
上午10点15分

基：两件事情。第一，以色列已经正式通知我们，苏伊士运河东岸的战事基本已经平息，西岸的战事基本上就没打起来。我们将从特拉维夫抽调10个人前往以色列，这些人大概会等到联合国观察员到达之后撤离，这将近有48个小时的时间。

多：48个小时啊！

基：是的。如果有人提出要求的话，我们的人还可以多停留一段时间。

多：我明白。

基：第二件事，我们刚刚得到消息，你们的勃列日涅夫同志将于本周末出访古巴，听

第16章：1973年10月23～27日　267

到这个消息后，我简直不敢相信我自己的耳朵。

多：出访古巴？

基：是的。

多：我自己也是第一次听说这个消息。我只是知道他本来是定于今年年底出访古巴的。

基：我们认为，他原本是把时间定在12月份的。

多：这个我知道。我相信，如果之前我在莫斯科的时候，他准备去古巴，那我肯定会收到消息的。但现在我猜想，当然，我肯定没有直接与勃列日涅夫交流此事，所以目前我依然对此事的真实性持保留意见，但在我看来，这件事99.9%是弄错了。

基：好吧，弄错了。

多：我本来是想说100%弄错了的，因为当时我的确身在莫斯科，我本来有20个小时可以好好……

基：你根本无法阻止他此次古巴之行，不过你也可以畅想一下……

多：我是不会跟他说这件事情的，因为我确信，当时我要是在莫斯科，他肯定也会告诉我的，这是因为他总喜欢把自己的计划和形程告诉别人。他接下来要去印度。

基：这个消息我已经知道了。

多：我相信他肯定会告诉我的，但是现在出现了问题，我只能对你说抱歉了，不过，之前他的确是打算在12月份出访古巴的。所以，我想问问你，你的消息来源是什么途径？

基：是从勃列日涅夫的专机上。

多：飞机机组人员只是在进行确认，这是这种专机上才需要进行的程序。不对，我非常了解这种飞机，勃列日涅夫根本不知道这架飞机将飞往古巴！

基：我认为你不应该……我想现在正好是出访的时机。我还想告诉你有关我们访问中国的事情。我们已经提议在11月26日访问中国，但对方特别希望我们能提前到11月10日，我已经同意了。

多：10号？为什么那么着急？

基：我也不知道。

多：也许是有些特别的事情吧。

基：我可以向你保证，什么特别的事情也没有。我再向你重复一遍，我们根本没有计划任何特别的事情。现在你已经知道了，如果他们想，如果在我访华期间，他们向我发出了一些邀请，一些根本是难以置信的邀请的话……无论现在还是之后，我都能猜到，到时根本不会出现任何重大的决定，最多也只是非常笼统的磋商。

……

苏联驻美国大使阿纳托利·多勃雷宁与基辛格的通话
1973年10月24日，周三
上午10点19分

多：亨利，我现在有一封勃列日涅夫给你方尼克松总统的信，内容如下：
"总统先生：

我们已经得到确认消息，以色列军队正在利用坦克和军用船舶对在苏伊士运河西岸的埃及军队发起攻击，他们试图攻占港口。以军这样的行为违反了联合国安理会关于中东地区停火的决定。与此同时，以军还对苏伊士运河东岸的埃军发起了攻击，埃军再次向运河南部撤退。以色列这次暴力行径，距离安理会再次重申各方已就停火达成共识、并以此为基础颁布停火的决定也不过只有几个小时；而在此之前，你方刚刚非常坚定地向我方表示，美国将为以色列全面停火负完全责任！

总统先生，我方相信，你方有责任明确告知以色列要其立即终止这种挑衅行为。我们希望你我两方都能信守我们彼此的承诺，都能坚持我们之前达成的共识。如果您能敦促以色列停战，敦促其履行联合国安理会第二份决定的话，我方将不胜感激……"

基：谢谢你，阿纳托利。我们会在几小时后给你一份具有实质意义的回复，不过你现在就可以把下面这些话告诉勃列日涅夫：上述一系列的行为意味着我们需要对美以关系进行重新评价，这其中也包括对我方对其 物资援助进行评价；第二，我们已经提出要求让其终止此次战事了；第三，我们已经明确告知以方，只有在联合国观察员[在场]的情况下，我方的军事专员才会就是否是以军率先发动进攻下结论；第四，在刚刚过去的5分钟里，尼克松总统已经以个人名义，给以色列大使打了电话，并向对方阐述了同样的观点。

多：好的。

基：现在你可以把我说的这些话告诉给勃列日涅夫了，还可以告诉他，我们一直遵循着周末时候我们谈判的内容行事，现在我方从来没有把这件事当做儿戏对待，我们也无意走在你们的前面，那样对你、对我们都没有任何意义。

多：这句话说得太对了！好的，亨利。

基：谢谢你。

与此同时，我们接到了埃及国家安全顾问哈菲兹·伊斯梅尔传来的消息，对方表示以色列已经打破了新一轮的停火局面。随后，我们又接到了萨达特传来的消息，他要求尼克松总统介入进行调解。下午，萨达特给尼克松总统带来了一个消息，他在消息中提出了一个建议——一旦这个建议被采纳，那将注定导致严重的后果。这个消息的内容是，即刻派遣美国军队或者观察团赴中东推动安理会停火方案的具体执行。这让我在此次危机中心里第一次出现了害怕的感觉。萨达特还告诉我们，他已经"正式"向苏联提出同样的要求了。在我们收到萨达特这封私人信件不久，我通过官方渠道获知埃及方面已经公开表示要求召开安理会会议，借此呼吁美国、苏联派兵介入中东问题。一场危机一触即发！

事实上，我们并没有准备好派兵进驻埃及，同样，我们也不同意苏联派兵介入中东问题。一直以来，我方一直致力于削弱苏联在埃及的军事力量和军事存在，这样做的目的之一也是为了更好地履行联合国决议案的内容。当然，我们也不会与苏联联手派兵进驻埃及，那样的话，不仅会使苏联在中东国家心中的地位更加合法化，也会进一步激化矛盾，包括沙特阿拉伯、特鲁西尔联合国、约旦、科威特在内的反苏的激进国家，很可能会对美苏联手的行为感到惶恐和不解。那样的话，想要将苏联军队请出中东地区也会变得不可能了——他们会借口对任何涉及以色列的问题强加干预，也因此会将矛头对准那些阿拉伯一些温和派的国家。

我们已经决定要对派遣苏联军队介入中东地区的决议案表示拒绝了，如果必要的话，我们会动用武力，无论对方提出什么要求，我们都会坚持这么做。因此，我给多勃雷宁打了电话，告诉他当他下午四点给在国防部的我打电话的时候，我方会否决派遣任何一个联合国常任理事国的军队进驻中东地区的决议案。以下的电话，是我方与盟军、与各方首脑进行磋商的过程。

以色列驻美国大使辛卡·狄尼兹与基辛格的通话
1973年10月24日，周三
下午3点40分

基：我们刚刚接到了苏联人传来的消息，我并不是说他们这么说就是真实可靠的，但我还是希望你能知道最新的消息，那就是，你方军队依然在发动进攻！

狄：5分钟前，我刚刚和我国国内进行了沟通，他们告诉我战场上一切正常，而且我们今天已经取消了在以色列境内的灯火管制。

基：我想把我们在联合国的策略告诉你。如果有人提出召开安理会会议，那我们将采取以下态度：第一，我们将非常支持在停火地区派遣观察员；第二，我们会对派遣美国军队或苏联军队介入中东局势提出反对（当然，如果你方支持的话，那就另当别论了）。

狄：不会的，我们肯定不同意这样做。

基：第三，我们会非常支持派遣联合国观察员，比如来自斯堪的纳维亚半岛或其他国家的观察员，进入中东地区；第四，关于各方军队撤回到原来停火线的问题，我方虽然支持这个方案，但现在还不知道应该如何具体实施。我们会告诉斯卡利推迟这个问题的讨论，并尽量去混淆视听。你看这么做怎么样？

狄：好的。但你们有没有想过，如果有人提出解决方案，那又要怎么处理？

基：还没有，我还没有思路。我知道埃及和叙利亚已经提出要召开安理会会议了。我会在下午四点的时候和多勃雷宁会面，不过我们要谈的是另外一件事情。届时，我会告诉他们不要提出召开会议的要求，因为我们会提出反对的。你方要尽可能给我们保证，保证你们不会采取任何军事行动。

狄：我5分钟前刚和我国通过电话。我马上再给我国打电话回去，告诉我方总理你方将要采取的策略，苏联人跟你说的那些他们担心的问题，我也会一并转达。

国防部长詹姆斯·史勒辛吉与基辛格的通话

1973年10月24日，周三

下午4点25分

基：现在是否同意我方人员进入以色列前线？

史：是的，已经同意了，不过我并不确定这是否会是一个好主意。

基：除此之外，我们还能有什么其他办法判断中东战火是否已经平息？以色列人告诉我们说已经停火了，但苏联人却说没有，还有其他……

史：我们可以派他们[指联合国观察员]过去啊，这些人已经准备好了。我们已经告诉他们，我们会把他们派过去的。

基：我可不想让他们以正式观察员的身份介入中东问题，我也不希望苏联人介入其中，我们为什么不考虑让其以非正式观察员的身份进驻中东呢？

史：问题是，一旦我们派我们的军队到中东去，那么他们肯定会被以色列人利用的。

基：难道我们就找不到一个人，让这个人为我们侦查信息，而且不用给他任何正式身份？我们可以派两三个人去，然后直接把他们接回特拉维夫。这样我就可以把我的想法告诉苏联人了。不过我没有独立权……

……

负责国际组织事务的助理国务卿大卫·鲍波与基辛格的通话

1973年10月24日，周三

下午4点50分

基辛格（以下简称"基"）：……现在唯一的问题就是谁去充当观察员的身份？

鲍波（以下简称"鲍"）：我们可以说是美国的想法。我觉得限制人数应该也不会暴露我们的真实想法。如果可以限制人数的话，比如说，各方抽派十个人，组建联合国观察团，那累加到一起就是200个人了。我觉得这样并不会造成任何特别重大的伤害。

基：如果有问题发生，你可以这样告诉斯卡利，让他按照你刚刚说的那样行事。但有一点我需要特别强调的是，我们派遣军事专员这件事，并不能认为是一次军事行动。他们只需要在那里停留24个小时，然后告诉我们中东局势就可以了。苏联人也会这么做。不过我们并没有权力告诉苏联军事官员应该如何处理此事，他们要是想去前线，那就是他们自己的事情了。我已经告诉苏联方面，说我们会派遣军事专员调查真相，看看究竟是谁挑起了这场战争。我可不想把这件事和其他事情混为一谈！

鲍：不会的，不会的。这和观察员可是两回事。

基：我知道这是两回事，但我还是不希望这两件事情扯在一起。

鲍：能告诉我为什么派遣军事专员非要在今晚进行吗？

基：也没有什么特别的原因，不过埃及和苏联两方面都知道我们这次的行动。我告诉他们一定要把这次行动和联合国观察团区分开来。

鲍：我完全理解你的想法。

基：另外，如果联合国观察员希望……那我们也不能拒绝，至少要保留可能性吧。就说我们会给予考虑的。第三，多勃雷宁认为我们根本没有提出解决方案的必要。你不觉得我们应该对马利克采取一些威胁手段吗？

鲍：这是不是意味着需要让[安理会]主席发表共识声明，而不是……

基：由安理会主席发表共识声明当然是最好的选择，但这需要斯卡利努力促成此事。他也应该这样做，不过一定要低调。他可以把这些告诉马利克……

鲍：马利克那边处理起来肯定非常麻烦。

基：我知道，马利克一向是最难对付的那个人，不过斯卡利也不好惹。

鲍：我们在得知各方消息后，最重要的就是要实现停火。

基：你不要觉得苏联会让美苏联军介入其中……

鲍：沃伦[副新闻秘书杰拉尔德·沃伦]发表了一份声明，称白宫撤销了之前的声明，还表示斯卡利会在今天傍晚给出明确说法。相信他的声明里面会涵盖我们的想法，我现在要写些东西，也就一两段吧。

基：好的，要注意我们一定要低调处理。

此时，在莫斯科当地时间已经是午夜时分了，我们认为即将结束的这个夜晚，要么不会出现任何结果，要么又将见证一份停火方案的出台。

晚上7点05分，我们得到了最新消息。我们接到苏联人的消息，对方表示会支持派遣美苏联军进入中东地区强制各方停火。如果苏联坚持如此的话，一场冲突也将在所难免。

苏联驻美国大使阿纳托利·多勃雷宁与基辛格的通话
1973年10月24日，周三
晚上7点05分

多：……相信你们在纽约的代表已经知道了，不过考虑到今天白天我和你一起讨论的内容，我的确不想在这个问题上误导你。决议草案涉及到苏联、美国采取必要的紧急举措。

基：阿纳托利，尼克松总统给我打电话来了，等一下你再给我打过来吧？你跟我简单说一下大概内容就可以了。

多：我们已经得到指示了，要对停火协议投赞同票，即便这份协议中含有派遣你我两方军队进入中东地区的内容，我们也要对其投赞同票。

基：我们不会同意的。

多：我只是把我们得到的消息告诉你。

苏联驻美国大使阿纳托利·多勃雷宁与基辛格的通话
1973年10月24日，周三
晚上7点15分

基：阿纳托利，我和总统先生沟通过了。据我所知，马利克得到的指示是，如果我们也同意这份决议的话，即便里面涉及派遣军队的内容，那你们也会对此表示支持，但现在的问题是，我们根本不会同意的！

多：希望这份即将被提出的决议草案里含有对于苏联、美国采取行动的呼吁。

基：希望是埃及人提出的这个决议草案。

多：……要采取必要的紧急措施，也包括派遣军事力量保证联合国安理会提出的停火决议能够顺利实施。只有这样，他才能对决议草案投支持票。

基：我们肯定会提出反对的。

多：我希望你能知道，我向你透露我们的决策，这个举动本身是错误的。

基：我认为我们双方都不应该赞同这种决议被正式通过。

多：他已经接到我方领导人的指示了。想到你已经向我透露了你们的决定，我又觉得把这一切告诉你，也算公平，是非常正确的行为。

基：好吧，那就让我们投反对票好了［即行使美国的否决权］。

美国驻联合国代表约翰·斯卡利与基辛格的通话

1973年10月24日，周三

晚上7点25分

……

基：我想告诉你一些消息。多勃雷宁告诉我他已经接到了苏联的指示，如果有人在联合国安理会上提出方案，让美国、苏联采取紧急措施促成停火，其中也包括派遣军队进入，那么马利克就要投赞同票。而你，一定要投反对票。

斯：我明白。

基：先投反对票，然后再就此发表一篇洋洋洒洒的演讲。我们尽量再找其他国家来呼应你，比如英国……

斯：联合国秘书长会发言的，以色列也会发言的，还有几内亚，所以我们可以先为后面的投票争取一个小时的时间，然后再让不结盟国家提出一个解决方案，这个方案一方面可以对以色列进行谴责，另一方面也可以呼吁小国家派兵参与维和来支持那些观察员们，有些小国家他们已经准备好了，甚至已经告诉安理会，说自己的军队都已经分配好了。

基：我们不能对以色列进行谴责，不是吗？

斯：当然不能。

基：我们反对的是对以色列的谴责，但对于维和，我们还是支持的。

斯：我们要支持维和？我还以为我们不得不这么做呢。不过据我所知，亨利，麦克兰特爵士告诉我，我们只能拖延一个小时的时间。

基：我们支持的不是维和部队，而是更有号召力的联合国停战监督组织的介入 [即战前，联合国设立于苏伊士运河沿岸的观察团]，这和维和部队是两码事。

斯：我明白了，那如果我们与解决方案发生冲突要怎么办呢？

基：投反对票！

斯：两件事：第一，对以色列进行谴责；第二，维和。我们大可以告诉苏联让他们随意处理，我们只需要提出反对就好。还有一件事，黄华[中国常驻联合国代表]让我转告你，下一次，如果我们两方在决议案上出现分歧，那么他们肯定不会再犹豫，当下就会提出反对。

基：没问题。

斯：他很好奇，想知道我们怎么样才能把苏联的军队送到中东战场上去。

基：给他打电话，告诉他我们会用一些非常强硬的手段。

斯：……我们现在最应该考虑的是，如何派有限的人手去中东解决我们的问题。

……

苏联驻美国大使阿纳托利·多勃雷宁与基辛格的通话

1973年10月24日，周三

晚上7点25分

基：我一直在与尼克松总统进行沟通，我们强烈要求你方不要把事态推向极端，因为无论会上提出任何呼吁派兵进入中东地区的方案，我们都会给予否决。现在我们最需要的是多派遣一些观察员。

多：这是因为，我记得之前我跟你提过我在莫斯科的时候，我方的领导人认为向中东地区派兵是不可能的。但他们现在已经离奇愤怒了，所以[苏联领导人]要向中东地区派兵。

基：那为什么要通过我们？这样做的目的又是什么？

多：因为你们同意让以色列人为所欲为。

基：最开始，就是停火行动刚刚开始的时候，我曾恳求你让你们的盟友们撤回到停火线上，但一周之后[我们才得到苏联的答复]。

多：这件事情是已经得到你和勃列日涅夫认同的了。

基：即便如此，如果你们希望我们两方发生冲突，我们也可以奉陪到底，不过那样的话，我们不得不说这将是一件很遗憾的事！

多：你是知道的，我们不希望与你们发生冲突。

基：在停火初期的24个小时里，会出现我们两方共同负责的情况，这一点是在所难免的。目前为止，我们已经提出了两项联合决议了。

多：我会把这个消息带到莫斯科去的，但我相信[马利克]也已经知道这个消息了。我这就把这个消息告诉莫斯科方面，不过我相信他们[苏联政策制定者们]也正在讨论这个问题，他们也会给出这样的指示，所以我希望你不会有这样的想法……

基：但是你们在不结盟国家身上还是很有影响力的，这种对于他们的影响力完全可以阻止协议方案不被提出来。

多：能说这依然是一个猜谜游戏，也许他们已经把这一切都告诉莫斯科了。

基：我们准备投否决票，如果一定要发生冲突，我只能说对此我感到非常抱歉。

多：我会把你的这份心情带到莫斯科去的，我们要保持联系。

英国驻美国大使克罗默伯爵罗兰德·巴林与基辛格的通话

1973年10月24日，周三

晚上7点28分

基：我得到消息，苏联已经颁布了指示，称只要有第三方提出派遣维和力量进驻中东地区，这其中也包括派遣苏联或美国的维和力量进入中东，那么他们都会给予支持。我希望你知道的是，我们对此完全持否认态度，我们会提出否决。要知道中东地区现在的驻军已经够多的了！

克：你说得对。

基：我们非常希望你方能站在我们这边，对这个方案提出反对。

克：你知道有谁推出这项方案吗？

基：我们认为这会是一个不结盟国家。他们已经在着手准备了。我们认为中国方面也会对此投反对票的。

克：我们马上就着手处理此事。

美国副国务卿布伦特·斯考克罗夫特与基辛格的通话
1973年10月24日，周三
晚上7点30分

基：……我们希望中国方面能够知道，我们会对安理会中提出的方案投反对票，我们肯定也不会同意派遣军队进入中东地区，这里所说的不仅仅是美国的军队，即便派遣的不是美国或者苏联的军队，肯定也和苏联有关系。告诉他们你已经给[中国驻联合国代表团]打过电话了，因为你直接就可以跟他们取得联系，而我没有这种电话线路。你能保证会解决这个问题吗？

斯：是的，我这就给他们打电话。

以色列驻美国大使辛卡·狄尼兹与基辛格的通话
1973年10月24日，周三
晚上7点35分

基：大使先生，我给你打这通电话是想让你知道，我们已经得到消息，苏联人会对呼吁维和部队的方案表示赞同，很可能维和事宜会由美国和苏联两方承担。而我们要声明的是：第一，我们对任何谴责以色列的行为提出反对；第二，我们反对任何维和军队介入中东地区；第三，我们不同意美国军队介入中东地区，这一点是肯定的。目前，我们必须得到的是你们目前军事行动完整周详的报告。我想把我们目前的动向告诉你，我也希望你们也能这样做。

狄：非常感谢你的提醒。

基：你会告诉以色列国内这个消息吗？

狄：半个小时前，我刚刚跟我方总理通过电话，她问我今天是不是可以结束了，她是不是可以休息了。

基：还是告诉她吧。

白宫办公厅主任亚历山大·黑格将军与基辛格的通话
1973年10月24日，周三
晚上7点50分

基：我要告诉你最新的进展。苏联人那边出现了问题，他们现在说要支持由不结盟国家提出的解决方案。首先，会对以色列违反停火协议的行为进行谴责；其次，会提出由维和部队介入中东地区，他们说的维和部队也可能包括美国和苏联自己的军队。我已经向多勃雷宁表达了这个消息的危害和震惊程度。我们会对苏联和提出这个方案的国家表示谴责，我们非常反对任何军事力量介入中东地区的方案。

黑：问题真发展到这么严重了？

基：我们恐怕真要面对这些问题了。

黑：我们就知道中东问题不可能这么简单就解决的。

基：我想他们现在肯定会非常强硬的。

黑：我们也这么想，他们肯定会非常强硬的。

基：那是自然，而且如果昨天以色列人能够停火的话，我们的处境要比现在好得多。

黑：我得挂断了，总统先生正在给我打电话。

苏联驻美国大使阿纳托利·多勃雷宁与基辛格的通话
1973年10月24日，周三
晚上8点02分

基：我受总统先生的委托给你打这通电话。

多：这次又是什么事情？

基：我方强烈要求你方避免与我们、与联合国发生冲突。

多：我在六点半的时候曾和马利克通过电话。安理会大厅里面全都是人，到处都是人们讨论的声音。马利克也不知道安理会方面目前的想法是什么，他们目前讨论的是第三世界的问题。

基：我们得到的情报是，目前所有战事都已经暂时停止了。

多：现在实际的情况又是什么？你们现在很容易就能得知目前的实际情况吗？有没有人提出解决方案？

基：这个问题，我得问问斯卡利。

多：记得把你知道的消息告诉我，然后我会给莫斯科发电报的。

基: 好的。

苏联驻美国大使阿纳托利·多勃雷宁与基辛格的通话
1973年10月24日,周三
晚上8点25分

多: 他[马利克]说他已经提请由美国和苏联派遣维和部队了,他已经发表演讲了,发表在合众国际社上。因为……

基: 我还是希望你方能尽可能地保持克制,这绝对不仅局限于解决方案的层面上。

多: 我只会透露他在安理会上演讲的内容。

基: 那将意味着,你我两方会从之前非常紧密的合作关系,转化为非常紧张、危险的关系层面上。

多: 那我只告诉你一个人好了。

基: 好的。

美国驻联合国代表约翰·斯卡利与基辛格的通话
1973年10月24日,周三
晚上8点52分

斯: 他[马利克]没有直接把矛头对准我们,他只是对以色列进行了谴责,然后他提到解决方案已经有正当的理由,而且应该以联合国宪章为准绳,这一点和萨达特的说法基本吻合。不过他也没有提到是否会接受这份停火方案。他只是呼吁各方与以色列断绝外交关系,并支持对以色列进行制裁。他还说到,你应该为曾在特拉维夫停留的行为,负很大责任。他表示坚信是美国一直在利用以色列,美国才是一切的幕后黑手,还说以色列目前的说法是完全忽略联合国解决方案的行为。

基: 那你下一步打算怎么做?

斯: 让我先把其他的内容说完。马利克还对观察团的组成进行了剖析。他虽然的确有暗示会派观察团介入中东问题,但他并没有明确地说出来。我这边,是可以发表演讲的。

基: 我是不会否决那些还没有提出的问题的。

斯: 扎亚特已经在安理会上正式向我们提出要求了。

基: 那你最好去发表那篇演讲。

斯: 萨达特说,"希望大国能对此事进行干预,希望他们的维和部队能出现在中东战场上"。

一个小时后,安理会里本来还不是很清晰的美苏冲突一下子升级成了双方的直接冲突!这一切的起因来自于多勃雷宁带来的勃列日涅夫给尼克松总统的信函。

这封信的主要内容包括:

> ……让我们携手,我的意思是苏联和美国携手,积极敦促向埃及派遣苏、美军队的事宜,这样做一则是为了保证安理会在10月22日、23日通过的停火协议能够顺利实现,同时也保证在此次停火过程中,苏美两方对于停火的保障能够顺利实施。
>
> 积极按照上述方案执行,这是十分必要,而且不容拖沓的。请原谅我的坦白,但我必须要说,如果你方认为无法与我方共同进行此次行动,那么我方将不得不面对单方面采取下一步行动的可能。在以色列问题上,我们不允许任何肆意专断独行的情况出现。

从这封信开头的"总统先生",到这封信的末尾"尽快予以明确的答复",无不透漏着苏联的语气是非常强硬的,这也是有史以来苏方领导人对美国总统最无礼的一次沟通了。苏联人在这封信里指出,美苏向中东地区派兵的行为,不仅仅是为了平息战争,而且还要为中东问题做一个最后的了断,而这个所谓了断的条件,虽然苏联方面此次并没有明确指出,但在过去的一年里,他们也曾多次提及,但却被我们多次予以拒绝。苏联还威胁我方,如果美国拒绝派兵的话,他们将单方面采取行动。苏联所谓"将在莫斯科当地时间凌晨四点派兵",足以证明他们内心其实是非常紧张的!

白宫办公厅主任亚历山大·黑格将军与基辛格的通话
1973年10月24日,周三
晚上9点50分

基:我刚刚接到勃列日涅夫传来的消息,他希望我方能派军队和苏联军队一起进驻中东解决问题,即便我们不同意,他们也会单方面采取类似行动。

黑:我就怕出现这个问题。

基:我想,我们恐怕需要就此展开一场辩论了。

黑:这就是他们对你强烈反应的态度?

基:埃及人已经派第三军做好准备了。

黑:我觉得他们现在就是胆小鬼。到这场战事结束前,他们是不会向中东派兵的。我不相信他们会这么做。

基:我也不知道。但究竟发生了什么事,致使他们不再向中东增派伞兵了?

黑：你不妨想想这样做会给他们带来些什么？当然，苏联人论点是以色列人肯定是不会遵守停火条约的。

基：我认为以色列人应该支持这个方案。现在的局势很危险，他们可能会赞同之前作出的决定。

黑：我们可没指望以色列人会有那样的想法。以色列人他们知道吗？我的意思是，你告诉他们了吗？

基：我一直都与他们保持信息通畅，我是不是现在应该叫醒总统先生？

黑：不，还是别了。

以色列驻美国大使辛卡·狄尼兹与基辛格的通话
1973年10月24日，周三
晚上10点

基：苏联提出的联合决议是，要么由美国和苏联组成维和部队进驻中东地区平息战争，要么就由苏联单方面完成这个使命。很明显，我们不希望参与到这件事中来。

狄：他们现在怎么想的？

基：他们声称现在自己最想做的就是结束这场战争。

狄：我希望你能注意到两件事情。我得到消息，我方一队伞兵在苏伊士城被困，他们已经与敌军持续了数小时的激战了，遭遇了对方严密的火力攻击。我们必须要对他们进行支援，否则他们只能等死。我们打算对他们进行空中援助，这样这些伞兵就可以冲出敌军的包围了。

基：好的，如果苏联方面执意介入的话，我只是觉得我们昨天的动作有点太大了。

狄：我们再也不会那么做了！

基：还是看看我们接下来的策略吧。现在我们不得不给这些苏联人一些甜头了，好让他们朝错误的方向前进。现在，我想知道的是，你方是否愿意撤回到战前你方占据的停火线上？

狄：这怎么可能呢？如果你坚持的话，我可以跟我方总理取得联系，但是我想先提前告诉给你的是……

基：我现在没时间听你说的这些……

狄：苏联人会派兵攻打我们吗？

基：这不是没有可能！事实上，我倒认为他们更希望那么做。拿到苏联传来消息的文字后，我会把这个消息一个字一个字地读给你听的。苏联人说了，如果我方不同意与之联合派军进驻埃及，那么他们就会采取单边行动！

狄：是派军进行维和，还是派军参战？

基：我想他们的意思是维和。

狄：不管怎么说，我所代表的也只是一个很小的国家。

基：你知道，我现在是没时间听你的抱怨的。你现在必须确定，苏联人说要么我们派兵，要么他们会单方面采取行动。如果你真的无计可施，那么我也能接受你们的做法。就你看来，我们现在应该怎么回复他们？

狄：那我现在就把这个消息告诉我方总理。

苏联驻美国大使阿纳托利·多勃雷宁与基辛格的通话
1973年10月24日，周三
晚上10点15分

基：我们正在召集我方相关人员就你方那封信进行讨论。我只是想告诉你，如果你方在我方回复之前采取任何单方行动的话，那么后果将是非常严重的。

多：是的，好的。

基：我方对此非常关注。你们不要给我们施加压力了！我再重复一遍，不要给我们施加压力了！

多：好的。

白宫办公厅主任亚历山大·黑格将军与基辛格的通话
1973年10月24日，周三
晚上10点20分

黑：……关于华盛顿特别行动小组。

基：都是那些各部门的头头脑脑。华盛顿特别行动小组的成员，实际上就是各部门的头头脑脑。

黑：你跟总统先生沟通了吗？

基：还没有。我们对局势进行完全分析后，才会给他看。

黑：我认为，如果苏联人讲信用的话，就像你判断的那样，希望此次战事能得以平息，希望这一切不会升级……但如果我们必须要与苏联一道向中东地区派兵，那样的话，我不确定这最终会不会成为一场悲剧。我认为正是他们，最终才导致苏联要单方面采取行动。

基：现在来看，这对于美国绝对是一场暴风雨般的灾难，这也会发展成欧洲的灾难，最终会把矛头直接指向以色列。换句话说，他们很可能为了攻击以色列而率先攻击我们。所以，我情愿在他们出兵埃及后，也派兵增援中东地区。

黑：那样的话，我们需要争取别人的支持、需要对此进行讨论，还需要积极的处理态度。目前，我们的确不希望苏联搅到中东战局上来，但我担心很可能这会爆发新的战事，然后我们就又需要面对其他问题了。

基：你的意思是？

黑：关于苏联和以色列的。有没有哪种方法让我们判断出来谁才是我们的对手？如果我们选择用强硬的态度去对待苏联，那我们就必须强硬起来！

基：考虑到我们目前的国内情况，你也不能确定我们究竟可以强硬到什么程度。

黑：我想我们还是可以很强硬的。

基：但我并不认为他们会听信一位执行总统的话。

黑：他们当然不会。但我们现在唯一可以处理这个问题的方法，就是如果必要，我们可以抛出些什么，然后说服那些决策制定者找出来谁才是我们的对手。希望这些维和部队，当然我是不希望他们出现的，但这的确可以让我们和苏联人暂时团结在一起，这比停火方案的效果要更好。

基：这样就会对中国和欧洲构成严重的威胁。苏联那些混蛋们，他们也早已经想好了只有这么做，才能派兵进入埃及。还有，我们今天已经派[美方军事专员]前往以色列前线了。

黑：以色列人，他们还是非常可信的，至少我今天从他们那里得到的消息来看，是这样的。

基：我也这么认为。

黑：但如果他们对我们撒了谎呢？

基：昨天，以色列人给埃及第三军设下了陷阱，今天，这些埃及人恐怕都已经饿死了！

黑：我猜，埃及人全都在苏伊士运河的东岸，而且他们没有任何物资补给。

基：那里只有一条通路，但却被以色列人给堵死了。

黑：他们所在的那个地区并不是很大，他们控制不了那个区域。如果到了紧急情况，我们可以对这些被困部队提供援助，帮他们走出眼前的困局。无论在什么情况下，关键问题总是充满争议的。你现在可以组建一支维和部队……

基：杰克逊已经在今天下午表达了强烈抗议了！

黑：是关于我们正在讨论的问题吗？

基：是的。

黑：他是怎么知道的？

基：一次开会的时候，我不小心说漏了这件事。

黑：如果这发生在其他机密问题上，我们就死定了，当然，也可能是新问题的开端。

基：别忘了苏联人的把戏。他们遇到了一个千载难逢的机会，就是总统遭遇弹劾，但是为什么他们没有派兵进入埃及？

黑：如果他们派兵，新一轮战事再度兴起，那样的话，问题可就严重了！苏联派兵进入埃及……他们坚信是以色列人……我敢肯定，苏联人一定从一开始就知道。

基：当然了，他们也有自己的情报渠道。

黑：以色列人是不是在跟我们说实话还是一个问题，如果他们说的是……

基：昨天，以色列人还占领了对方大片土地，还切断了埃及第三军最后的供给线。今天，第三军曾试图突破对方的防线，但并没有取得成功。这才是问题所在。

黑：是的。

基：我还是不相信是以色列人率先发起进攻的。

黑：我也不信，特别是狄尼兹……

基：就是因为这个原因。如果苏联人想讲规矩的话，那他们就应该让以色列人回到之前的停火线上，而不是……

黑：看起来以色列人肯定……

基：我告诉狄尼兹可以提出一些我们能做到的要求。要是需要他们为战事的进行找出合理的解释，那问题可就更复杂了。不过这些问题，我认为我们没有必要告诉总统，给他添麻烦。

黑：你们的会议是定在白宫，还是……

基：在国务院举行。

黑：无论你做什么，总统先生都必须要知道。

基：那我应该通知他参加会议吗？

黑：我希望你可以在白宫召开这个会议。

基：好的。

在尼克松总统的回忆录里，他这样写到：

  当黑格告诉我有关苏联提出方案的消息时，我告诉他，他可以和基辛格在白宫召开会议，这样就可以为苏联可能出现的单边行动制定明确的策略方案。到了现在，语言已经无法表达我们的想法了——我们必须有所行动，即便我们面临军事戒备的威胁也应如此。

此次会议在位于白宫西翼地下室的战情室举行，这场由我主持的会议虽然在晚上10点40分召开，但由于期间被各种各样的事务中断，会议一直举行到了25日凌晨两点。与会人员包括国防部长史勒辛吉、中情局局长威廉·科尔比、参谋长联席会议主席托马斯·摩尔上将、白宫办公厅主任亚历山大·黑格将军、负责国家安全事务的总统副助理布伦特·斯考克罗夫特以及我的军事助理、国家安全委员会司令乔纳森·霍尔，当然，还有我。

勃列日涅夫提出的由美苏联军共同进入中东地区的提议，根本是难以想象的！如果我们同意与苏联联手，那这将意味着苏联军队将在我们的庇佑之下重返埃及！那样的话，我们要么被苏联牵着鼻子走，被迫和苏联一起将战争矛头对准以色列，要么我们注定会与苏联在埃及境内发生冲突，要知道在停火问题上，埃及和苏联有着一致的目的，前者根本不可能在停火问题上对苏联提出任何反对。

但是无论我们怎么选择，后果都将超出埃及境内的范围。如果苏联军队戏剧性地和美国军队结盟，两者还会同时出现在埃及首都开罗，即便苏联单方面采取行动，而且也只是他们一国出现在开罗，我们阿拉伯温和派的那些老朋友们，也会因为美苏联军的出现感到精神紧张。在过去四年中，我们一直努力追求的战略梦想同样也会因此瞬间瓦解。同时，埃及也会再次走进苏联人的阵营之中，苏联和他那些激进的盟友们也将因此成为中东地区的主导力量；中国和欧洲国家也会因为美苏两国的军队联手介入这样一个重要地区的局势而感到沮丧。而一旦美、苏两国的联盟被迫中断，美苏结盟变成美苏危机的话——不要怀疑，这不是没有可能——美国也将因此被独立出来，

毫无疑问，从我的内心里，我知道我方应该拒绝苏联的建议方案。我们要做的就是从心理上对苏联进行震慑，使之放弃所谓的单边计划——这也是他们一直拿来威胁我们的武器。据我方得到的消息判断，他们已经就此展开计划了。来自中情局的消息称，由苏联飞往中东地区的运输机已经在24日早些时候停止补给运输了，而当时，我们对以色列的物资输送还在进行当中。更糟糕的是，这些用来运输空军的飞机，却早已经被苏联注意上了。眼下，东德的部队也做好了战争准备，苏联在地中海区域的战舰已经增至85艘——苏联在全胜时期也不过如此（而且这个数字很快就上升到了100艘）！第二天，我们发现苏联方面一支由12艘战船组成的小型舰队正在驶往亚历山大港，这支小型舰队还携带了两艘两栖攻击舰。

在获知这一切后，我马上召集人手召开会议，以求获得更多的细节消息。整整一天，几乎都没有出现任何引发紧急状态的消息。事实上，从晚上七点（莫科斯当地时间凌晨两点）开始，局势忽然变得平静下来了。苏联方面首先表示了对美苏联军的支持，随后坚持由美苏联军进入中东地区。当时我的回应是，我认为我们即便与苏联联手，对于我们来说也只不过是"白费力气"，那样的话，我们与中东、中国、欧洲的关系也将受到影响，所有人都会因为美苏联军的出现而感到恐慌。不过这其中的原因

却是多种多样的,而我认为这主要有三种可能:第一,苏联一直坚持派遣美苏联军,而邀请我前往莫斯科的做法,只不过是为了争取时间;第二,派兵进入中东地区只是为了能在埃及在战场上失利之后接管埃及军队的权力;第三,看到埃及第三军在停火后依然陷入以色列人的包围之中,埃及人认为他们被以色列、被我们美国人愚弄了!我个人认为,埃及提出美苏联军最可能的原因是第二种和第三种可能。

在我于政府就职期间,这一次是我经历的最细致的讨论。与会人员就苏联的行为、动机、目的逐一进行了分析。晚上,我们一致认为苏联方面即将做出重大决定。我们希望我方的空运能从凌晨开始,现在距离飞机起飞还有两个小时的时间,两小时后,飞机将从东欧起飞。晚上11点,我暂时离开了战情室,去白宫西翼看了看依然等在那里的狄尼兹,当时只有他一个人在空荡荡的大厅里。我告诉他,我们会对苏联的建议提出反对,但具体的方式还有待进一步商定。我们也希望能尽快得到以色列的回应。

当我再次回到战情室的时候,我们很快就达成了一致意见:我们可以以将邀请苏联进行谈判为借口,拖延苏联计划。美国的回应一贯如此——在语气上尽可能缓和,但是在行动上则要尽可能强硬。我们还认为只要我们没有明确对苏联的单边行动表示抵制,那么苏联方面就不会对我们真实的意图有所察觉。我们希望我们此番举动能在我们给莫斯科进行书面回复前,就已经得到对方的注意。因此,我们决定暂时搁置向勃列日涅夫进行书面回复,以便于我方进行可行性措施的讨论。

美国军方通常会使用戒备状态对局势的紧急情况进行分级,戒备状态共分一到五级,从第一级到第五级紧急情况相应递减。第一级为最严重的状况,即战争状态;第二级为作战准备状态,其严重程度濒临最高警界线;第三级为军队战备状况被提升到平常线以上,这是和平时期级别最高的戒备状态。对于我方军队,绝大多数都只是涉及戒备状态中的第四级和第五级,而我们在太平洋的军事基地,由于受到越南战争的影响,自1973年开始,该基地永久保持在第三级戒备状态。而通常战略空军司令部会保持第四级戒备状态。

我们都认为想要引起苏联方面的注意,至少要达到第三级戒备状态。即便如此,苏联人也可能因为未注意到我方戒备状态的改变,而未能及时调整自身的外交策略。我们于是决定就第三级戒备状态无法预知的措施进行讨论。与此同时,参谋长联席会议主席托马斯·摩尔上将颁布命令,号召我方军队做好进入第三级戒备状态的准备,当时的时间是深夜11点41分。

11点25分,狄尼兹交给我一份来自以色列的方案,提到了如何应对苏联人的计划。事实上,这一次以色列拿来的方案与以色列在1971年停战协议里面的内容大同小异:以色列撤回到苏伊士运河东岸,作为交换,埃及撤回到苏伊士运河西岸;这样,以埃双方就能以苏伊士运河为界，在东西两岸各构建一条十公里宽的停战带。不过这样的计划是不可能实现的。从埃及自己的领土上退兵，这样的做法在萨达特看来无异于是一种羞辱，他肯定也不会用从边境线撤军十公里的做法来达到停战的目的。而且，邀请苏联介入进行斡旋也过于复杂，即便苏联在第一时间采取行动，萨达特也很有可能被激怒，转而执意坚持美、苏大国介入到中东问题上来。我对狄尼兹说，我需要对他们提出的这个方案进行讨论，但我非常清楚即便讨论也没有任何意义。在这个问题上，我们对苏联的态度有些过于谨慎了，唯恐他们的出现会对以色列的计划产生影响。

我们下一个决定是针对如何向埃及封锁苏联提出的条件的。我们决定诱使埃及，不让他们向苏联提出派遣军队的要求。11点55分，我们决定以尼克松总统的名义，向埃及方面重申我方不同意向埃及派遣军队的立场。在这封信里，我们指出一旦苏联军队出现在了埃及的土地上，那么我们会在埃及土地上对这些不速之客提出抗议，我之前前往埃及开始和平谈判之旅的计划也将因此取消。

> 我希望您能衡量一下，如果两个核大国在贵国的领土上兵戎相向，这将带来怎样的后果？我还希望您能衡量一下，如果这两个核大国中有一个在牵扯到埃及战事上来，那么基辛格博士原定于11月7日的开罗之行，也就化为泡影了。

在我方将戒备状态调到第三级后，我让斯考克罗夫特提前离开给多勃雷宁打了个电话，并通过斯考克罗夫特告诉多勃雷宁如下内容：

> 告诉他在我方给出回复前，不要采取任何行动。告诉他你无权给出答复。说我现在正在开会，根本抽不出时间来。跟他说苏联绝不能采取单边行动，否则结果将是非常严重的！如果他什么也没有说，你就说你接到的命令是不能对此发表任何评论，这样的话，他们应该就可以知道我们这次是认真的了！

不过人们都是可以冒险的吧！虽然多勃雷宁没有对斯考克罗夫特的话发表任何意见，但他肯定会把这个消息带到莫斯科的。我们没有得到多勃雷宁的任何保证，也没有听到他任何关于双方发生误解的声明。尽管已近午夜，但我们依然没有困意，讨论依然在进行之中。从多勃雷宁那里，我们唯一得到的回应就是他会等待我们下一步的消息的。

如果多勃雷宁此举只是为了让我们更深刻地感受到危险，那他的确是成功了！当我们听到苏联人在傍晚时分集结了8架运输机准备在数小时后从布达佩斯飞往埃及，每架运输机都可以运载至少二百人后，我们都认为苏联的行动已经蓄势待发。同时我们也获知，东德的军队从当天凌晨五点起，就已经在警戒线上做好了准备。我们分析苏联极有可能在以每天5,000人的运力向埃及增兵。在这种情况下，即便我们将戒备状态调整到三级，也无法让苏联那些决策制定者意识到局势的严重性。现在是到了采取行动的时间了！凌晨零点20分，我们通知82空降师做好采取行动的准备。零点25分，命令停靠在意大利的富兰克林·D·罗斯福号航母立刻前往地中海东部，与位于克里特岛南部的独立号航母汇合；位于亚特兰大的约翰·肯尼迪号航母也接到了命令，将全速赶往地中海地区。

零点30分，我们将讨论重点再次转向了向勃列日涅夫回信一事。我们决定在华盛顿时间凌晨5点30分向勃列日涅夫发出这封回信。只要苏联的决定取决于我方的回信内容，那么我们就能为军事准备争取到尽可能多的时间；只要我们能做好准备，那时苏联肯定也能注意到我们的军事行动了。凌晨1点03分，我把我方采取的戒备措施，以及向勃列日涅夫回信的事情告诉了克罗默大使。我还告诉他我们会正式向北大西洋理事会提出方案和要求，这是北约组织的最高决策机构，总部位于比利时布鲁塞尔。一小时后，也就是布鲁塞尔当地时间中午十二分，我们向苏联进行了回复。我们希望英国能在北大西洋理事会上对我们提供支持，也希望我们能得到其他国家的支持。

凌晨1点35分，狄尼兹来到我面前，带来了以色列总理的消息，后者强烈要求我方不应该提出让以色列撤回到正式停火后的边界（即10月22日正式停火后的边界）。我向狄尼兹保证，尽管我们面对苏联的威胁，但我们绝对不会强迫以色列采取任何行动。

凌晨1点45分，我让斯考克罗夫特再次给多勃雷宁打了电话，除了重复之前说过的话题外，我还让他加上了我们还有几个小时仔细考虑的时间。相信多勃雷宁可以从我拒绝与之对话的态度中，猜测出来我们并无意进行谈判。多勃雷宁的回应依然是他会把这个消息带到莫斯科去，虽然没有做出任何保证，但他还是说自己会随时守在电话机旁。与此同时，我们也和我军驻欧洲司令部的总司令取得了联系，告诉他暂时搁置驻军反美的计划。之前美方军队前往欧洲参加北约一年一度的军事演习行动，这次演习行动旨在测试我军快速增援欧洲的实力。

凌晨5点40分，我们以尼克松总统的名义对勃列日涅夫进行了回复，这封信依然是通过多勃雷宁来传递的。在信中，我们拒绝了苏联提出的要求，我们选择通过多勃雷宁传递这封信，是为了避免我们在对苏联进行解释的过程中，态度出现软化。这封信指出，美国赞同而且愿意参与到联合国停战监督组织主导的行动中来。我们希望参与停战监督组织主导的这次行动的人员，完全来自交战国家之外的国家，虽然这只是一个暂时的行动，但此次行动参与者将"为交战双方提供有关停火的充足信息"。此外，我们在这封信里还提到：

> 但是，你们必须明白，我们无论如何也不会接受单边行动，这种行动不仅将违背我们在1972年所达成的协议，也违反《防止核战争协定》中的内容。正如我之前提到的那样，单边行动将造成难以估计的后果，你我两方都不希望看到这样的情况发生，这既不是我们的共同利益所在，也将使我们之前的所有努力化为泡影。

10月25日上午八点，我们接到了苏联已经被我们说服的信号。两位从埃及赶来白宫见我的信使显然说明了现在的萨达特是把赌注押在美国，而不是苏联身上了。

在表达了对目前局势的关注后，这两位埃及信使对我们娓娓道来，力图让我们接受他们的思维模式。他们向我们传达的第一条信息就是安全顾问伊斯梅尔针对我（在10月24日白天）所说的为了使以色列接受停火我方做出努力一事的回复。他表示鉴于埃及第三军目前身处困境——伊斯梅尔在信中的语气非常傲慢，并没有提及第三军的情况——他对我方提供的帮助表示感谢。他认为单纯派遣美国军事专员赶赴中东地区的做法还不够，他认为苏美联军将是最好的解决方案。但是，"由于美国拒绝采取这样的做法，埃及要求安理会可以派遣一支独立军事力量"（此处需着重强调）。这意味着埃及将收回之前导致危机爆发时提出的要求。转而，埃及同意以联合国军事力量取而代之。而联合国在选择军事力量时，会避开安理会五个常任理事国，这样美苏联军也就不可能了。

第二个消息是萨达特总统传达给尼克松总统的。对方不仅对此前一晚我们以尼克松名义让其表达的意见表示了同意，还给出了同意的理由：

> 我能理解对于美苏联军你方的顾虑，我们已经向联合国安理会提出尽快派遣国际部队敦促安理会决议的实施情况。我们希望为顺利履行联合国于10月22日通过的决议，即实现中东地区的和平，铺平道路。

事实上，我们已经接近赢得这场政治角力游戏的边缘了。如果没有埃及的支持，联合国决议就不可能派遣美苏联军进驻中东地区。如果苏联派兵的话，这将是一起单方行动事件，不会受到东道国或联合国的制裁。那样的话，我们提出抵制就更容易些了，而且我们也已经决定这么做。依照我们目前的猜测，萨达特已经将未来赌在了美国的外交政策上，而不是依靠来自苏联的军事压力。

另一个能证明苏联已经被我方说服的信号来自于我驻联合国代表约翰·斯卡利在当天上午传来的消息。此前一天的晚上，斯卡利一直在强调自己反对美苏联军的建议，外界对于美苏联军的热情也出现了消退。安理会几乎不会对超级大国提出的其他解决方案表示反对，所以找到其他解决方案就是非常巧妙的解决方法了。尽管不结盟国家面对美国的反对，但他们还是在25日就已经提出了决议草案，要求安理会增加联合国观察员的数量，并"要求在安理会的授权下，立即组建一支联合国急救小组"。尽管他们在草案中的措辞不够准确，但草案中依然提出了不希望超级大国介入急救小组的要求。安理会也决定在上午10点30分就这份草案进行讨论。

当天上午晚些时候，我们接到了英国方面对勃列日涅夫信件的回应——英国人收到的信件和我们收到的信件内容相同。克罗默大使表示"他们[指伦敦方面]对勃列日涅夫那封信的态度和你们的态度一致"。早些时候，英国驻莫斯科大使也接到来自英国的指示，授意其与勃列日涅夫见面，并向其传达了采取单边行动的严重后果。

10月25日，周四。当天上午刚过八点我和黑格怀着希望，而又有些紧张的心情向尼克松总统进行了简要汇报。在晚上国家安全委员会会议中，黑格总是时不时地出去，我认为他这是在与尼克松总统保持联系。现在，我开始回顾此前一天晚上我们采取的外交行动和军事行动。就像每一次危机爆发一样，尼克松总统总能保持着清醒的头脑。我们认为我们应该率先采取行动，否则一旦苏联全然不顾当地政府的反对，他们的军队出现在一个距离该国很远的地方时，我们将面对一个巨大的挑战。尽管几天前，我国刚刚通过了《战争权力法案》，尼克松总统决定与苏联向中东地区增派同样数量的军队。而让国会去结束他的行动——在刚刚颁布的《战争权力法案》里面，尼克松这样的做法是完全可以接受的。

在与尼克松总统进行沟通后，我们还是以总统的名义向萨达特进行了回复。这份回信中称萨达特的"关于维护和平的方法完全就是政治家的头脑"，信中还暗示美国支持安理会派遣由非联合国常任理事国成员组成的军事力量介入中东问题。

从上午8点40分到10点，尼克松总统和我向国会诸位领袖简要地通报了前一天晚上的进展。而各位领袖的态度也是非常复杂的，他们支持，但又缺乏方向，完全呈现了一种非常矛盾的状态。他们对宣布进入戒备状态表示了赞同，为我们对苏联提出的美苏联军表示拒绝叫好，但他们的支持更多考虑的是越南时期的孤立主义，而不是从战略评估的角度进行考虑。他们之所以对美苏联军表示反对，是因为他们不希望美军出现在异国他乡的土地上，由美军去构成美苏联军给他们造成的困扰，远比苏联军队要多得多。同样，他们也对派遣美国军队介入表示反对，我们认为，他们肯定也会反对苏联单方面采取任何行动。当尼克松总统指出我们将向以色列或其他阿拉伯友好国家派遣一支部队，以配合苏联的单边行动时，此前宣扬的合作精神也因此遭遇冷却。多位国会领袖都对此表示持保留意见。尽管他们并没有阐述自己的反对理由，但他们也明确指出，赞同国家进入戒备状态，并不等同于认可向中东派兵的行为。

我在中午召开了一场新闻发布会，在会上我公开表达我们的态度，而这正是之前我们一直采取却未曾公开的态度：

> 美国现在不会，将来也不会赞同向中东地区派遣苏美联军。美国认为，当前的中东需要的是事实，需要的是确定停战分界线的位置，需要的是确认是谁挑起了这场战争，只有这样，安理会才会对责任方采取相应的措施。很难想象超级大国的军队出现在中东地区是压倒参战方军事力量的必要条件，很难想象超级大国之前的争斗将转移到中东战场，那样的话，我们就是在强迫美国和苏联进行军事合作。此外，美国厌恶任何一个超级大国，特别是核大国，以任何形式为借口采取单方面的行动。

很快，我们进入戒备状态一事就淹没在人们的种种冷嘲热讽中，人们主要问及两个问题：第一，苏联采取的行动是否由我们在国内的争议所导致的；第二个问题却与前者截然相反，我们面对的这次危机是否是由于我们的国内争端，而不是外交政策导致的，引用一位并不高明的记者的原话，我们的行为是不是"理性行为"？媒体关于苏联动机的质疑让我再次重温了我在水门事件里的噩梦，"如果没有付出代价，任何一个人都不能在在短短几个月里经历权威危机！"

针对美国动机的提问，让我意识到我们在制定政策时留有的余地简直是少的可怜。如果我们陷入冲突之中，一旦我们听从那些反对缓和的狂人份子的建议，那我们将受到执着于水门事件人们的严重打击，这些人认为我们遭遇的每一个挑战都是水门事件的罪魁祸首，尼克松，在试图逃出他们控制区域的尝试。为了把这些人尽快请出房间，我非常热心地回答了记者们的问题：

> 我们所制定的美国的外交政策，不仅仅考虑到了诸位选民的利益，也考虑到了大家子孙后代的利益。现在我们国家发生的这一切，可以理解成是我们之所以调整了戒备状态，完全是处于国内的原因。

我在回答其他人的问题时是这样说的：

尽管目前的局势非常复杂、非常艰难，但我们依然在努力维持和平。现在，女士们，先生们，决定权在你们自己手里，你们可以决定，是否要在此时此刻把这里变成一个针对外交政策信任危机的舞台，变成一个……

至少我们应该有信心，美国政府的高级官员并不会视美国民众的生命如草芥。

就在新闻发布会结束之时，我接到了瓦尔德海姆的电话。对方在电话里证实危机已经结束！有关埃及提出的要求美苏两国军队进入埃及解决问题的提案已经被正式放弃，取而代之的是由不结盟国家提出的议案，这个议案要求来自非安理会常任理事国的观察员进行介入。于是现在，我们的外交将把重心转移到观察团以及人数规模上来了。

联合国秘书长库尔特·瓦尔德海姆与基辛格的通话
1973年10月25日，周四
下午1点18分

瓦：你能在百忙之中给我回电话，我非常感激。虽然我已经和西斯科在电话里沟通过了，但我还是希望把最新的进展告诉你。正如你所知的那样，苏联方面已经接受了美国新提出的附加条款。目前，只有法国方面的态度还不甚明朗，刚刚法国代表还在这里，他对我说，希望能召开一个针对附加条款的独立投票，投票成员并不包含那些来自安理会常任理事国的人。之所以要求召开此次独立投票，就是要告诉人们法国并不赞同附加条款的内容。

基：你说的对，秘书长先生。我们会对所有不包含这些附件条款的决议案提出反对的。

瓦：是的，这个消息，西斯科已经告诉我了。

基：对此，我们绝不会让步！

瓦：好的，我明白你们的想法。没有问题。还有一个问题，那些不结盟国家和苏联都没有改变他们的想法，只有法国人希望进行独立投票。

基：好吧，他们有权力这样做。

瓦：但毕竟，考虑到法国人自己的立场，他们肯定也会对决议案投赞成票的啊。

基：那样的话就太好了！秘书长先生，我现在关心的只有一个问题：原则上我们反对任何东欧国家、任何社会主义国家的军队介入中东地区，现在我们必须要有足够多的中立国家能支持我们的想法。如果东欧国家的军队出现在埃及，如果社会主义国家的军队出现在埃及，那么这将成为一场信任危机。

瓦：现在出现了这么一种趋势，除了北欧国家外，还有亚洲国家，比如马来西亚；非洲国家，比如尼日利亚；他们都有可能派兵进驻埃及。

基：只要不是东欧国家的军队，那么他们肯定不会提出反对的。

瓦：还有一种说法，说是波兰也牵扯其中了。

基：在我看来，我们同意瑞典有所动作，已经算是一个很大的让步了。

瓦：苏联人那边怎么办？

基：他们也不同意东欧国家介入中东问题。

瓦：那样的话，很可能加拿大那边就会出现新的情况。

基：你说的是加拿大？

瓦：是的，这全都是因为北约。

基：我们不会不同意的。

瓦：我指的是那些中立国家。

基：我们可以同意加拿大派兵，但南斯拉夫绝对不行！

瓦：让他们去，这是毫无疑问的……不过我还是会把你说的这些记下来，我希望你们能以此为原则积极努力。

基：秘书长先生，我想说的是，在这次危机结束之后，我希望我们能坐下来聊一聊，缅怀一下过去的时光。

……

当天下午2点40分，多勃雷宁正式发表声明，称此次危机已经完全解除，而解决这一切的恰恰是尼克松给勃列日涅夫的信。

苏联驻美国大使阿纳托利·多勃雷宁与基辛格的通话
1973年10月25日，周四
下午2点40分

基：阿纳托利，你好！

多：你好，亨利。我想把我们勃列日涅夫写给你们尼克松总统的信读给你听，然后我会把这封信的副本给你的，你要记下来，我说真的，你一定要记下来。

基：这封信究竟是能让我冷静下来，还是会让我再次愤怒到极点？

多：不会的，算不上愤怒吧，至少我更希望能用一种安静的方式来表达这种愤怒。这份信的内容是这样的，"我已经看过了你给我的那封信，在信里，你再一次重申以色列已经停火，但是这个消息和我们莫斯科方面确认的事实却完全相反！以色列已经轰炸了伊斯梅尔城，在[听不清楚]海峡的战事依然在进行中，'到目前为止，这种局面一直没有改变'，埃及总统萨达特就是这么说的。我方已经在10月25日派出了苏联军队前往埃及，我们在埃及与以色列前线遇到了大约70名观察员，这是联合国安理会的决定。根据我方得到的消息，你们现在已经做好向埃及地区派遣美国观察员的准备了，在这个问题上，我们希望与你方合作。在你方观察员抵达埃及后，我方已指示我观察员立即与你方观察员进行合作，而且你方的任务不会因此受到任何影响——在当前局势下，你方的任务也不可能受到任何影响或者推迟。我方已部署了相关指示，将与你方进行密切合作，这样做的目的就是为了能尽快推动安理会在22日、23日推出的决议能顺利实现。在派遣观察员后，我们会立即针对安理会的决定、针对你方国务卿基辛格先生与我方在莫斯科达成的协议采取一系列相关的政治措施和手段，前些时候由基辛格代表你方与我方进行会谈所协商的措施，将有效地保证以色列顺利推行安理会在中东问题上的决定，推行你在给我的信中涉及的内容。真诚的，勃列日涅夫"，这就是这封信里的全部内容。

基：好的，阿纳托利。你看我的新闻发布会了吗？

多：当然了，亨利，我肯定会看的。我不会错过它的，我的确打开电视看了你的新闻发布会。

基：我已经在尽量对你友好一些了，这样的话，就可以……

多：是的，我注意到了，从昨天凌晨四点开始，你就已经对我很客气了。

基：不是啊，昨天四点的时候，我并没有打算对你客气一些，我当时的确认为你们还在对我们进行威胁，你不要……也许是我把这个威胁想象地太恶劣了，也许我们可以稍后再谈论这个问题。

多：不用了吧，不值得现在讨论这件事。

基：你能把这封信的副本给我一份吗？我现在就在白宫，你给斯考克罗夫特就可以了。

多：给斯考克罗夫特，好的。我把这封信打好了之后就给他送过去，好的，就像平时一样。

基：好的。

以色列驻美国大使辛卡·狄尼兹与基辛格的通话

1973年10月25日，周四

*傍晚5点35分

基：我们刚刚得到了苏联方面的回复。他们现在所做的就是派遣70名独立观察员进入埃及，所以我们又不得不面对这个问题了。

狄：你们的政策是要……
基：我们会告诉他们，70个人有些多了。
狄：是的，我明白。观察员的数量是有严格限制的。我们也会派观察员去，苏联人会以观察员的形式出现在我们眼前，你们会告诉他们，并不需要这么多的人参与此事。还有一件事，你知道今天降落在开罗的那5架飞机里面，都是什么吗？
基：我不清楚。
狄：也许这70名观察员已经抵达开罗了。
基：是啊，我也是这么想的。
狄：好的，我会把这个消息带到以色列去。我方的策略是，苏联派过来的观察员，越少越好！
基：我们也是这么想的！

下午2点45分，我对史勒辛吉表示了感谢，正是因为他的努力，才让事态出现了积极的结果。

国防部长詹姆斯·史勒辛吉与基辛格的通话
1973年10月25日，周四
下午2点45分

基：我认为我们的方案还是起了一定效果了的。
史：你是觉得你已经赢了吧？
基：是啊！我们已经通过安理会决议案了。
史：这是我们直接得到的消息吗？
基：是的，这次的决议充满了调解的味道，不过考虑到时间因素，我们还是要暂时对这个消息进行保密。
史：好的。
基：否则的话，这看上去就很像是我们设下的局！
史：好吧。现在我正在和汤姆[即托马斯·摩尔上将]、比尔[即比尔·克莱门斯]进行商讨。我们现在面临的是一个世界性的戒备状态，我们认为在此次投票结束后，有一些地方就可以暂时取消戒备了。
基：我看我们还是坚持到深夜吧。
史：包括阿拉斯加司令部在内的一些地方，这些地方和这场中东危机几乎没有什么关系，他们都可以适当放松。当然，战略空军司令部和美国欧洲司令部并不包含其中。

基：投票结束后我们也不能掉以轻心，这场危机看上去极富压力！

史：我们可以把时间定在深夜啊！

基：戒备状态我们将一直持续到深夜，明天上午八点我们还要开会呢。把阿拉斯加取消戒备的时间安排在深夜，我们明天上午开会，到时再取消其他地区的戒备。

史：这样也很好。

基：从昨天到今天，你的状态一直都很好！

……

接下来还有一些时间，我们可以借此来自我庆祝一下，还可以让我给那些参议员和记者朋友们打个电话，简单地通报一下目前的情况。

美国总统理查德·尼克松与基辛格的通话

1973年10月25日，周四

下午1点15分

基：总统先生，你看，我终于挺过那一个小时了！

尼：我没时间听你的演讲，很抱歉，我只是太忙了。

基：克拉克·莫伦霍夫（美国专栏作家）问我，美国进入戒备状态算不算得上是总统的明智决定？［我］告诉他，这是总统智囊团所有人精华的结晶，当然，最终也是总统先生敲定这项计划的。我还跟他说，当这一切结束之后，我会把所有的事实和真相告诉他的，然后究竟孰是孰非就要靠美国民众自己判断了。在国家面对危机之时，我们还被问到这样一个问题，这并不是一件光彩的事。总统先生，苏联人太可恶了，他们还是同意了我方提出的安理会决议草案。

尼：是英国人搞砸了这一切。

［……］

基：当这场危机结束的时候……

尼：当这一切结束的时候，停火并不会是这场危机唯一的目的，我们派出去的飞机要顺利着陆。

基：他们已经开始叫嚣了……

尼：要确保我们一定会追究他们的责任，如果他们让我们难堪的话，上帝啊……

白宫办公厅主任亚历山大·黑格将军与基辛格的通话
1973年10月25日，周四
下午2点35分

黑：你干得真不错！
基：怎么样？
黑：真的很棒！
基：我们胜利了！他们同意了不由安理会常任理事国介入中东局势的决议案，我们也接到了勃列日涅夫的消息，对方表示苏联将派遣70名观察员进驻开罗，他们会非常高兴见到我们也能派遣同样数量的观察员进入埃及。
黑：好的，好的，那我们可得把他们的一举一动盯紧了，亨利。
基：无论哪一方少执行了那么一点，我们都要清清楚楚地知道。
黑：我想，你这样的做法是完全正确的。
……

美国总统理查德·尼克松与基辛格的通话
1973年10月25日，周四
下午3点05分

基：总统先生，你又一次赢了！
尼：你真这么想？
基：在叫嚣了一番之后，苏联人最终还是同意了我们不允许任何安理会常任理事国介入中东局势的决议案，而且我们也收到了勃列日涅夫的回复。
尼：他怎么说？
基：他说他们接受我方的决议案，说已经决定派遣70名观察员进入中东地区，还说希望我们也能派遣70名观察员进入中东。大致就是这些内容。
尼：这很简单。如果他们需要的话，我们可以给他们找170个人。
基：就是这么回事，很好。
尼：你也是这么认为的？
基：是的，的确如此。我们的戒备状态应该持续到今天深夜，然后我们可以从阿拉斯加司令部开始，有次序地解除戒备状态。
尼：我们需不需要明天处理外界媒体记者的问题？
基：我很乐意明天在新闻中心处理、解释相关事宜。
尼：别拖到明天！今天的晚间新闻里面，会不会涉及联合国安理会决议案的事情？
基：他们肯定会进行报道的，我会在新闻发布会上对此作出解释的。记者说我们这样只是出于政治目的。

尼：我知道，除了卡布尔[马文·卡尔布，他是一名外交记者]，还有谁？

基：卡尔布、麦卡西、赖斯顿[詹姆斯·赖斯顿，美国《纽约时报》记者]都给我们打过电话，询问同样的问题。

尼：换句话说，这一切就是我们自己搞的鬼吧？

基：从今天凌晨四点开始。

尼：我们就这样制造了一场危机。我希望你已经非常明确地告诉他了。

基：在新闻发布会上，我戏耍了卡尔布一番。

尼：斯科特[詹姆斯·莱斯顿的昵称]呢？

基：我告诉给了他一些真相。我问他，如果全部八个空军部队里面，有七支都已经处于戒备状态，那我们要怎么办？我没有告诉他有关勃列日涅夫传给我们的那封信的事。

尼：那为什么他认为总统到了今天凌晨三点还没有休息呢？

基：我问他，你认为是我们策划的这一切？他说不是，不过我们需要告诉他所有的真相。

尼：我认为你已经这样做了。

基：我是这样做了，但我没有告诉他们勃列日涅夫传给我们的那封信，还有空军处于戒备状态的事。我们不想给他太大压力，否则最终他会把矛头对准你。你之前的做法也正是我们行动的一部分。

尼：就像我不会出现在新闻发布会上一样，我今天没心情处理这件事。

基：肯定没心情，我想我们可以在明天上午，或者周一来解决问题。

尼：恐怕我等不到周一了。

基：那就把时间定在明天晚上，总统先生，我还会在好好奚落奚落这些混蛋们的。他们还问我有关水门事件的问题，我的回答是，和中央政府对抗，你们不可能不付出代价的！

尼：你倒是很有信心啊！

基：总统先生，你已经准备好派兵支援……这的确是你在获知局势发展前处理问题的方式。我已经告诉了卡尔布，告诉他总统先生正在试图引领美国的外交政策，他不会顾及……这是美国处于采取全国戒备国内局势的原因。

尼：很好！艾尔告诉我说你狠狠地嘲笑了那些混蛋们一番，很好，继续这样做！

基：这也正是我在这里的目的！

尼：继续吧，我们会坚持到底的！

基：这一点毋庸置疑！

美国总统理查德·尼克松与基辛格的通话

1973年10月25日，周四

下午3点13分

基：总统先生。

尼：亨利，会按时发布吗？我的意思是，联合国的决议案会按时发布吗？还是已经对外公布了？

基：这个决议，还没有进行表决呢！

尼：你认为会对此进行表决吗？

基：是的，就是为了能赶上傍晚的新闻。

尼：是的。

基：这一点毋庸置疑。

尼：我在考虑是否要搬去戴维营。

基：安全起见，我想你还是过去好了。苏联人已经对这个决议表示同意了，而且他们已经对外公布了这个消息。

尼：难道你不认为自己也应该过去吗？

基：我……

尼：是的，我明白你的想法，你认为现在去戴维营是没有问题的，是吧？

基：是的，这没有问题。你去戴维营很正常，这一点媒体现在已经都知道了。

尼：你难道没有想过给那些混蛋领导人们打个电话，告诉他们吗[指那些国会各个派系的领袖们]？

基：我会的，放心，总统先生。

尼：很好！

美国总统理查德·尼克松与基辛格的通话

1973年10月25日，周四

下午3点30分

基：总统先生！

尼：我认为他们这是在故意歪曲，也不是故意歪曲了。我的意思是，如果你过来的话，就露个面，跟那些人很快地打个招呼就可以了，你明白的，就是类似于此吧，你现在在做什么？

基：我正在开会。

尼：那你什么时候开完？

基：15分钟以后吧，15分钟以后我就结束了。我已经让那些中国人来我这了，不过我也能把他们再推后15分钟。我这边的会议20分钟后就结束了。

尼：我不想打乱你的计划，还是你定时间吧。你应该让那些中国人过来。

基：不用了，我20分钟后就能开完会。

尼：好的。

美国国会参议院多数党领袖、联邦参议员迈克·曼斯菲尔德（蒙大拿州民主党人）与基辛格的通话

1973年10月25日，周四

下午4点45分

曼：我真不愿意这么快又给你打电话，一个小时前，参议员格里芬［罗伯特·格里芬（密歇根州民主党人）］来到我的办公室，他说是应电视台要求而来的，目的就是为了发表一份声明。他认为自己并不是发表声明的最佳人选，所以他过来找我。他认为我比他更合适去解释目前发生的一切，而且我也对政府的举措表示支持。在我跟你进行确认之前，我不会采取任何行动！

基：如果你愿意担此重任，那简直太好了！我不妨把当前的最新消息告诉你。安理会以40票全部赞成的高票率通过了这项决议，我说的是真的，40票的高票率！

曼：有人弃权吗？

基：中国人弃权了！

曼：哦。

基：我还要告诉你一个消息，但目前你绝对不能把这个消息透露出去。那就是，我们已经接到了苏联人的消息，他们同意向中东地区派遣观察员的决议，而且他们现在已经派走70人了。

曼：70名观察员！

基：是的，所以说战争在现在为止已经结束了！我的意思是，昨天晚上他们还在讨论军事干预，但是……

曼：是的，如果你认为这样做有用的话，我也认为如此。

基：我并不是说现在危机已经结束了，我们还要再等一天，看看他们对于这个决议案如何进行解读。可以说，只要你对某件事情有希望，你就要表现自己的支持，如果你认为自己可以说……

……

第16章：1973年10月23～27日　299

美国总统理查德·尼克松与基辛格的通话

1973年10月25日，周四

晚上7点15分

基：你好，总统先生。

尼：我想我应该让你知道，我的太太和女儿认为你的工作做得非常出色！她们两个都是非常出色的评论家。

基：总统先生，还是你来为我打分比较好！

尼：我已经和艾尔谈过了，我希望你能尽快着手处理的是，我想让你明天从纽约出发，去拜访一些人［包括哥伦比亚广播公司、美国全国广播公司、美国广播公司，以及《纽约时报》、《华盛顿邮报》的总裁和主编们］。

基：好的，总统先生。

尼：我想对于他们，你还是很有影响力的，他们主要的关注点就在于以色列。谁将拯救以色列？或者会不会有其他人来拯救以色列？你必须把答案告诉他们，而且你也要把阿尔伯特［卡尔·阿尔伯特，发言人，俄克拉荷马州民主党人，鉴于此时前副总统阿格早已辞职，新任副总统福特还未上任，阿尔伯特在筹划参加总统竞选］已经知道此事的可能考虑进来。这件事一定要尽快处理！

基：有一点可以肯定的是，即便我们不能在明天解决问题，到下周一问题也应该可以解决了。我会给他们打电话的。我们已经完全控制了新闻媒体那边，他们已经同意给我们15分钟的时间了。

尼：我知道哥伦比亚广播公司关于我们制造了这些假象的内容大概能持续6分钟，就是关于我们编造一切的那些内容。不知道你是不是还记得卡尔布和拉泽［丹·拉泽］，他们两个当时都吓坏了！

基：我真想弄死他们！

尼：不管怎么说，他们这6分钟的内容，足以让公众认为是我们编造了这一切。泽格勒必须要保证我们的底线不会受到任何影响，你是知道的，今天早上，我们差一点就要面对核战了！

基：总统先生，我已经看到哥伦比亚广播公司的报道了，我认为他们的报道对我们来说还不错！他们把那些困难的问题全都摆到了台面上！

尼：他们是不是也提到总统怎么怎么样了？

基：没有，他们只是把总统描述成了一个领袖。

尼：他们花了半个小时的时间，而且也不是他们个人的行动。你先把这些媒体人召集在一间屋子了，然后告诉他们，告诉他们你首先是一个美国人，你还是美国犹太组织的成员，你对以色列问题很感兴趣。你要问一问，现在，是谁将解救以色列？将来，又是谁将扮演这个解救者的角色？

基：明天，我会尽我所能解决这个问题的。

尼：你做得真是不错！

10月26日，周五。我和多勃雷宁在美苏联合观察团人数的问题上发生了分歧。不过最终，我们还是达成了一致，即双方各派36名观察员进入中东地区。但是显然，我们的努力并没有任何实际价值，因为很快，埃及方面就改变了主意，对方表示并不希望看到任何一方的观察员介入其中。埃及新任外交部长伊斯梅尔·法赫米公开在开罗表示，称埃及既不想，也不需要外国的观察员；也就是说，苏联试图希望美苏联合观察团介入的打算从未真正付诸实施，后续进行的一系列外交措施，更是加速了苏方此项计划的灭亡。

当天下午，安理会通过了第340号决议。该决议重申，交战各方应该重返安理会于10月22日通过的停火线。我方也成功地将决议草案中的"撤退"改成了决议中的字眼——"重返"。在联合国各方成员的妥协下，一支国际部队终于得以顺利组建，这个过程中，我们也是付出了很大努力的。

尽管此时，我方正面临着本世纪以来，最严重的国会危机，但在中东问题上，我方还是成功地实现了之前四个预定目标中的三个，即：第一，我方顺利保证我们的盟友——以色列——的安全；第二，我方成功化解了苏联企图实施军事干预的威胁，不过在苏联自尊心的问题上，我方的态度还是非常小心而且谨慎的；第三，在是否改善与阿拉伯国家关系的问题上，我们依然占据着主动地位。

但是在此次危机中，我们提到的第四个问题依然存在。埃及第三军依然限于以色列人的包围之中，尽管他们目前还没有遭受对方的猛烈攻击，但现在第三军距离投降也是越来越近了。我们虽然已经准备好了提供医疗救护，却一再由于以色列的推脱与借口，只能停在苏伊士城外。以方表示会直接向第三军提供医疗服务，不过我们无从查证。但无论如何，以色列这样的做法的确是对埃及的一种羞辱，第三军命运如何完全掌握在以色列军队的手上，而这，对于萨达特来说，毫无疑问是不能接受的。

事实证明，萨达特的确不会接受如此被动的局面。10月25日上午，九点半刚过，萨达特就给尼克松总统发了一份极其紧急的信函，称以色列企图利用当前的战局"阻挠第三军与外界的联系，最终达到孤立第三军、迫使其投降的目的"，还指出，以方阻挠联合国相关人员靠近该地区。此外，萨达特还以单方面采取军事行动相威胁，并称这样做的目的就是为了重新打开物资输送线路。他还称已经把这个消息向苏联进行了通报。此外，萨达特还指出，如若这种僵局持续下去，那么我与其建立起来的

"建设性的"谈话氛围,势必将受到影响。他这样写到,"我希望你能知道的是,为了你的来访,我们做出了充足的准备,目前,我们正在着手出台一份广泛的建议,我们希望这其中将囊括我们争取到最终和平进程的内容"。

出于历史、道德、战略等多重原因的考虑,在此次战争中,对于以色列,我们一直都是非常支持的。尽管我国国内面临着水门危机,但在中东问题上,我们和苏联一样,也不得不面对战争所带来的风险。各方停火后,埃及第三军的毁灭本不应该属于以色列长期目标的范畴;但是对于以色列人来说,对战事爆发之初时的震惊,战场上令人发指的伤亡数字,以及对萨达特从骨子里的不信任——因为正是萨达特才导致了以军在战事之初的狼狈表现,以方唯一的选择就是用解决萨达特来解决此次中东问题。对于他们的想法,我想这是可以理解的。但是我们更关心的是,如何给阿拉伯人一个理由,刺激他们能产生缓和局势的想法?透过与开罗的电话交流,进一步证实了萨达特的确是我们解决中东问题、取得和平进展的最佳选择。

现在,既然我们已经成功组织了苏联的中东干预计划,那么当务之急就是开启和平进程。这就需要我们尽快解决埃及第三军的问题,对于我们来说,这是一个在战术层面很棘手的问题。尽管在我国政府内部,对于这次和平进程的目的各方都已经表示赞同,但在具体实施方法上面却出现了分歧。国防部的建议是动用C-130运输机,展开对埃及第三军的物资援助。还有人建议切断对以色列的空运行动。只是我对两种提议都有些担心。在短短两周时间内,我们根本无法对中东两个立场南辕北辙的国家提供物资空运;与此同时,骤然切断对以色列的物资输送会被认为是我方与我方盟友进行分裂的信号,这不仅可能导致阿拉伯国家的拒不妥协,还可能激起苏联人新一轮的横加干涉。

因此,在10月26日这一天,我们一整天都在考虑如何说服以色列自愿、主动地向第三军提供救助,这样的话,我们就能避免与埃及人发生直接冲突。然而,事实却证明这根本是一件无法完成的任务!以色列是一个脾气火爆而又非常傲慢的国家,同时他们有时还会过度紧张,我们需要让我们这个盟友相信不会被卷入会给该国选举的准备工作带来麻烦的过程当中;而且我们还需要在表面依然维系双方关系的前提下促成此事。在我们与以色列沟通的这段"煎熬"时间,我们同时也要保证埃及人不会丧失信心。现在,在我们要劝服的对象和第三军究竟能坚持多久的问题上,已经构成了一场竞赛,我们也希望此事能够得到埃及政府积极、温和的答复。对于苏联方面,我们对其采取了哄骗与施压相结合的策略,最终得以让其暂时安静下来,不过我们也要在苏联问题上多个心眼,否则他们很有可能掀开反扑之势。

又是漫长的一天!我们已经不需要任何外界刺激了。萨达特越来越狂热的呼吁显然是在告诉我们,如果埃及第三军的军人们要想继续活下去,时间已经是越来越少了！我们从心底里不希望埃及再次回到苏联人的阵营当中，想要说服苏联进入与我们的第二轮冲突当中，这显然也是不可能的。于是在26日上午，我们开始强烈要求以色列能为解决眼下的难题，找到一些合适的解决方法。最终，事件并没有向我们期望的那样走下去，我们也只能向以色列发出类似于最后通牒的文件。

在收到萨达特的消息几分钟后，我就与狄尼兹取得了联系。同时，埃及第三军在试图突破以色列的防线，以军在苏伊士城北部对第三军形成了包围之势。这种不顾一切的做法，注定会让以色列由于倾尽所有而进一步加重其目前的困境，而我们也将因此面对新一轮有关停火问题的争论。我强烈要求以色列采取以下两方面的行动：第一，以方要求联合国观察员尽快介入中东局势，并对停火事宜进行监督；第二，同意向被困的埃及第三军运送食物、饮用水、医疗物资等。第三军依然处于以色列军队的包围之下，并无还击之力，这对于各方在谈判桌上讨价还价也许有些用途，但这并不代表一定会对投降者进行羞辱。此外，我还把将要对埃及进行访问的事情告诉给了狄尼兹，后者表示会就此尽快给我答复。

以色列驻美国大使辛卡·狄尼兹与基辛格的通话
1973年10月26日，周五
中午11点30分
（此段对话的开头部分并未记录）

基：不是的，不是这个意思。我只是把我自己的想法告诉你，你知道的，在外交领域上，没有人可以一个人制定一份外交政策。

狄：你说的对。

基：如果你和贵国总理能像我和尼克松总统那样行事的话……

狄：是的，我方总理也多次在不同场合上提到过这件事。

基：但是你们在召开内阁会议的时候，每个人都好像在拿着刀子，企图杀死对方。

狄：的确，人们在发言的时候就会加入自己的想法和见解。你说的对。这也是我们议会的弊端之一，不过我想英国人那边也好不了多少吧。

基：英国人已经和我们一样，都有些反映过度，这也是非常危险的信号了！

狄：你没有看到《华盛顿邮报》上的社论吗？写的很好！这篇文章不仅对尼克松总统表示了高度赞扬，对你的新闻发表会，也给予了高度肯定。对于《华盛顿邮报》来说，这很耐人寻味，不过我也很高兴能看到一些成果……

……

狄：还有一件事，勃列日涅夫之前在莫斯科发表了声明。

基：我已经知道了。

狄：他敦促要针对停火采取积极、有效的措施，他的意思是人员方面，要派遣联合国观察员进驻该地。

基：好的，我明白了。

美国总统理查德·尼克松与基辛格的通话
1973年10月26日，周五
中午11点58分

尼：你好，亨利。

基：你好，总统先生！

尼：事情有什么进展吗？还是之前的老样子？

基：还是和之前一样，在美国和苏联是否应该派遣观察团的问题上，人们态度不一。我们的态度……综合了所有因素，我们认为观察员和进驻中东的国际部队应该来自同一国家。但如果联合国秘书长坚持的话，我们也可以同意我方派人进入中东。苏联已经有70个人进入中东地区了，这就是他们所谓的观察员。我们得到的消息是，他们可以调派任何人，但名义上，至少根据我们目前得到的消息来看，这70个人的身份还不明朗，那些秘书长可以认出来的人当然不能包括在内了。我们还得到了萨达特传来的关于第三军的消息。虽然还有很多技术上的细节问题，但这些小事根本不值得你去关注。就此，我们会让埃及方面与联合国进行确认，我们也会把这些消息带给以色列人。

尼：我也希望这个消息能让以色列人知道，我非常希望能这样做。我们还是应该保留与对方讨价还价的本钱比较好！

基：当我们能确定以色利将会做一些错误的事情时，那我们再想倾向于他们就很困难了。

尼：我明白。

基：埃及方面已经出台了一项计划，他们打算在我出访埃及的时候，把这个计划的全面内容告诉我。而且我们也已经以你的名义，给萨达特回了一封信，内容是你已授意我采取积极、有建设性的态度处理相关问题。

尼：好的，好的。媒体的评论怎么样？依然是正面的声音吧？

基：是的，《华盛顿邮报》在社论版对你表示了支持，我还没来得及看其他的报纸评论。不过总体来看，媒体的口气还是积极的。

　　鉴于我方并未受到以色列关于缓和埃及第三军当前局势的回复，我在当天下午给狄尼兹打了电话。

以色列驻美国大使辛卡·狄尼兹与基辛格的通话
1973年10月26日，周五
下午1点17分
……

基：你说过要向他们提供食物和饮用水的，[一旦拒绝]意味着这将在[苏联]方面产生很多很严重的影响。

狄：我得把我的想法告诉你，而不是我方政府的观点。想象一下，我们向这些人提供最大可能的自由，军用物资除外，俘虏除外，我们向他们提供食物和饮用水，如果他们愿意的话，我们还会同意他们安全回家，我们还要为他们打开大门？

基：我认为，最好的解决方法就是提供食物和饮用水，只提供这些，不包括军用补给。

狄：好吧，我会把这些想法告诉给我国政府的。不过这也不能解决问题，由于时间一拖再拖，我们必然将面对与埃及的冲突。

基：我分析，在冲突问题上，你们最终会看到以你们最不希望的方式来解决问题，那肯定比制定限制供给原则的结果要好多了！

狄：我并没有否定这种可能。

基：此外，你们要是提出，无论是谁，只要想回家就能回家的话，这在埃及人看来，无疑是一种羞辱！

狄：我们并无意羞辱埃及人，但对于现在的问题，我们必须要找到一个解决方案。我们可不希望这些人再一次穿上军装，再一次站在我们对面的战线上。

基：我明白，最终的解决方案必须为提供非军用物资做好准备。

狄：是的，这一点我很清楚。

基：如果你方坚持下去的话，你们将面对不可抗拒的巨大压力。

狄：我们不会一直继续下去的，首先我们会向其提供非军用物资，对他们进行人道主义的救援，我认为这还是有可能的。

基：这不过是我个人的建议，你是知道的，这算不上是我们官方正式的立场，这只是我的战术策略，我这样做只是为了争取时间。

狄：这就像我昨天晚上说的那样。

基：不过我能确定的是，你们不能把这些人当做俘虏对待。

狄：这不是我们的首要任务，我们更愿意让他们各回各家。

基：依我看，你这个想法也是不可能的，除非你们率先撤军。

狄：好吧，那样的话，一切就又回到你的建议上来了，就是昨天晚上你给我们的那个建议。

基：你说的是，你们无意在北方[进行撤军]。

狄：我们无意在运河北部两岸进行撤军。

基：坦率的说，如果你们让这一切成为一场冲突，那你们可就是犯了一个巨大的错误！

狄：我们不希望陷入冲突当中，我们只是希望能找到问题最好的解决方案。

基：既然如此，我已经把我的想法告诉你了，希望我们能在今天下午听到你们的消息。

……

美国总统理查德·尼克松与基辛格的通话
1973年10月26日，周五
下午3点45分

尼：你好。

基：总统先生。

尼：亨利，你的手下给我送过来的关于派遣苏联观察员的材料，我有点搞不明白。我知道，我们确实收到了勃列日涅夫的消息。

基：总统先生，目前的形势是我们不希望卷入联合国独立观察团的这趟浑水里去。

尼：我明白，这也是我要说明的问题。不过联合国秘书长会说……

基：联合国秘书长应该提出这样的建议，他应该积极准备增加……

尼：我的意思是，假如他不想这么说呢，那么我们应该如何处理苏联派观察团这件事？

基：我想告诉你的是，今天下午，我们一直在策划让秘书长先生只接受有20个人的美苏联合观察团，所以，总统先生，你提出的问题只不过是一个假设。正如你所说的那样，我们有两点要特别给予强调。

尼：我明白，我们也不会让美国单独派遣观察团的。

基：此外，任何一个国家都不能提出由自己的军队介入中东局势。我们认为联合国会要求美国和苏联派遣一小部分观察员进入中东地区。

尼：对于你所描述的，我有理由相信这会成为现实。

负责南亚近东事务的助理国务卿乔瑟夫·J·西斯科与基辛格的通话
1973年10月26日，周五
下午4点

基：[埃及已经向]瓦尔德海姆[提出要求]，让其对第三军进行援助。我想我们应该有所行动了。

西：拉里[即劳伦斯·伊格尔伯格]已经告诉我他们要对埃及人所说的话。现在，我们就等着他们把这些内容送到埃及人手里，然后看看到底会发生些什么[即指以色列与埃及的对话谈判中将出现何种变化]。就像我今天上午说的那样，我想我们应该感到非常满意了，因为他们正在把他们说过的话付诸行动，我甚至不清楚我们是不是也能这么做。

基：有两个问题，你刚刚说的就是我说的第一个问题，另外一个是以色列是否能在停火线上做些手脚。

西：你的意思是通过撤退这个方法？

基：是的。

西：我认为，以色列的交换条件是他们会同意观察员介入，但对方也要进行撤退。我要说的是，我并不认为我们要在未来24小时内让以色列人有所行动，但尝试一下总是没有坏处的。

美国总统理查德·尼克松与基辛格的通话
1973年10月26日，周五
下午4点05分

基：总统先生。

尼：现在有必要让我知道我们目前的确切行动了。现在我们能说什么？说只要联合国秘书长号令一出，我们就同意派遣美方观察员进入中东地区？我不想时时落后于新闻报道，我想成为新闻报道中的主角。

基：只要联合国秘书长号令一出！

尼：是的，苏联已经采取了单方面的行动，我们是否要针对此提出反对？

基：在没有得到联合国秘书长的授权前，他们不能采取任何行动。

尼：亨利，这是我刚刚收到的消息，而且报纸上已经对此进行了报道。现在的事实是，苏联已经单方面派遣了观察员，而且他们还要求我们……

基：对此，我们已经向他们做出了回应，总统先生，我们必须不能重蹈他们的覆辙，苏联人已经开始向中东地区派兵了，还把这些人叫做观察员，事实上，应该提防的正是这些吧。

尼：我会尽量关注今天晚上我国要发表的看法的。

基：我们的态度是……如果联合国秘书长执意让我们派兵，那么我们也不会派很多人去，事实上，我们有充足的理由相信联合国秘书长会这么做。

尼：关于我们现在讨论的这些，未来会不会像我们期待的这样发展？我们说的这些能对外公布吗？

基：是的，总统先生。

尼：好的，谢谢你，亨利。

以色列驻美国大使辛卡·狄尼兹与基辛格的通话
1973年10月26日，周五
下午4点15分

狄：你找我？

基：埃及人已经提出要求，要在今天晚上召开安理会会议了。他们也分别通过萨达特、和身在纽约的扎亚特向我方表达了强烈的请求——扎亚特是透过瓦尔德海姆向我们表达想法的，对方表示无论你方怎么做，埃及第三军也绝不会投降，他们还说如果你方继续对其进行封锁，他们将采取激烈措施。他们不介意你方究竟退回到哪里，也不会就这些细节和你方进行争辩，他们关心的是包括释放关押战犯在内的一些其他问题。我认为，今天晚上你们将面对一个关口，一个转折点，届时你们将告诉世人是否会推出具体方案。作为朋友，我想告诉你的是，我不会把这个消息告诉尼克松总统，他现在正在准备召开新闻发布会。否则一旦消息到达[戴维营]，我非常清楚接下来会发生什么。况且，我们又接到从莫斯科打来的军事热线，也得到了一些消息。

狄：你能告诉我目前战场上的情况究竟怎么样吗？我的意思是，不是特别详细的那种，简单一些就好。

基：我方的情报显示，你们并没有发动进攻。

狄：谢天谢地！

基：不过这也没有什么区别，导致战争的唯一原因就是他们已然不顾一切了！

狄：你这话绝对正确！他们试图突破我们的防线。

基：你们为什么不让他们突破你们的防线，然后让他们离开呢？

狄：我们倒情愿让他们突破防线，让他们回到埃及，但是他们并没有行动的想法。他们只是朝着我们的人射击……

基：你们为什么不让他们把坦克一起带走？反正苏联人也会给他们提供补给的。

狄：我们可没有那么大方，放虎归山？然后有朝一日他们再回来攻击我们？在世界战争史上，这样的情况还没有发生过！

基：战争史上还没有哪一个小国，能像你们这样挑起一场世界级的战争呢！对于我方总统，我认为你们不能把他逼得太紧，这可是有一个"度"的，我在过去一周的时间里一直在向你强调这一点！

狄：我们并没有逼迫你方的总统先生啊！

基：你们就玩火吧，看看最后到底会发生什么！

狄：我方总理[梅厄总理]正在就下一步如何采取行动进行讨论。

基：我的建议是，你们不妨给出一个建设性的建议。

狄：我明白，我的意思是，你能不能给我们一些提示？

基：我已经把我想到的告诉你们了。

狄：关于补给食物的问题呢？

基：谈判进行过程中，你们可以同意向第三军运输非军用补给，你们也因此可能定下不得向其运输军用物资的基调，然后你们不妨从封锁线上撤兵。

狄：在结束和我方总理的通话前，她给我提出了一个建议：她在考虑是否可以派[里瓦]将军和你会面，把我方有关如何解决当前形势的建议直接交给你。

基：那样的话，行程就要耗去10个小时。

狄：至少十个小时。梅厄总理认为里瓦将军要么会选择交换战犯，要么会选择交换领土，或是其他一些可以解决问题的交换条件。我们不能就这么让埃及人不付出一些代价，轻而易举地回到自己的领土上。

基：是的，但是你们必须要为目前进行的讨论争取时间。我也想告诉你的是，很快你们和埃及就要就如何解决当前问题进行对话了。虽然我方也愿意与你们进行合作，但我还要告诉你们的是，未来可能发生的不会超过苏联提出的全部要求的范围，你们也不能日复一日地让我方总统陷入冲突的被动局面之中。

狄：我们也不希望这么做。

基：停火后，很少发生一国军队围困另一国军队的情况。

狄：的确，我们也不希望这种情况出现。我会把你告诉我的这些紧急消息，转达给我方总理的。

基：我还要告诉你个人一些消息，如果你们试图让我把你们的建议转达给我方总统的话，你们将面对一个更糟糕的结果，相信我，对此，我敢跟你打包票。

狄：我非常乐意接受你的建议。相信我！

基：我要去见德国大使了，我要跟他谈谈对你方进行海上补给的事情[即从德国不莱梅港口装船，然后向以色列进行海上补给]。

狄：好的，我会把我们讨论的这些内容告诉梅厄总理的。

基：我认为你们现在面对的就是交涉的局面，我也认为你们应该从这个协商局面中得到一些好处，这才叫交涉呢！

狄：那我们应该怎么做？

基：至少应该先从一些限制性的问题上开始交涉。

狄：比如食品？

基: 可以暂时让这个过程停顿下来, 这样他们就不会不顾一切了, 你们也不用一直疲于交涉了。

狄: 我们的人说, [第三军] 那里的食物和饮用水, 至少还能坚持两到三天。我们听到了对方司令的谈话, 对方表示两三天内, 联合国就会把他们顺利解救出去, 这就是目前的局势, 我们必须对这种交涉的局面进行干预。

基: 你们说的就是提出建议吧?

狄: 是的, 我也是一直就此询问你的看法。我会告诉我方梅厄总理的, 如果她不希望……

基: 你们要在今晚九点前提出一份建议, 用这样的方法去混淆视听, 否则的话, 你们将面对外界谴责的声音。

狄: 我这就跟梅厄总理那边联系。

苏联驻美国大使阿纳托利·多勃雷宁与基辛格的通话
1973年10月26日, 周五
此电话发生在傍晚6点30分前

基: 阿纳托利, 就在几个小时前, 我们又接到电话, 得到了新的消息。

多: 也许吧, 不过我还没有得到情报。他们一般不会通过军事热线在两三分钟的时间里传递消息的。

基: 安理会将在九点召开会议。

多: 这个消息, 你是从你们驻联合国代表团那里知道的吗?

基: 我也不知道是谁把这个消息告诉给了我们, 如果传来的是一个重要消息, 那么无论我们针对这个消息采取怎样的措施, 也不会让这升级为另一场 [危机]。

多: 我知道你们尼克松总统将在今天发表演讲, 我也收到了电报, 例行公事嘛。我今天只收到了一份重要电报, 是关于联合国社会主义国家的 [即苏联在东欧的卫星国]。目前我还不能回答你的问题, 他们有时只是只言片语地给我传递一些消息。

基: 我要是查到是谁告诉了我们那个消息的话, 我会给你打电话的。

美国总统理查德·尼克松与基辛格的通话
1973年10月26日, 周五
傍晚6点30分

基: 总统先生!

尼: 关于联合国, 或者是联合国秘书长要求我方介入中东问题这件事, 我们有没有最新进展?

基：还没有。

尼：也就是说，有一种可能是维和部队，另外一种可能就是观察团了。

基：目前我们无法证实这是不是维和部队，安理会那边要求的也是维和部队。

尼：他们同意了？

基：虽然安理会到现在也没有跟我们提出有关观察团的事情，但我们有充分的理由相信，派遣观察团是迟早的事。

尼：苏联人也暗示他们非常希望派遣观察团了，是吧，他们的人已经进入埃及了？

基：他们派了70个人去，但他们这样的做法，我方不以为然！我们根本不赞成他们这么做。

尼：是的，好吧，我会尽量避免这个话题的。

苏联驻美国大使阿纳托利·多勃雷宁与基辛格的通话

1973年10月26日，周五

傍晚6点45分

基：阿纳托利，我知道了，那个电话消息是你方最高领导层放出来的。

多：内容很可能是由于苏伊士运河南部依然战火不断，这也只是我的猜测。

基：我只是想告诉你自己，我们已经向以色列发出了强烈呼吁，让他们在埃及第三军问题上做出一些努力。

多：安理会会议已经开始了吗？

基：还没有，今晚九点正式开始。

多：如果有消息的话，毫无疑问，我会通知的你。

基：好的，非常感谢。

中情局局长威廉·科尔比与基辛格的通话

1973年10月26日，周五

傍晚6点55分

基辛格（以下简称"基"）：两个小时前，我们就接到了消息，说是会通过电话把消息传出来。不过这也是一个非常奇怪的程序。我们现在都快成了妄想狂了，我只是很好奇，这是不是暗示一切将成为事实？你那里得到什么消息了吗？

科尔比（以下简称"科"）：很显然，那些之前盘踞在埃及附近的兵力，现在都出现了撤退的迹象，而且他们的动静很小，这就是目前萨达特那边传来的唯一消息。对方现在非常沮丧，你也看到他的消息了吧？

基：你是指他给我传来的消息？

科：是的，我并没有要责备他的意思，只是现在一切都处于混乱之中，我还是先落实一下具体的情况，然后再给你打电话。

中情局局长威廉·科尔比与基辛格的通话
1973年10月26日，周五
晚上7点02分

科：我们没有发现什么特别的，其实还是之前苏联空运那件事[……]

[……]

科：不是，枪声太远，这对亚历山大城也没有什么好处。说是他们制造了威胁？这也太不可能了吧！

基：关于周三的那封信，你说我们当时是不是有点反应过度了？

科：依我看，你也是别无选择吧！苏联人也许根本就没有打算采取进一步的行动，但他们看上去却不是这样。你的回信很直接，也很好。你是指进入戒备状态这件事吧？

基：是的。

科：不过让我们位于世界各地的基地都进入戒备状态，这也许有点过了。

基：我正在考虑这样做对他们的影响。他们会不会……

科：唯一的问题就是全球进入戒备状态这件事，我想你这样做，是在给他们传达一个重要的信息。

基：好的，谢谢你！

……

10月26日，尼克松总统召开了新闻发布会。在过去三周的时间里，尼克松总统经历了很多：前副总统阿格纽的辞职、新任副总统人选的确定、中东危机、斯坦尼斯计划的出台、周六晚大屠杀，直到后来国会启动弹劾总统程序、苏联方面寄来的信件和我方正式进入戒备状态，种种这些叠加到一起，颇让人有些吃不消。即便将这三周与古巴导弹危机爆发前48小时苏联才提出质疑对比、与越南战争中我方总统对苏联做出的回应相比，尼克松总统也经历了颇为紧张的三周时间。

历史总能给我们一些参照，我们有时候完全可以消灭一场危机，但危机也可能因为胜利者意气风发的取胜檄文或战败方的反思再次重燃战火。令我们不解的还有那个迟迟未到的军事热线，和第一时间打来的热线不同的是，从我们得知这个热线即将出现，到其真真切切出现在我们面前时，足足花了两个小时的时间！于是，我不得不就此事与黑格进行探讨，后者当时正和尼克松总统在一起，于是就有了下面这通电话。

> 白宫办公厅主任亚历山大·黑格将军与苏联驻美国大使阿纳托利·多勃雷宁的通话
> 1973年10月26日，周五
> 晚上8点04分
> ……

黑：听着！我刚刚从总统先生那里回来，我跟他说，他今晚发表了演讲似乎有些言过其实了，所以很有可能被其他人误解。

多：嗯。

黑：我想告诉你的是，总统先生绝对无意激化当前局势。他一直在努力——虽然我不清楚究竟发生了什么事，但我知道尼克松总统一直在努力强调他与勃列日涅夫有很好的私人关系，只是作为当时下面的听众之一，我也不确定他是不是明确地表达了他的想法，从他的话里，我丝毫没有感受到他与勃列日涅夫关系很融洽。

多：是的，我也没有感受到这一点。

黑：的确没有，所以现在他非常伤心，因为他并没有想到会出现这样的结果。

多：将军阁下，我只是想跟你说一下我的想法，请注意，这只是我个人的想法，不过我认为我的想法对你、对贵国总统来说还是很容易接受的。

黑：那是自然。

多：现在在莫斯科的真实情况是，我们在莫斯科的领导人们非常沮丧，我根本无法用语言来形容——这只是我个人的观点，这一点希望你能注意。

黑：我明白。

多：我没有想到你会给我打电话。

黑：是啊。

多：但是我认为，如果我们两方能取得共识，这将是非常重要的。只是莫斯科方面非常生气，他们认为是你们制造了这一切麻烦，而且这其中的原因，我们根本无从知晓，我们不想就这样一场"人为危机"进行讨论，我们凭什么要在这样一件事情上浪费时间？即便你们拿这次时间和古巴危机进行比较，恕我直言，这也根本没有什么可比性吧！究竟是为了什么？现在我只想提一个细节，我们一直在与亨利保持着密切友好的联系，事无巨细，都是如此！

黑：是的。

多：我们一直保持着联系，但今天晚上这又是什么回事？当我把这个消息带到你们面前的时候，你们的总统说的什么？他说"我已经决定了，他会有一个非常确定的回答的！"这没有问题，一般程序是所有的消息都通过秘密渠道进行。但直到我们收到你们的回复，在进入戒备状态的问题上，亨利也没有跟我透露过一个字。你们要想告诉我，最简单的方法就是给我方大使打电话，你们大可以在电话里说，"现在的情况，我国总统认为我们非常有必要继续这种令人遗憾的状态"，你们怎么措辞都可以，是不是强硬，是不是用外交辞令都可以，但现在呢？现在我方被迫进入戒备状态，我也要联系莫斯科了，看看勃列日涅夫会怎么说，他怎么说我们就怎么做。

黑：好的

多：但是你们还是推迟了五个小时。亨利和斯考克罗夫特都给我打了电话，他们都说在等一个回复，让我等一个回复，好吧，我会得到你们的回复的。你们的回复就是，正如贵国总统说的那样，非常强硬！但他根本就没有提到有关戒备状态的事，顺便说一句，我们还是在电台上得知有关戒备状态的！

黑：嗯。

多：但对于我来说，我甚至觉得这一切都不是真的。我相信，如果你方真想知道发生了什么事，你们应该首先和勃列日涅夫取得联系，大可以先沟通一下到底发生了什么事，看看之前发生的一切是不是真的。但你们并不是真的担心，所以你们选择了最简单的方法，那就是在没有通知我们的前提下宣布全国进入戒备状态。我现在是非常坦诚的，我跟你说这番话的时候，心里真的没有丝毫怨恨，也没有其他特别的感情和想法，不过对于发生的这一切，我还是要说，我感到非常遗憾，因为这对我方造成了巨大的伤害！事实上，我们是被我们根本不知道的原因所伤害了！亨利的莫斯科之行是一个良好的开端，勃列日涅夫和亨利一起交流了很长时间，相信贵国尼克松总统从来都没有和我方外长葛罗米柯有如此长时间的交流。当时，这一切看上去是那么美好，但是之后，贵国总统掀起了这次危机，和勇猛的美利坚相比，我们脆弱不堪！我们的人都太听从莫斯科的指示了，当然，贵国的尼克松总统不是这样！

黑：大使先生，我现在担心的是，我并不认为你说的是贵国态度的真实反映。

多：不是吗？

黑：比如说，关于宣布进入戒备状态这件事，相信这种情况你也已经听说过很多次了，所以我们没必要为此大动干戈。

多：是啊，不用大动干戈，但为什么你们连提前告诉我们都不愿意呢？如果这真是一场战争的话，我想你们肯定是希望能够阻止战事继续蔓延下去的吧。

黑：不是的，你误会了。

多：你们还会告诉我们如果是呢？但现在，如果这根本算不上是一场战争，那你们为什么还要公开说出来，这样好让我们在国内面对一个非常尴尬的处境吗？我们现在在想，是不是要发表声明，然后在声明里否认这一切？毕竟单凭信件的内容，我们不应该这么草率地作决定，但你们一定要记住，你们根本不应该这样去做！我担任驻美大使也已经好几年了，我愿意非常坦诚地对你说这些——你们那样的做法根本没有必要，不过如果我们能互相理解，关注事态的发展，这对大家来说更好一些。

黑：是的，这是显而易见的。如果我对今晚发生的一切表示满意的话，我就不会给你打这通电话了。

……

多勃雷宁的说法虽然有些夸张，但这却告诉了我们一个事实——美国并不是唯一一个随所发生的一切而紧张的国家。

不管怎么样，即便只考虑我们自己的原因，我们也不会同意摧毁埃及第三军。于是我给狄尼兹打了紧急电话，和他讨论了以色列采取行动的问题，其实这些措施本应该在12个小时前就应进行讨论了。

以色列驻美国大使辛卡·狄尼兹与基辛格的通话
1973年10月26日，周五
晚上8点45分

基：大使先生，我给你打这通电话，可不是以美国国务卿的身份，而是以一个朋友的身份！

狄：我明白。

基：我们会在一个小时内接到一个军事热线。只是我想告诉你的是，如果你们不针对被围困的第三军展开行动的话，你们注定会丢掉一切的，这是我对你们最坦诚的告诫。

狄：也许吧，但我还是不知道你给我们的建议是什么。

基：我今天上午给你们的建议是，让你们争取一些时间，这个你们应该很清楚啊！一旦我方总统搅入其中，他会下命令，让我们全都加入进来，因为我们已经没有什么可坚持的了。这已经是木已成舟的事情了。

狄：你是指向他们提供补给物资的事情，还是？

基：包括物资补给或者其他以色列人可以促成事情，总统的建议是进行谈判。

狄：我可以告诉你，这也是我们想对他们说的。

第16章：1973年10月23~27日

基：你跟我说的，那只是可能的事情。我不知道你们还想让我把这个消息带给他们。

狄：我们不想让你们知道我们所有的底牌，也许怪我没有表达清楚，我没有打算让你对他们进行隐瞒。

基：这会被认为是一种非常耻辱的行为，事实上也的确如此。我知道你们现在是怎么做的，如果你们能再继续坚持一段时间，那么他们也许会接受你们的想法。

狄：我和你有一个共同的朋友，就在刚才我这个朋友还给我打来了电话，虽然我不能把我们聊天的内容告诉你，但是他让我告诉你，"请转告我的朋友亨利，告诉他如果戈尔达·梅厄政府或者其他政府同意打开补给通道的话，那么亨利在以色列问题上的见解根本无法坚持24个小时"。我没有……

基：可惜的是，我认为，如果以色列沿着这条路前进，那么你们将在打开补给通道的过程中失去全部。不过对于以色列人来说，被迫打开补给通道总比主动作决定去那样做要好。

狄：在我们的大使馆里，就有三个女孩要么在此次战争中失去了兄弟，要么失去了表兄弟。这也只是一个代表、一个例子，从这就能看出来，这次战争给我们国家造成的伤害。在此过程中，我们失去了一条又一条的生命。如果我们决定打开补给通道，那么将有两三支部队因此重获新生，继而对我方的桥头堡构成威胁。今天傍晚的时候，我们就已经知道对方的企图了，他们不仅对我们，还对美利坚总统构成了威胁。我们坚决不能让他们的计划成为现实。我们也无法承受让他们的军队获得自由后造成的威胁，埃及的导弹和坦克都已经准备好了，这是我们亲眼所见，今天下午的电话录音也可以证明这一点。

基：我只是想告诉你，无论怎样做，这差别也不是很大。事态如果发展到某个程度的话，你们也将被迫打开补给通道。

狄：我方总理想知道，她是否可以给贵国总统写封信。

基：如果这封信能让你们感觉好一些的话，那就写吧，不过这是完全不可能的！

狄：我们已经准备好要释放这些人了，但我们是不是应该……还是以色列是否应该要解决这些埃及人？

基：只有一个方法，你们在停火后应该完全控制这条补给路线。

狄：现在来说，这已经不现实了，苏联人认为他们不能眼睁睁地看着埃及人被羞辱，所以我们在努力……

基：还是让我们等等看所谓的军事热线里面会说什么吧，我们还不知道这个消息具体是什么内容呢。也许这根本算不上是一个问题。坦白地说，我还是非常悲观的。至少应该提出一个建议，至少我们可以对这个建议仔细斟酌一番。

狄：顺便提一句，我们已经同意让红十字会的人进入围困地区，救助伤员了，就是今天傍晚发生的事。

基：你是知道的，我一直是支持你们的。如果第三军的人能在今晚消失，那么我会比所有人都乐于见到此事。我一点都不关心第三军的情况，但今晚，对于我们来说太重要了，我的确也是这么想的，但这并不是我们官方的说法。今天上午我给你的建议里，我说我给你的只是一个战略建议，但我也非常确定事态将沿着我描述的那样发展下去，不过既然事情还没有发生，我们大可以不用现在就为之担心。

狄：我们现在还是先等待好了，问题到我们面前的时候，我们自然会面对它。除此之外，我想我们根本没有其他选择。

基：事实上，你们不是没有其他选择。不过如果你的说法被事实证明是正确的，那我会为你庆祝的。

狄：不管怎么样，我们也会庆祝你的预言没有实现，那将证明你说错了！

基：我从来没有像现在这样期待自己判断失误过！

狄：唯一支持我相信这一切的理由就是，在这个问题上，我们可以共同进退。

基：如果事态无法避免，那你身上的压力也就解除了。

狄：我很期待那一刻的到来。

当天晚上九点，也就是在获知我们将接到军事热线消息的四小时后，我们终于盼到了这个热线消息。

美国副国务卿布伦特·斯考克罗夫特与基辛格的通话
1973年10月26日，周五
晚上9点14分

斯：他们刚刚拿到了一份长达三页的文件[然后便开始宣读有关勃列日涅夫这份长达三页的消息]。

基：这真是太好了！

斯：这的确太好了！

基：[……]他们[指以色列人]就是疯子，如果他们能早一点让我们和他们进行对话，那事情就不会像现在这么麻烦了。

斯：不过这也是很伟大的一天啊，等最后两页消息文件传过来，我就马上给你打电话。

基：我真不知道怎么才能迫使他们那么做。

斯：事实上，我们不能逼他们那么做。亲眼看着他们无法看到自己的错误，这也是一件很令人难受的事。现在的事态已经过于残忍了，我不知道我们究竟应该如何处理这件事。

英国驻美国大使克罗默伯爵罗兰德·巴林与基辛格的通话
1973年10月26日,周五
晚上9点35分

克:在我看来,贵国尼克松总统真是太伟大了!看看今天下午他那些暗示国务院的论调。恐怕你们这次是捅了马蜂窝了!得知你们的消息时,我正在吃饭。你应该知道,我对此并没有任何抱怨,但我周围的人们一直在就未曾对任何事情进行磋商而抱怨着。所以当总统先生召开新闻发布会,提到自己并没有与欧洲方面的任何合作时,这肯定已经招致了一些不满的情绪,我知道……

基:好的,我们也愿意听到你这样的看法。我们只是…… 只是希望欧洲人能够明白,我们的尼克松总统已经受够了。

克:他们的电话打不进来,所以也得不到什么消息。

基:不过对你,并不是这种情况。

克:我也正想把这些话告诉你,我是以一个朋友的身份来说的,而不是以英国大使的身份。无论对什么事情,我都没有任何抱怨。我打这通电话,只是想告诉你,你们很可能会惹上麻烦的。

基:坦白说,我们已经问过魔鬼了,也问过欧洲人了,现在他们想做出改变?想都不要想!

克:你这么说也许是对的,我现在还无法分辨出这件事情正确与否,但从我今天中午吃饭时候得到的消息判断,他们还是很不高兴的。

基:现在在大西洋两岸,我们可以说已经达成共识了,看来我们有必要重新评估一下欧洲与美国的关系了。

……

以色列驻美国大使辛卡·狄尼兹与基辛格的通话
1973年10月26日,周五
晚上9点40分

基:我们收到的消息还能为我们多争取一天的时间。他们[指苏联人]称,萨达特提出了要求,让我们对其进行非军事物资的补给。他们[指苏联人]并没有提供相应的非军事物资,但他们表示如果在未来一天时间内,我方的物资没有到位的话,那么他们会采取相应的有效措施的。现在我得把这个消息带给我方总统知道,我现在可以告诉你,你们不能看到另外一个像今晚这样的演讲了。

狄：我明白。

基：你先看看里面的内容，然后我们再对此进行讨论。

狄：我会看的。

基：他们在讨论与我方出台秘密谅解备忘录，我希望你能知道这件事，所谓秘密谅解备忘录唯一的前提就是互相帮助，这一点梅厄总理是清楚的，我跟她谈过这件事，除此之外，就没有其他任何形式的秘密谅解备忘录了。

狄：他们在讨论有关谈判的事情？

基：是的。

狄：你是否希望我把这件事告诉其他人？

基：不用了，还是给斯考克罗夫特打电话吧。

狄：那我现在就给他打电话？

基：好的，他手里有 [那份热线消息文件]。

以色列驻美国大使辛卡·狄尼兹与基辛格的通话

1973 年 10 月 26 日，周五

晚上 10 点 28 分

狄：我还没有看见那个消息文件呢。

基：你和斯考克罗夫特通过电话了？

狄：是的，刚刚通了电话。他告诉我他将在 10 到 15 分钟里把文件给我送过来。

基：好的，我马上也就能见到文件内容了。

美国副国务卿布伦特·斯考克罗夫特与基辛格的通话

1973 年 10 月 26 日，周五

晚上 10 点 30 分

基：布伦特，狄尼兹还没有拿到消息文件的内容呢！

斯：我们正在对文字进行最后的调整，还要把文本打出来。

基：不要管那些文字调整的事了，这根本不会对消息本身有多大改变。现在就给他们送过去，好让他们尽快作决定。

斯：我们已经备好车了。

基：赶快给他们送过去比这些文字改动更重要，我们已经晚了一个小时了，现在他们又能为拒绝对此事进行讨论找到借口了。

斯：好的，我马上就去处理这件事。

第16章：1973年10月23～27日

事实证明，这份所谓的军事热线文件是非常奇怪的。虽然文件中提到了以全球安全与和平做威胁，但并没有涉及苏联将采取哪些具有威胁性的举措；虽然文件中要求美国在数小时内给予答复，但如果我们没有按照他们的要求进行，苏联除了对我方的意图表示深深的疑虑外，并没有提及其他可能的结果；虽然苏联人在文件中对我方宣布进入戒备状态表示遗憾，但在提及从过去经历中学到的经验教训时的措辞，还是非常谨慎的。还有，苏方领导人在表述自身软弱无力这方面，还是有一定限度的。

之前，我一直反对向埃及第三军进行物资补给。同时向两个对立国家进行物资输送，这是任何外交政策都无法接受的。我可以理解以色列目前的不妥协实际是其不安全感和绝望的混合——他们害怕陷入孤立的状态之中，害怕这会预示着那些世世代代生活在战争中的人心中的灾难，他们担心一旦以色列不得不对压力妥协，那么他们很可能将面对阿拉伯人永无止尽的剥削和苛求。以色列的不妥协实际也是以色列国内情况的反应——以内阁相持不下，每一位内阁成员都不敢表现出自己软弱的一面，更不敢比其他阁员"软弱"。我曾经花了一整天的时间，尽量避免美国公开与以色列分裂，即便是在劝说以方走到极端的同时，也在尽量避免影响到以色列心理力量的物质防线。但是随着事态的发展，越来越清晰的是，以色列人根本没有打算要做出决定，看上去他们宁愿在被逼迫之时释放第三军，也不愿行使其自由抉择的权力。要知道我的身份只是美国国务卿，并不是以色列政府的心理医生。虽然我不情愿，但是考虑到我的职责所在，我还是决定跟以色列人摊牌了。至于我与以色列人的友情，如果他们愿意的话，我希望只保留在私人层面上。

因此，在周五傍晚，我以尼克松总统的名义给狄尼兹打了电话。事实上，我不记得是否在和狄尼兹通话之前和总统先生进行过沟通，但不管怎么说，我相信从我和总统先生之间的交流来看，他肯定会支持我的。要不是他无法从新闻发布会和水门事件中抽身，总统先生早就已经，要么强烈推行，要么会接受美国对埃及第三军进行物资援助了。在与狄尼兹的通话中，我这样说道：

以色列驻美国大使辛卡·狄尼兹与基辛格的通话
1973年10月26日，周五
晚上10点58分
……

基：我还是一部分一部分地告诉你我方总统的态度吧。首先，总统让我对你清楚地说明，我方绝对不能接受你方以停火为条件消灭埃及第三军的行为，要知道停火是在各方谈判的过程中达成的决定，而我方也参加了这次谈判。因此，消灭第三军将永远是一个不可能成为选择的选择。只要联合国出现有关[停火的]意向,那我们将毫不犹豫地予以支持。其次,尼克松总统希望你方能在明天早晨八点前对是否向埃及第三军提供非军用物资补给一事作出回复。如果你方不同意这样的做法,那么我们将根据联合国第338号决议[联合国安理会在本周通过了这项决议,旨在结束此次中东战争]和第339号决议[联合国安理会在本周早些时候通过了这项决议,旨在推动各方停火]的内容采取行动。我方这样做并非出自本意,但看到你们一直迟迟无法就此达成共识,不管你方这样做是出于什么原因,我方总统只是想通过我告诉你我方的立场,[我方要求]你方就是否同意各方谈判、是否愿意积极解决第三军非军用物资问题给出答复,否则我们将和安理会其他成员国一样,让这件事升级为一个国际问题。我必须要重申的是,你们这完全是一种玩火自焚的行为。你们不能摧毁第三军,否则你们就是在摧毁各方进行谈判的可能,也许你们正是希望这么做,因为你们根本没有……

狄:你提出的这个释放第三军的建议,和我们的建议非常接近。

基:如果你们愿意,你们可以提出任何建议,我们都愿意向埃及方面进行转达。我们不会把我们自己的想法转达给埃及人的。对于在两三个小时之前传来的消息,我们目前还无法给出回复,但很可能埃及人会接受你们的建议,那样的话,我也就有时间和你喝杯茶聊聊了。我刚才告诉你的这些,都是我们的立场,如果你方不能以此为原则给出建议的话,那我们也只能和安理会绝大多数成员国做出同样的选择了。我们很可能会出台一个方案,你们可以在方案实施的过程中不断推迟,这样的话,你们就能为自己多争取一些时间了。

狄:如果我们就非军用物资补给的问题开出条件呢?

基:那才是正确的选择,那样的话至少我们能从你们的方案里看到我方努力实现的结果了。我必须要告诉你们的是,你们完全可以按照自己的方式处理问题,然后等着看接下来事态怎样发展,这是你们的自由。也许埃及人最后会绝望,他们也许可能会接受你们的建议方案。这不是我个人的判断。我们很难想象苏联人会置埃及第三军的生死于不顾,埃及也不会看着自己的第三军被彻底摧毁。那样的话,萨达特就完了!所以他肯定不会同意这样做的。

狄:我没有给你任何建议的权力,我也不能这样做。但我们为什么不能在回复里说,我们同意让第三军原封不动地回到他们自己的领土上,但这两百辆坦克他们不能带走,这样就是为了防止埃及人返回头来再攻击我们!

基:各方同意的是以当前战线为界停火,所以现在他们绝对不会同意把武器留在你们这里,他们不会把武器给你们的!

狄:他们可以把这些武器全都销毁啊!

基：你的意思是让他们先把这两百辆坦克就炸飞了，然后走人？让他们这么做？想都别想！苏联人也不会同意他们这么做的。你们不如今天先虚张声势一番，看看这样能不能起到一些效果。

狄：我们也一直这么做来着。

基：如果这就是你们的正式答复，那么我们愿意把你们的答复转告给埃及人。现在几乎没有……

狄：国务卿先生，如果我能说服我方政府把我方针对埃及第三军的防御做出的军事计划给你，那这能带来什么不同吗？埃及人的计划是什么？

基：我恐怕他们现在还没有任何计划呢。

狄：他们有，至少今天，他们已经做出计划了。我们的录音材料可以证明这一点。

基：那是他们的突围方案。

狄：如果他们的确有突围的打算，那我们不妨帮帮他们。他们没有必要弄死我们的人，他们的计划就是突破我方的包围，用坦克和导弹掩护自己。所以无论我们怎么做，都无异于自杀。

基：的确如此。

狄：苏联人给他们提供了一万吨物资补给，而且这只用了24个小时的时间，我们应该像上周五晚上那样，尽快把这个消息告诉你们。

基：问题是我已经告诉你我方总统在停火协议问题上的态度了。

狄：现在并不是我们迫使你们陷入与苏联的冲突当中，而是因为苏联人自己的行动造成的。

基：如果苏联在达成协议之后这样做了，无论是对你们，还是对埃及，那么我将对总统先生提出强烈要求，要求马上采取严厉措施。

狄：在停火之后，要不是他们率先向我们发动了攻击，我们是绝对不会主动开战的。勃列日涅夫的那个消息通篇都是纰漏，国务卿先生，这一点你最清楚了。

基：但是据我所知，当前局势最主要的原因就是你方对第三军围困。我认为你们可以就任何军用设备都不能运送进去而提出要求。

狄：谁来负责？

基：联合国人员。

狄：所以苏联人也会派人参加了？

基：这是我们可能要面临的问题之一，你说的这个问题不是没有可能的。

狄：我会把这些消息带给我方总理知道的，当然，我也会告诉你她的反馈信息。也许她也想给尼克松总统写一封信，或者传递个消息呢。她一直有这样的想法，不过我一直在劝她不要这么做。

基：梅厄总理可以给我方尼克松总统传个消息，这不会有多大问题的，我还会……这可能是你们政府能做出的最温和的回应了。如果所有人都能……

狄：我认为，当前局势中最危急的问题，恰恰也是我们眼中最重要的问题，我不能去……就像我跟你说的那样。

基：希望你能在明早八点给我打电话。

狄：如果我方总理问到我其他问题了，我能给你打电话咨询吗？

基：我这就要回家了，所以那时我恐怕已经在家里了。

狄：我尽量不去打扰你的私人时间。

基：当然，如果你觉得问题非常严重的话，你可以给我打电话。

我们并没有知会其他国家我们向以色列规定时限的消息，不过我们却向以色列发出了一份消息函，并在里面敦促以色列尽快就埃及第三军物资补给的问题与埃及方面展开军事对话。我也向多勃雷宁简要介绍了情况，并把我方的方针对多勃雷宁直言不讳，还告诉他我们希望能在第二天傍晚前得到回应。我这样做就是为了避免在最后期限前，接到苏联的最后通牒。

苏联驻美国大使阿纳托利·多勃雷宁与基辛格的通话
1973年10月26日，周五
深夜11点15分
……

基：你拿到莫斯科给我们传来的热线消息了吗？

多：还没有，可能几分钟后我就能拿到这个消息了。

基：这个消息是关于苏伊士局势的。

多：我的估计也是如此。

基：现在，我们面对的一个问题就是，我们从两方拿到的消息截然相反，这让我们几乎分辨不出来谁真谁假。

多：我想，我们的人和你们的人都能很好地判断出来。

基：是的，我想告诉你的是，我方会在几个小时后给出回复的。这个问题非常紧急，我们需要与以色列进行沟通，希望我们能在明天下午得到答案，我的意思是美国时间明天下午之前。不管怎么说，这都是一个非常复杂的问题。

多：你是否希望我把这消息告诉给莫斯科？你需要用美国到苏联的红电话吗？

基：红电话？

多：就是你们说的军事热线。

基：有些事情我们是需要通过这个红电话来解决的，但就目前来看，你能不能把这个消息转告给莫斯科那边？莫斯科现在就可以得到我们的答案，但我们在与以色列进行沟通前，是不能给你任何答案的。

多：明天下午。好的，晚安。

凌晨2点30分，一封以尼克松总统名义写出的信件被送到莫斯科勃列日涅夫的手里。

就在我们给勃列日涅夫送出这封信的同时，我们收到了以色列梅厄总理的消息。虽然在与梅厄的对话中，我并没有以尼克松总统的名义提出我方的要求，但梅厄对待我方总统的态度也有些过于稳健了。她表示自己总是会与下属争吵。梅厄这种支持我方总统的行为，完全可以让尼克松总统通过否定梅厄一直以来和平稳定的假象，增加一个做出改变的机会。一旦这种想法未能得以实现，那么梅厄也将对尼克松总统做出最后的让步，再加上一些技巧和运气，梅厄完全可以为以色列的未来争取到美国的支持。

这封信本身就是梅厄，这位以色列总统典型的做法，非常情绪化，以自我为中心，而且非常精明。这封信既可以看做是为以色列内阁所写，也可以看做是为美国政府而写。梅厄的角度完全把这次事件当做大国之间尔虞我诈的游戏，她暗示我们是对苏联进行妥协了的——一旦这样的论调被曝光，那么注定将在我国国内掀起波澜，政府也将因此面对来自国内的巨大压力。梅厄这样写道，"事实上，我从来都没有抱任何幻想，但我知道以色列遭受的一切都是两大世界强国强加给我们的"。这就是以色列推迟18个小时后给我方的回复，也是他们为我方在安理会上如何应对苏联的压力给出的方案，而且这还是在我方对其进行了两周之久的空运之后给出的答案。正如这封信中所说的那样，是我们美国告诉以色列去如何行事的，"这样埃及就可能宣布其对我国战争的胜利"。这就是我方在顺利与各方商定停火后，以色列在是否对被困长达48小时的埃及第三军提供食物和饮用水问题上的答复。第三军在获得少得可怜的补给后，依然将处于被围困的状态。但如果梅厄总理能做出一些妥协的话，这头母狮子就必然会脱掉她伪装优雅的外衣，"有一件事，是谁也无法阻止我们的，那就是我们要说出事实的真相。以色列遭此劫难并不是因为它的行为，而是因为国家的地理位置，因为这个国家完全依靠自己、完全独立。"这封信只是一个警告，我们有理由相信梅厄会公开把这些话说给她那些支持者听得。

梅厄此举招致了我方的愤怒，她也再一次回避了我们提出的重点问题，梅厄依然拒绝给出解决方案，她也依然坚持是美国在利用以色列，是我们在对他们施加影响。

综合考虑梅厄此番令人愤怒的言辞，联合国在对派遣维和部队衡量利弊之时，也在考虑我方提出的要削弱苏联在中东问题上的力量了。

美国驻联合国代表约翰·斯卡利与基辛格的通话
1973年10月26日，周五
深夜11点25分

斯：你听到我为你进行的辩护了吗？
基：你为我进行什么辩护？
斯：他们断章取义地引用了你说的话。
基：都有谁？
斯：除了你的好朋友马利克，还能有谁？他说你在你的新闻发布会上，已经公开承认允许以色列人违背停火协议了。我因此给你辩护道……
基：他是怎么引用我说的话的？
斯：他说，你说停火结束了，以色列人可以趁机侵略他国的土地。不管怎么说，我都应该感谢他这番精彩的演说，要知道我早已经把你在新闻发布会上的完整稿送给安理会各个代表团了，我只是说我要对马利克代表精彩的演说表示感谢，因为我知道人们都是公平的，他们自己会读，也会明白你在新闻发布会上说了什么，他们会知道你当时非常公平，所以他们会明白谁都不能对你当时说的话提出质疑。会后，我们又和他碰了面。
基：怎么样？
斯：他说的和我们的想法南辕北辙。我只好把问题引到罗马尼亚上去，我说当时那么说的除了罗马尼亚，不可能有其他国家那么说了，还告诉他，没有什么集团纷争，也根本没有涉及《华沙公约》或者北约组织。
基：他又说什么了？
斯：说这完全是歧视，还说这就像回到了冷战时期。在观察员的问题上，我说我们可以派50个人，派20个人，甚至可以堂而皇之地把人全撤回来。我没有给他手下留情。
基：他也无言以对了吧。
斯：他说他真的搞不懂这些事，之前我们一直在授意联合国秘书长那么做。让马利克生气的是我们不同意波兰加入联合国，这都是我们安排安理会这么做的，而在他看来，波兰是一个非常伟大的国家。
基：波兰？他们对于犹太人的青睐已经是众人皆知了。最后一个犹太人离开后，他们就再也没有发动对犹太人的屠杀。

斯：他表示已经接到了政府明确的指令。

基：我们宣布进入戒备状态后，他们的态度有什么变化吗？

斯：马利克很不高兴。

基：自从进入戒备状态后，他就不高兴了？他们是不是准备要更严厉地对付我们？

斯：从他们的言谈举止来看，我想是的。我已经给出的答案可是有理有据的，我还说之前在攻击与反攻击的问题上，我们两方都应该负有责任，不过这现在也难以查证了。

基：你认为我们接下来应该怎么做？

斯：我们应该坚持之前给他们开出的条件。

基：我的意思是，如果让以色列撤回到联合国在10月22日通过的停火线上呢？

斯：我认为，如果我们不能获得以色列的支持，那么我们肯定不能跟他们和平相处。

……

周六凌晨4点07分，我收到哈菲兹·伊斯梅尔传来的消息。他表示以色列已经同意由以色列少将级别的官员与埃及展开直接对话，"讨论从军事角度出发，如何推行联合国在1973年10月22日、23日通过的安理会第338、339号决议的事宜"。此次谈判将在联合国监督下进行，谈判地点位于开罗到苏伊士公路上，距路标101公里处。谈判定于开罗时间（周六）当天下午三点开始，以色列开出的唯一条件就是在谈判开始两小时前"全面"停火，并同意在联合国和红十字会的监督之下，对围困的埃及第三军运送非军用物资。

我们发现，这是自1948年以色列独立以来，以方与阿拉伯代表进行地第一次直接谈判。即便联合国上下全都对以色列施加压力，希望他们能撤回到10月22日停火线上，但以方也应该在埃及第三军物资输送的通路上保持道路控制权。只有这样才能打通一条非军用物资的输送线路，这条线路也是我方在过去24个小时里一直在积极敦促的内容。

凌晨4点31分，我向哈菲兹·伊斯梅尔确认了信息已经"以最快的速度"顺利被传达到以色列方面的消息，同时我也向他表明这个消息也是得到我方充分认可和支持的。6点20分，以色列原则上同意了埃及提出的方案，我也在第一时间将此事通报给了萨达特知晓。三个小时后，我方本着缩短时间，以减少苏联对我们不信任的原则，以尼克松总统的名义给勃列日涅夫写了回信，告诉他埃及与以色列的谈判即将启动、以色列也同意打开对第三军进行非军事物资补给的通道。

美国副国务卿布伦特·斯考克罗夫特与基辛格的通话
1973年10月27日，周六
上午8点45分

斯：[向基辛格阅读给联合国秘书长瓦尔德海姆信件的草稿]

"我很高兴地向您汇报，在我方政府不断与以色列、埃及两方进行沟通与斡旋的努力下，他们终于同意在联合国停战监督组织的监督下，于今天正式会面了。双方将在此次会面中讨论有关实施联合国安理会第338、339号决议的话题。

"在我方的敦促之下，以色列政府已经同意在联合国、红十字会的监督下，向被围困的埃及第三军进行非军用物资的补给，

"我方热切地希望我方能与联合国密切合作，为实现真正意义的停火而共同努力。在我们的努力之下，对于交战各方来说，停火不是不可能的；同样还是在我们的努力之下，希望能找到一个合理的解决方法，最终实现中东地区长期的稳定与和平。

"如事态出现进一步的发展，我方会立即向联合国进行通报的。"

基：在这份草稿里加上类似"希望我们一切顺利"之类的话，还有，不要用"热切地"这个词。

斯：好的。

美国参议院外交关系委员会主席、联邦参议员威廉·富布赖特（阿肯色州民主党人）与基辛格的通话
1973年10月27日，周六
上午10点

基：你好，主席先生！

富：你今天上午怎么样？

基：我又经历了一个不眠之夜，所以我才给你打电话啊。

富：我们不会又惹上麻烦了吧？

基：不是的，这次是个好消息。昨天一天，我们一直在收来自苏联和埃及的消息。最主要的问题是停火后以色列围困了一支埃及军队，还切断了他们的补给线，而且这种情况还一直在延续着。正是因为这个原因，才导致后面发生了很多纷争，很难分辨谁在这次冲突中占据上风。几乎所有混乱的事情都赶在这一天发生了——苏联人比之前的反应强烈多了，我们现在比总统召开新闻发布会那天面对着更大的国内压力。我方也因此决定不能让当前这种与苏联冲突不断的局面继续下去了，要知道我们此前不久才就停火问题与苏联进行了对话。我们认为

以色列必须同意向被困的埃及第三军提供非军用物资补给。在收到苏联通过军事热线传来的消息后，我们发现苏联也或多或少地提出以色列应该对第三军进行物资支持，因此我们向以色列提出，如果明天八点，我们被以色列告知不能同意这样方案的话，那么我们将和联合国安理会绝大多数成员国一样，除了会表示"从人道主义角度出发，也应该向其提供补给"外，还会告诉狄尼兹，说以色列将必须和埃及进行谈判，并就如何顺利实现停火进行讨论。我告诉他们，现在我们的处境就像是被萨达特包围了一样，勃列日涅夫每一句话，都是在指责我方不守信用。他们已经做好了谈判准备了，但第一个话题似乎就遇到了麻烦。以色列人还说会把这个消息宣扬出来，告诉大家以色列正是由于是一个弹丸之国，才被超级大国强奸国意。这些问题占用了昨天晚上的大部分时间，不过我们还是一直在坚持自己的原则。但不管怎样，今天凌晨四点传来消息，称埃及已经同意与以色列在苏伊士运河上，进行直接对话，就中东问题目前依然存在的争端进行讨论。埃方还同意在今天打开埃及被困士兵的食物、饮用水的运输通道。这就是目前的局势，一条非军用物资运输线已经打通，埃及人和以色列人将在一小时内会面。

富：如果你能促使他们见面，并顺利进入会议的话，这将是你一个很大的成就！

……

但是在中东，每一个步骤的完成都需要特别小心，就像在流沙上前进一样。华盛顿当地时间上午11点（开罗当地时间下午五点），我们接到以色列人的消息，称埃及人并没有在约定的时间出现在约定地点上。几通电话后，我们得知埃及军方代表按照方案应该在苏伊士101公里出现，但在85公里处，他们被一名以色列哨兵拦住了，后者表示并没有接到任何放行的指令。似乎以色列人与总部的沟通并不顺畅，一名埃及军官指明要会见以色列军官，这样的事情也算是史无前例吧。这个误会很快就被解除了，我也通过私人途径与戈尔达·梅厄总理沟通了这件事。显然，以色列并没有将此事率先通知给联合国部队指挥官恩西奥·西拉斯沃，后者因此也未能提前做出安排，可是这些安排我之前可是已经告诉伊斯梅尔·哈菲兹的啊！我立即表示应该重新拟定会面的时间，而且还要提前将会面事宜通知给相关人员。思前想后，我认为会面双方虽然只是相距几百英里的国家，但却要通过12,000英里外的华盛顿传递消息，于是我决定双方的会面应该在午夜进行。

最终，在当地时间10月28日，周六凌晨1点30分，以色列和埃及的代表开启了双方的直接对话，此次对话在联合国的监督下进行。虽然这仍比新计划的预定时间晚了一个半小时，但这仍是双方25年以来的首次直接对话。尽管如此，在28日当天，以色列依然回避打开对埃及第三军物资输送通道的话题。早在26日晚些时候，以色列方面曾告诉我第三军的食物和饮用水可以坚持48个小时，显然，以色列人已经决定让第三军面临补给供应不足的困境：如果第三军在物资输送过程中崩溃，相信以色列政府丝毫不会为第三军感到遗憾。最终，在周一早晨，也就是10月29日早晨，我正式向伊斯梅尔·哈菲兹确认，补给物资已经顺利抵达目的地。埃及方面也同意进一步与以色列进行会面，虽然会面日前依然没有结果，但此次会谈却出现了转折点，毫无疑问，这种转折点是无法避免的。

埃及外交部长穆罕默德·扎亚特与基辛格的通话
1973年10月27日，周六
中午12点04分

基：你能给我打这通电话，真是太好了！

扎：我非常希望能对你的斡旋表示感谢。现在的问题是，我们双方都同意的方案依然没有执行。我在以色列人那里得到了一个消息，说开罗方面表示直到他们到达苏伊士前，都会保持忍耐。

基：不会的，我得到的消息是，此时此刻，以色列人正在运河110公里处等着呢，他们下午三点就已经到了，正在为向第三军运送物资做准备呢。

扎：我们得到的消息是好消息。今天早晨他们的确是在等。以色列人说他们目前还没有接到领导人的指令。

基：外长先生，这不可能。对于我们跟您说的内容，我方非常确信。你们可以派人去看，以色列人的确正在运河105公里处。马上就派你们的人过去，我们即刻就着手解决这个问题，我们会尽全力帮助你们的。

扎：我这就跟我们的人联系。

基：我正在跟其他人在一起，我等一下让他们给达扬打电话。

扎：非常感谢您！

基：办公室的人给我打电话了，打完这通电话，我马上就把你的电话切进去。

扎：多谢您了！

美国副国务卿布伦特·斯考克罗夫特与基辛格的通话
1973年10月27日，周六
中午12点05分

……

基：我刚刚接到扎亚特的电话，对方在电话里说以色列人目前依然没有接到向埃及第三军提供物质的通知，扎亚特说这就给开罗打电话。你能找个人让他与扎亚特的宾馆取得联系吗？要么为他安排一条清晰的电话线路，要么让他使用咱们自己的沟通渠道。

斯：我可以把电话线连到我们的总机上。

基：我们必须快一点。

斯：好的，我马上就去处理。

白宫办公厅主任亚历山大·黑格将军与基辛格的通话
1973年10月27日，周六
中午12点28分

基：我方新闻发布会的内容已经正式到达莫斯科了，勃列日涅夫给多勃雷宁打电话询问这些言论的真实性与可信性，看来周三这场新闻发布会已经可以和轰炸河内的影响相提并论了。

黑：不会吧，多勃雷宁是怎么想的？

基：他认为两位伟人[即尼克松和勃列日涅夫]之间将爆发直接冲突。不过，你猜猜昨天晚上发生什么了？现在我们已经不用再眼睁睁地看着以色列人压榨埃及人而坐视不理了，现在埃及人必须与以色列人会面，然后双方再讨论解决中东问题的细节。以色列人非常生气，称会让全世界都知道埃及人残酷地对待自己，还抨击以色列"非常渺小"。四点钟的时候，以色列同意参加与埃及的会面，也同意派遣一支补给力量进入第三军。我原来还以为问题都已经解决了，但现在以色列虽然出现在了会面席上，但对第三军的物资输送通道依然掐在以色列人的手里。

黑：我们不能看着这些人饿死啊！

基：也许你能帮我解决国防部的那些疯子。现在每个地方都需要他[史勒辛吉]，而且我们现在不能向埃及空运物资。

黑：他提到了一件事，他确实提到了一件事，那就是向特鲁西尔联合国派兵，目的是夺取那里的石油。

……

基：我已经告诫过他了，让他不要去找你。他的说法是，我们不能眼看着人们死在沙漠里，说以色列现在在欺骗我们，所以我们的态度要更强硬。现在问题的关键在于如何把这两个国家调动起来，让他们携手找到解决办法。

黑：这并不是没有可能啊。如果我们介入的话，战争就会再次爆发。我曾向他提过，不要向以色列派遣军事力量，不过史勒辛吉想知道以色列人是不是在撒谎。所以，你能帮我解决史勒辛吉这个大难题吗？

基：我尽我所能吧。

以色列总理戈尔达·梅厄与基辛格的通话
1973年10月27日，周六
中午12点40分

基辛格（以下简称"基"）：您好！

梅厄（以下简称"梅"）：我打电话只是想告诉你，有一件事情你们肯定无法接受，这件事你们必须要经过深思熟虑。

基：我们只是在为促成此事而做了一些安排。

梅：我们的人到达目的地以后就一直在等，开罗方面的人一直都没有露面，所以我们的人不得不去了联合国观察员的驻扎地，那里距离我们的会面地点只有十公里。我们的人告诉联合国的观察员，如果希望此次会面能够有积极结果的话，他们就应该和开罗方面取得联系。我们的人在那里从三点等到五点半，我们认为应该与你们这边保持联系，对于开罗那边，我们认为他们可能已经偏离了预定路线。

基：我并不想冒犯你，但我们已经把这个消息带给了埃及那边，我们还对他们提出要接受你方提出的所有要求，并告诉他们你方会与扎亚特联系，沟通后续的细节问题。如果现在没有按照之前预定的方向发展，那么埃及人肯定不知道是怎么回事。我刚刚给他们打电话，告诉他们双方已经通过了预定方案，你方会派人和埃及军方人员接触，商讨一些细节问题。现在的事实是，你们的人并没有和他们取得联系，他们也在等。你告诉我们要向他们传递的消息，我们都传达到了。你们应该派个人联系对方的将军，直到那时，问题才能被解决，但现在，埃及人依然还在等待。

梅：国务卿先生，他们已经接到我方同意会面的消息了。

基：我一直在向大使先生解释，说这一切都无关紧要。我们现在面临的局面已经超出了我们的控制范围。

梅：你应该知道我是怎么跟埃及人说的吧？

基：是的，我知道。我们也是这么跟埃及人说的。他们有充分的理由相信一切都很顺利，埃及人在12点的时候给我打了电话，说什么意外都没有发生，这就是45分钟之前发生的事。联合国的人还在检查站。埃及人非常希望能从我们这里得知事态在顺利进行，现在你们又把我们的良言善语扯进来了，扎亚特刚刚给我打过电话，说埃及的物资输送通道已经全都准备好了。

梅：但是，国务卿先生，我们不清楚……我们没看到任何有关物资输送通道的预兆，现在我们还能做些什么？上午应该提前一个小时的，可是物资输送通道在哪里？

基：我这就跟埃及那边取得联系。那是凌晨五点时候的事。我会和狄尼兹、扎亚特保持联系的。保险起见,我们不妨定在早晨六点。

梅:早晨六点,我马上就和我方将军联系。

基:谢谢你,梅厄总理。

以色列驻美国大使辛卡·狄尼兹与基辛格的通话

1973年10月27日,周六

中午12点55分

基:我们已经敲定时间了,早晨六点。我们也和埃及方面沟通过了,他们也是这么跟我说的,我选择相信他们,他们说你们的人不允许他们通过85公里的标记点,说你们的人没有得到放行的指令。我告诉埃及方面,在以色列时间今晚十点再次会面,地点不变,对方表示同意。对于这次的会议和物资运输通道,现在足足推迟了七个小时,我们找不到合理的理由来解释这一切。

狄:坦白说,我们必须真真切切地看到你这个方法可以行得通,我现在面对的压力,一点都不比你面对的压力小!

基:我说了,晚上十点在原定地点见面,完全是他的想法。至于物资输送通道,是否能顺利打开,这又是另外一个问题了。

狄:我这就把这个消息带给我方总理。

基:希望你能带回来一个令人满意的答案。你一确定请务必给我打电话。

埃及外交部长穆罕默德·扎亚特与基辛格的通话

1973年10月27日,周六

中午12点55分[此为通话记录时间]

基:我刚刚和以色列总理通过电话。

扎:嗯。

基:如果你方同意的话,我们的计划将会是这样的:你方代表将于开罗当地时间明早六点在预定地点露面,希望六点你方的物资输送通道也能顺利打开,地点你方随意敲定。只要输送通道打开,以色列人肯定会在另一端等着的。我可以向你保证,美国政府完全支持这个计划,一旦事态有变,我们的态度肯定会是非常坚决的。以色列人说之前的会面,你们的人根本没有露面。

扎:我们的人没有露面?他们是被以色列人在中途阻拦了。我跟[听不清楚]打了电话,告诉他这次事实的真相。他说我们的人之所以没能在101公里标记点出现,是因为在85公里点处,他们被以色列地面力量告知并未收到关于此次会面的消息,因此就没能顺利通过。

基：你方是否愿意今晚再安排一次会面？

扎：当然！我们还以为他们希望等到明天上午呢！

基：那我们现在可以找一个合适的时间了。现在是开罗时间几点？

扎：有6个小时的时差。开罗时间现在是傍晚6点50分。希望他们会把时间定在九点。

基：只有两个小时，这太紧张了。我担心沟通跟不上。

扎：好吧，那我们就定在开罗时间今晚十点。

基：我明白，我可以向你保证，我们会对这次会面提供支持。你知道的，美国人一旦许下承诺，他们肯定会遵守的。

扎：非常感谢！

基：今晚十点，好的！

……

国防部长詹姆斯·史勒辛吉与基辛格的通话

1973年10月27日，周六

下午1点

史：埃及第三军的问题，有什么进展吗？

基：……我们目前正在着手解决这个问题，我们不能派兵进驻特鲁西尔联合国，也不能向第三军进行物资输送。

史：当然，我们不能那么做。

基：以埃会面和物资输送通道，这两件事情我们必须一起解决。物资输送通道将在今晚打开，以埃会面也将在今晚进行。

史：太好了！

基：我们不能让这些位高权重的将军们任意行事，否则他们会火上浇油的。我们能解决他们这些问题吗？

史：当然，现在最重要的就是第三军的问题。

基：不对，实现停火才是当前最重要的问题。希望以色列和埃及能在第三军的问题上达成共识，不过我们对第三军并不感兴趣。

史：第三军和我们还有些关系的。现在是他们被围困了起来，然后在我们的安排下才实现了停火，对于我们在中东地区和平使者的身份来说，这也算是一种妥协。

基：你放心吧，我已经和他们说了很多了。我们整晚上都在讨论这件事，我和扎亚特通了一上午的电话。现在，无论是以色列还是埃及，都对我们的努力给予了很大的肯定。

史：你干得不错！

基：你认为物资输送人员能在晚上走那样的道路吗？

史：这个，我们还需要确认一下。不过我个人认为，没问题的，他们可以搞定道路的问题。

基：你的理由是什么？

史：你不是已经暗示以色列人，如果他们不同意，那么你将切断对以色列的物资空运吗？

基：我只是说我们的态度会非常强硬的，我并没有暗示将切断空运。

史：不管怎么说，只要物资输送能顺利实现，那么问题也就算解决了。

基：我当时并没有提到空运的问题，我只是说会在安理会上对他们表示反对。

史：如果他们拒绝向第三军提供食物和饮用水，那么他们就是犯罪！

基：现在距离晚上十点还有三个小时的时间。

史：好的，不管怎么说，如果物资输送通道没能顺利打开，那我们可能就要考虑切断对以色列的空运了。这样做，我们才能更好地摆明自己的立场。

基：这个问题，还是留到发生的时候再讨论吧。

……

国防部长詹姆斯·史勒辛吉与基辛格的通话
1973年10月27日，周六
下午1点10分

史：亨利，我们刚刚收到来自我驻特拉维夫国防部武官办公室的电报，你必须马上关注一下这个问题。第三军已经在苏伊士运河上搭起了两座桥头堡，以色列人准备向其发动进攻。物资输送是从开罗那边过来，还是从特拉维夫那边过来？

基：是开罗。

史：[听不清楚]暗示以色列国防军要从地面和空中对埃及第三军发动进攻。

基：我告诉你，我已经用最强烈的语气和以色列人说明白了，我告诉他们我方完全支持联合国的策略[即联合国安理会的决议案]。我马上和狄尼兹联系。

史：好的，这就交给你了。

基：好。

大事件通常都不会以壮观的场面宣告结束，为它划上终点的往往都是一些不起眼的决定。

以色列驻美国大使辛卡·狄尼兹与基辛格的通话
1973年10月27日，周六
下午1点15分

基：我刚刚从埃及那里得到消息，他们说希望在[开罗当地时间]今晚举行会面。

狄：今晚，这个时间对我们来说更有利啊！我们还以为是11点呢，其实我更希望在午夜进行会面。

基：他们还希望在午夜打开物资输送通道。

狄：好的，物资输送通道和双方会面。

基：埃及人还说你方在苏伊士城外安排了一些联合国停战监督组织的人，能让他们也参加这次会面吗？

狄：这个，我要再具体核实一下。你知道的，这个问题我无权做出任何决定。

基：如果可以的话，哪怕只是这一次，一定要尽快给我们回复。我已经要求停止空运了，我们会派美国空军进行物资运输的。我方政府现在都已经疯了！

狄：我多想让你看看我现在面对的这些压力啊！

基：要尽快给我答案，可以吗？

……

国防部长詹姆斯·史勒辛吉与基辛格的通话
1973年10月27日，周六
下午1点35分

史：亨利，那条路真难走，我们已经拍了照片了。

基：那今晚能顺利运输吗？

史：即便有压力，我们也要肩负起这个责任啊！

基：很好。埃及人希望会面能在午夜进行。他们又向后推了两个小时，也就是我们这里六点。我已经把这个消息告诉以色列了，否则要面对严苛的制裁措施，我想还是他们顺利会面比较好。

史：好的，回头见。

以色列驻美国大使辛卡·狄尼兹与基辛格的通话
1973年10月27日，周六
下午1点55分

……

狄：联合国部队已经到达苏伊士城了，他们是和埃及联络官一起来的，这在协议里面可没有提到过，经过双方协商后，联合国部队决定和埃及联络官分开走。后来，我们的人超过了他们，当联合国部队到达苏伊士城城门外的时候，天色很黑，他们询问是否可以在苏伊士城门外过夜，然后在天亮之后进入苏伊士城。

基：他们告诉我你们……

狄：这是达扬那边给我传来的最新消息，所有人都非常高兴，因为终于达成共识的缘故。

基：我是不是要告诉埃及人？如果联合国部队要求进入的话，你方是否同意？

狄：我得到的消息是，他们会在城外过夜，天亮之后再进城。

基：也许这会是一个误导信息呢。

狄：那样的话我会给我的人打电话，告诉他们联合国部队想进城。之前他们不进城，并不是因为我们有所阻拦，而是因为天色太黑的缘故。

基：理由是，你们在计划……

狄：我马上就要去处理有关停火的问题了，现在战事终于平息了。

基：那物资输送通道和双方会面呢？

狄：我们已经准备好了在原定地点进行会面，虽然在这个过程中我们面对了很多困难。我们一直与联合国的人保持联系，他们也一直和埃及方面保持着联系。整个计划是你们美国和联合国共同完成的，至于埃及人什么时候露面，我们可不敢说是12点整，没准是12点15分或者11点45分的。

基：好的。

狄：我们正在和联合国部队指挥官恩西奥·西拉斯沃将军进行全面接触，埃及也已经与联合国保持联系，为此次会面进行准备。至于物资输送通道方面，虽然我们面对很多困难，但我们会克服困难，打开这条通道。我们面对的唯一问题是，如果埃及方面是由埃及司机驾驶，那我们要求进入以色列境内后，换成我们以色列自己的司机，或是联合国委派的司机，之后他们还可以再换回来啊！

基：你能解释一下这样做的原因吗？

狄：我方得到的情报显示，埃及很可能让情报人员担任司机，那样的话，他们会在我国境内畅通无阻地开上70英里，届时我方的部署、我方的坦克，他们都将一览无余。

基：我没明白。

狄：你也不用明白，只要我把这个消息告诉你就足够了。

基：那你们会把这个消息告诉他们吗？

狄：相信我们的人会把这个消息告诉他们的，我的意思是，告诉联合国的。

基：大使先生，我非常强烈地要求你，千万不要要花招，也不要想着拖延时间，否则你们的行动就让人无法理解了。

狄：我会提前给他们打电话，提前知会他们这件事的。关于停火的事宜，达扬想让我转告你的是，埃及对我们的射击一直都没有中断过，他们每分每秒都在试图搭建桥头堡。我方已经接到指令，不要做出任何煽动行为，所以我们也只是回击。此时此刻，前线还是比较安静的，埃及人除了射击外，还希望自己的直升机能够加入战争，还说要从水路发起反击。你能不能和埃及方面沟通一下，让他们暂时停火，要知道我们以色列已经接到严格指令了。

基：我会敦促埃及的。

狄：这就是我们目前得到的全部情报。

基：我马上与埃及联系。

狄：好的。

国防部长詹姆斯·史勒辛吉与基辛格的通话
1973年10月27日，周六
下午2点10分

史：你好。

基：终于敲定在今晚12点了。

史：太好了。

基：现在一切都已经准备好了，以色列要求不能让埃及司机驾驶，但联合国派的司机就没问题。埃及觉得这对他们不是问题。

史：太好了。

基：我想，现在不会有什么事情出来搅局了吧？

史：现在可以把这些告诉总统先生了，他想知道这一切。

基：我们会把这些消息悉数告诉总统先生的。

史：我的意思是向媒体公开这些信息。

基：好的。

以色列驻美国大使辛卡·狄尼兹与基辛格的通话
1973年10月27日，周六
下午2点13分

基：我已经把你们的要求告诉扎亚特了，他说可以接受联合国委派的司机开车。

狄：好的。

基：他还说安理会已经通过了决议，称联合国部队必须在今晚进入苏伊士城。

狄：我已经和我们的人沟通过这件事了，如果他们打算今晚进城，那我们会安排的。

基：你们只要提出邀请就好，不要强迫他们进城，否则他们会认为你们……

狄：依我看，现在一切都进行得非常顺利。

基：我必须非常坦诚地告诉你，作为朋友，我从尼克松总统那里得到了这个消息，是萨达特告诉他的，现在我不会再给他传递消息了。

狄：现在所有的压力我都能面对了，我们被攻击，才是最让我们震惊的消息！

基：大使先生，等这一切都平息了，我想我们应该喝一杯。

狄：我给梅厄总理通电话的时候，她问我，为什么不在今晚，等到物资输送通道打开后，邀请你共进晚餐。

基：今晚不行，我们必须保证一切顺利。

狄：我有强烈的预感，我认为一切都会非常顺利的。

基：请代我给你方总理送上最诚挚的祝福。

以色列驻美国大使辛卡·狄尼兹与基辛格的通话
1973年10月27日，周六
下午3点05分

狄：我不想打扰你很长时间，也不是什么重要的事。就在我给你打完电话之后，我又和我方总理通了电话，她让我向你确认三件事情：第一，是关于苏伊士城的。那个联合国派来的芬兰将军，他不是已经到苏伊士城城门外了吗？他自己决定晚上不进城，因为他害怕！同时，除了他自己的50人外，又有200人向他投诚，这些人都驻扎在苏伊士城城门外。这是他们自己的决定。如果他们进城，我们不会提出反对，现在他既然不进城，我们也不会强人所难，我们可不想为此背上责任。

基：好的。

狄：第二，我们已经把扎亚特说的关于用联合国司机代替埃及司机的话记下来了，我们也会把这个消息告诉给西拉斯沃的。

基：好的。

狄：第三，我方注意到埃及就停火发布了新的命令，我方非常感谢你方的干预。我们已经把这个消息告知给我方的总司令了。

基：好的。

狄：现在战场局面非常平静，我们希望这种平静的氛围能一直保持下去。现在还挺有意思吧。我方梅厄总理让我代她送上她的祝福和祝贺。她希望能在凌晨3点30分在111.5公里标记处与萨达特会面，希望你代为转达。希望你能得到萨达特的肯定回复。梅厄总理也能理解，当你得到萨达特的答复时，你听到的也许不是真话。

基：很高兴看到你方总理幽默的一面啊。

狄：是啊，我自己也快控制不了我自己了。

基：我们现在又要面对另外一个难题了。

狄：我相信这个问题会很快解决的。

基：最麻烦的问题，我们今天都已经克服了。

狄：今天早晨我回家以后，我对我太太说道，"你知道吗，我今晚终于可以安安静静地睡上一觉了，我终于能看到黎明的光芒了"，我睡了一会，我觉得现在我们终于把问题解决了。

基：是的。

最终，在当地时间10月28日，周日凌晨1点30分，以色列和埃及的代表开启了双方的直接对话，此次对话在联合国的监督下进行。虽然这比新计划的预定时间晚了一个半小时，但这仍是双方25年以来的首次直接对话。

10月29日，周一。上午，我正式向伊斯梅尔·哈菲兹确认，补给物资已经顺利抵达目的地。埃及方面也同意进一步与以色列进行会面，商讨有关永久协议的细节问题。尽管最终的结果还未生成，但谈判已经开始，之后，以色列和埃及先后在1974年1月达成撤军协议；1975年9月达成政治协议；1978年达成和平条约。直到本书写作之时，该和平条约依然在履行着它的职责。

第二部分：越南战争的最后岁月

在中东危机中,我方政策制定主要以美国价值和国家利益为原则;而在越南战争的最后岁月,我方政策制定的原则则调整为减小损失,这时的政策更倾向于解救尽可能多的战争难民——在我们过去的五届政府里,无论民主党执政,还是共和党执政,我们要解救的这些难民,一直都是我们保护的对象。在中东危机期间,美国的政策制定一直贯穿着一个主题,尽管这个主题的确存在争议;而越南战争的最后岁月,我们的决定却错综复杂。由于我们需要解决战争这个人间悲剧,由于我们的每一个紧急措施找到合理的理由,导致越南问题不断受到关注。在越南问题上,福特政府就像一辆在陡峭的斜坡上跌跌撞撞的汽车一样,每做出一个决定都要小心翼翼。尽管如此,外界依然认为是因为越南人民和美国的根本立场,才使美国在经历越南危机时,能够最大可能地保持自己的尊严。

尽管在越南战争中,每做出一个决定都让我们费尽脑筋,但是局势却依然在政府、国会的实际操作问题,或是法律问题的争论中不断发展。事实上,这些问题也见证了我们在过去25年里用鲜血和财富堆积起来的努力逐渐化为乌有。

1973年1月27日,正处于尼克松执政期的美国和越南等各方签署了《巴黎和平协议》,当时尼克松政府认为这次和平谈判达成了美国的根本目标,即给予了越南人民决定其命运的机会。我曾在其他著作中详细地介绍了关于该协议的达成细节、协议签订前前后后的一系列问题。在这里,我将对涉及越南战争最后岁月的问题进行简要介绍。

为了避免越南战争再次发生,《巴黎和平协议》对军队部署提出了一系列的限制要求,如:反对北越人员进入包括南越在内的印度支那地区进行渗透;反对北越在老挝、柬埔寨驻军;反对北越增加新的军事物资和设备(淘汰老旧军事物资除外,但必须经过国际审查);反对北越在老挝和柬埔寨设立军事基地。同时,美国同意在协议签署两个月后从越南地区撤军,并释放战犯。

该协议还要求越南举行自由及民主选举,选举由北越、南越各派代表组成的委员会进行监督,各方均有否决权。

然而,北越率先违反了协议中的内容,他们并没有从老挝和柬埔寨撤军,并且向南越进行大规模人员渗透，北越军事武器的增加也大大超出了规定范围。

而此时，我国国内就越南问题的争论一直从越南战争持续到战争结束后。水门危机的爆发更是使得我们无力再推进《巴黎和平协议》的实施。论战的开始起源于人们就美国是否应该对该协议的实施负责进行的争论，要知道在整个《巴黎和平协议》达成的过程中，美国牺牲了5.5万同胞的生命。1973年6月国会通过法令，禁止美国在印度支那地区采取任何军事行动，或进行任何军事部署，这时距离《巴黎和平协议》正式签署还不到半年的时间。美国人为达成这个协议付出了血的代价，但如今却被剥夺了促成协议实施的权力，这在美国历史上还属首次！

与此同时，国会以每年减少50%的速度削减了向越南地区的军事拨款：从1973年的25亿美元，到1974年的14亿美元，再到1975年的7亿美元！在北越共产党权威刊物《学习》（1975年1月刊）上曾有下面这番叙述，这些文字写于北越进行最后一次进攻的前一夜，目标直指拨款数量的降低对于北越军队的影响：

> 西贡军队，无论是火力的密集程度，还是移动军事设备的数量上，都出现了明显的下降。在1974年第三季度，西贡军队月平均消耗的弹药减少了将近四分之三。西贡飞机出动的次数甚至只有1972年的五分之一。南部飞机的数量减少了70%，直升机的数量更是减少了80%……西贡军队贮备的炸弹和弹药数量出现了大幅度的下滑，他们贮备的燃料和物资也出现了匮乏，包括飞机、坦克、战斗舰、重型武器的维护和保养也遇到了困难。

1974年8月，尼克松总统因水门事件的影响辞职，杰拉尔德·福特成为新任总统。1975年初，福特认为时机成熟，他向国会提出了对越南地区进行补充预算，要求在越南问题上再增加3亿美元的投入，这样，当年的总预算就将达到10亿美元，比1973年，也就是1973年的总额超出了40%。这个数字得到了时任参议院军事委员会主席约翰·斯坦尼斯的支持，他在1974年曾表示这个数字，完全是防备不时之需。然而，这项请求却遭到了国会方面的强烈反对，这主要有两个原因：第一，国会成员的选举由于是在去年11月进行，人们还受着水门事件的影响；第二，国会中很多人都选择支持乔治·麦戈文，他是1972年共和党总统候选人。他认为我们应该在选举进行过程中，单方面从印度支那地区进行撤军。有人提出取得进展的方法之一就是给出一个一步到位的拨款数额，那样的话，越南看起来就更像是一个由基金会扶持的福利项目。可是等到福特政府对这个计划深入研究之时，关于向越南提供拨款数额多少的问题却成为了人们争论的焦点。于是直到1975年3月，北越军队对南越进行侵略，我们也没有同意追加对越南的拨款，此外，我方提出的对柬埔寨进行追加援助的要求也一并被国会拒绝。

面对北越重兵压境，面对美国前景不明的援助，南越政府决定收缩防线，并从中央高地撤军。但是鉴于南越没有提前做出任何军事部署，最终导致他们损失了将近30%的兵力！南越军队的撤退让问题更加复杂化了，这是因为军队的撤退同样也伴随着家属的撤退。随之而来的是南越常规兵力出现了25%的损失，预备役部队则损失了50%，南越还丢掉了北部将近三分之一的土地！而美国，也只能眼睁睁地看着局面发生改变——随着战事进入尾声，对于越南局势，美国本土也是几人欢喜几人忧。

在越南局势发生改变之时，我正身处中东斡旋之中。此后不久，以色列和埃及也达成了历史上第一份政治协议。和我在华盛顿的同仁一样，我也只是关注着越南局势的变化，而无力进行改变。3月23日，当我从中东重返美国之时，我听到了岘港，越南南部第三大城市陷落的消息。对于柬埔寨来说，这个消息无疑是一场灾难；但是在越南人看来，却未必如此。

而在越南战争最后一个月的时间里，华盛顿却陷入了三个争论之中：

是否针对越南进行援助，如果进行援助的话，要进行多大规模的援助；在去年年底的预算方案上，我们曾承诺一旦越南提出需要，我方就会对越南进行援助。最后援助的规模暂定在3亿美元。

目前在越南有6,000名美国人，这些人的撤离将按照怎样的速度进行，而且还有和我们一起工作的越南人，他们的撤离将如何进行？

是否可能通过谈判介入这场前景不明的战争？

关于援助越南的争议愈演愈烈，随着局势的发展，我们越来越清楚地意识到在西贡陷落前，这里根本不可能得到任何形式的援助。国会决定不向越南提供任何形式的援助，他们坚称这样可以阻止美国政府再次卷入到越南战争中来——当然，这只是国会一厢情愿的想法。国会多数党决定通过向越南提供帮助决绝的态度，彻底断绝美国政府搅入越南战争的想法，他们这样做就是为了让大家知道美国加入远邻国家的战争对自己根本是毫无意义的。为了实现这个目的，国会故意对越南提出的援助计划视而不见，同时，他们还拒绝向柬埔寨提供援助。

对于这场灾难，我和福特总统都不存在任何不切实际的幻想，但我们也都知道，不能让世人认为我们不应该在这场灾难中，刻意丢弃那些把自己的梦想建筑在美国承诺的南越人。我们认为以极端方式切断对盟友援助，是一种令人羞耻的行为，对于那些将自身安全建立在美国身上的国家，这样的做法不啻于一场灾难。而且我们也面对着两个必须解决的问题：第一，如果美国政府拒绝了南越提出的要求，那么西贡地区将陷入一片恐慌。在接下来一片混乱的局势里，随着愤怒的人群越来越多，再加上南越军队充满被遗弃感，那些依然滞留在越南的6,000名美国人（绝大多数是平民），无疑将成为越南的人质，最主要的是，我们已经决定要尽可能撤离那些曾和我们一起合作的越南人。为了能够争取到更多时间，福特总统派弗雷德里克·韦安德将军[美国陆军参谋长]赴越南对越军事需要进行评估。我们之前讨论的这三亿美元也就显得无关紧要了。只要我们依然向国会提出对越援助要求，那我们就能提出一个更实际的、更合理的援助数字。4月10日，福特总统提出援助金额为7.22亿美元，我把他的理由加以总结，以便召开国务院会议时进行通报。

> 如果昨天晚上，总统先生重复了之前那么多议员的言论，那他肯定会说，"我们已经付出够多的了，我们不能再向他们提供军事援助了，"我认为菲利普·哈比卜[负责东亚地区事务的助理国务卿]也会跟我持相同的观点，他肯定也会认为越南局势已经超出控制了。西贡从今天上午开始出现混乱。一旦总统先生下定决心不能对此置之不理，那么他会想知道究竟怎样才是正确的做法，因为目前国会反对的不是援助数字，他们反对的是那个援助计划……
>
> 现在局势的发展已经走上了自己的轨迹，我们可以预测一下局势的下一步走势。我们现在在做的就是尽量将这件事情体面的解决，构建一个可以让我们以外交途径解决问题的基础，这样的话，人们也能对我们多一些信心。

尽管国会从未按照我们的要求行事，但这依然见证了南越沦陷的最后岁月。

国防部和国务院在撤离速度的问题上出现了分歧——国务院的态度其实代表的是白宫的态度。一直以来，国防部都被这场战争折磨地痛苦不堪，他们决定发动一场不计后果的战争，然而，在真正的战场局势面前，国防部之前所做出的努力却是微不足道的，再加上美国军队面对着国内诋毁的声音，因此，五角大楼的决策者们决定不再为越南战争冒任何风险，他们希望以最快的速度完成对越撤离。由于所有撤离行动都要涉及到国防部，因此国防部也下达了一条特殊的命令，要求撤离行动要特别小心。而与此同时，福特总统（和我）却都担心忽然进行撤离很可能会引发恐慌，这不仅会让美国在越军队冒着丧命的风险，也会挫败我们试图撤离越南民众的努力。这些问题，一直贯穿于生死攸关的1975年4月，即越南战争最后一个月的整个过程中。

最后，外界的压力一直敦促我们与越南进行谈判。在过去五年的时间里，我们与北越的谈判始终没有终止过，我也早已经对谈判不抱有任何希望和幻想。只要战场局面陷入僵化，河内政府就会变得非常棘手，谈判桌上，他们甚至不允许对战败一方进行解救。当然，在越南人看来，我们借助外交手段进行斡旋的唯一目的，就是为撤离行动争取更多的时间。

前面我们提到的三个主题的争论，在生死攸关的1975年4月里，一直是华盛顿政治争论的焦点。

这些争论从根本上来说是毫无意义可言的。虽然我们倾向对越南提供救助，但我们也非常清楚，只有南越沦陷，我们所谓的救助才能真正意义上到达他们的手里。那些反对对越南进行救援的人，他们知道对于战争结束不能操之过急，而且无论是否提供救助款项，战争依然会很快结束。对于那些竭力要求进行谈判的人，还有我们当中极力要促成谈判的人，在他们的心中北越人早已经留下了深刻的印象：在战争面前，他们根本不会考虑尊严、脸面为何物。

以下这些电话记录，见证了美国十年以来最严重的一次国内冲突——政府一直在探求"荣誉"的意义，他们认为只有彻底终结越南战争才能真正意义上保护美国观。那些坚持进行谈判的人，依然心存幻想，他们认为谈判桌上的建议可以将美国从困境中拉出来，他们的这种想法一直保留到越南战争的最后岁月。

第17章　　战争终结的开端

我是在3月23日从中东地区返回美国的。回来的最初几天里,我方政府一直在忙于那场陷入僵局的谈判。

排在我个人议事日程之首的就是越南问题,这是因为越南港口城市岘港的越南难民已经陷于困境。这座城市现在也已经到达沦陷的边缘。负责东亚地区事务的助理国务卿菲利普·哈比卜想出了一个方案,即用坦克登陆舰(登陆舰的一种,平底构造)在岘港港口尽可能多的疏散难民。这个方案得到了国防部的注意,他们并不愿意因此影响到美国的人员安排和物资配置。无论白宫还是国防部的法律顾问都对这个方案提出了反对,他们认为这样的行动与1973年和平协议背道而驰,后者明令禁止国外军事力量介入越南地区(北越地区共计12支部队,但11支都被认为是非法武装力量)。在我与国防部部部长史勒辛吉的电话中,我看到了国防部在此事上的态度。在此之前,史勒辛吉曾在声明中表示反对动用海军船只进行难民疏散。

国防部长詹姆斯·史勒辛吉与基辛格的通话
1975年3月27日,周四
傍晚6点12分

史:我跟你说,亨利,这件事你别忘心里去,看在上帝的份上,就这样吧,在东南亚问题上,你已经竭尽全力了,谁都不可能比你做得更好。你怎么可能知道到最后关头会面对这些限制和约束呢?

基:是啊,不可能知道,我就是……

史:当我提到美国政策的效用时,如果我们一起去岘港,我们应该可以……

基:算了吧,我觉得你不会把目标对准我的啊!

史:是的,好吧。

基:算了,我说真的,我认为现在你我是坐在同一条船上了。

史:当我看到哈比卜那份报告[即有关用美国军用船只疏散难民的建议]时,我就在想,他是不是把国防部当作可以解决一切问题的救星了,能像变魔术一样解决问题?

基:他希望我能向总统先生提及这个建议,但我不能那么做。所以我召集了华盛顿特别行动小组会议[这是一个副部长级别的会议,主要负责解决危机事宜,通常由各部门负责人参加]。吉姆[詹姆斯·史勒辛吉的昵称],别这样,请你相信我,我从来都不认为你那番话的矛头是对准我的。我认为你和我是为数不多了解目前发生的这件事将对我国产生何种影响的人。

史：这真是一个悲剧，真是一个悲剧。

基：我们会为此付出惨痛代价的！

史：是的，我们已经为此付出代价了，这一点你应该很清楚。

基：那是在印度支那之外的地方。

史：我认为你是一个非常绅士的人，对于昨天你在新闻发布会上的那种情况，我认为你展现你的绅士风度是明智的选择。你提到[越南沦陷]是造成[中东谈判停滞不前]的原因，但这不是主要原因。

基：我并不想把这当作是一个借口，但我听你的口气，似乎有些嫉妒啊！

史：如果美利坚的威望足够高的的话，我想你肯定会把美国拖下水的。

基：你听着，如果美利坚的威望足够高，而且我们的保证也真的说话算数，那问题早已经解决了[指埃及和以色列的政治和谈自三月起陷入僵局，后于九月结束和谈]。

史：是啊，这真是个悲剧！

基：吉姆，如果我们有方法证明事实上并没有那么多战事，证明南越的陷落完全是由我们造成的呢……

史：我告诉你唯一的理由就是，我从来都不会这么做，我不会去说事实上并没有那么多战事，这种话只能让他们的撤军行动[即南越总统阮文绍从中央高地的撤军]再增加一个笑料。

基：这的确是，但他们的撤退行动本身已经够令人惶恐的了！

史：是啊，你说得对，你说得对。我们会——我现在说的是我们的原则，我现在坚持的原则，也是我以后要继续坚持的原则。事实上，刚刚过去的一周我一直根据这个原则行动，这个你是知道的。

基：我知道这条原则对你很有帮助。

史：希望你能关注一下空中对抗的形势。无能的阮文绍将机动部队带到丹图特（Damytuet），这种情况是从来都没有发生过的，而且也成了转折点——一旦丹图特陷落，南越人就丧失了在中央高地的优势。自然而然地，他将会感到非常恐慌，现在我们在处理撤军问题的时候……

基：天啊，这就是一场灾难，一场灾难！你知道他是怎么促成这场灾难的吗？正是他的撤退决定造成了这场灾难。

史：是的，的确如此。但是除此之外，此事他没有和任何人进行协商，不过当时国会里有几个人知道他的想法，他们应该做些什么的，只要我们朝着积极的方向前进，我并不介意他们对阮文绍说过什么。

基：吉姆，我们不希望……不希望南越人朝他们国家的难民们开枪，这就是我们的最终决定。

史：好的，我们明天得好好关注一下地中海航运公司的船只了，我们可以把这个当作是一个简单的测试。

基：你说什么？

史：我是指那些商用船，这些商用船将参加此次的难民疏散行动。

基：难道你不会对此提出反对吗？

史：曾经一度，我的确是有些担心，你让美国卷入了这样一场具有象征意义的行动中来，最后的结果如何，这是一个值得商榷的问题。

基：在我们得到[越南军区司令员]吴光祥中将的消息前，我们是不会让我们这些美国船只加入进来的。

史：好的，我一定会在得到吴光祥的消息前按兵不动。

基：所以你要确保这一点，这之后你我两个人再商量具体的细节。

国防部长詹姆斯·史勒辛吉与基辛格的通话
1975年3月29日，周六
中午12点55分

史：美国海军的坦克登陆舰已经在菲律宾苏比克港海军基地集结就位了，我们准备用这些坦克登陆舰协助难民撤离。

基：你的想法是？

史：我对此持怀疑态度。不过现在我们对政府机构似乎已经有了一种普遍的看法，国会方面的态度更尖锐一些。他们说你们完全可以去救人之类的话，我们甚至接到了梵蒂冈的要求。如果难民方面可以进行驳运[即，使用坦克登陆舰进行人员运输，这种船只可以在近海停靠]，那我们的这些船只就能派上用场了，我的意思是这些坦克登陆舰就能派上用场了。

基：如果我们派上这些坦克登陆舰的话，我们能制服这些闹事者吗？

史：不能，我们就人员驳运提出要求的。我想朱莱事件[在恐慌状态下进行人员疏散]要重演了。

基：我同意你的说法。现在我肯定会毫不犹豫地派出这些海军战舰了。不过我赞同你提的驳运人员的说法。

史：好的，很好。

基：船只的驳运运力够不够？

史：这个问题，我们会进行下一步核查的，我们会确定一下运力是不是够。
基：好的，我赞同你的说法。谢谢你，吉姆。
史：好的，再见。

接下来，我和福特总统沟通了此事。

美国总统杰拉尔德·福特与基辛格的通话
1975年3月29日，周六
下午2点15分

基辛格（以下简称"基"）：两件事情。第一，你是知道的，我们接到了多方的紧急呼吁，其中就梵蒂冈教皇那边，我们希望我们能协议进行难民疏散，但还有些人希望我们能撤退岘港那边的难民。现在有些国家已经派出了坦克登陆舰。澳大利亚派出了军用飞机，我方希望派出我们在菲律宾基地的坦克登陆舰。史勒辛吉已经出国去处理这件事情了。虽然我们的船只不能停靠，但难民是我们必须疏散的。我方的法律顾问认为我们需要就此提前知会国会各方的领袖们。
福特（以下简称"福"）：你说的是什么样的知会？
基：就是告诉他们我们目前的行动。
福：我只是认为我们应该这么做，告诉他们，然后再发表一份声明。
基：我们会先告诉他们，然后发表公开声明。我们这么做是出于一种人道主义。
福：好的。
基：英国人派出了护卫舰。
福：他们什么时候能到？
基：我们这就让他们离开菲律宾，他们明天就能到目的地了。
福：我想，我们应该先告诉这些国会的各方领袖们，然后我们再对外发表声明。
……

短短几天的时间，岘港的悲剧就升级成了整个印度支那地区的悲剧。流言盘旋在印度支那的上空，人们期盼能够在最后时刻的谈判中找到解决方案。

《纽约时报》记者戴维·宾德与基辛格的通话
1975年4月1日，周二
下午3点
……

宾德(以下简称"宾"):我给你打这通电话,是想告诉你,从棕榈泉[福特总统在此度假]传出了一些消息,称我方在为解决越南问题进行外交努力、外交斡旋。

基辛格(以下简称"基"):这都是一派胡言!

宾:有什么新消息吗?俄罗斯人那边?河内那边?

基:戴维,你了解那帮人,也了解外交。在目前这种情况下,我们还能做些什么呢?

宾:你知道的,从接到这个消息开始,我今天一整天都被这个问题搞得焦头烂额。

基:你可不能说我说的是一派胡言,不过我什么都不知道!我也想不明白他们怎么能知道那么多消息呢?我都不知道他们是怎么从我这里得到消息的。

宾:路透社对此事进行了报道,但你的意思是这毫无根据?

基:是的!

宾:我们不用把此事告诉任何人吗?我们就坐着看着这一切发生,然后再看着这一切自生自灭?

基:还有什么其他的事情?

宾:哈比卜今天也跟我提了同样的问题,看来路透社那边说的就是假话了!

基:很感谢你能打电话跟我确认此事,不过现在根本没什么特别的事情发生。

……

美国副国务卿布伦特·斯考克罗夫特与基辛格的通话

1975年4月1日,周二

下午3点51分

……

斯:总统先生打算在周四召开新闻发布会,我们肯定会被问到越南问题的。

基:他必须查明责任。

斯:关于印度支那问题的!

基:是的,是关于印度支那问题的。他需要解释一下在印度支那地区究竟发生了什么。今天晚上,我能先看一下预先设定的答案吗?

斯:没问题。

基:好的。

美国总统杰拉尔德·福特与基辛格的通话

1975年4月1日,周二

晚上7点15分

基:我很期待周四棕榈泉会放出来什么消息。我知道弗雷德里克·韦安德[美国陆军参谋长，福特总统派其赴越南对越军事需要进行评估]的西贡之行一直没有按计划进行，阮文绍说今天或明天才有时间见他。

福：吉姆·史勒辛吉已经在今天上午把这个消息告诉给我了。我和[听不清楚，根据上下文可能是弗兰德（弗雷德里克·韦安德的昵称）]谈过，他说会在和你我见面前，先在周五和我见个面，地点就定在圣弗朗西斯科，所以我可以在周五和他在圣弗朗西斯科见面，然后我们三个人就能在这里碰面了。

基：这样很好啊！有件事情，我听说吉姆已经和你谈过有关[柬埔寨首都]金边的人员撤离问题了。我的建议是，我们应该告诉[柬埔寨]政府我们将在9号、10号发表演讲，我希望演讲能在10号进行。

福：演讲肯定是要在10号进行了，因为[众议院发言人卡尔·阿尔伯特]的计划正是如此。时间已经确定了，就是在10号晚上九点钟。

基：这样我们还能有一些时间可以进行运作。我建议你，在你的演讲里面，一定要提到会不遗余力地向他们提供帮助，一定要给他们一些希望，让他们去抓住这些希望，与此同时我们可以……

福：我看你这一招很聪明。

基：当我们准备进行人员撤离的时候，肯定有很多地方陷落。如果你同意的话，我希望向他们发出一份电报，我也会以此为原则行事。在这封电报中，我们会告诉[柬埔寨政府]关于你要发表演讲的计划，这可以让我们给他们一些可以抓住的希望，与此同时，我们还可以向该地增派200名我军士兵。

福：吉姆跟我说还有60到70个人，他们对当前形势的判断还是比较清晰的。

基：你说的对，还有一些在其他部门的人。

福：我认为，我们也应该把这种情况跟他们说明。

基：我想，在接下来几天的时间里，我们可以[从金边]撤出来大概150个人。也许这样的举动可以引起某些地方陷落，不过我认为我们也没有太多选择的余地。如果能把我和你刚刚讨论的这些内容告诉他们，那样的话，我想我们就能找到某种平衡了。

福：在我看来，如果把刚刚我们讨论的这些告诉他们，他们肯定会把这种情况维持到10号的，这是因为如果我说错了什么，或者如果事态发展出现问题，那么整个局势将被人们所误解、被利用。所以只要我们能……

基：我将在电报里面说的也是这样，我们可以在电报里告诉他们你打算发表演讲、呼吁各方提供帮助的计划，我们把决定权抛给他们。我们会告诉他们政府我们的决定、告诉他们我们会撤离那些无关紧要的人员，我们会把你即将发表演讲的消息告诉他们，这样在我们撤离美国人的那一天，他们的政府就不会以为已经失去我们的支持了。

福：我认为这种处理方法很不错！

基：从现在开始，我们必须要制定西贡撤离的计划了。虽然现在还没有到撤离的时候，但在越南有很多美国人。我们必须要先制定好计划，但没有必要一定去执行。

福：计划制定必须马上开始，但我们一定要秘密进行。

……

与此同时，白宫方面正在就之前电话里提到的总统演讲进行紧锣密鼓的准备，福特总统将在此次演讲中呼吁各方向越南提供帮助，这样的判断是建立在美国陆军参谋长弗雷德里克·韦安德向总统先生呈交的报告基础之上的。随后，我和白宫办公厅主任唐纳德·拉姆斯菲尔德就这些话题进行了讨论，后者自1974年起，担任福特政府的白宫办公厅主任。

白宫办公厅主任唐纳德·拉姆斯菲尔德与基辛格的通话
1975年4月2日，周三
下午4点57分

……

拉姆斯菲尔德（以下简称"拉"）：你们那份草案稿什么时候能准备好？

基辛格（以下简称"基"）：明天中午，我说的是你那边的时间。

拉：你会派人送到我这边来吗？

基：会的。

拉：你会在这次发言里提及有关世界经济的问题吗？

基：我想不会，我们可以加一些别的内容。

拉：在我看来，只是不知道我这么说是不是合适——现在的问题是，你能把世界经济完全从你的话题里分割出来吗？

基：你这个想法很对！看来我们要再多几页内容了。

拉：此外，你和他都认为这篇演讲有些……事实上，之前的国情咨文里面并没有提到这方面的内容。

基：我更多地把这个问题当作一个严重的形势来处理。目前，我们的外交政策还是不错的。只要我们能团结起来，我们就能解决问题，就可以实现良好的结果。

拉：你要去中情局那边了吗[指中情局进行的调查，这项调查由联邦参议员弗兰克·丘奇（爱荷华州民主党人）负责]？

基：是的。

拉：好的。北约那边，你也要去吗？

基：是的。不过那边的事情会非常顺利的。

拉：好的。我会在周四晚上向他询问的。如果当晚早于十点，他会给你打电话的。

基：这件事先不要现在下结论。我的飞机大约在10点05分起飞。

拉：至少你还有半个小时的时间。

基：那我们可以暂时跳过这个部分了。不管怎么说，这对我来说还有三个小时的时间，不过能见到他，我还是很高兴的。

拉：到时我会提到韦安德的那件事的，希望我们能拿到一份演讲稿的初稿内容。

……

美国《新闻周刊》外交记者布鲁斯·凡·福尔斯特与基辛格的通话

1975年4月2日，周三

晚上7点45分

……

福尔斯特（以下简称"福"）：关于越南问题。国防部部长说副总统纳尔逊·洛克菲勒也说了同样的话，说"西贡就要陷落了"。

基辛格（以下简称"基"）：但副总统否认他曾这样说过。

福：但不管怎么说，我的问题仅供你参考，你方的行动评估结果是不是说南越、北越两个政府都将在不久的未来沦陷？

基：在我和韦安德确认前，我不能给你任何答复。

福：国外局势对美国政治将带来怎样的影响？

基：我很明白国外局势会发展成什么样——会非常严重！你是知道我的观点的，在飞机上我全都说给你听了。你也知道我的判断是完全正确的！

福：城里弥漫着这样一种说法，人们对这场危机充满疑问，他们在讨论这场危机是不是咎由自取的结果？！

基：当你预测一些事情的时候，你很可能会因为你的预先判断遭到指责。

福：不过这个问题的确是非常严重的！

基：这个问题确实牵扯到深层的幕后消息来源。

福：这个我知道。越南问题，是不是把你自己也牵扯进去了？

基：少来了！你哪里看到我自己也被牵扯进去了？

福：就是你斡旋出来的协议啊！

基：现在美国已经不允许强制推行协议生效了。你倒是告诉我啊，如果任何一方都无法推行协议,那么还有什么协议能够真正实施呢?

福:不过这已经是既成事实了啊!

……

美国副国务卿布伦特·斯考克罗夫特与基辛格的通话

1975年4月2日,周三

晚上7点55分

斯:史勒辛吉今天有没有告诉你,阮文绍政府已经不行了?

基:这个消息,我还不知道呢!

斯:不过《新闻周刊》的记者却对此向我进行求证了。

基:他只是简短地跟我说了两句。你是否希望我对此落实一下,然后给你回电话?

斯:好的。

基:他可是给我拿来了几页纸呢。

斯:他真是那么说的?这真让人丢脸!

基:副总统好像发表了类似的言论,他是这么说的,"你觉得阮文绍的军队还能支持多长时间?"他还问道,"这需要越南人自己做出决定"。就是这些,我对阮文绍目前也就知道这些。

斯:史勒辛吉应该告诉你是什么导致了南越的溃败!

基:也许他说过了。我现在就看看他拿过来的这八页纸,密密麻麻的,我会找到你要的答案的。

斯:好的,多谢你了!

美国总统杰拉尔德·福特(身在加利福尼亚州)与基辛格的通话

1975年4月3日,周四

中午11点22分

基:总统先生,我只是想向您落实一件事情。盖勒[诺埃尔·盖勒,美国太平洋司令部司令]和迪恩[约翰·冈瑟·迪恩,美国驻柬埔寨大使]联名递交了一份建议稿,建议加速对金边美国人的撤离。

福:嗯。

基:我认为我们应该尽快就此采取行动。

福:不过这比平时六七十人的撤退数量还是多出了二三十个人[指之前建议的撤退方案],换句话说,我们应该比那些没有采取行动的人,动作要更大一些。

基:事实上,我们应该花最少的投入来进行这次空运。

福：好的，如果他们提出建议的话，我们就应该采取行动，不是吗？

基：是的。还有，总统先生，我的想法是我们应该给那些国会各派系的领袖们打个电话，告诉他们您已经下令采取行动了。

福：亨利，我也同意你这样的想法。那就告诉他们采取行动吧。

基：好的，我会去处理的。现在，我得和杰克·马奇[福特总统上任后，提拔到白宫的总统顾问]沟通一下了。他希望你能安排一场针对国会的安抚性演讲。

福：好的。

基：我个人并不同意这样的做法。我认为你现在需要丘吉尔那样的态度，我认为你不需要对他们说这些。

福：我只是希望能让他们看清事实。亨利，告诉他们，如果事态不是像现在这样发展，那么现在的结果肯定会大不相同！

基：好的，其实你不需要责备他们。我认为，首先，你对北越的态度应该要非常强硬才对！

福：这不合规矩！

基：不合规矩？是他们率先单方面撕毁停战协议，要知道这份协议可是他们亲自签署、还有11个国家同意了的！这一点我会非常强硬地提出来！

福：好的。

基：第二，我必须要说明的是 —— 我也会一直强调这点 —— 这件事涉及我们两方面的实力：我们推动和平协议实施的实力、我方可以对外提供支持的实力。这几年，随着时间的推进，我们这两方面的实力都削弱了不少。

福：是的。

基：这些都是影响当前局势的因素。此外，这些也给我们如今面对的困难问题推波助澜。所以现在，如果你一定要说，说我们现在必须面对未来，未来的局面就是这个样子。你是不是要说，要说什么，我都不会提出反对。

福：如果我被问及如何对我们现在的处境、对当前局势进行评估，我认为我的回答应该是，"我不应该在公共场合评价越南的军事局势"。

基：不管你要怎么说，都应该率先和韦安德沟通一下！

福：是的。因为无论我说什么，我的言论都不能增长那些社会主义国家的士气、都不能破坏我们和南越政府的盟友关系。

基：的确如此！

福：至于其他让我说出一些超出我能力范围之外的言论，我认为在当时的场合下，的确是非常不合适的！

……

基：……总统先生，关于这一点我非常确信，如果你这样的态度能坚持两年，而不是短短两周的时间，那么所有人都只会想着把越南这块烫手山芋扔出去了。

福：是啊！

基：但如果你用丘吉尔那样的态度——你对他们的做法予以肯定，虽然我们也会面对一些问题，但我们完全可以在不违反昨天我们使用原则的情况下，解决这些问题。那之后，美国的实力才算真正恢复。

福：不违反你所说的原则，那我可以强调这三点：第一，对于当前我看到的和我听到的关于越南方面的消息，我感到非常难过。

基：坦率地说，我认为作为一个国家，我们应该面对现实，要承担起一部分责任。

福：是的。所以我还会说，对于未能从军事角度向其提供足够的援助，我感到非常遗憾；同时，我也为我方只能向其提供军事援助而感到遗憾。

基：这么说好极了！

福：第三点，我会强调，我绝不会让目前出现的撤退，影响到我方对于世界局势的主导权。

基：是的，因为世界和平有赖于我方对于世界的主导权，我们美国掌控着世界和平。

福：你说的对……

……

就像之前柬埔寨的撤离一样，越南局势的恶化让我们不得不启动在越美籍人士的撤离计划。但是这项计划却与我驻越南大使格拉汉姆·马丁的意见相左。在这个危险的时刻，马丁大使坚持必须要用武力为南越政府带来和平，他认为只有这样，才对得起在越南土地上丧命的成千上万的美国人，其中还包括他的养子。为了说服华盛顿政府能全力支持自己的建议，马丁充分表达了自己的想法和分析。

这场战争灾难越来越近！马丁决定为了自己的信仰在海上和北越战斗到最后一天、最后一秒钟。马丁认为美国国会放弃南越的做法是一种彻头彻尾的错误，他对传统媒体和所谓国会的智慧表示抵制，对于他们用来安慰自己良心的"妥协"，马丁也没有任何让步或是抱有虚幻的想法。我知道马丁说了很多颇具劝告意味的言论，这些言论很多都要予以出版，甚至其中一些对我还有几分不利；但他是一个坚信"不是全力支持，就是背叛"的人，所以无论他的那些语录究竟说了什么，他都在用自己的方式，维护着美国的道德信念。对于他提出的目标，我个人还是非常支持的，但这些目标是否可行，我依然持有保留观点。在我看来，马丁是我的盟友，尽管有些时候他也会有一些异常的行为。我看着他一次次用气势掩盖着自己的痛苦，我心中的天平也逐渐向他倾斜了过去。

马丁并不愿意美方撤离，哪怕撤回一个人，他也担心这会加速越南的解体。虽然我自己也在一直试图推迟我国防部计划的快速撤离的打算，但我依然认为马丁这种阻碍的行为是非常危险的。

负责东亚地区事务的助理国务卿菲利普·哈比卜与基辛格的通话
1975年4月3日，周四
傍晚5点07分

基辛格（以下简称"基"）：你能不能用更友善一些的语气和马丁讨论一下有关撤离的问题？

哈比卜（以下简称"哈"）：我认为我的措辞还是非常礼貌的。相反，他的语气似乎并不是很友善。我也只是对他公事公办罢了。对于一个拒不执行国务院命令的人，对于一个依然宣称自己在等待海上力量援助的人——而且这种援助还是他自己强求来的，我们应该在他采取行动前，做些什么。

基：我知道格拉汉姆·马丁究竟面临着什么问题。

哈：他必须学会服从上级的命令！

基：我会用一种更礼貌的方法，给他一份更为明确的指令。我会告诉他要把这些人撤出越南去，告诉他必须按照我方的方案行事。

哈：你看到我是怎么跟他说的了吗？

基：是的，不过你的语言还是有些激烈。

哈：我会按照你的吩咐办事的，但前提是在我的耐心耗尽之前。

基：我明白你什么意思。

越南濒临解体的边缘，美国开始寻找此事的替罪羊！联邦参议员亨利·杰克逊[华盛顿州民主党人]把矛头对准了前任总统尼克松。在此之前，他就曾公开表示反对对越南进行援助，这一次他指责尼克松曾在与南越总统阮文绍的私人信件中，向对方做出了"秘密承诺"，即表示美国方面会帮助推行《巴黎协议》的执行。

这一次特殊的争端不得不把人们拉回到几年前《巴黎协议》刚刚签署的岁月，这次争端与总统信件的法律意义有非常重要的关系。尽管这些总统信件并不具有任何法律意义，但这却是时任总统对于可预见事件的发展进行的意图表示，尽管时任总统的私人信件对后来继任者们没有任何法律效应，但因此带来的道德影响是无法避免的（不过随着时间的推移，这种道德的约束力也将随之削弱）。而且，没有任何一位总统会因为前任单方面的宣言就向国会表示认可信件中的内容。

而在这次越南事件上，尼克松总统的这些信件是在1972年11月其当选后到就职典礼正式举办前完成的，双方协商的内容也因此被串成了协议。对于阮文绍来说，他自然非常希望尼克松能在未来四年里履行后者所说的话；考虑到美国之前对几份协议的处理办法，阮文绍有充分的理由相信美国也会这么做的。此外，总统几位助理也多次在公开场合表示政府会履行合约中的内容。这些声明也不断向阮文绍重申着尼克松总统信件中的核心内容。尼克松的继任者们也有过类似的举动，例如前总统约翰·肯尼迪就曾在私人信件中向巴基斯坦秘密承诺，会帮助他们抵抗外来侵略。

但不管怎么样，这次争端却忽略了一个核心问题：无论福特政府还是尼克松政府，都不会发表一份具有法律效力的声明公开支持南越。其实，他们要求的是那些更深层次的东西，即道德上的支持。美国认为这种对南越的支持与那些和我们站在同一条战线上的人们、与我方在越战问题上的伤亡、与我们自己的努力密不可分，这种努力，其实就是我们自己！

当美国出台和平条约时，越南方面就应该意识到绝对不能违背条约中的内容，否则就将面对惩罚。假如对于违背条约的行为没有处罚，那么停火将无法避免地成为投降一方的托辞！美国历任总统也都深知这一点。因此，杰克逊对于尼克松总统的指控也将成为一场激烈的争辩，而这场争辩的主题在过去两年的时间里也一直没有脱离人们的视线。

美国副国务卿布伦特·斯考克罗夫特与基辛格的通话
1975年4月8日，周二
傍晚5点20分

基：我们因为杰克逊的指责面对着很大的压力。

斯：我正在策划一份发言案，等一会我就派人送给你。

基：而且我们会说白宫会发表对此事的看法的。

斯：我也认为这样处理更好一些，让白宫表态的确更好一些。韦安德之前在国会山吃午饭，现在他还在那，据我所知，他已经在参谋长联席会议上提过那封私人信件 [即尼克松总统在1975年12月写给阮文绍的信件] 了。威克姆 [约翰·威克姆将军，美国陆军参谋长] 已经把这件事情告诉我了。

基：他凭什么这么做？

斯：我也不知道。加州那边的谈话进行得怎么样？

基：福特总统没有让我参加，他 [韦安德] 只向他 [总统先生] 展示了那些信件的内容。

斯：然后他就把这些内容在参谋长联席会议上说了？！

基：传出来的消息是这样的，现在结果已经很明显了。

斯：是啊，现在已经很明显了。

基：总统先生知道这个情况吗？

斯：还不知道。

基：那你最好尽快把这个发言稿给我。

斯：我几分钟后就给你送过去。

美国《纽约时报》记者詹姆斯·赖斯顿与基辛格的通话

1975年4月8日，周四

傍晚6点40分

赖斯顿（以下简称"赖"）：我给你打这通电话，是想谈谈你的朋友杰克逊。

基辛格（以下简称"基"）：天啊！

赖：我真想活剥了他的皮！

基：我跟你说，事实上我们是能见到很多总统信件的，只是这一封没有记录。这封信的内容是希望阮文绍能够接受协议上的内容。我没发现这些信件里有哪些内容和尼克松总统说的不一样。没有外界传言的秘密协议，即便是……

赖：我读了之前尼克松对外发表的那些声明，很明显，美国将要扮演监督者的角色。

基：是的，私底下他就是这么说的。

赖：关于这些给阮文绍的信件，福特总统有什么举措吗？

基：没有。

赖：他[杰克逊]是在说尼克松通敌叛国吗？！

基：这个事件得从正反两方面来考虑。他说我们背叛了南越、说我们背叛了祖国，但他自己却根本不打算公开站出来说明这件事。尼克松总统私下里从来都没有说过什么，之后也没有在公开场合在重复过什么。关于监督者角色的问题，是后来才通报给国会的，但当时，也就是1973年7月，国会并不同意我方扮演监督者的角色。而且从1973年7月开始，我方就已经从法律上被明令禁止采取任何行动了。所以，尼克松总统从来都没有正式在法律层面上提过这件事。

赖：国会方面的态度是？

基：1973年7月，国会命令禁止我方在越南地区，包括越南领空、越南附近，采取任何军事行动。

赖：是指我方自己采取的军事行动吧？

基：是的，是我们自己对越的军事行动。在那场辩论中，我们从不曾同意任何协议；而且到后来《战争权力法案》通过后，还出现了一些[反对的声音]。因此，当时我们认为在越南问题上，我们应该暂时搁置一下了。

赖：[尼克松总统曾说过]"我们的原则是北越必须履行这个协议"。

基：是的，在1973年5月的外交报告上，他[尼克松总统]曾说我们已经先后在私底下、在公开场合向河内表明态度了，我们已经告诉他们绝不容忍北越地区出现任何违反协议的行为。这就是我们所说的全部内容。

赖：你是知道的，他[杰克逊]已经在这个问题上花了很长时间了，他知道这份秘密协议有着非常特别的意义。

基：协议就好像是一份契约责任，至少这是一份责任。你也知道我们为了能从当时那场战争中脱身出来是付出了很多努力的。所有人都希望我们能和那场战争划清界限，公众特别希望如此。人们认为我们的确有机会制定一份完美的协议。

赖：他[杰克逊]一直在说没有接到我的电话，所以才给你打了电话。福斯迪克[多萝西·福斯迪克，亨利·杰克逊的行政助理]的说法则是，在他公布这个消息几天前，杰克逊一直在试图联系你。

基：这就是彻头彻尾的谎言。他[杰克逊]要想联系到我根本不费力气，只要一个电话，很容易就能找到我了。

赖：一通电话就足够了。

基：是啊！他[杰克逊]现在把一切都搞砸了！

赖：如果他的说法是正确的，他应该对外界的反应迟钝一些才是；如果他的说法是错的，那这也说不通啊！

基：即便他说的是正确的，我们也没有达成什么秘密协议。我已经在公开场合表示，当时只不过是一个道德上的责任问题，而不是法律上的责任问题，所以，他这么做的目的究竟是什么？

赖：只不过想引发一场争论，提高点知名度罢了。从他的角度来看，这连政治手段都算不上。说我们达成具有法律效力的承诺，他这么做的目的是什么？

基：我也不知道。

赖：好吧，我们回头见，谢谢你，亨利。

美国副国务卿布伦特·斯考克罗夫特与基辛格的通话
1975年4月8日，周二
傍晚6点45分

基：对于目前发生的情况，我们找到好的借口了吗？

斯：还没有找到。内森[总统新闻秘书罗恩·内森]希望在他[尼克松]与福特总统取得联系后再采取行动。

基：那些电话已经让我应接不暇了。根本没有什么秘密协议，除了那些摆在公众面前的消息外，根本没有其他任何消息。

斯：我也认为的确如此。至少年度报告里面的声明还是非常强硬的，这一点毫无疑问。而且我们根本不会容忍违反协议的举动出现，那些声明里面的确是这么说的。

基：声明里就是这么说的。你能让人看一下谈话备忘录吗，看看我们是不是的确提到了一些[非常具体的]事情。

斯：好的。

基：韦安德在参谋长联席会议上说了[有关信件的]事情了。

斯：是吗？

基：我们必须纠正他的错误。

斯：我在等他给我打电话呢。

基：到时候，你能不能问问他，怎么可以把总统信件给那些人看呢？

斯：好的。内森说会尽快联系福特总统。

基：总统先生会为我们辩解的。

斯：是的。

基：谢谢你。

美国全国广播公司新闻记者理查德·瓦莱里亚尼与基辛格的通话

1975年4月8日，周四

晚上7点

瓦莱里亚尼（以下简称"瓦"）：关于杰克逊的指控，恐怕我们惹上了点麻烦。还是你来告诉我们如何处理这些问题吧。

基辛格（以下简称"基"）：如何处理……

瓦：处理那些国务院发表的声明。

基：我还以为我们已经就此做出回应了呢。

瓦：关于秘密协议的？

基：你是知道的，根本就没有什么秘密协议。我不打算和乔治·麦戈文[民主党参议员，1972年尼克松竞选总统时的对手]就此再进行一场政治辩论了，我跟他打得交道已经够多的了。事实上，根本没有什么秘密协议。不过的确有一些信件，一些没有进行登记的总统信件，这些信件里提到的，和尼克松总统在之前的新闻发布会上、在年度报告里面提到的，根本不矛盾。

瓦：是尼克松总统亲自发表的声明？

基：是的。

瓦：在新闻发布会上发表的声明？

基：是的，无论是在私底下，还是在公开场合，他都提到我们不允许北越出现任何违反协议的举动。

瓦：这些内容在尼克松总统给南越、北越两方的信件中都有提到？

基：主要是在与南越的信件中。

瓦：难道你不希望在公开场合把这些说明清楚吗？这样可以避免与国会的冲突。

基：我不想再和麦戈文辩论了，这个消息我只是想告诉你，肯定会公开发表声明的。

瓦：就是在加州发表的那些声明吗？

基：不是的。我的意思是，告诉大家，我们没有达成任何协议，尽管的确有很多总统信件存在。可以说，你的理解应该是事实与尼克松在新闻发布会上所说的别无二致。

瓦：这些信件需要……

基：只是希望阮文绍在看到这些信件后，能够签署这些合约。

瓦：除了这些公开的记录之外，的确没有其他新的消息了吧？

基：是的，没有了，什么新消息都没有！

美国副国务卿布伦特·斯考克罗夫特与基辛格的通话
1975年4月8日，周二
晚上7点55分

基：你听说了吗？内森今晚发表了一份声明，称正在对[尼克松总统信件中所做承诺的性质问题]进行分析和定性。

斯：还没有，我还不知道这个消息。

基：我已经告诉鲍勃[即罗伯特·麦克洛斯基]给一部分人打电话通知这个消息了。

斯：我也不知道他为什么要这么说，他总能爆出来一些消息。

基：你能让彼得[彼得·罗德曼]看一下谈话备忘录吗，看看是不是的确有些消息我们没有对外公布。只是我依然认为这算不上是一份承诺。

斯：是啊，这的确算不上是一份承诺，那只是简要地罗列了接下来我们要去做的事情。不过到了1973年，这些都已经没有任何实际意义了[当年，国会通过法案，禁止美方军队向越南地区发动军事行动]。

基：是的。

斯：好的。

《华盛顿邮报》执行主编本·布莱德利与基辛格的通话

1975年4月9日,周三

下午2点40分

……

布莱德利(以下简称"布"):……在西贡我有三个人很重要,我很担心他们三个人是否可以安全撤离的问题。目前他们看起来非常担心撤离计划的可行性,而我担心你是否满意当前的……

基辛格(以下简称"基"):你指的是,美国这边,还是越南那边?

布:两方面都有涉及。我想先说一下美国这边,我的意思是,我希望能率先做出安排,我知道这需要很多努力,我也知道很多工作你都参与了,比如帮助越南人撤离的事宜。眼下我担心的是我们美国人这边,你觉得撤离计划没有问题吧?

基:这项撤离计划——这条新闻可不能拿给你用。

布:我不是在利用这条新闻。

基:关于撤离方案,我们现在面临的问题是,我们将要以一种我们不希望的方式来进行运作。首先,这次撤离会带来巨大的恐慌;其次,会出现一些反美暴乱。

布:是啊!

基:这可能导致有些人无法从越南撤离。所以,现在我不能告诉你什么,我只能说撤离方案没问题。在此之后,也许在你我之间,会出现一个沉不住气的大使。

布:是啊,我也认为会是这样。对于那位大使,我们两个认识已经有25年了。

基:所以现在我们要做的就是保持对当前局势的关注,我并不担心我方人员撤离的问题,前提是事态顺利发展,一旦局面变得难以控制,那这将演变成一场灾难。

布:是的。

基:你知道的,我现在担心的是,那里还有成百上千的南越人,我们至少要装出一副解救他们的样子。所以我们的计划,有些棘手。

布:好的,不过今天上午我也和唐·奥柏多弗[《华盛顿邮报》资深外交记者]谈过了,他是一个非常富有责任感,非常冷静的人。

基:他现在在哪?

布:就在西贡。他说目前的撤离计划需要提前12到18个小时进行通知,当时他的语气不容置疑。

基:那我是不是可以这么理解,不管现在事态是不是正常,但到了明天晚上,一切都会正常起来的。

布:好的。

基:我的意思是,我们必须大幅度减少前期的准备。

布：你是打算减少12到18个小时的准备时间吗？

基：虽然我现在还没有得到确切的数字，但我可以向你保证，这是可能发生的事情之一，你是知道的，只要撤离行动不在24小时内实施。

布：你是说在未来24个小时内实施撤离？

基：是的，我认为我们会在周末之前为撤离做好准备。我们会将撤离人员减少到一个我们可以运作的数字上。

......

4月10日，福特总统正式向国会方面提出向南越追加72.2亿美元的援助，这个数字是韦安德向总统建议的。至于韦安德如何给出这样一个精确的数字，在当时的情况下，我们是无法做出准确判断的。

总统新闻秘书罗恩·内森与基辛格的通话
1975年4月10日，周四
下午3点05分

基辛格（以下简称"基"）：罗恩？

内森（以下简称"内"）：是我，亨利。

基：我大概六点钟会进行简要的说明，他们届时会读到我的简报内容的。

内：希望如此。

基：说明会给他们10分钟就好了。

内：我本来打算再多给他们一些时间的。我希望五点的时候给他们发言稿，这样他们就能有大概一个小时的时间阅读这份发言稿、好好思考这份发言稿了。

基：很好。那之后，我也不知道自己是不是希望他们有时间思考我那份发言稿的内容，我想我只是扮演着安抚者的角色。你是知道的，这是一个很有难度的演讲，我认为我给大家带来了一份充满妥协气氛的简报，向与会各方解释他[福特总统]目前在运作的事宜。

内：的确，我也认为这是一个好主意。我有一种感觉，人们肯定有些相信昨天国会议员们走时说的那些话了。实行两党连立的外交政策，肯定要面对一场大战，但这个过程中不会出现指责、或是其他类似的事情。所以我猜想这就是他们努力的方向，他们会采用这种方法。

基：但他会问的，而且现在国会是在撤销所有法律规定。

内：我知道，这才是目前最棘手的问题，这也是为什么我在今天上午提到这个问题了。

基：你已经看到了，不是吗？

内：是的，我看到了。

基：你怎么认为？

内：我认为现在我们最难处理的问题就是如何应对撤回在越美军的要求。[福特总统提出的要求是在紧急情况下，美国军方应该协助进行美人员撤离和疏散。]至于撤离的军费，这也是为什么我今天上午和你沟通的原因，你应该对这笔费用的使用做出解释。

基：关于这笔费用，我现在要做的就是向大家解释。无论对越南的评估如何，无论是否认为现在就要撤离我方的人员，无论是否坚持进行谈判，还是是否坚持应该平息越南的局势，这笔费用的总数都是一样的。但是现在肯定是无法撤离我方在越人员的，因为相关的准备还没有完成。

内：是的，这才是关键所在。我的意思是，这是一个非常具有说服力的论点——现在美国人面临着巨大的威胁，如果我们忽然撤离，那就意味着我们需要撤离6,000名美国人。亨利，你说这种撤离需要什么样的基本程序？是需要一个美国高级官员，还是需要再向前走一步？

基：你是怎么想的？

内：我倒不认为深一步发展将给我方带来积极意义。你的发言应该更公平一些，不要把原因算到任何一个人的头上。告诉大家我们希望他们能听你的话，这样人们就能发现你这篇演讲背后的深层含义，就能看到未来的走向，他们还应该让总统发言，这样人们就不会让你去找原因了。

基：我倒不在乎这个。

……

我们在媒体上发表了演讲，简单地介绍了当前的形势。并宣布准备从金边撤军。金边方面，由于我国会切断了对他的物资输送，金边方面已经到了缺少军火弹药的程度了。

负责东亚地区事务的助理国务卿菲利普·哈比卜与基辛格的通话

1975年4月10日，周四

晚上8点10分

哈：金边那边的局势已经非常危险了。我不知道我们是不是还有时间可以等到[美国驻柬埔寨大使]约翰·迪恩和他的人撤离。他们目前正在用榴弹炮和火箭炮进行轰炸，一些重要的区域已经被炸毁了。

基：你有什么建议？

哈：我们可以告诉他们使用[听不清楚]进行撤离，而不是使用直升机或是通过海上进行撤离。

基：这也就意味着金边即将陷落？

哈：毫无疑问，会是这样的。他们说很可能到了明天凌晨，战场就将被夷为平地。当地时间五点发来的电报里是这么说的。

基：我会就此跟总统先生进行沟通的。无论怎么说，现在他们那边已经是晚上了。我会在明天中午前给你答案的。福特总统在演讲中表示，现在我们正在与签订[1954年]《日内瓦协议》的各方进行沟通，不久的将来我们就能促成停火了。你能简要地记录一下此事吗？

哈：我这就去办。

美国总统杰拉尔德·福特（身在加利福尼亚州）与基辛格的通话
1975年4月10日，周四
晚上8点23分

基：总统先生，我想告诉你两件事情：第一，鉴于我们已经停止使用金边机场，我方将启动老鹰行动[即用直升机进行人员撤离，"老鹰行动"即为该计划的代号]，周六[4月12日]早晨，海军方面将配合展开此项行动。

福：好的。

基：虽然我们明天并不能实施此项行动，但我们最好也不要将此事进行公开。

福：的确。唐[即唐纳德·拉姆斯菲尔德]已经跟我沟通过了，我们也进行了一些调整——如果到那时再把消息公开，是不是晚了一些？这没事吗？

基：没有问题。

福：那就好。

基：第二件事情是，我已经向电视记者、报刊记者简要地通报了目前的情况，大概说了两个小时。

福：很好！

基：你也能想象的到，最开始他们对722这个撤离数字[福特总统定下了撤离人员数量，为722人]颇多非议，然后我就说："如果你是总统的话，你觉得撤离多少人员合适？你会怎么做？随便编出一个数字吗？除了722外，你们能不能给出一个别的数字，你们希望的数字？"

福：很好。

基：我原以为他们的情绪应该非常消极，但事实与我想象的大相径庭。

福：这些人唯恐不打仗！

基：不是，他们并不是有好斗心理。那些电视记者们一点都不想打仗，而那些报刊记者们非常令人尊敬。我向他们强调，你现在的所作所为并无意让国会负责此事，所谓最后期限也只是让我们能顺利摆脱此事。

福：如果他们能把他们的所见所感写出来、报道出来的话，这也不见得是一件坏事。还有，你也是知道的，他们就应该这么做，这是他们的职责所在。不过我也要用这种态度面对他们。

基：我认为，你越表现出你的强硬和勇气，在这个时候就越有用。

福：我们都会尽全力的。

基：是的，总统先生，这将是一个非常重要的演讲，在过去的一周里，你一直在带领我们前进。

福：好的，我们今晚见，亨利。

美国副国务卿布伦特·斯考克罗夫特与基辛格的通话
1975年4月11日，周五
早晨7点38分

基：你知不知道国务院准备进行联合行动——国防部发表了关于[从柬埔寨]撤军的声明，时间就是在撤离开始的时候。

斯：我不知道这个消息。什么时候开始的？现在撤军是不是有点太早了。

基：这就是一个"做，而且必须现在做"的问题。

斯：好的，相信在这么短的时间里，不会有人做出反应的。

基：我告诉他们将在十点半左右撤军，好吗？

斯：相信这会给我们带来帮助的。

......

美国副国务卿布伦特·斯考克罗夫特与基辛格的通话
1975年4月11日，周五
早晨7点45分

......

基：关于撤军，有什么新消息吗？

斯：史勒辛吉一直在打电话，这种状态他还将一直持续下去。你听到皮雷[以色列国防部长西蒙·皮雷]今天傍晚说什么了吗？[一份新闻报道中提到，越南地区发生的战争证明，以色列不应该向埃及进行妥协，]他说，整个世界将再次重燃战火。不过我相信我们的决定是正确的!

基:非常棒,对于他们来说无异于自杀,太好了!……

……

驻金边的美军正在实施撤离,然而国防部和国务院在撤离的速度问题上依然出现着分歧。

国防部长詹姆斯·史勒辛吉与基辛格的通话
1975年4月11日,周五
上午9点01分

史:亨利,事情进展得怎么样?金边机场昨天一整天都处于开放状态,我们派了20架飞机,现在撤离人员应该已经登机开始返回了吧。肯定没有问题的。那个谁[指美国驻柬埔寨大使约翰·冈瑟·迪恩,是他建议动用直升机对驻柬埔寨美军进行撤离]就是个疯子!

基:他的说法是 —— 我在结束了你我的通话后,特意给他打电话沟通此事 —— 他自己的人,还有当地的美军,都认为他解决不了问题。

史:这根本就是一个彻头彻尾的错误。他从泰勒那边得到的说法和帕尔默[国防部设在金边的办事人员]得到的消息截然相反。我们得到的消息可不是撤离!他现在的想法就是想让大批直升机降落在金边,一见到飞机,他就应该让人们全都登机撤离了!

基:但是,吉姆,现在金边还是晚上。据我所知,到了明天白天,对方就要采取行动了。所以,我认为现在我们已经没有谈论分歧的必要了,因为分歧已经不存在了。

史:如果他打算留在金边,那他就应该让其他人撤离。他现在准备好撤离了吗?

基:他准备明天撤离。

史:好啊,他的想法就是,既然现在不能留在金边了,那我们必然要用直升机把他接回来。

基:他肯定是这么想的。

史:是的,不过这也是他昨天的想法啊,金边机场昨天一整天都处于开放状态的!

基:你也明白,我自己也不知道要说些什么。他只是强调他和驻柬埔寨的美军士兵们,都认为现在是时候动用直升机进行撤离了。

史:不过他之前给出的建议都与此截然相反,但是,局面也可能就是那样的。现在我们说说马丁吧。他那边进展得非常顺利。昨天他已经把撤离的美军人数减少到

570了,他主要是通过增加家属人员的数量,再加上用美国人顶上"外国人"的名头来减少人数的。[换句话说,史勒辛吉认为马丁这样的做法,会让撤离行动中的越南人比美国人的数量要多,这正好符合我方外交政策的精神。]

基:吉姆!

史:他[指马丁]真是想出了一个好主意。

基:马丁是接到我们的命令的,我们的原则是要先把[美国国际开发署的人]救出来,在此基础上,他才能进行下一步的人员撤离。我想,他们的撤离计划今天就要正式启动了。

史:好的。

基:你是知道的,我们有责任和义务不让这一切功亏一篑。

史:我明白,亨利,但是,在最后这十天里,我们每天撤离的人数是250人、100人,还是75人呢?

基:他接到的命令是撤离1,200人。

史:好的,让他想着这个数量就好。

基:好的,谢谢你。

负责东亚地区事务的助理国务卿菲利普·哈比卜与基辛格的通话
1975年4月11日,周五
上午9点07分

基:菲尔[菲利普·哈比卜的昵称],国防部那边…… 我刚刚接到史勒辛吉的电话,他说飞机就能实现人员撤离。现在,我是非常支持你的,我想知道为什么迪恩坚持认为飞机不能完成撤离行动!

哈:迪恩跟我说的原话是,"如果你希望我能保住更多人的性命,那就派直升机过来;否则,鉴于局面非常危险,我们很可能无法到达机场。现在机场陷于一片火海之中,昨天晚上他们又损失了一架飞机,还有人员伤亡,要知道事发地点距离机场只有两英里。菲尔,如果你希望能保住更多人的性命,就按我说的来!"我对他说,"约翰,现在已经到了紧要关头,你还是按照你自己的方案执行吧。"在昨晚,的确有飞机降落,但都是一些必要物资,虽然这些飞机也把人们撤了出来,但撤出来的人不多。飞机来到了城外的机场,人们从那里登机后撤离,迪恩认为这是最安全、最稳妥的方法。

基:我支持你的说法,只是[史勒辛吉]希望听到他的确在积极督促撤离进展类似的话,一旦事态朝着我们不希望的局面发展,那么这就是我们的错了。我支持你。

哈:你是知道的,我昨天一直跟他们这么说。

基：菲尔，你要坚持你的原则。你就是这次撤离事件里的英雄。我以你为荣，我会一直支持你的……
……

第18章　西哈努克插曲

柬埔寨摇摇欲坠,国家元首诺罗敦·西哈努克亲王因受到朗诺·施里玛达集团政变的影响,依然流亡在中华人民共和国首都北京,但在此过程中,西哈努克本人一直对柬埔寨共产党游击组织红色高棉表示支持,而且他也反对与美国进行谈判。然而在此次越南战争的最后岁月,西哈努克却在屡经思考后改变了主意,假借保护金边文物之名,开始向美国寻求帮助,他实际的用意在于借助美国驻中国北京联络处的负责人,打开其与美国的沟通渠道。这个事件发生在越南危机即将解决、柬埔寨即将沦陷之际。为了让读者更好地理解当时事件的来龙去脉,下面的电话记录并没有按照之前的时间顺序进行呈现。

负责东亚地区事务的助理国务卿菲利普·哈比卜与基辛格的通话
1975年3月29日,周六
下午1点25分

基: 是关于西哈努克那边的消息吗?

哈: 是的,我们正在打印,马上我们就能打印好了。

基: ……我不希望中国在这个事件中扮演传话筒的角色。他应该以书面文件的形式写出来,他跟你说这些就是他想告诉你的全部内容了吗?

哈: 不妨让我告诉你一些其他消息。我们认为他这次带来的口讯,类似的话已经说了有14次了。我们应该让他说一些……我知道你不想和他私下里见面,不过我们可以考虑委派一个代表去和他见面啊!

基: 我想让你做的是,你这就给他回信,告诉他们我们会照顾好那些文物的,我们也会派代表与之会面的,我们目前也在就此进行准备,信里就是这些内容了。不要问他任何问题,只告诉他我们会满足他提出的要求。我们正在准备就柬埔寨的政局问题和他进行谈判。

哈: 你确定不希望通过中国方面转达这个消息吗?

基: 你可以到时候再通知中国人。

哈: 好的。

当我们在三月对西哈努克提出政治对话的要求时,遭遇了对方的拒绝。而现在,距离美国从柬埔寨撤军只有几个小时的时间,西哈努克却提出重返金边的计划,称此举是应柬埔寨各方政治力量的要求而为，但其中红色高棉组织并未包含在内。

负责东亚地区事务的助理国务卿菲利普·哈比卜与基辛格的通话
1975年4月11日，周五
上午9点07分

……

哈：你今天早晨看到我给你的文件了吗，文件是关于[西哈努克]问题昨晚的进展情况的。

基：是的，我看到了，但我们还没有和他取得联系。

哈：我们终于还是，让他增加了赌注，不过我也已经和迪恩沟通过了，告诉他……

基：现在，他想怎么样？

哈：他只是说……说目前呼吁他回国的声音还不够，他希望僧人、平民、农民、还有军队一致表达希望他回国的强烈愿望，只有那时，他才会重返柬埔寨，否则，他宁愿和红色高棉的人一起回去。后面这句话，并不是他亲自说的，而是他身边的人说的。现在返回的大门已经打开了，柬埔寨人也知道了这个消息，我也告诉他我们启动了老鹰行动[即动用直升机对金边进行撤离]，不能再等了！

基：你是知道的，如果我们的国防部长正常一些，我肯定会暂缓老鹰行动的。

哈：坦白地说，我认为我们不能拖下去了，现在的局面变得非常危急，他们已经非常、非常近了。最重要的是，如果柬埔寨人想对西哈努克采取行动的话，那么现在我们既然已经让这一切成为可能，他们就会在我们不在的时候采取行动。因为我们现在已经传递了所有我们要传递的消息。

基：好的。虽然这不是令人值得骄傲的一天，但我们也已经倾尽全力了。

哈：是的，再见。

负责东亚地区事务的助理国务卿菲利普·哈比卜与基辛格的通话
1975年4月11日，周五
上午10点17分

……

哈：……我们刚刚从迪恩那里拿到了最新的消息。我还是给你念一下吧，你现在在那边[指白宫]，还是回来了[指国务院]？

基：没有，我还在白宫。

哈：我完全按照你的指令行事，我把事情的进展情况告诉了[西哈努克的联络人]，他也记了一些要点信息，还有可以说明西哈努克要求的要点。此外，他还谴责了丘索同意接任柬埔寨总理，并以此为借口提出条件的行为。换句话说，如果西哈努克同意促成停火，那么我们就能告诉他华盛顿是082755[华盛顿的电报号码]。

基：这个丘索是谁？

哈：他是金边政府在免除龙·博雷特总理一职后拟定的新总统人选。迪恩说他非常佩服你在西哈努克问题最后阶段睿智而且精准的判断，而且，西哈努克是否回国最终对于我们启动老鹰行动也不会有任何影响。他肯定会希望停战的。

基：眼下，总统先生担心的是，我们是不是应该派一两个官员协助迪恩[在西哈努克回国后给予帮助]。

哈：他，迪恩在消息里面已经明确提到了这个问题：如果无法保证他们安全的话，派人过去和人质没有区别。他认为派人过去没有必要，他也不希望这么做，他在昨晚的电报里是这么说的。

基：你能……从电报发出去到得到回复，需要多长时间？

哈：得几个小时。

基：你能给迪恩带个口讯吗，告诉他我们支持他，再告诉他总统先生想知道他是否可以继续扮演重要的角色，或者是他认为自己是否可以扮演重要的角色，还是把决定权留给他自己吧。这算不上什么命令，只是总统希望他本人好好考虑这件事。

哈：总统希望……希望他能好好考虑这件事？

基：是啊！

哈：是不是史勒辛吉在总统面前抱怨撤离方法，或是抱怨此次撤离了？

基：总统那边……

哈：他现在开始改变主意了。

基：……总统先生现在是完全支持你的。昨天史勒辛吉还想让你撤出此次行动，如今他希望能和柬埔寨人一起撤退。

哈：是啊。

基：不是的，不是你想象的那样。总统先生希望能确定下来，看看我们是否可以推翻他们的统治，如果可以的话，是否可以在以后继续保持这种状态。

哈：我现在就是在给他传递消息，我们希望知道你与他们的沟通进行得怎么样了，这样的话，即便在你离开之后，我们也能继续和他们进行沟通。我们会把这个问题放在这一封信里的。我想这样做应该比较好。

基：我们还能再给西哈努克去一封信吗？问问他如果我们能从金边顺利撤退的话，我们应该怎么和他取得联系，告诉他我们愿意向他提供帮助。

哈：那样的话，前提得是他可以顺利抵达金边。

基：是的。

哈：这样的话，恐怕会造成电报线路紧张了吧，不过电报如何能顺利达到他手里就是另外一个问题了。希望他能够顺利到达金边。

基：是的。

哈：不过我们还没有就西哈努克同意前往金边得到确切消息。

基：哦，我们还没有吗？

哈：我认为这将是我们下一条要传递给西哈努克的消息。

基：你能尽快把这个消息传递给他吗？

哈：我们会告诉布什[即乔治 H.W. 布什，任美国驻中国北京的联络官]的，只要他一见到西哈努克，得到他是否返回柬埔寨的消息，那我也要必须在第一时间知道；还要让他问……

基：不对，应该让他之前就问。

哈：之前就问吗？

基：他应该告诉西哈努克，告诉他我们计划关闭美国驻金边的大使馆。

哈：好的，如果我们这么做——事实上，我一直在避免这么做，我担心这样也许会给西哈努克暗示，暗示他有些事情他是不能做的。因为他可能会考虑到：第一，如果我们关闭大使馆，他也许就失去了我们的保护；第二，……既然所有问题都解决了，他为什么还要同意那些问题呢？让那些问题都见鬼去吧。

基：好的，到了明天上午，他那边的情况就非常明朗了。

哈：是的，到那时，我们肯定也已经完成撤离了，那是肯定的。

基：但是到了那会，肯定就不会出现任何协议了。

哈：协议还是存在的，只不过这些协议将不会取决于我们的态度，而是取决于柬埔寨的公开声明，至于他打算发表什么声明，那就……

基：你最好找到一条沟通渠道，找到一条我们能在金边和西哈努克进行沟通的渠道，并且在我们开始老鹰行动前的两个小时，把这条沟通渠道的事情告诉他。

哈：好的。

基：跟他说，虽然美国在进行撤离，但我们依然希望他能知道，使用这条沟通渠道他能和我们进行沟通，而且只要他能保证我方大使馆人员在柬安全的话，我们会同意让使馆重新开放的。

哈：好的。

基：你明白我的意思了吧？

哈：是的，是的。迪恩那边在曼谷都准备好了吧，他那边完全在待命状态？

基：的确如此。迪恩也应该已经把这个消息告诉给其他人了。

负责东亚地区事务的助理国务卿菲利普·哈比卜与基辛格的通话
1975年4月11日，周五
上午10点25分
　　……

基：很抱歉再次打搅你，不过我还有一个问题：我一直在想——因为我几分钟后就要去见福特总统了——我们是不是在几周以前，就已经让使馆人员与西哈努克取得联系了？

哈：哦，是的。

基：他是怎么说的？

哈：当时他的回复是，我还记得他让我们去保护那些文物古迹。我们的回应则是，我们随时准备针对任何政治问题进行谈判，不过他对此的回答则是，不方便谈论任何有关政治的问题。

基：不是的，我记得和你说的这些相差很远。我们在此之前不是已经就这个问题达成一致了吗？

哈：是的，我们通过中国给他传递了消息，那应该是二月底时候的事。等一下，米勒[书记员]正在我的办公室。（以下这番话是哈比卜对米勒说的：我们什么时候和中国人取得联系，让他们帮咱们给西哈努克传递消息，就是告诉西哈努克我们可以和他本人或是他的代表见面的消息，我记得这件事是你办的，当时是二月份。）二月份的时候，你本人——我的确经手过这件事情，然后你亲自让韩叙[中国驻美国华盛顿联络处负责人]传递给西哈努克消息，告诉他们我们已经做好了与西哈努克本人，或是他委派的代表见面的准备。

基：我们从来都没有得到西哈努克的回复！

哈：我们从来都没有得到西哈努克的回复。

基：你觉得他们把这个消息带给西哈努克了吗？

哈：我相信他们已经传递了这个消息了。[……]

基：也就是说，我们没有错过任何一个送西哈努克回国的机会，之前没有这样的机会，不是吗？

哈：是的，我们没错过。

基：好的。

哈：当然，我们早在一月就在法国人那边启动了计划。

基：是的。

哈：确切地说，是在12月。

基：所以，你不记得我们究竟传递的是什么消息了。

哈：他们肯定是把这个消息传递过去了，因为我记得当时我们也传递了同样的消息。

基：是的，我们是怎么传递过去的？

哈：通过中国人吗？

基：是的。

哈：好。

基：现在我明白了。

哈：是的，他们从来都不会偷懒的。

基：是的。如果能力和忠诚度等同的话，我们也就不会丢掉那么多个国家的信任了。

哈：是的，多谢你了。

……

基：你这次的工作非常出色，总统先生对你是完全支持的。今天上午我向总统先生解释了有关老鹰行动的事情，他完全支持这次行动，所以你不用担心走漏任何消息。

……

第19章 撤离实施

美国广播公司记者泰德·科佩尔与基辛格的通话
1975年4月11日,周五
下午1点04分

科佩尔(以下简称"科"):我听到风声,知道我方即将在柬埔寨进行撤退,我知道接下来的几个小时对我们来说是非常重要的,所以今晚六点之前,我不会把这个消息报道出去,但我需要知道此次撤退涉及的范围,都有谁参与了这次行动。你知道这次撤退行动的总人数吗?

基辛格(以下简称"基"):有几百人吧,主要是驻留在柬埔寨的美国人和一些柬埔寨当地人,至于具体的人数,我们目前还不清楚。

科:你那边就没有什么消息吗?一千人?还是几百人?

基:几百人。

科:借用飞机进行撤退吗?

基:是的,全部通过飞机撤离。

科:还有一个问题,这个问题是和越南撤退有些关系的:在越南问题上,你知道需要调用什么军种吗?需要几支部队?肯定是要牵扯到一些部队力量的。

基:我现在还不清楚。

科:你能不能想想到底是哪支部队?肯定不会是一批军事力量。

基:我们还没有考虑到这个问题。

科:谢谢你。

白宫幕僚长唐纳德·拉姆斯菲尔德与基辛格的通话
1975年4月11日,周五
下午1点12分

拉:我刚刚听了内森的简报,他涉及到了秘密协议的内容。针对这个问题,我们必须清楚的是,如果有人提及因为这是私人信件,肯定会涉及秘密协议,我们用不用说明这些信件是在什么情况下、什么背景下出现的?自从杰克逊介入此事以后,事态有了不小的变化。我现在也只是了解到了一部分而已。

基:今天上午,我让他[内森]参加了一场我主持的讨论会。

拉:他也是这么说的。

基：我想还是按照常规步骤处理此事比较好。

拉：我认为他现在处理得还不错，我也希望他能把此事处理好。

基：唐是想把这件事情处理好的。

拉：你指的是罗恩[总统新闻秘书罗恩·内森]吧？

基：罗恩是想把这件事情处理好的。唐[白宫办公厅主任唐纳德·拉姆斯菲尔德]可不想。

拉：昨天晚上你觉得怎么样？

基：我觉得好极了！

拉：他发表的那篇演讲，真应该早把这番话说出来。

基：我认为昨天晚上他才真正成为了我们的总统。今天早晨，我和休伯特·汉弗里一起吃的早餐。

拉：昨天晚上他还拍了拍我的肩膀，向我表达了对此次演讲的满意之情。

基：他跟我说，昨晚他感到作为一个美国人令人倍感骄傲，也许我们无法提到福特总统的支持，但昨天晚上，他的一举一动就分明是一个伟大的总统。我和汉密尔顿[李·汉密尔顿]、扎布洛茨基[克莱门特·扎布洛茨基]、布坎南[约翰·布坎南]、斯特拉顿[塞缪尔·斯特拉顿][这些都是联邦参议院议员]参加了会议，我们本来是要讨论中东问题的，不过他们都说我们不能顺利完成这722人的撤离，但他们却都对昨天总统发表的演讲大加赞扬。之后我跟他们说了福特总统目前的举动，说了根本没有秘密协议那回事，还跟他们说了总统这次的壮举。我认为总统先生的这种气势应该坚持下去，他应该多在全国各个地方走走，顺便把这次演讲的第二部分再多说上几遍。

拉：我同意。

基：我想再和你落实一下。

拉：你指的是东南亚地区的形势吧。

基：关于越南形势，现在我们得到的消息已经够多的了，总统先生可有的看了。即便是一年以后，人们也不会厌倦越南问题的。现在人们已经看够了电视上的难民了，上周18%的民众支持对越南进行援助，这周在演讲之前，支持对越援助的民众上升到了40%，当然这并不能起到决定性的作用。这个比例虽然还没达到一半，但这个数字也很有意思啊！

拉：昨晚总统先生还展现了自己的领导才能，那篇演讲就是最好的体现。总统说他坚信我们要勇敢向前，他非常希望这样做，这一点也没有什么好争论的。

……

拉：我之所以想告诉你这些的原因是，总统先生想在今天4点15分召开一个小规模会议，讨论一下在三四个小时后，我们应该对柬埔寨采取何种行动的问题。

基：能定在四点半吗？

拉：可以，不过总统五点有个会，当然，这个会我们可以稍后推迟一些的。

基：又不需要他很多时间。

拉：总统先生希望的第二件事情就是，把柬埔寨政局的最新情况告诉他，还有西哈努克的情况，最重要的，也就是第三件事，因为我给……

基：在正式宣誓就职前，你还不能搬到办公室来呢！

拉：第三个问题，通常是由驻地大使负责撤离行动的，迪恩在那边负责这件事。现在的问题是，无论迪恩现在的做法是否正确，国会方面都要求知道具体的流程。媒体、公众都认为为越南问题可能发生的情况是应该被优先处理的内容。因此，诸如美国军队在此次行动中扮演的角色，美国飞机[听不清楚]，柬埔寨未来的走势等问题都需要找到答案。我们现在要做的就是选择一个适当的时候坐下来，商讨未来可能出现的情况。人们也因此会得出结论……

基：我们现在还没有完成的就是考虑一下越南未来的走势。

拉：你说得对。

基：史勒辛吉是在摆姿态，这样他就能把此次撤军行动的功劳揽到自己身上。

拉：我已经告诉布伦特说些什么了，而你也应该决定是否希望史勒辛吉继续待在现在的岗位上。

基：不能动他。一定要谨记国防部长是站在最高端的人之一，这不会影响到我们的决定。一切就是这么发生的，我们也需要哈比卜继续坚守在他的岗位上。

福特总统关于呼吁对越南进行帮助的演讲得到了媒体的一致好评，但国会对总统的建议却不以为然。国会各方领袖也并未等闲之辈，他们总能找到合适的说法拖延对越援助，方法之一就是推迟我对于是否支持对越援助而进行的表态。我与众议院拨款委员会主席、联邦众议员乔治·马洪，与一个政府安全政策的全力支持者的通话记录，就能很好地说明这一点。

众议院拨款委员会主席、联邦众议员乔治·马洪（得克萨斯州民主党人）与基辛格的通话

1975年4月14日，周一

下午3点11分

马洪（以下简称"马"）：我之前在进行拉票活动，刚刚和小组委员会的人沟通过。

基辛格（以下简称"基"）：他们众口一词，不希望我加入。

马：我们不希望你明天出现在这里。我们不想见到任何和追加拨款法案有关的东西。一些基础性的工作还没有结束。只要可以保证我们在越南不采取任何行动，那我们什么都可以试一试。关于你参加会议一事，虽然我们邀请你参加，但我们不希望介入到你周二进行的会议里来。

基：主席先生，如果你希望我参加的话，我周三可以赶过去。哈，我是跟你开玩笑的，我听从于你的差遣——如果你希望我参加，我肯定会出现的。

马：真的要谢谢你。你能代我给总统先生传递一个消息吗，告诉他我们认为任何启动追加拨款法案的行为，都是非常危险的！

基：即便只有30亿美元？你们是不是在等总统授权？

马：我们的确在等授权，在等国际大气候出现变化，还在等人们的支持。

......

负责东亚地区事务的助理国务卿菲利普·哈比卜与基辛格的通话
1975年4月14日，周一
傍晚6点35分

基：我什么时候可以落实明天[我在众议院拨款委员会出席]的时间？

哈：我刚刚从国会山回来，我一个人，一切都将由那边[指国务卿办公室]决定。

基：我有疑问需要他们解答，我会解决这个数字，还有其他一些我能处理的问题。你跟我一起去吗？

哈：是的，只要你需要，我就去。

基：你得跟我一起去。

哈：好的。我还得落实一下他们那边是怎么安排的。我必须亲自看看，用我的经验判断一下这一切是不是顺利。今天我可是被他们整得够呛，但他们肯定不会这么对你，至少我希望如此，他们对你应该会尊重一些吧。

基：主要问题是什么？

哈：对于军事援助，以及一系列和撤离计划相关的事宜，他们都表现得非常保守。他们问为什么福特总统希望看到这份授权，此次撤离将涉及到多少越南人，诸如此类的问题。我们可以告诉他们撤离涉及到多少美国人，我可以在公开会议上说出这个数字，我知道你也会在公开会议上说出这个数字的。

基：是的。

哈：但是我们怎么在公开会议上讨论此次撤离呢？因为我的原因，主席先生注意到我们不应该在公开会议上讨论这个话题时，我们就改成了秘密会议，与会人士通过表决认为应该召开秘密会议。

基：他们早就应该进行秘密会议了。

哈：还有另外一个问题，在军事援助方面，我们依然没有取得突破，特别是在公开会议上更是如此。所以你能解决那些军事层面和拨款方面的问题吗？

基：好的，我能解决。但我为什么要出现在众议院拨款委员会面前呢？

哈：因为麦克莱伦[约翰·麦克莱伦，参议院拨款委员会主席]说这是你应该参加的最重要的委员会会议之一。军事预算程序通常从武装部队方面启动。但是，最终他们会以众议院拨款委员会结束。

基：能让我很快就解决这个问题吗？

哈：15分钟后会议开始，开始后，我们才能决定拨款数字是不是够。

前任财政部部长约翰·康纳利与基辛格的通话
1975年4月14日，周一
晚上9点47分
……

康纳利（以下简称"康"）：你真是一个伟大的人！你为你的国家在努力奉献着，你不能容忍坏人们从你眼皮底下溜走。

基辛格（以下简称"基"）：如果你找不到其他替代我们的方法，那你的问题我就解决了，我现在要进行真正的战斗了。

康：的确是，可以肯定的是，你现在是在为国家利益而战了。

基：我从来都不曾想到国务卿还需要参加国会委员会会议，还要为盟友国家恳求经济支持。

康：即便是你去恳求，也不一定能求到。

基：我并不了解政治，但我认为清算的时间就要到了。他们不会知道企图推翻西贡政府的共产党人是什么样子的。

康：是的，他们已经在马来西亚和泰国惹出麻烦。马科斯[菲律宾总统费迪南德·马科斯]已经在面对他们国家发生的战争了。

基：现在是我们制造了这次恐慌的开始，这才是问题所在。如果不是因为国会就我们向盟友提供援助的事情进行辩论，恐怕现在也不会出现这场战争了。

康：他们读过新闻了，他们知道了那些可怜的南越人们一旦弹药耗尽，就只有接受投降的命运，因为他们别无选择！

基：我将要在国会议员面前读一封施里玛达[即柬埔寨前首相施里玛达]的信，当时我们曾向他提出会带他离开柬埔寨，但遗憾的是，他死了，他拒绝了我们带他离开、带他逃生的要求。

康：我不知道这件事，但我还是要祝你一切顺利。

美国副国务卿布伦特·斯考克罗夫特与基辛格的通话

1975年4月15日，周二

晚上8点55分

……

斯：你看到外交关系委员会给出的法案草案了吗？

基：还没有。

斯：他们这份草案还挺有意思，草案中提出了2亿美元的人道主义救助，为了更好地帮助在越美国人进行撤离，同意借助军队的力量，而且只要借过来的这些人能完成越南人的撤离，他们就同意让这些美国军人帮助越南人进行撤离。

基：所以我们能出动的美国军人也只好减少到200人吧。

斯：是的，而且不允许他们携带任何武器设备，这太令人不可思议了，这份草案简直把会议上所有最糟糕的情况都写了出来。

基：是啊，虽然他们把印度支那地区从我们手里夺了过去，但他们还是要付出代价的。在我今天的证词中，我一直在说这是国会方面的错误，这样的话我重复了足足有25次！

斯：我认为，就算是为了国家的自尊，我们也应该实施在越撤离计划。

美国广播公司记者泰德·科佩尔与基辛格的通话

1975年4月16日，周三

中午12点35分

……

科：……你听到最新的报道了吗？

基：没有。

科：[金边]机场已经陷落了，南越政府那几位留在国内的官员希望能进行谈判，这实际上就是投降。

基：是啊，不过今天，这些消息对我来说是无所谓的，我今天还要准备演讲。

科：你要在什么场合进行演讲？

基：明天，在美国报纸编辑协会。

科：那是什么？

基：就是美国新闻编辑工作者组织的协会。

科：你是要去发表一份重要的演讲吗？

基：希望如此，所以我是按照这个标准在准备的。

科：能不能占用你5分钟的时间？我就跟你聊5分钟。难道现在我们什么都做不了吗？

基：我想不到我们能做些什么。

科：你是不是认为西哈努克要重返柬埔寨了？

基：这个，我可不敢打包票。

科：如果他不回国，那这将成为一场灾难！

基：是的。

科：我们现在要怎么办？我们现在能做什么？你就不能积极一些吗？

基：我们本想促成让西哈努克在上周回国的。不过这一切，世事难料啊。

科：可是我们什么都做不了啊。你们没有和中国、和苏联那边取得联系吗？

基：斯科特[即詹姆斯·赖斯顿]也是这么建议的，但苏联人，他们又能做些什么？

科：我看到斯科特那个建议了，那中国那边呢？

基：他们能做什么？我们可是一直跟他们保持着联系呢。

科：他们难道不合作吗？

基：我认为他们不能把[西哈努克]弄回国，我认为他即使回国，也可能只是一个傀儡。

……

美国《纽约时报》记者詹姆斯·赖斯顿与基辛格的通话

1975年4月16日，周三

下午4点30分

赖：关于停火的事情，进行得怎么样了？我不会把你说的告诉别人的。

基：我们必须实现在越南地区的停火吗？

赖：是的。

基：我们目前也没有什么进展，眼下…… 现在对我来说，我不太喜欢讨论外交事宜，不过这件事情，我的确是一直放在心里的。

赖：是啊，我们现在的确…… 现在我们只是得到了一些建议，但我们并没有提出自己的方案，虽然我们得到的建议来自于不同渠道，但却都在暗示南越方面希望进行谈判，这样的结论，我并不感到意外。

基：好吧，如果南越政府希望谈判的话，那根据我以往的经验，我认为他们绝不会吝惜告诉我们他们想要的结果，如果他们开口的话，我们一定要帮助他们实现他们的愿望。现在你能不能告诉我，你的消息是不是从报纸上看到的？

赖：不是的，是东德那边的消息来源。

基：我们现在当然……我的意思是，我们应该和苏联人取得联系，沟通此事，这样如果有什么消息的话，我们很快就能知道了，这些话我也只说给你一个人听。

赖：你想从多勃雷宁那里得到什么帮助？

基：你是知道的，他们和我们一样，都对发生的事情感到非常惊讶。现在的基本情况是，他们对越南的援助一直保持在同一个水平线上，但我们，却因为包括通货膨胀、石油价格在内的原因，导致我对越援助出现了下滑。而且三月初，在史勒辛吉召开新闻发布会后，从我们的情报分析来看，今年出现大规模冲突的可能性不大。

赖：是的，我知道昨天你的证词了，我只是有一种感觉，也说不好，但就是有这样一种感觉，我认为也许我们可以为避免在[北越首府]西贡出现大屠杀而做些什么，否则这场大屠杀将演变成一场人类历史上的灾难。

基：现在，恐怕现在我们能做的只有一件事情了。

赖：我知道我们应该做这件事，但它也一直困扰着我。亨利，坦白跟你讲，我明白你的苦衷，但现在你的当务之急是给外界一种印象，让人们觉得向南越输送军用物资是一种道义上的责任，但我们更需要……

基：是的，这两者是相辅相成的，任何一件事都无法单独完成。

赖：可是你甚至都没有时间完成另外一件事啊！

基：也许吧，也许不呢。

赖：昨天，史勒辛吉说早在六周以前，你就已经向南越输送了有用的军用设备。从那会儿到现在还不到六周吧，不是吗？

基：我认为，这一系列事件的逻辑终究会浮出水面的。

赖：现在出现了一种比较怀疑的态度，就是……只是从我们大使馆传出来的口风，他们事实上是在观望华盛顿目前的态度。目前他们正在就和平进程进行谈判，之前，他们在谈判中表示希望释放被押战俘，现在，他们希望获得拨款。他们希望让所有美国人都全力以赴！

基：是的，我认为如果要达成协议的话，协议不应该受到水门事件的影响。而且，你是知道的，如果我们的执行部门和立法部门能达成共识，那么今年，我们就不用面对拨款问题的纷争了。

赖：你真的认为水门事件会影响……

基：我认为，水门事件的确降低了执行部门的威信。就像在1974年5月那样，所有的信号都表明共产主义国家一直在为长期的目标而努力着，到了夏天，他们的势力达到顶峰，于是转过年来看今年二月，他们决定要倾尽全力了。他们非常贪心，到目前他们只训练了一个月的时间,我认为也就是水门时间造成的负面影响。

赖:还是让时间来证明一切吧。我只是希望我们能……

基:这并不是我们将进一步探究的问题。明天,我会面向这些新闻编辑们进行演讲,我会在早上把我的演讲稿给你一份的,我会尽量让这篇讲稿听起来更具有安抚性一些。

赖:是的,我明天一天都会在会上,我现在就要去白宫参加那里的活动。总统先生一直在试图解决这个问题,但你知道他现在面临着多少困难,也许再多给我们三年时间,或许这些问题能被解决。天啊,没有一个人会因为同样一个问题,紧张三年的时间。

基:我还没有看到那些文字记录。

赖:算不上是文字记录,只不过是一些问题的答案。

基:不是的,我的意思是我没有…… 我还在吃午饭的时候总统先生就已经开始……

赖:那你有什么好担心的?

基:我们现在面临的大问题之一就是如何来改变世界。关于外界对越南问题的看法,现在我们真的是无计可施,但说到改变外界对我方在越南问题态度的看法上,我们还是可以做些什么的,这就是我们目前面对的大问题。

赖:话是这样说,但是,这还只是我们的观点,问题在于现在我们在扮演什么样的角色,我们的立场又是什么。

基:的确如此。

赖:我同意你的说法,你一走,就要……

基:我认为你我明天晚上就能见面了,难道你不去洛克菲勒那边吗?

赖:是的,我去。

基:好的,那就到时见吧。

赖:好的,祝你一切顺利。

负责公共事务的助理国务卿罗伯特·麦克洛斯基与基辛格的三方通话
1975年4月16日,周三
傍晚6点30分

麦:亨利,我想告诉你,我今天和爱特伍德[比尔·爱特伍德,纽约《新闻日报》编辑]发生了一些不愉快。

基:等一下再说你那件事。我已经同意参加周一下午举行的众议院拨款委员会会议了。

麦:我们在周五,也就是众议院拨款委员会会议之前,也有一场会议。我刚刚那个不愉快的经历……

基：你要知道，这个人我可帮了他很多忙的。

麦：他说他认识你都已经17年了，你们什么时候认识的？

基：可能是肯尼迪时代吧。

麦：某种程度上说，他把对自己的指责都转嫁到了其他人身上，他说这是一个社论连载，一共有四篇文章，这四篇文章全都是关于外交政策的。

基：知道吗，他之前曾叫嚣让我辞职。

麦：我跟他说，如果你有证据，那么你可以批评国务卿先生，这没问题，但我们一定要告诉大家，是你在误导大众。然后他就对我说报纸上写的不是他个人的想法，而是大家一致的看法；还说这几篇文章可以让大家知道哪些是法律责任，哪些是其他责任。最后我只能用他在政府部门的工作经历提醒他，作为一位曾在政府部门工作的人，他应该知道政府是如何运作的。

基：那些信件里的内容全都在公众场合提到过！

麦：这一点，我已经跟他提过了。但是他说内森承认尼克松和阮文绍之间的确有私人信件来往。我跟他说，这些私人信件是已经被登记了的，而且当时没人注意到这些细节。现在，杰克逊把这些问题摆在了公众眼前，这意味着所有人都被愚弄了。这些话让我非常生气，我跟他说国务卿先生也对此非常关注，我要让他知道这一点，还有，如果他再继续这样给我们找麻烦，我会让他不得安宁的。

基：我真的要谢谢你……

……

4月16日，国会各位负责人终于意识到不能再继续假装对福特总统的要求视而不见了，于是他们希望能召开听证会。

众议院拨款委员会主席、联邦众议员乔治·马洪（得克萨斯州民主党人）与基辛格的通话
1975年4月16日，周三
傍晚6点35分

马：目前事态有了新的发展，我们决定在周五举行众议院会议。一般情况下，众议院是不会在周五召开会议的，但现在，既然我们已经安排好了时间，那你能有时间参加此次会议吗？会议定于周五上午十点召开，到时你有空吗？

基：很抱歉，我刚刚答应了要参加众议院国际事务委员会的会议。

马：我只是想在你这里碰碰运气……

基：要不是我已经答应了，你们这场会议将是我的第一选择。

马：好的。我们周一下午两点半还有一次会议。到那时我们才会提出主要目标。关于这次会议，你是希望它是一次秘密会议，还是一次公开会议？你必须要坦率地回答我这个问题，否则一旦我们召开的是一场秘密会议，那么我肯定会予以强调，然后看看我们能得到什么样的结果？当然，如果你说这会是一场公开会议，那你更要想好了再回答。

基：对于我来说，怎么样都可以。不管怎么说，消息肯定会走漏风声的。

马：你不能指望这五十个与会人员，把他们每个人的嘴都封得严严的。

基：你就不要为召开秘密会议的事情而苦恼了。

……

联邦参议员雅各布·贾维茨（纽约州共和党人）与基辛格的通话

1975年4月16日，周三

晚上7点55分

贾：我要告诉你[参议院]外交关系[委员会]关于越南问题的动向。我认为你知道这些消息是非常必要的。首先，我们先说说不好的方面，我们非常关注[越南]撤离问题上我们依然没有拿到任何方案，我们迫切地希望能拿到一份撤离计划。

基：据我所知，伊格尔伯格[副助理国务卿]已经在今天下午给你们送过去一份撤离计划了。

贾：我们还没有收到。

基：稍等一下，他现在就在我的办公室，我问问他。[基辛格和伊格尔伯格的对话]，他说他今天下午把这些文件交给了莫斯[理查德·莫斯，参议院外交关系委员会的工作人员]，我们还将在明天上午召开会议，再重新规划一下撤离行动的具体细节。

贾：看来莫斯要给我们的这份文件，会让很多人到了5月1日还留在那边的。所以，这就是目前我们非常关注的问题，人们根本不会同意的。

基：我手里就拿着这份文件。

贾：我不想和你在电话里进行讨论，这会引起不必要的麻烦。

基：让我想想，看看我们是不是能做些什么来加速撤离计划。

贾：你应该对目前的局势有所把握。我们可都是在一个人手底下干活，我们应该通力合作让这个人满意。不过我对目前撤离行动的进展感到非常抱歉，这样的速度将导致[参议院]军事委员会和外交关系委员会出现意见不统一的情况。我们今天公开的这份法案，我希望能对法案的细节进行讨论，我们所讨论的每一个问题都要予以解决。而且还要给消息来源以充分的自由。你看到今天这份法案了吗？

基：没有，我还没有看到。

贾：我认为你应该看看。这份法案已经被送到白宫了。如果你需要的话，我还能再给你送一份。

基：不用了，我相信我自己能找到一份。

贾：关键在于军事委员会很可能投票支持对越南进行军事援助，他们很可能会对这项法案表示支持，甚至可能敦促追加政治拨款。当参议院公布这项法案的时候，我猜想支持这份法案的应该是外交关系委员会，而不会是军事委员会，但是现在很可能是两方都对此表示支持，那样的话，法案通过几乎就是板上钉钉了。

基：这项法案的关键在于那2亿美元的援助吧，这个数字是绝对不可能的！

贾：那多少钱合适？

基：就是我们报给你的那个数字。

贾：我不同意那个数字。现在的问题是，总统和国会发生了分歧，国会希望撤军，还说会给出具体的步骤，但总统先生肯定不同意国会的立场，肯定还会认为应该向他们[南越]提供军事和人道援助。

基：总统先生肯定希望这么做。

贾：除非他能找到折衷方法，否则他很可能会这么做。

基：那我们又应该找到什么样的折衷方法呢？

贾：所以，这就是我们面对的问题了。

基：你真是抓住了问题的关键。总统先生目前对这件事情的态度可是非常坚决的。

贾：我在上午对《今日美国》的记者是这么说的。

基：在知道我的态度前，他的态度就已经是这么坚定了。原来，福特总统的态度总是和国会保持一致，但是后来我就知道他的想法了，他不认可外交关系委员会给出的那份法案，里面提到的援助金额太少了，只够完成撤离行动的。

贾：那不是全部的数字。

基：事实上，总统先生就是这么说的。

贾：哦。

基：明天上午，我第一件事就是把你的想法告诉他，看看他是不是可以商讨出一个折衷方案来。

贾：好的。

基：我会尽我所能敦促这次撤离行动的进度的。

贾：你最好能在今天来一下委员会。

……

美国副国务卿布伦特·斯考克罗夫特与基辛格的通话
1975年4月16日，周三
晚上8点03分
……

基：贾维茨刚刚给我打了电话，他认为我们现在陷入了冲突之中。他跟我说你是对的，还说他们愿意做出妥协。我问他"你是怎么想的"？他说"你们给我的款项数字太高"，还告诉我总统先生的态度非常强硬，总统也知道目前的形势，知道目前是一种冲突的状态。他说军事委员会拟定了一份草案，在这份草案中提到了目前的形势问题。你是不是已经就南越沦陷后需要采取的步骤给马丁发过电报？

斯：我告诉他我们需要制定一个计划。

……

截止到目前，由于南越局势的恶化，使得针对是否向南越进行物资援助的讨论越来越不切实际了。但我们依然在尽量避免在西贡地区引发恐慌，也在尽量遵守我方不抛弃任何一个陷入困境的盟友的原则。

美国总统杰拉尔德·福特与基辛格的通话
1975年4月18日，周五
晚上10点10分
……

基：我要把南越军事形势的最新消息告诉你。南越那里的局势开始出现恶化了。我想你应该清楚，也许只有四到十天的时间后，南越战争就将结束，而且我们也要在下个周末之前做好准备，这也是我们最坏的打算。我想给马丁发一封电报，他已经同意将美军撤离的人数减少到1,730人了。

福：这1,730人是指美军加上他们越南籍的配偶吗？

基：是的，我原想让他把这个数字减少到1,250，正好这些人可以容纳在一架飞机上，但我们现在还不应该把这个数字公布出来，这会引起恐慌的。

福：既然撤离已经是不可避免，那我们就开始行动吧。这样我们也不用面对反对的声音了。

基：只要我们能用一架运输机就能解决全部的撤离人员，那无论是1,000人，还是1,300人，就没有区别了。如果不撤离这些人员，我们反而还会遇到麻烦。我想在明天上午给多勃雷宁打了电话，给他要一个暂时的停火，这样我们就可以把美国人和南越人撤离出来。

福：他们是对停火有控制权呢，还是有能力对停火产生影响呢？

基：不是，可能什么也没有，但我还是希望告诉他在那个时间，不要向他们的盟军运输任何军事物资和设备。希望他们能向我们提供帮助。我看这只有十分之一的可能，但我还是在努力寻找这种可能。我不知道他们是不是有这种能力，但他们很可能希望维护自己。而且，河内那边也很可能希望一场可控制的权力接管。

福：马丁和阮文绍见面了吗？

基：没有。[……]

[……]

福：[……]我希望结局会是我们最希望的那一种，现在的情况简直糟透了。

基：现在，这就是一场悲剧。我之前还在众议院外交事务委员会作证了呢。

福：这是怎么回事？

基：布鲁姆菲尔德[威廉·布鲁姆菲尔德（密歇根州共和党人），资深共和党议员]和扎布洛茨基[克莱门特·扎布洛茨基（威斯康辛州民主党人），民主党主席]，他们这两个人还不算太过分。那些年轻议员们，他们有些实在是太令人讨厌了，他们的语气很强硬，但我也不差。我知道你的政策里面可没有"和解"两个字，但我依然选择了保持语气强硬。我只是想让大家知道我们的目的是什么。

福：你说得对！公众应该能看到会议记录上面的内容。在会上，我面对了来自新英格兰的50名记者，但我依然保持了同样的立场。

基：你觉得这次新闻发布会怎么样？

福：好极了！

基：今天有人参加了，对了，是艾略特·理查德森[美国驻英国大使]。

福：他是下一任总统的候选人吗？

基：不是的，他只是来看看我的办公室。但你是知道的，他可能也被问到当选美国总统的问题了。

福：这一点，你我两个人可是要说明白啊！

基：他说国家的整体情绪都有变得保守的趋势。

福：是的。在新英格兰，我对于国内问题、国外外交事宜的解释得到了很好的反馈效果[即指总统关于缓和南越局势的演讲]。我还多次敲打中央情报局的新闻部门和那些情报部门[即指丘奇委员会的调查]。没有任何一位总统，也包括我自己在内，能够使用一个陷入半瘫痪状态的情报部门。只是因为某个人犯的一个错误就影响到整个情报部门，这太说不过去了。

……

在与总统进行沟通后，我于19日以福特总统的名义，通过多勃雷宁向勃列日涅夫转达了一份口头消息（事实上，口头消息也是一份书面文件，和通过电话传达的消息性质一样，只是以书面的形式出现，这样是为了更好地保证内容的精确性、突出消息的重点。）在这个消息中，我们指出在越南地区停战的必要性，这是为了顺利完成"美国公民和南越公民的撤离，我们认为我们对这些人负有直接而又特殊的责任"。我们之所以需要和莫斯科方面联系，是因为"当前越南局势势必要有一个终结，而且这个终结不能对苏美关系造成任何伤害，也不能对美国人看待其他问题带来任何影响，这是我们双方长期以来共同关注的利益所在。"

为了能让苏联方面对我方提出的停火方案有更现实的理解，我方强调"一定要商讨出一个具体的结果，促成让[停火]成为可能的政治氛围"，换句话说，我们要改变西贡的政治格局。在这次口信中，我们勾勒了对越南进行军事打击、对当地客机进行轰炸后的恐怖场景；尽管如此，对于善于分析美国国会辩论的多勃雷宁来说，他也不会把我们的威胁太过当真。

我们在等待苏联的答复时，美国驻越南大使格拉汉姆·马丁于4月20日向阮文绍暗示，称南越总统很有可能辞职。马丁本打算以个人名义向阮文绍透漏此事，但福特总统早已经使用过他这种方法，而且总统之前还指出这种方法很有可能导致各方谈判，这样就能为我军及我们的盟友们的撤离赢得几天时间。不过阮文绍的回答却非常冷淡，他表示他将选择最适合越南的解决办法。因此，马丁在给华盛顿报告的最后写到，"我回到家之后，读了来自华盛顿的每日文摘，洗了个澡，用最强力的肥皂狠狠地搓了一遍，但依然没能让我的心情好一些。"包括福特、斯考克罗夫特还有我，虽然也都是这么做得，但还是没能让我们的心情更好一些。

苏联驻美国大使阿纳托利·多勃雷宁与基辛格的通话
1975年4月19日，周六
中午12点10分

基：我要跟你谈谈我们今天上午说的那件事。

多：哪件事？第一件吗？

基：就是关于我给你传了一个口信的事。

多：哦，这件事啊，这个口信我已经送到莫斯科了。

基：我知道，但我要说的是，在目前的情况下，我们认为最好还是不要派实质性的军队协助撤离比较好。

多：不派实质性的军队。

基：也不是，我们只派遣足够维持当地机场秩序，不让当地暴民涌入的数量。

多：我明白了。

基：只有几百人吧。

多：只有几百人。

基：是的。

多：好的，这件事情很重要，亨利，我真的要感谢你。我会马上把这个消息带到莫斯科去，我们会马上采取行动的。

基：这些军队将乘坐最后一班飞机离开。

多：好的，谢谢你。

……

国防部长詹姆斯·史勒辛吉与基辛格的通话
1975年4月21日，周一
上午9点21分（此为安全通话线路）

基：我们在华盛顿特别行动小组会议后见个面吧。昨天你不在，我也不愿意在公用电话上跟你讨论问题。

史：好的。

基：[……]

史：[……]显然，现在我们拥有足够的武器装备，但在使用这些装备的问题上，我们却受到了限制。我们还可以找到其他理由派兵。

基：我们只要撤离活动可以顺利进行，别的我们什么都不想说了。

史：我认为我们在日本冲绳的军队需要进行强化了。我认为，这里是东南亚地区局势的象征，在此之前我们多次发出了信号，也多次面对了[国会的禁令]，我们只有在面对威胁时才能有所行动。

基：在东京湾的问题上，我们都认为不应该采取行动[即指向东京湾地区派遣航母，后由于某媒体质疑此行动与国会颁布禁止在印度支那地区内部或附近动用军事力量的命令冲突而被迫取消]。

史：……如果能在不通知国会的情况下采取行动，那样我们还有一丝希望。

基：没有问题，我们的部署能让他们在未来一年内的时间里都不敢轻举妄动，但是在国会通过新的……

史：我只想把目前这些背景消息告诉你。在其他外人面前，我们是不会讨论这些问题的。那之后，你就可以跟我联系，到那时我再把最新的消息告诉你。

……

之后我给联邦参议员泰德·肯尼迪打了电话,一直以来他都非常关心难民的问题。

联邦参议员泰德·肯尼迪(马萨诸塞州民主党人)与基辛格的通话
1975年4月21日,周一
中午11点35分

肯:亨利,你好啊!

基:我很好!我们现在并不缺少行动……昨天晚上,我就给你打了电话,是想把可能发生的情况提前告诉你,还想把我们让迪恩·布朗[曾任美国驻约旦大使,现负责平民从越南的撤离事宜]就难民撤离的问题与你及时进行沟通,我还想在总统先生听取国会方面的意见前,先和你取得联系,如果你愿意的话,我想听听你的建议。

肯:好的。

基:我们的问题在于如何避免在世界另一端出现恐慌,我们现在在南越的大使就像查尔斯·戈登那样(查尔斯·戈登,英国军官,在平叛苏丹救主军的过程中于苏丹首府喀土穆阵亡),但我又不能在公开场合这样表态。

肯:那样的话,我会非常高兴的。目前关于难民情况的最新消息,我们都是从哈比卜那边获得的。

基:我需要在国会授权方面得到的帮助,需要国会承诺授权。

肯:是的。我非常希望看到国会将采取什么样的行动,我倒要看看我们是否能给南越的人们提供保护。

基:我只是想告诉你,我们目前正在南越采取行动,而且还涉及到其他一些国家,所以现在我们不得不再次衡量目前的形势了,恐慌很有可能将在同一时间爆发。

肯:谈到大屠杀,我认为现在尽可能保持克制是非常必要的,我相信未来我们肯定会面对一段时间的艰难局势的,但我相信我们现在讨论得越多,那局势就越可能像我们讨论得那样发展。正是因为这种可能,所以,显然,你现在要加速了,但一定要尽可能地保持克制,这些措施都可以在谈及大屠杀的过程中使用到。希望他们能有所行动!上周,我刚给[联合国秘书长]库尔特·瓦尔德海姆打了电话,还给杰克逊打了电话,后者目前在主持联合国难民的问题,瓦尔德海姆个人表示会提供帮助。

基:我认为,当你提到杰克逊的时候,你是指我们在移民问题上的专家[联邦参议员杰克逊]?

肯:哦,不是他。

基：国会又通过了一条新的修正案吗？

肯：我的确希望他们能那么做，你知道，外界对于这次大规模行动非常关心。

基：只要另一方不合作，那这种所谓的大规模行动永远都是不可能的。要不是因为我们在过去15年的努力，我们根本无法把人从南越撤离回来。

肯：是不是已经有消息称[西贡]就要独立了？

基：现在，我们在等待一些可行的措施，而且我们一直与南越那边保持着联系，不过目前我们还没有采取行动。我们甚至还没有形成基本的撤离原则，这也是我们将要进行讨论的内容。

肯：撤离对于阮文绍来说，是否确实有非常重要的意义？

基：我认为这将导致谈判进程的开启。

肯：别又是一场表面功夫吧！

基：我认为倒不会是那样，顺便跟你提一句，已经在进行秘密对话了。

在过去20年的时间里，我方一直在向越南提供军事补给，目前对方也拥有大批先进的美国军事设备。因此，史勒辛吉和我商定尽可能从越南撤出这些物资，以避免这些军事物资落在社会主义国家的手里。

国防部长詹姆斯·史勒辛吉与基辛格的通话
1975年4月21日，周一
晚上7点59分

基：我也没有什么重要的事，就是想问问你是否听说了我们之前讨论的那件事，我们目前什么消息也没有收到。

史：他们已经在加速撤离的进度了，大卫·琼斯[空军总司令]告诉我说他们从克拉克空军基地[美军驻菲律宾空军基地]也撤走了一批C-130运输机。

基：好的。

史：还有一件事，我们向柬埔寨派遣了90架飞机，现在泰国外交部说——我不确定他们的这番话是不是只是流于表面，但他们的确这样说——这些飞机是属于柬埔寨的，也就是说是属于红色高棉组织的。毕竟根据美国的法律，这些飞机依然是属于美国政府的。

基：你明天能让人写一封电报吗？把埃尔斯沃斯·巴克尔[前美国驻越南大使，目前负责中东谈判事宜]和哈比卜叫到一起来商量这件事，我会非常支持他们的决定的。

史：我们也许能从那里撤回一些军用物资。

基：我们能把这些物资运到菲律宾吗？

史：这个问题，你让我来处理好了。

基：我希望我们的物资能运到菲律宾去。

史：这个没问题，我是非常肯定的。我们可以把那些无法运走的物资放在我们朋友的手里。

基：F-5型战斗机能到达菲律宾吗？

史：F-5型战斗机和C-130运输机都能到达那边。

基：无论你怎么做，只要能把物资从越南运出来，这就算立了大功了。

史：我们必须尽快行事。

基：这一点，我是非常同意的。我们撤离的速度越快，就越能……

在撤离速度计划的制定过程中并没有就军事设备的撤离达成一致，最大的问题依然在于未就人员撤离的速度问题达成统一意见。

国防部副部长威廉·克莱门斯与基辛格的通话
1975年4月22日，周二
早晨7点59分

基：我真要感谢国防部，要不是因为你们，我绝对登不上《时代》杂志的封面。

克：登上了什么的封面？

基：登上了《纽约时代》杂志的封面啊。

克：你说的是真的？

基：你们国防部希望能实现全面撤离，但你们怎么说那个叫做基辛格的混蛋，他只想着国家荣誉，只想着美国所谓的国家尊严，根本不同意全面撤离。

克：天啊！

基：你是知道的，你们在越南那边的人真应该为你们的行为感到羞耻！我是想保留一些自尊的，可是你们，要知道，已经有5.7万人死在了越南的战场上，你们应该为他们做些什么，而不是只为我自己。

克：亨利……

基：我知道你并没有这么做，否则如果我真那么想了，我是根本不会给你这样大喊大叫的，不过我还是要向你们的国防部部长先生讨个说法。

克：真是的！

基：但是你难道不认为，美国的全面撤离会让整个国家感到羞耻吗？

克：亨利，我真的非常抱歉。

基：此外，我们也一直在和你们的史勒辛吉部长讨论实施人员撤离的具体方案，我已经派斯考克罗夫特负责此事了。我手里也拿到了他们讨论的详细记录。但是如果你们希望把自己的人从越南撤回来，你们就不能悄悄收拾好东西，然后悄悄地回来吗？我们的人就能这么回来！

克：嗯，我想这应该就是昨天你和吉姆[詹姆斯·史勒辛吉]谈出的结果吧，你们昨天是可以解决问题的。

基：你是知道的，我们得听从总统命令，这份命令要求我们——要知道，首先，一旦我们把所有人员都撤回来，很可能会引发全面恐慌。

克：亨利，我非常同意你的观点，我非常同意，那么现在，你想让我今天上午做些什么呢？

基：我希望你能把我这种不满的情绪散发出去，让那些涉及此事的人都知道我目前的态度。

克：好的。

基：我们现在没有必要再发动一场危机，我还想录一些话，这样也方便你去向别人复述。

克：这个，我倒不介意。我会尽我所能的。

基：你真的很爱国！你并没有按照他们的方式进行，希望你在会上提出问题。对外，你不会多说一个字。但是有些人和你的做法截然相反，他们在会上什么也都不说，但一出了会场，他们就闭不上嘴巴了！

克：我一到五角大楼就去见他[史勒辛吉]，我5分钟之后就离开，马上就去见他。

美国广播公司记者泰德·科佩尔与基辛格的通话
1975年4月22日，周二
下午2点30分

……

科：我跟你打电话就是因为越南谈判这件事，你能透露给我一些消息吗？

基：恐怕要让你失望了，我给不了你任何消息。我觉得无论是谁，现在都没有有价值的消息了。

科：我们是不是和他们已经有了一些接触？有什么新的进展吗？

基：我们正在想办法。

科：是与他们直接进行接触，还是要通过第三方来进行？

基：我不想讨论这个话题。

科：你看到这期《时代》杂志的封面故事了吗？里面写着你希望在越南那边保留一些

美国军队，但国防部和国务院的一些人，他们都对你的想法提出了反对。

基：我希望无论我们怎么做，都还能保留最低限度的尊严。现在所有人都想只求自保，我们的问题在于，如何找到一条既能实现美军撤离，又不会引起恐慌的方法？现在要撤离的总人数已经减少到1,500人了。

科：你的计划是要把这些人全都撤出来吧？我知道你在国会上发表了一份慷慨激昂的演讲，你说我们找不到任何理由把我们的军队留在那里，因为他们只会被当成人质看！

基：那这就要取决于我们的目标是什么了。我们讨论的核心问题是，如果在美军受到攻击前，把这些人撤回来，我们肯定会按照这个方法来进行。此外，我们还要撤回一些越南人。不过，想要把所有人都撤回来，这显然是不可能的。

科：当你提到越南的时候，之前你曾经提到过"20万人"的说法啊！

基：这是我们能集结到的最少兵力，但现在我怀疑我们是否还能实现这个数字。

科：你就没有一个更现实一些的数字吗？你能给我一个时间框架吗？你认为我们还有多长时间？

基：这恐怕要看北越方面付出多大代价了。

科：在你看来，他们是打算在西贡打一场仗呢，还是他们在竭力避免这种军事冲突？

基：我想可能他们不希望冲突的想法更多一些，但我认为想法的多少只在一念之间。

……

在华盛顿，却出现了灾难般"让我为国牺牲"的声音。于是，我不得不在应对不断从越南传回的各种负面消息的同时，还要应对不断传来的称我将"引咎辞职"的传闻，那样的话，我将成为政治斗争的牺牲品。

美国《时代》周刊记者贾罗德·斯切斯特与基辛格的通话
1975年4月22日，周二
傍晚5点50分

基辛格（以下简称"基"）：我很高兴，能在你的早餐问题上有那么大的影响。

斯切斯特（以下简称"斯"）：的确如此啊！我已经和拉里[即副助理国务卿劳伦斯·伊格尔伯格]沟通过了，我认为现在这些消息出现得正是时候。

基：除了那些不断重复地说我和福特总统说的全是谎话之外，一切都还不错。我敢肯定，还没有人把这些消息带给总统先生知道。

斯：我们办公室两个人对此事进行了非常详细的报道，我这一周大部分时间都忙着这件事，我要赶在越南方面的人员撤离前，弄明白这到底是怎么回事。

基：我最不用关心的就是这个问题了。

斯：此外，我们得到消息称正是总统先生对此事的想法加重了目前的局势。

基：我不能说我们所做的努力就是没有价值的。事实上，我知道，我们从去年开始，就已经在为水门事件付出代价了。在没有获得授权的情况下，你肯定是不能执行任何外交政策的，这就是我们目前所付出的代价。所以，现在我留任的时间越久，我们要面对的情况就有可能越糟糕。我希望接下来我们对中国的政策可以不受到水门事件的影响。我现在没有辞职，这主要是由于两方面的原因，第一，我们现在就忘掉之前我们的那些经历，这显然是不公平的；第二，我在尽可能恢复我们可以恢复的事情。

斯：我认为我们已经把这些原因交待清楚了。

基：事实上，这并不是我不想看上去更软弱一些，而是如果从历史的角度来看，这些事件很可能会侧重于其他方面。

斯：我也希望如此。至于现在的形势，我们又能做些什么呢？目前来看，五角大楼希望把我们在越南的驻军全都撤回来，但你却希望能保留一些。

基：贾罗德，谁都可以下命令让我们在越南的驻军全都撤回来，但我们并不能忘记还有两项责任压在我们身上，这也是我一直在强调的问题：第一，我们要对南越提供帮助；第二，我们要维持当前局面的稳定。现在，我们不能再像之前那样，总是猜忌谁才要为此事负责，这样的讨论，我认为根本没有任何意义！如非必要，我绝对不会让我们的军队在那里继续停留，哪怕只是多停留一天，那样的话，我肯定是疯了！

斯：你说的对。

基：我现在只是在竭力保证谈判的顺利进行，只要谈判进行，那我还要在最大限度内保证人们的生命安全。如果我们在出台一个适合的撤离人员数量前执意撤离，那么这肯定导致一些不必要的人员伤亡。这些事件肯定是存在逻辑联系的，哪怕只有一个美国人划伤了指甲，也会有人因此承担责任。

……

偶尔，我们也能接到一些鼓舞人心的电话。

联邦参议员斯特罗姆··瑟蒙德与基辛格的通话
1975年4月23日，周三
中午12点55分

……

瑟蒙德（以下简称"瑟"）：……南越那边有什么最新消息吗？

基辛格（以下简称"基"）：我们依然在衡量人数，力争减少撤离人数。这个消息我只告诉你，此次撤离行动中，我们将撤回为数不少的南越人。

瑟：听到这个消息让我很高兴。既然南越人曾经支持过我们，那我们也应该支持他们。

基：不过现在，并不是我们在华盛顿的所有高层都持这种想法。

瑟：好吧，我还是要感谢你能告诉我这些消息，我一直很担心这件事。

基：你没有必要那么担心。

美国副国务卿布伦特·斯考克罗夫特与基辛格的通话

1975年4月23日，周三

晚上7点35分

……

斯：我们得到一份马丁传来的电报，我已经通过拉里把这份电报给你拿过去了，他说他会尽快给你的。马丁在电报里说，[南越]国防部长希望推举杨文明[杨文明，俗称"大明"，南越总统候选人，美国和平运动工作者的候选人]出任总理，而且他也已经和法国驻南越大使谈过了，后者也同意推选杨文明担任总理。

基：他[指马丁]接到我们的电报了吗？

斯：还没有，这是昨天传来的消息。他还问到可曾有人问到他有关杨文明是否适合担任总理的问题，他还说会弄明白事情的真相。他会在明天上午给我们递来消息，还跟我说我可以把这个消息告诉总统先生，然后我们再对此进行讨论。

基：好的。

斯：拉里会把消息带给你的。

基：我们还得到了其他消息吗？

斯：没有，我们没有其他新消息了。

……

美国《纽约时报》记者莱斯利·盖尔布与基辛格的通话

1975年4月23日，周三

晚上7点37分

盖尔布（以下简称"盖"）：感谢你给我打来的电话。我有很多问题。我今天看到了一条消息，消息称我们从河内、从越南南方共和国[即1975年南越共产党在越南南方建立的临时革命政权]得到的唯一回应就是，他们不会让我们颜面无光，还说他们并没有做好谈判的准备，他们甚至不知道关于谈判的相关事宜。

基辛格（以下简称"基"）：我也不准备进行谈判。

盖：我是不是应该告诉你我是怎么说的？

基：好的，你说吧。

盖：我们主要有两个要求：第一，在撤离过程中，要对美国军队及其越南籍家属提供保护，目前这个越南人员的总数并未确定；第二，如果河内方面不愿意等到西贡给出解释，那么你就需要公开向河内发出信号了，你要告诉他们，他们要面对的是一个无法与之进行合作的政府。无论苏联莫斯科、中国北京，还是法国巴黎都不会对此进行调停。我并不是说罗马尼亚人不会充当调停人的角色，但我认为他们只是可能扮演这个角色的国家之一。

基：我只是……你这样说算不上错，但也有一些不准确的地方，不过你不会因此丢了面子的。

盖：我希望得到别人的称赞，但如果这些不准确的地方……

基：我真的不能告诉你到底是哪些地方不够准确。如果你问我对于你让斯考克罗夫特正在处理的那件事的意见，这的确是他告诉我说是你告诉他的。你要相信我，他说他一直都在保持克制，也没有对此发表任何评论。

盖：我永远不会对别人的话进行评论的，不管他们说了还是没说。

基：你这句话，在这次事件上，可不是真的。

盖：这才是为什么我不发表评论的原因啊。还有一件事，哥伦比亚广播公司称总统先生在佛罗里达发表了一份演讲，但他并没有告诉你这件事。

基：什么时候的事？哥伦比亚广播公司报道了吗？

盖：就是六点左右的新闻吧，我忘了具体的时间了。

基：他们天天都是谎话连篇，总统先生已经和我讨论过演讲的话题了。你看到那篇演讲稿的内容了吗？除非他在飞机上再重写一份给我，否则他说的肯定还是一些非常常见的内容。

盖：我不这么看。

基：这也太荒谬了！

盖：当然荒谬了，不过这个消息的确是他们放出来的。

基：我也不知道我应该怎么来评价这些事，发生了这么多事，我应该给出一个怎样的结论呢？

盖：我想到结论之一是，肯定有人希望在总统的影响力削弱后，看到你的影响力上升，这是很明显的，这也是我想要告诉给你的答案。虽然这样的说法很荒唐，但也不看看我讨论的对象是谁？这可是哥伦比亚广播公司啊！

基：我也不知道究竟总统的影响力削弱，我的影响力增加之后会带来什么好处。我根本无法阻止人们表达自己的看法。

盖：这件事很可能影响你们的关系。

基：影响我和总统先生的关系吗？

盖：每一位总统都极有可能遭遇他最仰仗的智囊团之一陷入媒体攻击的局面。对于总统来说，这种情况如鲠在喉，肯定也给他带来了很大的压力。中国人那边，他们现在肯定也是非常惊讶的。

基：这完全是另外一件事了。

盖：但那的确多多少少地影响到了目前的局面。

基：他们[指中国方面]称史勒辛吉的地位必须得到加强和巩固，这是因为我们应该有一个非常强大的国防态度。现在，这已经不是一场政治游戏了，也不再是一场美国内部的斗争了。

盖：你的想法也许是正确的，但他们也说总统先生对史勒辛吉的仰仗超过了他对基辛格的仰仗。涉及到你，这就又是另外一个问题了。相信这个消息会随着时间而淡出人们视线的，但是不管这个消息的内容是否确实，但它着实让人震惊了不少。

基：别算上我，我对这个消息还是比较冷静的。不过这一切完全超出了我的控制，我现在唯一担心的问题就是如何督促我们的计划进一步进行下去。

盖：如果你已经把你所说的话充分吸收了，那这的确是处理问题的最好方法。

基：我现在已经没有什么可做的了。我们现在面对的是一个非常复杂的局面。当初谁知道罗斯托和腊斯克[美国前总统林登·约翰逊执政时，华尔特·罗斯托任总统安全顾问，迪安·腊斯克任国务卿]前途如何，而这么多年过去了，那些猜测也早已经没有任何意义了。

盖：就是要有这种态度。

基：我现在就是这么想的。还有18个月，就要面临总统大选了，这一届政府只有这最后18个月的时间，即便[福特总统]能连任，政府也需要重组、需要大换血，到时候那又将是另外一种情况了。

盖：你现在需要……

基：我现在不知道是谁在决策这一切，也许你能知道……

盖：我认为我知道，我还认为自己知道这个决策背后的动机。其实这很容易就能看明白，事实就摆在眼前，这一点是毫无疑问的。

基：你认为这个消息是白宫放出来的，还是其他地方放出来的？

盖：白宫！我还以为你知道消息的来源呢，在这个问题上，拉里·伊格尔伯格的嗅觉可是非常敏感的。

……

到了4月24日,争论的重点变成了需要多少美军留守西贡,以帮助我们在南越沦陷时协助撤离南越籍家属。

美国副国务卿布伦特·斯考克罗夫特与基辛格的通话
1975年4月24日,周四
上午10点05分

斯:我刚刚和那个疯子[指美国驻越南大使马丁]谈了谈。之前关于这件事的口风一直很严,所以等一会才能收到这个消息。到了明天晚上,我们撤离的人数将减少到1,100人。

基:明天晚上,这是他那边的时间,还是我们当地时间?

斯:是他那边的时间。

基:我们这边,也就是明天上午吧。

斯:他说他最不愿意看到自己的美国同胞丢掉性命。他也不会让任何一个美国人丢掉性命,我们现在无论是和军方,还是和国务院那边,都配合的很好,没有任何问题,目前我们唯一的问题就出现在华盛顿这边。

基:现在很可能就是这样。

斯:他说他非常理解我们目前的局势,还说他最不希望看到的就是有人在此次撤离行动中丧生,不过他认为自己并没有在冒险,还说我们应该对他有信心。而且,他还提到,为了和我们的行动配合,越南那边还可能要出现台风天气。

基:那就是说我们一个人也撤不出来了?

斯:是的,不过这也意味着他们无法进行刺杀计划了,那样的话,国防部又有可以利用的消息了。

基:我们必须要和总统先生谈一谈了……

……

西贡局势依然逼近瓦解的边缘,而华盛顿这边却依然讨论着之前的话题,诸如撤离进度如何、我们应该尽可能多的撤离那些曾经向我们提供了帮助的越南人。苏联政府却选择在这个时候给我们作出了回应——19日,我方曾向苏联就用对话结束越南争端的问题传递了口头消息,如今我们终于等到了苏联的回应。

苏联驻美国大使阿纳托利·多勃雷宁与基辛格的通话
1975年4月24日,周四
下午4点

多:亨利,你好啊,我受勃列日涅夫同志的委托,向你方福特总统转达我方的想法。勃列日涅夫同志让我通过你把消息转达给你方总统。现在,我先给你念上一遍,然后再给你的秘书口述一遍。

基:好的。

多:"正如总统先生说的那样,我方在19日,勃列日涅夫同志收到消息之时,就已经开始与越南人进行了有计划的联系。

"在几次沟通之后,我们得到了一些结论,在此我方希望把这些结论通告给福特总统知道:关于在美军自南越地区撤离问题上的意见,越南的态度是非常积极的,他们表示无意在此次撤离过程中设置任何障碍,事实上,他们已经为美军的撤离创造了一些积极有利的条件。

"与此同时,越南强调在政治领域上解决问题的重要性,越南方面会继续履行《巴黎和平协议》的内容。他们还告诉我们并无意摧毁美国在世界上的政治形象。

"上述这些信息,在告知福特总统知道的时候,请务必要高度保密。此外,勃列日涅夫还表达了自己的希望,希望福特总统能够适当对越南的态度表示理解;还表示不允许美国做出任何可能恶化越南地区局势的举动。"

基:你们具体是指什么?

多:美国公民的撤离不会遇到任何障碍。一点障碍都不会遇到!越南方面已经为这次行动创造了条件,他们对此事的态度是非常积极的。

基:好。

多:还有一些涉及到政治的问题。

基:你能说明一下吗?他们的意思是,不愿意走出《巴黎和平协议》划出的框框?

多:所谓政治解决问题的基础就是这个《巴黎和平协议》。

基:你能不能问问他们,这么说到底是什么意思?

多:我会问他们的。

基:还是先不要问了,我还是先和总统先生沟通一下好了。

……

国务院方面对勃列日涅夫传来的这个消息进行了分析,结果显示,我们应该利用这个消息争取一些时间,只是国务院情报研究局的负责人比尔·海兰德却认为即便争取时间，最多也不能超过一周的时间。因此，我告诉马丁要把所撤离的美军人数降低到800人（根据参谋长联席会议的估计，这800人可以在两个半小时里完成撤离），我们这样做也是为了尽可能保证撤离更多的越南人士。

4月24日下午，福特总统召开了国家安全委员会会议，目的是对最终的撤离计划进行再次审核。在此次会议上，史勒辛吉依然强调要尽快将驻越美军撤回来，当然，在美军撤离的同时，也要完成对越南相关人士的撤离。最终，福特总统结束了这场争论，正如他在4月9日那天做的一样。

福特：我明白这其中的风险，但我就是这么决定的，我现在还要去执行这个决定，要记住我们一定要保证命令的执行性。

洛克菲勒：想要没有风险，就保证美国的利益，这几乎是不可能的。

福特：希望上帝能眷顾我们！

在充分理解了勃列日涅夫的意思、估计到每一种可能后，我们在4月24日晚8点25分，正式向勃列日涅夫做出了回复。我们提出了一系列问题，希望苏联在解答我们问题的同时，我们撤离越南人员的计划也可以实施。在这次回信中，我们考虑到"[苏联]做出的颇具建设性的回复……美国方面正在实施有关美军撤离的计划，希望苏联能一直提供对撤离的支持"。此外，我们还引用了河内关于如何履行《巴黎和平协议》条款的想法，并提到《巴黎和平协议》与"实现政治解决问题密切相关"，福特总统向勃列日涅夫保证我方不会采取任何形式的军事行动，我方在任何情况下也不会允许这种军事行动的。我们在这此回复最后还指出，只要我们的撤离行动不受到任何来自外界的干扰，那么美国"将不会采取任何可能激化越南局势的行动"。

正像我和国务院上下说的那样，这样的要求已经是最简单不过了，我们现在能做的就只有等待消息了。但是，通过外交能解决的问题又十分有限，特别是面对那些精于算计的北越人来说，更是如此。

美国副国务卿布伦特·斯考克罗夫特与基辛格的通话
1975年4月25日，周五
下午4点02分

基：你注意到了吗，联邦参议员克拉克[迪克·克拉克（爱荷华州民主党人）]说，除非我们减少从越南撤回的人员数量，否则他将会对向南越提供援助提出反对。

斯：我还不知道这件事。

基：你说他怎么能知道这个撤离人数呢？

斯：那个数字似乎总是有人提出来。

基：这真令人痛苦不堪。

斯：这件事太令人难以想象了。

基：你能不能告诉马丁，说我已经给苏联和法国写了信，告诉他我依然在等待那两国的回信。

斯：好的。不过我认为我们现在不应该再就撤离人数的问题向马丁施压了。

基：告诉他我们想知道他能把人数减少到多少。

斯：他好像跟我们说过这个数字。我们从1,090人里面，先减去35到40个，然后再减去那些非官方随行人员。

基：告诉他我希望得到答案。

美国副国务卿布伦特·斯考克罗夫特与基辛格的通话
1975年4月25日，周五
晚上8点06分

……

基：……你能不能给马丁发一封电报？我和他应该有一份一致的时间表，我们应该朝着同样的目标行动。我希望在明天召开会议前，我能理出一些头绪，看看下一周我们到底能走到哪一步。

斯：你说的是政治层面吗？

基：大体上是吧。他说的肯定要实现的。比如说，如果谈判启动，那我们的大使馆应该开放，还是应该关闭？我个人的想法是，只要越南南方共和国介入，那我们就应该撤离，不过我也能接受其他的意见。

斯：这恐怕要取决于他们是如何介入的吧？

基：我还是希望听听他的意见。

斯：好的，我这就起草电文。发电报之前，你还要再看一下吗？

基：你为什么不能给我念念呢，我马上就回家了。

斯：我马上就去起草文稿。

……

美国副国务卿布伦特·斯考克罗夫特与基辛格的通话
1975年4月26日，周六
上午10点10分

基：你看见马丁的回复了吗？你明不明白他说的是什么意思？

斯：是的，我看过了。首先，他并不打算减少撤离人数，等等，我们又收到了另外一封电报。他说他那边的人都已经精疲力竭了，只要撤离行动依然在进行，那他就不会减少撤离的人数。他还说有一些媒体记者因为没有看到战场素材，马上就要回美国了；还有一些商人，他们也在计划回国。他在电报里是这样写的：既然你把决定权交给了我，现在我们几乎已经无路可走了，我绝对不会减少所要撤离美军官员的数量。然而，我本人，我要向其他的美国人发出警告，无论怎样，他们只能后果自负了。

基：我希望他这么说是正确的。

斯：我们现在面对的是两个问题：第一，一旦国会知道了我们的行动，外界压力骤增时，我们应该怎么办？第二，一旦苏联人发现 [我们使用美国飞机协助越南人进行撤离]，我们又该怎么办？

基：是的。

斯：但现在和他进行争论已经是非常困难了，说到撤离，他现在也有很多事情要做。

基：还有，我们向越南南方共和国给出的说法，他是不是故意误解的？

斯：是的。

基：你能给他把这个问题说明白吗？

斯：好的，我这就准备起草文件。

基：之前我提到的政治对话，不是指西贡方面和越南南方共和国的对话，而是指我们美国和越南南方共和国之间的对话。我希望这些对话和谈判可以在巴黎进行。至于那些细节问题，他可以在西贡和越南南方共和国进行讨论。他必须要对我们在电报中提到的战略问题进行回复，我也要知道他的想法以便我来制定决策，我可不想把决策制定的机会交给他。

斯：上述这些问题，他还没有做出任何回应。等你一会儿来我这边的时候，我会把给他的电报稿给你也准备一份。

基：这真是个讨厌的人，但他目前做得还是很不错的。在人员撤离的问题上，他不应该放慢脚步。

斯：我认为他不会那么做的。他曾说你让我来处理我这边的问题，有的时候你自己也处理不好自己的问题，这正说明他无私的一面，我就是这么看的。

基：但是他也说过要减慢撤离速度的话。

斯：他只是说如果我们的准备能更充足一些，他的效率也就能更高一些。

基：他说的是关岛和大苦湖两地吧。我会给迪恩·布朗施加压力的。[当数以千计的越南人进行撤离时，一些设备就被暂时放置于关岛和大苦湖地区，当时负责此事的正是曾任美国驻约旦大使的迪恩·布朗。]

斯：好的，好的。

基：我想知道，在撤离过程中，他为什么一定要用自己的人呢？

斯：那边是北部地区[岘港]，他这么做是正确的。现在我们在那边没有一个人丢掉性命。

基：我真想把他一个人丢在那里。

斯：我们已经这样做了，至少，我们已经转移了他的注意力，要知道这样的做法并不是一件容易的事。

......

美国驻约旦大使布朗与基辛格的通话

1975年4月26日，周六

上午10点15分

基：我刚刚得到马丁的消息，他希望能够暂时减缓一下撤离的进度，现在关岛地区一片混乱。

布：他不能那么做，即便克拉克基地和关岛基地已经被压得喘不过气来，也是一样。我们现在在克拉克基地集结了1.2万人，在关岛的人数更多。

基：别把这些数字说出去。

布：我会的。现在还有几千人在路上呢。

基：我就知道他在吓唬我。这也就意味着我们至少能撤离2.5万人。

布：是的。打个比方，之前我们不是向马丁发了电报，询问他的意见，询问最具风险性的措施吗？假如他到现在也没有给我们回复，那么现在在机场几乎已经陷入一片恐慌了，目前的局势发展已经超出了他们的控制，特别是在证明材料的环节上。现在的局面是美国人和他们的南越朋友们正在一步步走向这些运输机，人们还说要尽快登机；但约有15%-20%的人没有证明材料，他们也无法证明自己属于高风险人群。

基：那我们能做些什么？

布：我们什么也做不了。马丁已经无法控制局势的发展了，因为他现在就不在机场了。

基：别人就不能去机场控制局面吗？

布：虽然有人在赶往机场的路上，但他们并不能取代马丁。所有人都只关心自己的朋友，甚至他们还在找自己的朋友，现在机场那边已经接近混乱的边缘了。柬埔寨那边的问题也很复杂，我几天前刚和杰里[杰里·布朗，加利福尼亚州州长]谈过。

基：他是什么态度？表示了反对了吗？

布：没有，但是联邦政府对于加州的问题什么也没有做，而且那里的失业率又很高，他说现在的局面非常困难，他认为我们是打算把越南人这块烫手的山芋扔在他们手里，这是一个政治问题。我打算让温伯格[卡斯珀·温伯格，先后担任美国健康教育福利部部长、美国国防部部长]在今天给他打电话，把这个消息告诉他。温伯格会跟他说，我们原本也是打算帮忙的，但我们现在必须处理驻越的美国人撤离的问题，在找到志愿团体安置这些人前，我们必须找地方先把这些人安置下来。现在我一直在和航空公司谈，问问他们是否有免费的飞机搭载他们，我们现在已经没有闲钱给他们买机票了。

基：是的，这真是一场噩梦！

布：而且最后的结果可能也不是很好。之前在华盛顿特别行动小组会议上，我一直想提出一个问题，那就是我们究竟要撤离多少人？

基：你觉得会有多少人呢？

布：至少还有5,000到10,000人吧。如果我们把他们从西贡撤出来，那我们面对的压力就又增大了不少。

基：让我好好考虑一下这件事。

布：好的。我还想到把这些人送到夏威夷，或者直接送到美国大陆。这个问题，我们回来再讨论。

基：好的。

布：国防部必须要和我们进行合作。温伯格已经给史勒辛吉打了电话了，告诉他一旦美国军队要介入到撤离难民的行动中来，那么我们的军队必须师出有名。他们现在还是很抗拒我们。我们现在只能先把这些军事基地作为落脚点，然后等那些志愿团体来接收他们。这有点像当年的匈牙利事件了[1956年，在苏联宣布采取军事行动后，美国曾在匈牙利进行了撤离]。

基：好的。

布：多谢你。

4月28日，河内政府向西贡发动了火箭战，这让我们在华盛顿的所有争论都变得无关紧要了。两天前，福特总统曾在新奥尔良发表了一篇演讲，当时他曾表示越南战争已经结束，他这番话也赢得了媒体的掌声。在这篇演讲发表之前，我们办公室这边对此并不知情，而现在这篇演讲也显得不合时宜了。现在越南战争的确已经结束了，唯一的遗留问题就是我们此番帮助越南人士进行撤离的行动是否会招致外界的抨击，那些善于使用外交手腕的人们是否会同意我们如此大规模地对越南人进行撤离——这些之前曾与美国进行合作的越南人，如今却面临着死亡或走进集中营的威胁。之后在北越人写出的传记中也没有提到福特总统的演讲加速了北越的进程，就连福特总统自己在回忆录里，也没有提到这一点。然而，让人深感矛盾的是，北越之所以发动火箭战，很大程度上要归因于南越总统阮文绍的辞职。这些河内政府的领导人，为了实现国家统一，他们几乎一生都在和战争打交道，这样的人肯定不希望看到新政府的出现，即便越南南方共和国的出现也让他们深感不安。但是无论他们发动战争的动机是什么，美国已经决定在火箭战发生之后，对所有滞留在越南的美国人进行紧急撤离。

华盛顿当地时间4月28日晚（也就是越南当地时间4月29日），西贡新山一机场遭遇火箭弹的攻击也宣告了西贡的沦陷。当时，已经有数以千计的越南人和400名美国人聚集在新山一机场等待撤离飞机带他们离开。

尽管北越的攻击持续的时间并不长，但越南难民的恐惧还是把他们逼近了死亡的边缘。惊慌的南越人挤在机场跑道上，甚至还有人试图拦下飞机。华盛顿当地时间4月28日晚上10点45分，福特总统非常不情愿地宣布最终撤离。不久之前，我们讨论撤离问题时，还说到这次撤离很可能被载入史册，而我们现在要做的，就是忘记那些在此次攻击中遭遇不幸的人们了。

美国副国务卿布伦特·斯考克罗夫特与基辛格的通话
1975年4月28日，周一
傍晚5点10分
（此次通话的第一部分未能记录）
……

基：我认为，一旦事态升级，我们就应该终止C-130运输机的撤离行动了。我们现在已经没有任何借口了，然后我们将在周四使用直升机进行人员撤离。

斯：我想他们已经决定……

基：连续两天登上了新闻头条[指福特总统发表演讲一事]，现在是为此付出代价的时候了。

……

斯：是的，不管是谁促成了这次演讲，我都希望他们现在应该感到满意了！

基：我认为他们没打算继续玩下去。

斯：现在这一切变得越来越没有用了。

基：他们发射了很多枚火箭吗？

斯：我也不知道一共有多少枚。至少有美国人受伤，那肯定是有一些的。现在我们已经知道有两个人受伤身亡了。

基：受伤的是美国人吗？

斯：是的。即便这只是一个偶然事件，我们也没有理由继续和他们保持友好关系了。

基：让国防部去为这件事头疼去吧。我猜想他们明天就要终止行动了。看到那封电报，他们就应该知道下一步怎么做了。一个小时后，还会有电报进一步说明这次袭击事件的。

斯：你会给总统先生打电话吗？

......

美国总统杰拉尔德·福特与基辛格的通话
1975年4月28日，周一
傍晚5点28分

基：总统先生，我们刚刚得到西贡地区传来的消息，称北越再次对机场进行了轰炸，现在已经有两名海军受伤而亡了。我认为我们最好能结束使用C-130运输机进行人员撤离，我们的影响力显然已经不够了。

福：连300人都撤不出来吗？

基：我认为在白天，也就是我们这边的晚上，用C-130掩护最后的撤离，这样我们还可以撤出300人来。

福：是的，我们得把这些人都撤离出来。

基：这个问题，我们可以和军方进行沟通。如果你同意的话，我们会采取行动的，而且还不会涉及到你本人。

福：那我们就继续进行撤离。明天，我们还要再撤离400人。

基：我们应该可以在周三，或者周四，再撤离出来400人，我说的是越南时间，应该是我们这边的周二或者周三。

福：好的，继续行动。

基：好的。

新山一机场陷入了一片混乱之中，大批越南难民聚集在机场准备撤离。我驻越南大使馆筛选出了700个有生命危险的人率先登机。如今，我们的计划也开始出现瓦解了。

第19章：撤离实施

美国副国务卿布伦特·斯考克罗夫特与基辛格的通话
1975年4月28日，周一
傍晚5点32分

基：我刚刚和总统进行了沟通，你看到[关于西贡机场遇袭声明]的修正文件了吗？

斯：文件正在到达我这里的过程中。

基：你能不能让克莱门斯和布朗[乔治·布朗，参谋首长联席会议主席]看一下这份文件？

斯：布朗希望现在就进行撤离，你刚给我打完电话，我就接到了布朗的电话。他会和大使馆那边跟进消息的，因为他说，大使馆那边的人已经得到了保证，一旦发生事故，肯定会进行人员撤离的。

基：不完成今天的撤离任务就结束行动吗？

斯：他确实说C-130会继续进行撤离工作，他们还说会根据情况变化，选择是否同意让撤离飞机着陆。

基：我宁愿让这些越南人先撤离，让我们的美国同胞殿后，否则局面会变得越来越复杂的。

斯：最好能这样。格拉汉姆在努力使撤离人员达到最多的三百人的极限。

基：让他们去处理吧。你能不能替我给马丁发一封电报，就说这是总统先生的命令，我们需要让马丁告诉我们剩下的人员究竟什么时候才能撤离完。让他们一直留在那里，对我们来说可是什么好处也没有。

斯：也许你的想法是正确的。

基：你能不能给多勃雷宁打个电话，就说我们接到消息，已经有两名海军在新山一机场丧命了。你告诉他，如果局势依然这样发展，甚至进一步恶化的话，这将给美苏关系带来非常严重的影响，特别是之前他们曾向我们做出过保证……

美国副国务卿布伦特·斯考克罗夫特与基辛格的通话
1975年4月28日，周一
傍晚5点50分

斯：很抱歉打扰你，但是乔治·布朗刚刚给我打过电话，说有两件事情他不得不做，而且这两件事情还是你希望的：第一件事是让国防部专员办公室的人尽快撤离；第二，让航母上的战斗机做好准备，只要看到火箭弹就发动攻击。

基：你给多勃雷宁打了电话了？

斯：他现在在镇上，但他说会给我把电话打回来的。

基：我也不愿意展开军事行动，我认为他能先把这些国防部的人撤离出来；直到我和总统先生沟通前,他都应该暂缓采取任何军事行动。你能不能通知总统那边的人,让福特总统开完会之后,第一时间给我打电话。

斯:好的。

美国副国务卿布伦特·斯考克罗夫特与基辛格的通话
1975年4月28日,周一
傍晚6点03分

斯:我刚刚把[布朗]主席的打算告诉给总统知道,他说如果我们的人成为了他们的攻击目标,那我们就应该给他们一点颜色看看。

基:我认为他们有些反应过度了,我们应该让更多的飞机参与到撤离行动中来,看看这样是不是还会被击中。

斯:攻击还在继续。从布朗主席那边传来的消息是,机场那边至少还要有30分钟的准备时间,才能对北越人进行反击。

基:但是我的直觉不是这样。经历了这两天的战斗,我认为搅乱局面已经没有任何必要了。他们能在野外进行降落吗?

斯:我不知道,恐怕他们自己也不知道答案。

基:你能不能给他们那边打个电话,或者让别人给他们打个电话。我们这几周付出的代价就是为了要看到他们现在的反应,但如果我们在这次战争中出现伤亡,那就太遗憾了。

斯:他[布朗]说,除非得到我的指令,否则他们不会轻易越过边界线的。

基:史勒辛吉怎么说?

斯:我还没有跟他取得联系。

基:我认为你最好给他打个电话,弄明白他现在的想法,你也要把我的想法告诉他,这样我们才能更好地跟总统说明问题。

斯:好的。

美驻越南大使格拉汉姆·马丁与基辛格的通话
1975年4月28日,周一
晚上7点05分

马丁(以下简称"马"):你好啊,亨利,你那边怎么样?

基辛格(以下简称"基"):很好。我想知道你对于目前局势的想法。

马:我刚刚和诺埃尔·盖勒[美国太平洋司令部司令]聊了聊,他已经下令立即撤离国防部专员了。

基：这正是我们召开国家安全委员会会议要讨论的，你最好等我们会议结束后再采取行动。

马：我明白了，我也是这么想的。但是他已经开始行动了，现在……

基：等一下……[和斯考克罗夫特说话]

马：[因为没有听清楚基辛格的话，所以还在继续上面的对话]现在的局势是，地面部队依然严阵以待，机场跑道能不能使用，现在还是个问题。

基：机场跑道出现问题了？

马：是的，我们现在还不清楚这次轰炸到底出现了哪些影响，我们也不清楚现在是一条跑道出了问题无法使用，还是两条跑道都是那样。不过我们在一个小时后就能知道答案了。我认为，无论跑道是否可以使用，无论目前的地面力量是否已经做好了准备，眼下，我不在乎国防部专员是不是要离开，但是我希望一切都能有序进行，比如说，他[据分析应该是指参谋长联席会议主席乔治·布朗]已经安排所有将级军官陆续撤离。就是这样，你不用担心了。如果我们的地面力量能够尽快采取行动，那我们才真正是遇到问题了，特别是我们在昨天晚上宣布进入戒备状态，这样做的目的是让这一万军队随时做好参战的准备。所以昨天晚上我们的人一直处于待命状态。我认为今天将是[撤离]的最后一天了，我希望……

基：可是，你真认为自己可以控制这一切吗？

马：……或者我们可以知道一些真相，而不是单纯听到那些零零碎碎的谣言，这样我们还可以把消息再告诉给你。

基：你能在一个小时内拿到消息吗？

马：[马丁没有听见问题]……把那些国防部专员都撤出来，为此我们可以动用尽可能多的飞机，我原本打算从我们大使馆减减人的，但现在人还是很多。

基：多少人？

马：[马丁没有听见问题]我倒是不担心他们撤不回来。

基：你指的是多少人？

马：大概最后这一批有几百人左右吧。

基：只是大使馆的人吗？

马：是的。

基：好的，还有多少平民？

马：剩下的平民倒是不多了，也就几百人吧，我猜这些人中间主要还是新闻记者。

基：好的，我们得把这些人全都撤出来，你难道不是这么想的吗？

马：我也希望如此，但是恐怕到时候就和当时的金边一样，他们中间肯定会有人打算留下来，他们会说自己曾经经历过类似的战争。

基：是的。

马：我们能做的就是先找好这些飞机。

基：依你看，撤离这些人，我们只动用普通固定翼飞机就能完成吗？

马：除非我们能亲眼看一看跑道的情况，否则我们无法判断是不是只依靠固定翼飞机就能完成撤离。差不多一个半小时，或者一个小时45分钟后，我们就能知道跑道的具体情况了。

基：好的。你一定要把这个情况告诉我。史密斯[指霍默尔·史密斯将军，美国驻西贡防御专员]那边，他是怎么看待目前的情况的？

马：他认为目前还是出现了一些恐慌情绪的，不过在出现了火箭弹袭击之后，情况有些……

基：好的，我把电话交给斯考克罗夫特，我一会儿还要去见福特总统。

斯考克罗夫特：你好啊，格拉汉姆。

马：你好，布伦特。

斯：我们继续吧，刚才你们说到哪里了？

马：我刚才还说，我们需要弄明白跑道的情况，需要知道是否可以使用C-130运输机。现在，地面情况不容乐观。希望我们能撤走聚集在机场的人，还有应盖勒要求转移的那些人，这意味着我们需要撤离近10,000人。但如果我们今天因为害怕而退却了，那么这将对我们的对外公共关系造成不小的影响。在这种情况下，我们必须弄明白目前的情况，希望我们能在一小时内给你们答复。

斯：好的，如果你愿意的话，你可以和史密斯一道解决这个问题。要是能把他争取过来，你们就能平衡那边的军事冲突，那边的军队有人受伤了，所以他们的情绪非常激动。

马：好的，我会的。

斯：格拉汉姆，我们会顺利实现撤离的。

马：好的。

斯：再见。

美国总统杰拉尔德·福特与基辛格的通话
1975年4月28日，周一
晚上10点25分

福：你好，亨利。

基：总统先生，看起来北越的轰炸已经结束了，但是目前机场秩序很糟，跑道上挤满了人。很可能这将成为第二个岘港，这也许就是他们想要看到的。

福：是的。

基：他们试图重建秩序，我已经和格拉汉姆·马丁沟通过了，我们告诉他，如果机场无法使用，那他将执行紧急撤离。

福：这两种方案我都支持。

基：是的，我们现在面对的主要问题是，总统先生，如果新山一机场陷落，那我们是不是能把我们的驻越人员撤回来，还能把机场的人送到国防部专员办公室去？

福：这两个地方有多远？

基：距离倒是不远。只要我们能接到他们，开车的话，只有5分钟的时间就能到。你知道的，我们现在根本不知道具体是什么情况。

福：是的。

基：我们不知道他们和越南人处理得怎么样了，我们现在只能坐以待毙。

福：我们的C-130运输机也参加撤离吗？

基：不参加，因为那边机场已经人满为患了。

福：我知道。

基：尽管他们已经整理出了一条道路，但是目前的情况依然非常混乱，所以飞机还是不能正常降落。现在，轰炸已经造成了……

福：造成了失望和恐慌。

基：所以我们很可能在几个小时内进行紧急撤离。如果固定翼飞机无法降落的话，那我们将用直升机进行撤离。

福：只要把我们的人撤出来就好了，真诚地祝福他们吧。

基：是的，我认为他们的撤离恐怕也进行不下去。坦白的说，我认为苏联人不会给我们制造麻烦的，我也认为北约人会在周末对目前的局势进行重新解读，他们决定要打破目前的僵局。

福：是的。现在我们这边是十点半，那边的时间是十点吧？

基：那边现在是11点半。我们还剩下六个小时。

福：显然，南越军队（即越南共和国的军队）现在也是无能为力了。

基：史密斯将军现在就在那边，他现在就在新山一机场。马丁现在在镇上。他们两个人保持着密切的联系，他们会有自己的判断的。我们不能仅凭目前的信息做出决定。

福：是的，我同意你的说法。

基：我和吉姆[指詹姆斯·史勒辛吉]都通过我们各自的渠道发出了消息，就是你之前给我们的那个消息。

福：好的。

基：我已经和格拉汉姆·马丁沟通过了，我知道国防部也已经和史密斯沟通过了。

福：是的。

基：所以，现在所有人都知道他想要做什么了。

福：看上去……

基：对我来说，现在这一切看上去就是一场紧急撤离。

福：我们两个撤离点都使用的是直升机。

基：我也是这么认为的，我们会把最新的情况告诉你的。

福：好的，亨利，我猜想这最终会成为一场悲剧，我们现在要完成5,000人的撤离，把我们的人撤离出来。

基：是的。之所以说这是一场悲剧，是因为这些即将撤离的人都是我们选出来的，这些人都是高危人群，但我们无能为力。

福：[长时间的停顿]好的，还是把最新的消息告诉我吧。

基：总统先生，现在我们别无选择。

福：的确别无选择，现在事件发展的主动权掌握在别人手里。

基：好的。我们已经竭尽所能了，现在我们只能等待局势发展。

福：据我所知，马丁和史密斯都有权可以命令展开直升机救援行动。

基：他们随时都能确定机场是否可以使用。

福：从你告诉我给的消息来看，的确是这样，这次紧急撤离行动应该在我们的意料之中了。

基：是的，如果他们能够重新让机场投入使用，哪怕只是让我们的飞机顺利起飞的那段时间，对我们来说，这也是最好的结果。

福：的确。

基：因为机场正是冲突的发生地。不过既然他们正身处机场，那么他们就可以对局势作出判断。

福：而且他们也有权下达命令。

基：他们的确有权下达命令，而且如果在今天结束前，他们依然无法完成撤离，那么他们将按照我们的指令，下令用直升机进行人员撤离。

福：好的。

基：他们无权在那里多作停留，哪怕只是一个晚上。

福：是的。

基：他们有权在今晚任何时候下令进行紧急撤离，我指的是我们这边的时间，如果今天不能结束撤离，那么他们必须启动紧急撤离方案。

福：最后期限，是越南时间的今天，还是我们美国时间的明天上午？

基：是我们美国时间明天上午。如果C-130运输机还不能完成撤离，那就只能动用直升机了。

福：那样的话，我们真就丢人了！那能为我们争取24个小时的时间，还是12个小时？

基：12个小时，目前我们已经撤离了有8,000人了。

福：亨利，我们已经尽了我们最大的努力了。

基：总统先生，既然你力排众议，那么我们就要继续坚持下去！

福：好的，我只是希望史密斯和马丁能够明白我们现在所处的局势，希望他们能毫不犹豫地做出决定。

基：是的，我们已经和马丁沟通过了，就是15分钟前。虽然我不能说他愿意进行撤离，但至少他已经这么做了。他想再找两个人照看着我们的同胞们，但我认为他没有必要这么做。

福：我也认为没有必要。

基：不能让他们把我们其他人抓去当人质了。

福：是的，我们不能，坚决不能。

基：还有就是总统先生，也许你愿听我说说这件事，我之前也已经跟你提过了——法国人也被柬埔寨人赶出来了。

福：这还是起到一些安慰作用的。不过，亨利，我们已经尽了我们最大的可能了，你和我现在不得不忍气吞声，我们现在只能祈祷了，希望上帝能站在我们这边。

基：这种忍气吞声的日子，我们还得再坚持几天。等一下，他们又给我拿来了新的消息，好的，他们正在努力把我们的美国同胞都转移到国防部基地。

福：好的。

基：直升机撤退计划很可能将在30分钟内展开。

福：好的，我会一直都在电话旁。你一定要给我打电话，让我知道事情的最新进展。

……

参谋长联席会议主席乔治·布朗与基辛格的通话

1975年4月28日，周一

晚上10点42分

布朗（以下简称"布"）：我是布朗，我一直在努力和布伦特取得联系。

基辛格（以下简称"基"）：好的，他马上就到。

布：我刚跟他说——也许你想知道我给他说的内容——我告诉他我们刚刚和在西贡的史密斯取得了联系，对于我们提出实施直升机撤离的计划，马丁大使也表示了赞同，还说会给你办公室打电话。

基：好的，我要给他打个电话，你别挂电话，然后我还要给总统打个电话。用不了20分钟，我们就能把这些消息整理好了。

布：我给你打这个电话，就是想让你知道他会给你打电话的。

基：好的，谢谢你。

美驻越南大使格拉汉姆·马丁与基辛格的通话
1975年4月28日，周一
晚上10点43分

马：亨利，我认为目前新山一机场的人员安全问题越来越复杂了：行动规模比敌我对立的场面还尖锐；人们试图拦下一架越南C-130运输机；他们还对南越军队造成了巨大的影响。所以我认为我们现在唯一能做的就是[利用直升机]进行人员撤离。

基：好的，你需要多长时间？你自己直接在那边处理局势好了。

马：好的。

基：难道你不能多想想吗？我们同意了你的要求，现在你只有15分钟的时间了，然后你再安排，恐怕你要真正采取行动就要等到白天了。

马：我不确定我们今天是不是能完成人员撤离，但我们肯定会竭尽全力的。

基：好的，最好能在今天完成人员撤离。

马：好的。

基：好的。格拉汉姆，你已经尽量自己最大的努力了，你做得非常不错！

马：我认为我还做得不够，但是……

基：我们也只能做到这样了，我们要撤离的人员也就这些了。

马：好的，我知道了。

基：好的，我们会在20分钟内和你取得联系的，谢谢你。

美国总统杰拉尔德·福特与基辛格的通话
1975年4月28日，周一
晚上10点45分

基：总统先生，我之前刚和格拉汉姆·马丁进行了沟通，他同意我们执行撤离行动。

福：两个地方都开始进行撤离吗？

基：是的。

福：我也认为我们应该开始撤离行动了。之前你我的通话刚结束，吉姆·史勒辛吉的电话就到了，我真认为你和他是商量好了的，不过我还是让他给你打电话再确认一下。

基：好的。

福：还有，我……如果马丁也同意，那么我们就开始行动吧。

基：好的。我还想到，在我们进行撤离的过程中，所有事情我或者布伦特都要知道，如果局面发生了变化，我会告诉你的，但是越南那边看起来并没有想象的那么糟。

福：是的，你觉得我有必要去战情室吗？

基：不用了，我觉得没有必要，只要事情有进展，我肯定会通知你的。只要宣布启动撤离计划，后面就再也不需要总统来发号施令了。

福：我会一直在这边，不管事情进展如何，你都要给我打电话。

基：我们一得到消息，就给你打电话。现在我们要先把我们的美国同胞送到基地去，虽然我也只是得到了零零星星的消息，完成这第一步并不困难，但是我们必须要保证格拉汉姆把大使馆所有人都召集起来了，这恐怕得要几个小时的时间，不过我也告诉他，一定要在白天完成人员集结。

福：他还有六个小时的时间。

基：差不多还有六七个小时吧，我认为这是可以完成的，我们现在是别无选择了。

福：是啊，这真是一个悲剧，但我明白我们必须这样做，我们也要这么告诉他。

基：他非常清楚应该怎么做。我已经给布朗将军和吉姆[史勒辛吉]打了电话了，告诉他们你已经宣布正式执行撤离方案，他们不会提出异议的。

福：你还真是轻描淡写啊！

基：现在，唯一的问题是他们会非常在乎自己的飞机，甚至可能在人员全部撤离完之前，就把飞机全部召集回来。

福：你一定要告诉他们，一定要把所有人员都撤离回来！

基：的确。

福：这一点，毋庸置疑！

基：是的，所以在这种情况下，我们就不能把越南人也撤离出来了。

福：恐怕不能了，不过我们也要下个命令，这样……

基：单从飞机运力上考虑，这已经不太可能了，不过我还是会把这个消息跟他们说明白的。

福：是的，下这样的命令真的让我很头疼。

基：总统先生，我们已经在尽可能多的进行人员撤离了，也许时间比我们想象的还要长一些，但这件事我们也没有什么好遗憾的了，我们已经尽力了。

福：好的，有消息一定要及时通知我。还有，告诉格拉汉姆，一定要尽快完成撤离。

基：是的，总统先生。

福：谢谢你，亨利。

参谋长联席会议主席乔治·布朗与基辛格的通话

1975年4月28日，周一

晚上10点45分

基：越南那边有什么新消息吗？我刚刚和总统先生进行了沟通。

布：只能说，情况不妙，之所以这样说是因为新山一机场简直就是一片混乱，当地人试图登上2架越南C-130运输机。我们那2架C-130虽然在机场上空，但由于机场上挤满了越南民众，我们的飞机根本无法降落。

基：那边的轰炸已经结束了吗？

布：是的，但是那边的人已经失去控制了，局面有些混乱。我向国防部长史勒辛吉提出了使用直升机的建议，建议把我们的人拉到国防部专员的基地去，这样人们就能搭乘直升机撤离了。

基：可以，但一定要保证所有人员都能实现撤离，还有……我们的直升机撤离方案只执行这一次。

布：我明白。

基：所以还要告诉城里的人，让他们做好准备。

布：好的，他们正在和大使先生谈。我不知道是怎么回事，我猜，国防部长是要和总统先生进行沟通去了。

基：你知道的，很多人都在打电话，这个问题我已经和总统先生沟通过了。

布：商量出决定了吗？

基：总统已经做出了决定。如果机场关闭，国防部也必须做出决定，而如果机场无法重新开放，那么他会下令让我们进行……

布：我不想坐在这里等机场是否将重新开放的消息，很可能到明天上午才有答案呢，既然一直没有消息，我们还是先做出决定好了。

基：不行，我认为我们至少应该等到今晚。我和会总统先生沟通这个问题的，然后我再把我们沟通的结果告诉给你。我认为你现在可以启动直升机撤离行动了，你需要多长时间？

布：你的意思是？在白天进行人员撤离吗？

基：是的。

布：那我们至少需要两三个小时。

基：你们能有那么多时间吗？

布：我们的时间还是很充裕的，现在越南那边还没到中午呢，现在是10点40分。所以我们白天还有7个小时的时间。不过我可不希望我们的人白白等上七个小时，就为了确认机场是不是可以重新开放。我们可以明天再展开直升机撤离方案啊。

基：不可以，这没得商量。如果用直升机进行撤离，那我们只能在下午进行，是越南当地时间今天下午。

布：很抱歉，我刚才没有听清你的话，外面很……

基：你要在晚上之前开始撤离行动。

布：好的，国防部长要和你通话。

史勒辛吉：是亨利吗？

基：是我，吉姆。

史：总统先生想知道他拿到的消息是不是最新的——我告诉他，在新山一机场一架C-130运输机无法起飞了，这都是那些越南人惹出的麻烦，他们还对飞机进行射击。还有几架F-5战斗机停在机场滑行跑道上，飞机发动机已经不能使用了；为了阻止C-130飞机离开，人们还把汽车开到了跑道上等等类似的事件。总统先生暗示，只要此类事件继续发生，那他会准备采取行动的，但首先，他想知道这些消息——关于撤离的消息是不是真的，只有这样，我们才能决定实施撤离计划，到时马丁和史密斯就能直接下命令了。

基：还是我和他谈谈吧。

史：和总统先生谈？

基：是的，几分钟前我刚给他打过电话，不过我想，你肯定是在我和总统先生的通话结束后，才给他打的电话。

史：是的，的确是在你们的通话结束后。总统先生跟我说了你刚刚和他通过了电话。现在，我的感觉是，无论如何，新山一机场也不可能重拾安全了。

基：所以你认为我们应该启动直升机撤离计划，是吗？

史：是的，盖勒和布朗都做出了类似的建议，史密斯也在探马丁的口风，看看他是不是同意进行直升机撤离？

基：好的，我要……我有两件事情要做，我会先和马丁谈，然后再和总统进行沟通，最后我会把我的结论告诉你的。

史：好的。

基：相信这个过程不会超过半个小时的时间。

史：好的，我们的时间不多了，我们现在只有七个小时的时间了。

基：你必须解决……我马上就和马丁取得联系。

史：好的。

基：我会给你打电话的。

史：好的，再见。

国防部长詹姆斯·史勒辛吉与基辛格的通话

1975年4月28日，周一

晚上10点51分

基：吉姆，我刚刚和总统先生进行了沟通，他同意进行人员撤离。

史：撤离已经在进行过程中了。

基：现在我们面对的问题是，一定要保证所有人员的撤离。我们刚刚看到哥伦比亚广播公司的报道，他们那里一个叫做内森的记者称五辆装满驻越美国人员的汽车，在前往新山一机场的路上被南越警方拦住了。我认为我们必须和马丁、史密斯取得联系，问问他们什么时候才能完成人员集结，他们希望直升机什么时候到达？

史：好的。

基：我认为我们不适合去下达这个命令。

史：不用，现在决策权在他们两个人的手里。

基：好的。你能负责……我去给马丁打电话。

史：好的，好的，撤离行动已经展开了。

美驻越南大使格拉汉姆·马丁与基辛格的通话

1975年4月28日，周一

深夜11点

马：……好的，我们会撤离……

基：执行撤离计划，现在你手里掌握着控制权，只有全部人员都集结完毕后才能进行撤离。

马：好的，好的。

基：我们接到了消息，称一些前往新山一机场的美国人在路上被南越警方拦住了，这个消息是真的吗？

马：那可能只是在门口的检查，不过我还没有听到任何关于此事的消息。

基：好的，你真的认为你能在规定时间内召集全部人员，然后把他们撤离出来吗？

马：是的，我的确是这么想的。

基：还是等你上了飞机之后再说吧。

马：我还是希望能够在这里多呆几天。

基：不过总统先生可不答应。

马：好吧，你说的算。

基：我们还想在华盛顿看到我们的英雄归来呢，事实上，英雄可没有几个。

马：哦，天啊，你是在说……

基：你就是我们的英雄啊，格拉汉姆，你的这些动作让我钦佩不已。

马：谢谢你，亨利。

基：你现在要把所有人都带回来，很快我就能面对面地跟你交流了。

马：是的，好的。

基：上帝保佑你。

马：好的。

副助理国务卿劳伦斯·伊格尔伯格与基辛格的通话

1975年4月28日，周一

深夜11点06分

基辛格（以下简称"基"）：拉里（劳伦斯的昵称）？

伊格尔伯格（以下简称"伊"）：是的，是我。

基：我们要准备进行紧急撤离了，你能把这个消息告诉哈比卜吗？

伊：好的，我这就告诉他。

基：你还有别的要说的吗？

伊：没有了，我只是想知道下一步究竟会发生些什么。

基：好的。

伊：我马上就和他取得联系。

副总统纳尔逊·洛克菲勒与基辛格的通话

1975年4月28日，周一

深夜11点11分

基辛格（以下简称"基"）：我给你打电话就是想告诉你，新山一机场已经陷入混乱了，我们将用直升机实施撤离计划。

洛克菲勒（以下简称"洛"）：这真是一场悲剧。那样的话，之前提到的那5,000人就撤离不出来了吗？

基：是的，他们还在那里。

洛：他们都是些什么人？

基：有高级军官，还有外交人员的家人。

洛：天啊。

基：大概有八九千人吧。

洛：你没跟我开玩笑吧？

基：没有。

洛：难道就不能用直升机把这些人撤离出来吗？

基：没有，因为我们的直升机无法到达新山一机场。

洛：不能吗？

基：不能，我们现在只能在附近的一个基地落脚，能够把美国人撤离出来，我们已经非常幸运了。

洛：真的？

基：你是知道的，撤离行动取决于越南当地民众，只要有当地民众出现，局面就会超出我们的控制。

洛：他们究竟做了些什么？难道是通过轰炸迫使机场关闭吗？

基：那倒不是，他们已经停止轰炸了，我也认为他们会停止轰炸。不过在机场的南越军队已经超出了我们的控制。

洛：南越自己的军队？

基：是的。

洛：他们到底想怎么样？要跳出飞机吗？北面是不是也是一样的情况？

基：是的。

洛：发生的这一切真令人遗憾，亨利，说真的，你已经做了自己该做的了，你做的非常好，你一直坚持到了最后。任何人，只要能坚持原则，就肯定能做出成绩来。

基：我也已经和总统先生说过了，我告诉他不应该感到遗憾，他会坚持到最后的。

……

负责东亚地区事务的助理国务卿菲利普·哈比卜与基辛格的通话
1975年4月29日，周二
凌晨

基：我想告诉你，菲尔[菲利普·哈比卜的昵称]，希望你能有一颗坚强的心脏，我们真的已经尽力了。

哈：事实上，我已经问过拉里[即劳伦斯·伊格尔伯格]了，我问他是不是也能参与此事，他说他忙完了手边的事情，会告诉我答案的。

基：你知道我们已经决定在今晚进行撤离了吧？

哈：他告诉我了。

基：我们别无选择，不是吗？

哈：你这么做是非常正确的。

基：你知道格拉汉姆可是满腹牢骚，不过我认为……

哈：你这么做绝对是正确的。我可是知道目前的局势的，我知道你这么做是正确的。

基：我只是认为西贡会因此四分五裂。

哈：无论如何，我们也不应该把他们留在那里。可是他们又能怎么做呢？

基：的确如此。

哈：如果还有斡旋的空间，那你还可以留几个人在那边。现在唯一的方法就是留几个人，希望真能有斡旋的空间。

基：他想和另外三个人留在那里，但我不知道他究竟想做什么。

哈：虚张声势吧，不过如果是我，我也会拒绝的。

基：我已经给他下了命令让他撤离了，并且告诉他他别无选择，还跟他说了这是总统的命令。但是，菲尔，我们现在需要的是一份国防部和国务院的联合声明，就像之前我们在柬埔寨问题上用到的那种联合声明。这份声明将在撤离行动进行过程中发表，最后我们还要再发表一份总统声明。

哈：你最好能尽快发表这份声明，因为一旦他[马丁]启动撤离行动，那么那些媒体记者肯定不会在撤离行动进行过程中报道这些事。

基：那样的话，撤离行动一开始，我们就发表这份声明。

哈：撤离什么时候开始？还是撤离行动已经开始了？

基：在一两个小时之后。

哈：好的，我这就到你那边去。

基：我现在在白宫，但……

哈：我直接去行动指挥中心。

基：拿到声明后，你给我打电话吧。

哈：好的，我会给你打电话的。

基：好。

副助理国务卿劳伦斯·伊格尔伯格与基辛格的通话

1975年4月29日，周二

凌晨零点16分

基：……我们在草拟一份声明稿，你知道的，撤离行动一开始，我们就对外发表这份声明。

伊：好的。

基：你们那边一达成协议，你就给我打电话。

伊：好的。

基：那样的话，我们就能准备出一份声明草稿来，等到草稿被审核通过，总统就能对外发布了。

伊：等一会儿我就拿给你。

基：好的。

阮文绍辞职后，南越政府任命"大明"——杨文明担任南越总统。杨文明执政后的第一项法令，就是勒令美国人离开南越。

美国总统杰拉尔德·福特与基辛格的通话
1975年4月29日，周二
凌晨零点22分

基：总统先生，我想告诉你，[刚刚被任命取代阮文绍出任南越总统的]杨文明已经下令让所有美国人在24小时内离开南越了。

福：这对我们很有帮助，不是吗？

基：他肯定是知道我们要撤离了。因为他们是在电台里面公开挑选撤离对象的，我认为他这样做是针对共产党的一个信号。

福：我也是这么认为的。

基：但是事实上，这对于美国人似乎又是一种保护，至少在当前的情况下，我们不是主动撤退，而是被勒令离开的。

福：勒令离开。

基：毕竟我们在那里经受了磨难，离开并不是体面的解决方法。

福：是啊，他真是我们的好朋友啊！

基：我认为，现在的总趋势是要保住更多人的性命。

福：我也只这么想的。如果我们想想之前发生的那些事，你就不会对此做任何评价了，但是，就今晚的实际情况，这样的决定对我们来说，的确是非常有帮助的。

基：好的。在撤离行动开始之前，我不会给你打电话了。

福：那样很好。

基：好的，总统先生。

福：谢谢你，亨利。

美国总统杰拉尔德·福特与基辛格的通话

1975年4月29日，周二

凌晨零点39分

基：总统先生，我打电话是想告诉你，我们的直升机将在5分钟之后起飞，我可以发表那份声明，或者选择让直升机回来。你的态度，你还支持撤离吗？

福：我支持。

基：之后我再把这份声明的内容读给你听，现在我需要再让拉姆斯菲尔德确认一下里面的内容。

福：你为什么不现在就读给我呢？

基：我能不能在5分钟之后给你打电话？

福：当然可以。

基：得到拉姆斯菲尔德的确认后，我就把这份声明的内容读给你听。

福：好的。

基：那之后直到行动结束前，我就再也不会给你打电话了。

福：亨利，你不用为这件事担心。

基：除非出现了很复杂的情况，否则我不会给你打电话的。

福：好的，5分钟之后，你给我打电话。

基：好的，总统先生。

副助理国务卿劳伦斯·伊格尔伯格、菲利普·哈比卜与基辛格的三方通话

1975年4月29日，周二

凌晨1点

……

伊：国务卿先生，菲尔也在线上，不过他没打算发表任何声明。

哈：你好，国务卿先生。我认为…… 我刚刚和国防部那边沟通过，我认为你越晚发表声明越好，而不是选择在撤离行动一开始，或者是在撤离行动刚进行就发表声明。毕竟从官方声音里面介绍具体的情况，肯定和外界的谣言或者记者的报道不一样。在我看来，媒体报道已经说明事态的发展变化了，我们现在要做的就是在撤离的直升机真正起飞之后对此事进行确认。现在在越南机场上，至少还有三千人[这些人很可能无法实现撤离]。

基：是的。

哈：如果我们发表声明，那外界还会继续猜测，他们可能还会添油加醋，外界也肯定会因此陷入一片疯狂，到时候谁知道究竟会发生什么？我认为我们应该暂时把

这个声明的事情放一放，直到我们的撤离行动步入正轨之后开始也不迟。

基：好的。那你为什么不在行动进行到一半的时候发表这个声明呢？

哈：好的。我们可以在行动进行到一半，或者已经得到确认消息，知道我们不会再遇到麻烦的时候发表声明。即便我们真遇到了一些麻烦的、棘手的问题，我想到时我会给你打电话的。

基：是的。别说"提供必要保护"了，为什么不说"由安全部队进行保护呢"？不是由美国海军，或者是其他安全部队提供保护吗？

哈：说是"有安全部队进行保护"，那么我们还可以把"必要"这个词加在后面，即"是由美国海军的安全部队提供保护，如非必要，是不会动用这些安全部队的"。

基：要是我，我还会加上"战术飞机"这几个字。

哈：的确，这几个字正是我们有意删掉的，因为如果加上这几个字，那很可能就泄露了我们在天上的行踪了；否则，他们甚至还想不到头顶上已经展开行动了呢。

基：所以，我们会在撤离计划顺利实施之后再发表声明。

哈：这就有些差别了。

基：别忘了加上"战术飞机"这几个字。

哈：好的。我们会说"战术飞机就在附近参与行动"，或者说"在附近"。

基：没有必要那么说，就说"是由美国海军的安全部队和战术飞机提供保护"。

哈：好的。我们现在会先放一放这份声明，一旦我们开始发表声明，我们会让鲍勃在外面放些消息。

基：这个鲍勃是什么人？

哈：安德森[国务院发言人]。

基：好的，你知道一旦行动开始，那我们就再也没有回头路了。

伊：是的。

基：我担心我们也许需要等很长时间呢。

哈：不会的，类似的话已经放出去了，那些媒体记者们已经快要把西贡围起来了……

伊：要是等的时间太长，我们是继续等下去，还是发表声明？

基：继续等。

伊：也许吧。

哈：是啊，也许吧。这也就是为什么我不愿意这么早发表官方声明的原因。

基：是的，可是一旦撤退行动开始……你会听到，"看啊，国防部像疯了一样到处散布消息"的话。

伊：坦白的说，这才是我担心的内容。

哈：国防部在放消息，而媒体的记者们，因为他们已经拿到了消息，所以也在添油加醋。

基：是的，不过我还是希望国务院能站出来说点什么。

哈：好的，好的，我们在不久的将来就会把这个消息正式对外公布了。

基：好的。

哈：好的，再见。

美国总统杰拉尔德·福特与基辛格的通话

1975年4月29日，周二

凌晨1点06分

基：总统先生，我们目前依然没有得到确切的消息，证明我们的直升机已经在目标地点降落，他们和战术空军司令部在直升机协调的问题上，似乎出了一点小麻烦。本来是不应该出现任何问题的。不过现在我们的确面对一个问题，那就是地面情况。现在有几千越南人去了空军基地，不过我们到现在还没有接到类似的消息。

福：他们的计划是在两地降落[不过撤离行动最后还是选择大使馆作为唯一的降落点]。

基：据我所知，现在阻止这一切顺利进行的是协调的问题，他们希望空军战术司令部能和直升机方面进行协调，那样的话，战术空军司令部就得提供支持了。

福：好的，亨利，你要随时向我传达最新消息。

基：如果你没有接到我的电话，那就说明一切还是非常顺利的。

福：无论是什么情况，只要撤离行动结束，你就一定要让我知道。

基：我肯定会告诉你的。我还用把声明念给你听吗？我已经让唐纳德·拉姆斯菲尔德和哈比卜看过这份声明了。[然后向福特总统读声明的具体内容]

福：这份声明很好啊，亨利。

基：我认为我们能做的也只是这些……

福：这份声明已经能充分说明问题了，这也将是我们的原则。

基：好的，等到我们确认撤离行动结束之后，我们会对外进行宣布的。或者我们也可能在明天早晨六七点对外公布这件事，这样正好可以赶上早间报道。

福：好的。不过如果问题复杂化了，那我们还要做出调整，否则的话，我们会坚持这个原则的。

基：行动结束后我会给你打电话的，或者出了问题，我也会给你打电话的。

福：好的，亨利，非常感谢你，我们明天见。

尽管针对撤离速度问题的讨论持续了数周之久，但空运还是被一些始料未及的情况推迟了，比如：考虑到海军力量在此次行动中付出了巨大的努力，如何使撤离行动保持一致；再有就是应空军的要求，如何使这次撤离行动在战斗机的护送下顺利完成。

负责东亚地区事务的助理国务卿菲利普·哈比卜与基辛格的通话
1975年4月29日，周二
凌晨1点25分

基：我们刚刚通过马丁的后方渠道得到了一些非常重要的消息。杨文明总统要求他在24小时内撤离所有国防部专员，对此，马丁的回答则是，我想再次声明我要留在这里的态度，请允许我和其他20个人留下来，至少我们要多停留一到两天，这样做是希望此次撤离能体体面面地进行，我们也能安排一下我方部署的问题。我这边会准备2架美国航空的飞机[这是美国中央情报局的航空专线]，这样只要我们接到通知就能实现撤离。在这里，我愿意向你表达我强烈的愿望，希望能够尽快得到你们的回复。之后，他还提到了杨文明此番提出这样的要求，能避免我们自己出现恐慌。这件事，你怎么看？

哈：嗯……

基：他在越南能做些什么？

哈：他可以做什么？他可以大摇大摆地坐在办公室里，3架直升机停在屋顶上，然后他再打几通电话，看看到时候大街上还有没有人。之前他提到的20个人太多了，完全用不着。现在不是20个人还是三个人的问题，虽然在数量上这的确还是有差别的。但如果他说要留下来，那我们就给他提供相关的物资支持。所谓离开就意味着我们能够有尊严地进行撤离的观点，我觉得根本没有道理。我认为，现在的局势已经非常明显了，是到了撤离的时候了。

基：的确如此。

哈：考虑到安全，考虑到方方面面的因素，现在的确到了撤离的时候了。

基：事实上，这多出来的20个人，很有可能成为人质！

哈：是的，的确有这种可能。不过我并不担心这个问题。如果他能把人们带到屋顶上，他大可以把下面的门都关上，然后从屋顶登机。不过，他也可能被越南人击中而亡。我想不到任何他们应该留下来的理由，那些财物有什么用？我的意思是，只要他出门，不到15分钟，他们那个地方就能被洗劫一空。当时在金边就是那样，他们的大使馆将成为第二个金边。在越南，每个美国人住过的屋子都能在20分钟内被洗劫一空。

基：你说的是真的？

哈：当然是真的……

……

哈：……我们现在唯一关心的，就是那800个美国人的安全问题。特别是他们，那个所谓的政府已经要求我们撤离三四百名[美国军人]。唯一能实现三四百人撤离的方法就是动用直升机，到时候直升机也不能多做停留，而是要快一点，我们可以向直升机提供必要的安全掩护。

基：好的。关于直升机，你还有其他的消息吗？

哈：军方代表刚来，他们说他们并没有取得任何进展。而且他们还没有接到行动通知。

基：这是怎么回事？

哈：他也不清楚。

基：那样的话，他们很可能把飞机燃料都耗尽了。

哈：那些直升机不会停留太长时间的。他们这就可以执行命令，但现在还没有接到通知，所以也不清楚这究竟是怎么一回事。战场上的形势瞬息万变，这可能也增加了他们的难度。不过我也算明白了你的意思，让他们把滞留人数控制在20人以下。

基：不是，我的意思是，我更希望我们全都能撤回来。

哈：我也是这么想的。

……

负责东亚地区事务的助理国务卿菲利普·哈比卜与基辛格的通话

1975年4月29日，周二

凌晨1点55分

基：我想知道现在进行到什么程度了？

哈：我也希望我知道答案。他们[直升机]至少在75分钟前就起飞了，我们估计他们的抵达西贡的时间将是三点左右，现在已经是3点07分了，我刚刚也和西贡方面取得了联系，他们那边说还没有见到直升机的影子。我们现在只拿到了一份消息。

基：你确定执行的不是岘港计划吧[一个月前的岘港，也曾做出了撤离计划，这里是一种讽刺的提法]？

哈：没有，我们认为用的是……

基：在这次的战争里，我们除了撤离方案其他全部一塌糊涂，所以现在的撤离方案，很有可能也被搞砸了啊！

哈：搞砸了也没关系，我只是希望直升机能顺利出现，我现在很着急，但是除了着急之外，我又什么都做不了，得准备一条能直达战情室的电话专线，这样只要我们得到消息，就可以……你现在在办公室，还是在家里，又或者是别的什么地方？

基：我现在在办公室，不过我马上就要回家了。

哈：好的，如果有什么重要的事情发生，我会给你打电话的。

基：好的，你们一定要及时通知战情室那边，他们也会把消息告诉我的。

哈：好的。我们会准备一条到战情室的电话专线。不过现在我们没有什么要通报的。

基：可是现在，你的确是什么消息都不知道。

哈：我们现在的确是什么都不知道，不知道现在直升机在什么位置，按照预定时间，飞机已经延迟了。

基：飞机已经延迟了？

哈：是的，按计划，飞机应该在……

基：他们会向我们美国飞机开枪吗？

哈：现在还没有接到类似的报告。

基：这个我们也能知道吗？

哈：我认为我们是应该能得到消息的，但是我们知道派出的护送机并没有配备武器。这是我们现在得到的唯一消息。

基：好的，很好，我们还是做出了很大努力的。

哈：相信他们很快就能顺利抵达了。

基：好的，再见，谢谢你，菲尔。

哈：再见。

第二天上午，我们的直升机终于顺利抵达，不过还是比预定时间晚了五个小时。

负责东亚地区事务的助理国务卿菲利普·哈比卜与基辛格的通话
1975年4月29日，周二
上午8点42分

基：菲尔，我认为你应该给国会那些人打个电话，把目前的情况告诉他们。据我所知，白宫方面已经在打电话了，不过我还是应该给那些委员会的头头脑脑打个电话。

哈：你知不知道他们都给谁打过电话了？为什么我没有接到类似的电话？

基：我敢保证他们肯定给主席们打了电话了。

哈：他们给主席、给那些少数党资深议员打了电话，那我们不妨给一直支持我们的肯尼迪、克拉克[联邦参议员迪克·克拉克]打电话。

基：还是我给肯尼迪打电话好了。

哈：你给肯尼迪打电话，那我去给弗林特、克拉克他们打电话。

基：就给那些重要议员打电话就好了，你可以打电话给曼斯菲尔德[联邦参议员迈克·曼斯菲尔德，参议院多数党领袖]和……

哈：汉弗里呢？能不能给他打电话，还是国会那边会联系他？

基：别了，还是你给汉弗里打电话吧，就说你是代表我给他打的电话。

哈：好的。

基：你应该了解麦克洛斯基吧，你告诉他，他会把这个消息放出去的。

哈：5分钟后，我得去和你一起开个会，我会给麦克洛斯基打电话的。

基：也不要把事情搞得那么复杂，你安排个人让他去打这些电话就可以了。

哈：好的。

联邦参议员泰德·肯尼迪(马萨诸塞州民主党人)与基辛格的通话

1975年4月29日，周二

上午8点48分

肯：亨利，你好啊！

基：泰德，你好。我打电话是想告诉你最新的进展情况。我们正在对驻越的美国人进行撤离。越南当地时间昨天晚上，新山一机场发生了轰炸事件，目前我们在努力进行人员撤离，现在已经撤离了将近8,000越南人了。不过现在机场已经出现恐慌了，机场跑道也已经被关闭了，所以我们尽可能地把人们先撤离到国防部专员基地和大使馆。从昨天晚上，也就是越南当地时间的白天，我们就已经开始行动了。现在行动依然在继续，现在是越南当地时间的晚上，截至到目前，我们已经撤离了将近4.5万人了，而且一直很顺利。我们预计撤离行动还需要持续两个小时。等到我们确认没有美国同胞滞留在越南，越南撤离行动也就能告一段落了，当然，还有一些人要从水路撤离。

肯：好的。

基：我要说的就是这么多。

肯：杨文明那边有什么问题吗？他们不同意……这样的安排是不是有点慢？还是他们拒绝与杨文明进行谈判？

基：我们已经和苏联人达成了共识，其中也包括进行政治对话。但是很显然，北越人只同意我们能在不干涉越南问题的情况下进行撤离，他们希望看到的是一个处于傀儡状态的杨文明。现在，我猜他们已经开始和杨文明进行谈判了，我分析很可能将出现一个新政府——一个由三方势力构成、但是由北越主导的政府。

肯：那在你看来，亨利，你认为我们有没有可能拿到那笔拨款，那笔钱能不能用在这个联合政府上，或者是用在安全部队上？

基：我认为，这种可能性不大。我看我们大概能得到一亿美元的拨款，但就像我们在柬埔寨问题上一样，我们原本可以继续下去的，但现在再看看柬埔寨，那边似乎出现了大规模撤离，他们根本没有打算采取任何措施。

肯：真的吗？

基：你是知道的，联合国曾一度试图解决柬埔寨的问题，我们还正式向联合国表示我们会对此感到"非常遗憾"的，但是看看他们那边，现在法国人都被柬埔寨赶出来了！现在的柬埔寨就是一片混乱！

肯：这是真的？

基：是的。但是我们这边，原则上我们是非常开通的，下面这个消息我只告诉你，我们已经在巴黎和越南南方共和国取得了联系，他们知道该如何跟我们进行谈判。

肯：好的。

基：只是我们认为把我们的人继续留在西贡是非常危险的，越南很可能会出现一个超出所有人控制的局面。

肯：是的，是的。我认为你这么做是非常正确的。

基：那样的话，我们的人很可能会沦为人质，但如果我们要解救他们的话，还要通过自由法案才行。

肯：是的，你说的对。很感谢你把这些消息都告诉给了我……

……

美国驻约旦大使布朗与基辛格的通话
1975年4月29日，周二
上午10点22分

基：罗格·莫顿［美国内政部长，负责管理托管领土（即关岛、大苦湖）问题］说难民可以带到此处，他能收留四千难民，可以把这些人带到托管领土上去。

布：带到托管领土上？

基：负责一些书记员的工作。

布：好啊，这样就太好了！

基：你能马上和他取得联系吗？看看你们能不能想出什么好方法。

布：我们这就联系他。

基：好的。

布：看起来我们还在对人员进行撤离，现在国防部基地那边只有750个人了。

基：只剩下750个人了吗？

布：是的，全部都算上。

基：也包括美国人吗？

布：是的，这只是一个大概的数字。

基：但这也已经非常好了！

布：的确。

基：这也就意味着，他们很可能再有一个小时的时间，就能完成全部人员的撤离了。

布：是的，现在这个数字才是我们之前讨论的三分之一。

基：是啊，做得真不错！

国防部长詹姆斯·史勒辛吉与基辛格的通话
1975年4月29日，周二
下午1点45分

基：吉姆，我刚刚和总统先生沟通过了，他现在别无选择，只能终止撤离行动。

史：好的，现在[马丁]那边只有700到750个人需要撤离了，其中还包括500名越南人。我们现在能做的就是准备好直升机，然后告诉马丁最后的期限，在三点半之前，他必须完成撤离！

基：那你们要向他们准备多少直升机？

史：我们能有8加11，一共是19架直升机。有8架飞机目前还没有抵达，剩下11架飞机已经在原地待命了。

基：这8架飞机能撤离多少人？

史：大概450人吧。

基：450人，现在我们一共有750人。

史：我应该说，这一切真应该结束了，你明白我什么意思。

基：你为什么不给他们12架飞机呢，然后告诉他这是总统的命令。

史：好的。

基：12架飞机就可以了吗？

史：是的，我认为可以了。我们也可能追加到13架，这个数量上，你得让我好好算一下。

基：你把你关于当前地面形势的看法告诉他们。

史：好的。

基：我认为你应该已经和搭运这些直升机的航空母舰取得联系了吧？

史：我们很担心，不知道是不是能顺利通过地下室[这里是暗语]，但是我们会让飞行员给他[马丁]递消息的。

国防部长詹姆斯·史勒辛吉与基辛格的通话
1975年4月29日，周二
下午2点09分

基：吉姆。
史：是我，亨利。我们已经给他们[负责人员撤离行动的官员]传递消息了，告诉他们我们会提供19架飞机，全部是CH-46"海上骑士"直升机和MH-53扫雷型直升机这两种型号，完全可以实现对760人的撤离。我们希望他本人能搭乘第19架飞机撤离，还告诉他们最后期限是三点半。
基：好的。现在，吉姆，你告诉他这是总统的命令，否则他是不会离开的。
史：好的，我们马上就去办。
基：我一定要知道你已经把这句话告诉给他的消息。
史：我们一定会的。你知道，他肩负沉重的使命。
基：是啊，他的儿子已经牺牲在越南战场上了。
史：是啊，现在你也开始赞美他了。
基：当然了，他的想法总是正确的。
史：是的，他勇于献身，而且精力非常充沛。
基：而且，我认为……
史：你哭了！
基：我认为在经历了这么多事情时候，你和我都应该感到庆幸了。
史：相信在美国民众的心里，他们肯定会为马丁感到悲伤的。
基：是的。
史：这也是他为什么撤离那么多人的原因。
基：的确如此。
史：但是他自己却不是一个顺从听话的人。
基：我知道，我知道。撤离全面结束之后，我们能不能知道撤离的总数是多少？
史：是的，可以查到。事实上，我们会给你一个非常精确的撤离人数统计，到时，我会把这个数字给布伦特[斯考克罗夫特]的。
基：好的，非常感谢。
史：不客气。
基：撤离结束后，记得给我打电话。

美国劳工联合会－产业工会联合会主席乔治－米尼与基辛格的通话

1975年4月29日，周二

下午3点08分

基辛格（以下简称"基"）：我只是想告诉你，你关心的那些劳工党领袖们已经顺利撤离越南了。

米尼（以下简称"米"）：包先生和他的人吗？

基：是的，包先生和他部分工作人员，但肯定绝大多数都顺利撤离了。他们的人一共有200人，不过当时的情况非常混乱，但是包先生和他身边的亲信们已经顺利撤离了，我希望你能了解这个消息。

米：谢谢你，听到这个消息，我很高兴。

基：如果你现在心情不错，而且你现在还有时间的话，我想和你见个面，把目前我们的最新进展跟你说一下。

米：好的……

……

国防部副部长威廉·克莱门斯与基辛格的通话

1975年4月29日，周二

下午4点14分

基：我是个外行，不过我还是想知道，为什么事情进展得如此之慢？

克：我也不了解目前的情况，亨利，我也是刚刚到，目前的情况的确让人很恼火，我们准备让9架直升机投入到撤离行动中来。

基：我想说的是，总统先生现在也和我持同样的态度。

克：这一点我毫不怀疑。他肯定是要跟你站在一条线上的。我的意思是，所有人，这次行动涉及到的所有人都是一塌糊涂，而且我们现在面临的最大障碍是我们的沟通渠道，他们现在的情况非常糟糕，真的非常糟糕。

基：你知道吧，我现在是以一个朋友的身份在跟你谈，我们已经准备了两周了，怎么可能发生这种情况呢？

克：我知道，这的确是一个巨大的问题，不过我现在距离越南也有一万一千英里的距离，我可以向你保证，乔治目前面对的情况比我的还要糟糕，现在事情肯定是在某些头头脑脑身上发生了一些变化。

基：我也认为是这样。

克：我们必须要抓住这些人，亨利，这个消息，我们不能走漏风声，我并不打算在公开场合提到这件事，但是现在的情况简直是太糟糕了！

基：知不知道在最近一个小时的时间里，我们有什么损失？

克：是的，局面越来越麻烦了。不过我认为……我们的直升机还在天上，如果飞机引擎出现问题，我们还得再多撤离三个人。我们必须在接下来的一个小时里面，把这些人全部撤出来，我们还需要一个小时。

基：你应该知道总统先生也是这样的态度吧。他认为撤离应该在三点完成，而我们跟立法部门说的是两点。

克：我知道，我也赞同你的说法。我现在的心情和你一样，我希望我真能做些什么。我马上就给盖勒打电话，我得让他知道我现在的心情有多么糟糕！

基：毕竟，他的想法还是奏效了的。

克：是的，现在我们要面对的情况是，我们只能对发生的这一切表示遗憾，我们真是太不幸了，现在我只能祈祷，希望所有人都能被顺利撤离出来，希望我们一切顺利。这件事情成功与否跟我们是不是拥有聪明才智没有关系，我只是希望我们能幸运一些！

……

空军机动司令部劳·瓦斯曼与基辛格的通话
1975年4月29日，周二
下午4点30分

瓦斯曼（以下简称"瓦"）：我给你打这通电话是为了告诉你我们现在的情况，我现在身边有很多人，他们都在对你歌功颂德。

基辛格（以下简称"基"）：你能说得更煽情点吗？

瓦：我这就挂电话，放你去工作。我打电话就是想告诉你这个。

基：劳，你真是个好朋友，我不会忘记你的。

瓦：我们一直都会支持你的，亨利。

基：谢谢你。

瓦：我们虽然没有说，但只要你需要我们，无论什么时候，我们都会为你竭尽所能的。

基：我无法用语言表达你这番话对我的震撼。

瓦：好了，就这样吧，我们支持你！

下午五点整，我接到马丁已经登上了最后一架直升机的消息，于是我向媒体通报了这个情况。

回到办公室后，我发现越南问题并不是轻易就能被解决的。事实上，马丁和大使馆的其他工作人员早在越南当地时间凌晨4点58分就离开了，129名海军第九水陆两栖旅的官兵负责对他们的撤离进行护送。对于马丁这次撤离的原因，时至今日，我们依然无法查实，但是对于我们来说，美国历史上从来没有出现的信任鸿沟也因此出现了。然而，在战情室的我们此时根本无暇顾及这些公众关系的问题，直升机撤离计划依然在进行中，因此在最后的几通电话里，我们并没有对这场被称为"悲剧"的越南战争进行评价，我们关注的依然是如何确保马丁的安全撤离。

副总统纳尔逊·洛克菲勒与基辛格的通话
1975年4月29日，周二
晚上7点06分

基：我们刚刚听说还有138个人留在越南。

洛：真的吗？

基：纳尔逊，我现在无法给你解释这件事，这个消息我们是从国家军队司令部得到的，克莱门斯之前还说撤离已经结束了。现在我们又听到了这个138个人的消息。你怎么看这件事？难道你不觉得这欺人太甚了吗？

洛：你是对的，你既知过去又知未来，你刚走就知道了这个消息吗？是不是国防部那边告诉你的？

基：他们说还有6个人。

……

美国总统杰拉尔德·福特与基辛格的通话
1975年4月29日，周二
早晨7点20分

基：我想告诉你，现在我们只剩下一架直升机就能完成撤离了，说是5分钟前飞机已经起飞，机上有38个人，不过也许是15分钟前就起飞了，这个消息可能被推迟了一下。

福：也就是说只剩下这一架飞机就完成撤离了？

基：不是，一共有两架。还有38个人在等待撤离，每架飞机能容纳46个人，不过这2架飞机马上就能降落了，然后他们再去接他们，只是这件事情我们还没有得到确定。

福：只要最后一架飞机返航，你就马上给我消息。

基：总统先生，我们现在距离越南太远了，消息跟不上。他们现在还没有传来新消息呢。

福：好的，那一有新消息，你就告诉我。

基：好的，总统先生。

国防部副部长威廉·克莱门斯与基辛格的通话
1975年4月29日，周二
晚上8点01分

克：我们终于可以把所有的人都顺利撤离出来了。

基：肯定吗？

克：非常肯定！是的，最后这一次撤离他们可是改了好几次人数，最后他们还说有三个人没上飞机，直升机又返回去接了最后的十个人，这样最后撤离的就是11个人，而不是之前的10个。这一切太令人难以置信了。我给你打电话不仅要通报这个消息，还要告诉你我对这次撤离感到非常抱歉，很抱歉让你担心了。当你之前说撤离完成的时候，有没有出现什么麻烦？

基：的确有一些问题，不过要是你那边的人把消息说出来，情况恐怕会更糟。

克：我用不用安慰你一下？

基：我们还是看看明天事态的发展吧，不过你得告诉你那边的发言人——你把消息告诉我是你唯一的选择。

克：我明天一早就去办！

华盛顿当地时间晚上7点53分（西贡时间已经是白天了），最后一架撤离驻越大使馆人员的直升机终于顺利降落在美国的领土上。

两个小时后，北越坦克挺近西贡，第一批坦克就碾过了总统官邸的大门，不过当地并没有出现推翻政权的情况，这是由于之前各方就已经同意实现国家独立，至少是国家自由。而此后，杨文明和他的内阁成员被捕，他们也从此消失在公众的视线里。

在过去的十年中，越南民主共和国和越南南方民族解放阵线一直向西方国家宣扬要建立一个民主的越南，但他们也随着杨文明政权的覆灭而销声匿迹了。然而，所谓的自由南越并没有如期实现，数以千计的南越人被送到再教育基地（这是集中营的一种委婉说法）进行学习，其中也包括哪些曾经在南越政府供职的官员和南越军官，他们在那里"接受再教育"长达五年以上，之后，很多人都选择偷渡离开。

为什么各方的好人都无法避免这场灾难的发生？为什么原本是我们国内问题的事件却让我们付出如此惨痛的代价？为了能让我们的心灵得到平静，我们必须找到问题的答案。当越南大使馆最后一架直升机离开的时候，我们心中也留下了一份极其空荡的感觉。

北京市版权局著作权登记号 图字:01-2012-6968

Crisis: The Anatomy of Two Major Foreign Policy Crises © 2003 BY HENRY A.KISSINGER
Simplified Chinese characters edition arranged with SIMON & SCHUSTER INC. through BIG APPLE ANGENCY, INC., LABUAN, MALAYSIA
Simplified Chinese translation Copyright © 2012 by Beijing Insight Publishing Co., Ltd
All Rights Reserved.